August Reissmann

Franz Schubert

Sein Leben und seine Werke

August Reissmann

Franz Schubert
Sein Leben und seine Werke

ISBN/EAN: 9783741130281

Hergestellt in Europa, USA, Kanada, Australien, Japan

Cover: Foto ©Angelika Wolter / pixelio.de

Manufactured and distributed by brebook publishing software
(www.brebook.com)

August Reissmann

Franz Schubert

Franz Schubert.

Sein Leben und seine Werke

dargestellt

von

August Reissmann.

Mit Portrait in Stahlstich, Notenbeilagen und einem Facsimile.

Berlin,

Verlag von J. Guttentag (D. Collin).

1873.

Vorrede.

Eine ziemlich vollständige Zusammenstellung der Mittheilungen
über den äussern Verlauf des Lebens von *Franz Schubert*, giebt
bereits Dr. *Heinrich Kreissle von Hellborn* in seiner Biographie
des Meisters, die 1865 erschien. Für die Würdigung der künstlerischen Bedeutung Schuberts bringt Kreissle nur äusserst wenig,
und dies ist meist meinem Buche: *Das deutsche Lied in seiner
historischen Entwickelung*, und zwar grossen Theils wörtlich entlehnt.
So darf ich wiederum meinen Versuch: einer einheitlichen Darstellung
der künstlerischen Entwickelung und Bedeutung des Meisters als
einen ersten bezeichnen. Hierbei bin ich in der glücklichen Lage,
diese von den frühesten Anfängen beginnen zu können. Durch
die überaus grosse Freundlichkeit, mit welcher mir der Königl.
Kaiserl. Hofmusikhändler Herr Spina die Einsicht in seine reich-
haltige Sammlung Schubert'scher Manuscripte, und mit der mir die
Verwaltung der Bibliothek der: *Gesellschaft der Musikfreunde in
Wien*, die Herren Dr. Standhartner, Generalsecretair L. A. Zellner
und Herr Archivar F. Pohl die Benutzung namentlich der *Spaun-
Witteczek'schen* Sammlung gestatteten, wurde mir Gelegenheit, fast
alle ungedruckten Compositionen Schuberts, auch seine frühesten,
soweit sie noch vorhanden sind, kennen zu lernen, so dass in meiner
Darstellung der künstlerischen Entwickelung des Meisters von ihren
frühesten Anfängen bis zu ihrer höchsten Höhe, wol kein Glied fehlen
dürfte. Die erneuerte Durchsicht einzelner, schon von Kreissle
benutzten Materialien, gab mir zugleich Gelegenheit, manche kleine
Irrthümer desselben zu berichtigen. In dieser Beziehung möchte

ich besonders auf mein Verzeichniss der sämmtlichen Compositionen Schuberts verweisen. Obwol ich nicht hoffen darf, dass es ohne Irrthümer ist, glaube ich doch das, unter den gegenwärtigen Umständen Mögliche erreicht zu haben. Die Nachweisung von Irrungen werde ich dankbar annehmen und bei einer spätern Auflage gewissenhaft benutzen.

Zu besonderem Danke bin ich, wie jenen bereits erwähnten Herren, auch dem Custos der musikalischen Section der hiesigen Königl. Bibliothek, Herrn Espagne verpflichtet, durch dessen freundliche Unterstützung es möglich wurde, das hochinteressante Facsimile beigeben zu können.

Berlin, im November 1872.

Der Verfasser.

Inhalt.

Franz Schubert.

Sein Leben und seine Werke.

Erstes Kapitel.

Schubert's Jugendzeit. Die ersten Werke.
(1797—1813.)

Wie die Mehrzahl unsrer grossen Meister der Tonkunst hatte
auch **Franz Schubert** das unschätzbare Glück, einer Familie an-
zugehören, in welcher die Musik fleissig geübt und emsig
gepflegt wurde. Der Vater, Sohn eines Bauern und Ortsrichter
in Mährisch-Neudorf in Oesterreich-Schlesien, war früh,
der Studien halber nach Wien gekommen. Im Jahre 1784 wurde
er bei seinem Bruder Carl Schubert — Lehrer in der Leopold-
stadt — Schulgehülfe und erhielt dann 1786 die Schulstelle bei
der Pfarre zu den 14 Nothhelfern in der Vorstadt Lichtenthal.
Im Alter von 19 Jahren verheiratete er sich mit Elisabeth
Fitz, einer Schlesierin, welche damals als Köchin in Diensten
stand. Von den 14 Kindern, die aus dieser Ehe hervorgiengen,
blieben nur 5 am Leben: ausser unserem Franz jene beiden
Brüder Ferdinand und Ignaz, welche an seiner Fortentwicke-
lung thätigen Antheil nahmen und Carl und Therese. 1812
wurde der Vater Wittwer und verheiratete sich ein Jahr später
zum zweiten Mal und zwar mit Anna Klayenbök, der Tochter
eines Fabrikanten aus Gumpendorf bei Wien; in dieser Ehe wurden
ihm noch 5 Kinder geboren. Bei den ohnehin bescheidenen
äussern Verhältnissen eines deutschen Schullehrers musste ein so
reicher Kindersegen nothwendig Sorge und Entbehrungen mit sich
führen; beide waren auch unserem Franz als Angebinde bescheert
und sie haben ihn nicht verlassen, bis an seinen so früh er-

folgten Tod. Doch gewann sein herrlicher Genius schon im Vater-
hause Anregung und Gelegenheit zu freiester Entfaltung. Franz,
der jüngste von den oben erwähnten Brüdern, ist am 31. Januar
1797 in der Vorstadt Himmelpfortgrund geboren [1]) und erhielt
in der am 1. Februar vollzogenen Taufe die Namen: **Franz
Peter.**

In den deutschen Lehrerfamilien wurde die Musik früher
noch weit mehr geübt als jetzt, namentlich in katholischen Ländern.
Sie ist ein wesentlicher Theil des Cultus und gehört als solcher
daher mit zu den Amtsfunctionen der Schullehrer. Dass auch
im Hause des Vaters unseres Franz viel musiciert wurde, ist
vielfach durch glaubwürdige Zeugnisse bestätigt. Die Kinder
wurden früh zur Betheiligung an der Hausmusik herangezogen
und als die Knaben die dazu nöthigen Fertigkeiten erlangt hatten,
richtete der Vater auch Quartett-Uebungen ein, die dann ziemlich
regelmässig Sonntag Nachmittag stattfanden. Mit dem systema-
tischen Musikunterricht wurde bei Franz ziemlich spät begonnen,
er war bereits 7 Jahr alt geworden, allein seine aussergewöhnlich reiche Begabung erwies sich auch hier helfend und ausglei-
chend: er hatte sich selber, ohne andre Anleitung, als welche ihm
etwa die, im Hause gewöhnlichen Musikübungen der Schüler des
Vaters und seiner Brüder gaben, die Anfangsgründe in der Musik
beigebracht.

Ueber diese früheste Zeit hat uns der Vater in seinen Auf-
zeichnungen selbst unterrichtet. Es heisst dort:

„In seinem fünften Jahre bereitete ich ihn zum Elementar-
Unterricht vor, und in seinem sechsten Jahre liess ich ihn die
Schule besuchen, wo er sich immer als der erste seiner Mit-
schüler auszeichnete. Schon in seiner frühesten Jugend liebte
er die Gesellschaft, und niemals war er fröhlicher, als wenn er
seine freien Stunden im Kreise munterer Kameraden zubringen

---

[1]) Das Geburtshaus, obere Hauptstrasse No. 72, jetzt No. 54 „zum
rothen Krebsen“ genannt, trägt seit dem 7. October 1858 eine Marmortafel
mit der Inschrift: „Franz Schubert's Geburtshaus.“ Auf der rechten
Seite ist eine Lyra, auf der linken ein Lorbeerkranz mit dem Datum seiner
Geburt angebracht.

konnte. In seinem achten Jahre brachte ich ihm die nöthigen Vorkenntnisse zum Violinspiel bei und übte ihn so weit, bis er im Stande war leichte Duetten ziemlich gut zu spielen; nun schickte ich ihn zur Singstunde des Herrn Michael Holzer, Chorregenten in Lichtenthal. Dieser versicherte mehrmals mit Thränen in den Augen, einen solchen Schüler noch niemals gehabt zu haben. „Wenn ich ihm etwas neues beibringen wollte“, sagte er, „hat er es schon gewusst. Folglich habe ich ihm eigentlich keinen Unterricht gegeben, sondern mich mit ihm bloss unterhalten, und ihn stillschweigend angestaunt.“

Im Klavierspiel erhielt er den ersten Unterricht von seinem Bruder Ignaz, allein nach einigen Monaten schon erklärte der Schüler, dass er des ferneren Unterrichts nicht mehr bedürfe, und wie der Bruder Ignaz selbst bezeugt, war er von Franz in kurzer Zeit an musikalischen Kenntnissen und Fertigkeiten so weit überholt worden, dass er selbst nicht mehr zu folgen vermochte. Auch Compositionsversuche fallen schon in jene Zeit, in der er, ohne eigentlichen Unterricht genossen zu haben, schon musicierte. Es wird uns von einem Klavierconcert, das er im sechsten und von einer Sinfonie, die er im achten Lebensjahre schrieb berichtet. Wie bei jenem jüngern Meister, der ganz bewusst in Schubert's Bahnen einlenkte, bei Robert Schumann, wurde die Entfaltung seiner eignen Individualität viel mehr durch die praktische Musikübung, wie durch die systematische Unterweisung in den Elementen der Kunst gefördert. Wie einst, zur Zeit der Blüte des Volksliedes dem, in seiner Unmittelbarkeit schaffenden Volksgeist, so wurden auch ihm die musikalischen Mittel zur Darstellung seiner Innerlichkeit zumeist durch die praktische Musikübung zugeführt und es ihm so möglich gemacht, diese dem Ausdruck seiner Individualität in naivster Schaffenslust dienstbar zu machen.

Es war daher ein besonderes Glück für ihn, dass er in dem Stadtconvict in Wien als Zögling Aufnahme fand; selbst seine früheste Betheiligung bei der Kirchenmusik an der Lichtenthaler Pfarrkirche konnte nicht ohne Einfluss auf seine Entwickelung bleiben. Bereits als 11jähriger Knabe sang er hier die Soli's in den Messen und andern Kultusgesängen und seine schöne Sopranstimme, wie die Wärme seines Vortrags erregten allgemeinste Aufmerksamkeit. Auch als Violinspieler wirkte er bei diesen kirchlichen Aufführungen mit.

Im October wurde er als Sängerknabe in die kaiserliche Hofcapelle aufgenommen, nachdem er vor den beiden Hofcapellmeistern Salieri und Eybler, und dem Gesangsmeister Korner mit Auszeichnung Probe gesungen hatte. Ueber diese Probe erzählt sein Bruder Ferdinand: [1] Als die zu gleichem Zweck erschienenen Knaben des kleinen Schubert gewahr wurden, der nach damaliger Sitte einen hechtgrauen, fast weisslichen Rock trug, meinten sie, das müsse eines Müllers Sohn sein, dem könne es nicht fehlen.

Schubert's Probesingen erregte die Verwunderung der prüfenden Herren, und so erfolgte die Aufnahme. Damit war zugleich verknüpft, dass er als Zögling in das Stadtconvict eintrat. In dieser, hauptsächlich der wissenschaftlichen Ausbildung der Schüler gewidmeten Anstalt, wurde die Musik sehr eifrig gepflegt. Die befähigteren erhielten nicht nur im Gesange, sondern auch in der Theorie Unterricht. Die ersten Compositionsversuche Schuberts, namentlich das Lied: „*Hagars Klage*" erregten die Aufmerksamkeit Salieris so, dass er ihn zur besondern Beachtung dem Musikdirector der Anstalt, Ruczizka, angelegentlich empfahl. Als dieser bald genug erklärte: dass ihm sein Schüler entwachsen sei, übernahm Salieri selbst den Unterricht in der Composition. Einflussreicher wie dieser Unterricht waren für ihn in jener Zeit unstreitig die praktischen Musikübungen im Convict, wie wir aus seinen, dort entstandenen Compositionen ersehen.

Auch die selbständige Instrumentalmusik wurde dort nicht vernachlässigt. Ein, aus den Zöglingen des Convicts zusammengesetztes Orchester übte fast täglich ausser den Sinfonien und Ouvertüren von Krommer und Kotzeluch, auch die von Mozart, Haydn und Beethoven. Schubert wirkte als Geiger mit, und

---

[1] In den Aufsätzen: Aus Schubert's Leben. Neue Zeitschrift für Musik Bd. 10, Jahrg. 1838 No. 33—36.

vertrat auch den Dirigenten **Ruczizka**, indem er diese Uebungen von der ersten Violine aus leitete.

Diese gesteigerte praktische Musikübung weckte den Schaffensdrang in ihm mit immer mächtiger werdender Gewalt. Neben **Liedern** und **Klavierstücken** soll er sogar schon **Messen** und **Sinfonien** in jener Zeit geschrieben und sich in der Operncomposition versucht haben. Doch sind aus den Jahren 1810 — 13 ausser mehreren Liedern nur grössere vierhändige **Fantasien**, die sogenannte **Leichenfantasie**, ferner zwei kleinere **Fantasien** und **Klaviervariationen** bekannt geworden [1]).

Bei der Beschränktheit seiner Mittel fehlte es ihm nicht selten an Notenpapier und wenn dann nicht ein guter Freund aushalf, nahm er selbst zu beschriebenem Papier seine Zuflucht. Die Königl. Bibliothek in Berlin besitzt das Bruchstück eines Liedes, welches auf die zweite Geigenstimme eines Duo (Fuga) von Fux geschrieben ist [2]).

Wie sehr es ihm im Convict an Geld mangelte, sehen wir aus einem, an seinen Bruder gerichteten Brief vom 24. Novb. 1812 [3]).

„Gleich heraus damit, was mir am Herzen liegt, und so komme ich eher zu meinem Zwecke, und Du wirst nicht durch liebe Umschweife lang aufgehalten. Schon lange habe ich über meine Lage nachgedacht und gefunden, dass sie im Ganzen genommen zwar gut sei, aber noch hie und da verbessert werden könnte; Du weisst aus Erfahrung, dass man doch manchmal eine Semmel und ein paar Aepfel essen möchte, umsomehr, wenn man nach einem mittelmässigen Mittagsmahle nach 8½ Stunden erst ein armseliges Nachtmahl erwarten darf. Dieser schon oft sich aufgedrungene Wunsch stellt sich nun immer mehr ein, und ich musste nolens volens endlich eine Abänderung treffen. Die paar Groschen, die ich vom Herrn Vater bekomme, sind in

---

[1]) Das Manuscript der vierhändigen Fantasie trägt die Bezeichnung: „Den 8. Aprill angefangen. Den 1. May vollbracht. 1810."

[2]) Siehe Facsimile.

[3]) Von R. Schumann zuerst veröffentlicht in: Reliquien von Franz Schubert. Neue Zeitschrift für Musik. Bd. X. No. 10 den 1. Febr. 39.

den ersten Tagen beim T — was soll ich dann die übrige
Zeit thun?" „Die auf dich hoffen, werden nicht zu Schanden
werden. Matthäus Cap. 2, V. 4." So dachte auch ich. —
Was wär's denn auch, wenn Du mir monatlich ein paar Kreuzer
zukommen liessest? Du würdest es nicht einmal spüren, indem
ich mich in meiner Klause für glücklich hielte und zufrieden
sein würde. Wie gesagt, ich stütze mich auf die Worte des
Apostels Matthäus, der da spricht: „Wer zwei Röcke hat,
der gebe einen den Armen." Indessen wünsche ich, dass Du
der Stimme Gehör geben mögest, die Dir unaufhörlich zu-
ruft,

Deines

Dich liebenden, armen hoffenden

und nochmals armen Bruders Franz

zu erinnern.

Auch während der Convictzeit nahm er, so oft es angieng, an
der Hausmusik im elterlichen Hause Antheil; namentlich ziemlich
regelmässig an dem Sonntagsquartett, bei welchem er die Bratsche
spielte, und wie der Bruder Ferdinand in seiner kurzen Lebens-
skizze: Aus Franz Schuberts Leben[1]) erzählt, rügte er die
Fehler in der Ausführung nicht nur bei den Brüdern, sondern
auch bei dem Vater. Nur bei dem ersten Male liess er diesem
einen Fehler durchschlüpfen, bei der etwaigen Wiederholung un-
terliess er ganz gewiss nicht mit einem ehrerbietigen „Herr Vater,
da muss etwas gefehlt sein" diesen aufmerksam zu machen. Nach
desselben Gewährsmanns Angabe besuchte auch Franz in dieser
Zeit der Ferien sehr fleissig die Oper. Besonders „Medea von
Cherubini" vor allem aber Glucks: „Iphigenia auf Tauris"
begeisterten ihn zu eigenen Versuchen. Schon 1813 begann er
mit der Composition der Zauberoper von Kotzebue: Des Teufels
Lustschloss, beendete sie aber erst im nächsten Jahre; 1815
aber entstanden schon mehrere Opern und Singspiele.

Im October 1813, mit dem Eintritt der Mutation schied

---

[1]) Neue Zeitschrift für Musik. Bd. 10. Jahrg. 1839 No. 33. ff.

Schubert aus der Hofcapelle und damit zugleich aus dem Convict. Zwar hatte der Kaiser durch Entschliessung vom 21. Octb. 1813 genehmigt, dass Franz auch noch weiter der Studien halber im Convict verbleibe und zwar mit Ueberweisung eines sogenannten Merveldtschen Stiftsplatzes, doch unter der Bedingung, dass er die zweite Fortgangsklasse während der Ferien verbessere und dann die Prüfung wiederhole. Franz entsagte indess dem wissenschaftlichen Studium und kehrte zurück in's Vaterhaus, wol nur in der Absicht, ganz seiner Kunst zu leben.

Wie kaum noch bei einem andern Meister, werden die ersten Werke Schuberts ausser durch die Eigenthümlichkeit des Bildungsganges auch durch die Besonderheit der Begabung bedingt. Nur von Mozart und Beethoven, Weber, Mendelssohn und Schumann sind uns Jugendwerke erhalten worden, aus denen wir die individuelle Weise ihres Ausdrucks und die künstlerische Gestaltung zu erkennen vermögen. Der Genius eines Gluck wie Haendel gelangte erst im reifern Mannesalter in die Bahnen zu einer welt- und culturhistorischen Thätigkeit. Früher als beide erkannte Joh. Seb. Bach seine Aufgabe; aber sie war eine so gewaltige, dass es längerer Zeit bedurfte, ehe er ein Werk von bleibender Bedeutung schuf. Die verschiedenen Kunstrichtungen seiner Zeit einheitlich zusammenzufassen, das erkannte er als seine Mission und erst im Alter von 23 Jahren schuf er jenes Werk: die Cantate zur Rathswahl (1708), in welchem zuerst diese Idee verwirklicht erscheint. Joseph Haydn wurde ebenso durch innern Drang, wie durch die Macht der Verhältnisse nach jener Richtung getrieben, in welcher er die Hauptaufgabe seiner künstlerischen Thätigkeit erkannte. Sein erstes Quartett für Streichinstrumente schrieb er im 18. seine erste Sinfonie im 27. Lebensjahre. Erziehung und Begabung machten dagegen Mozart auch auf dem Gebiete der selbstschöpferischen Thätigkeit zu einem Wunderkinde ohne Gleichen. In seinem neunten Lebensjahre beherrschte er bereits alle Formen des musikalischen Ausdrucks mit seltener Meisterschaft und an den Werken aus seinem zwölften Lebensjahre hat bereits seine Individualität einen ganz bedeutenden, bestimmt und klar hervortretenden Antheil, und sie zeigen, dass

der Knabe bereits seine Aufgabe: Das deutsche Liederspiel und die
Opera seria seiner Zeit zur romantischen Oper zu verschmelzen, begriffen hatte. Der 17jährige Jüngling aber schrieb dann schon einige
Instrumentalwerke, die bekannten 6 Quartette, ein Quintett, ein
Clavierconcert und Sinfonien von monumentaler Bedeutung. Auch der
Knabe Beethoven ist früh selbstschöpferisch thätig, und die Werke
dieser Periode erscheinen noch formgewandter, aber weniger selbständig im Inhalt. Selbst der heranreifende Jüngling steht noch unter
der Herrschaft der, durch Haydn und Mozart bestimmten Form und
erst allmälig begann er diese mit einem gewaltigen Inhalt zu erfüllen und demgemäss um- und neuzugestalten. In ähnlicher Weise,
wenn auch der eigenen Individualität entsprechend abweichend,
ist die Entwickelung bei Felix Mendelssohn-Bartholdy; auch
er gewann die grösste Formvollendung noch ehe sein Genius sich
ganz zu offenbaren vermochte, während bei Schubert und bei
seinem bedeutendsten Nachfolger Schumann, die Individualität
weit früher zur Geltung kommt, ehe sie noch die Herrschaft über
die Darstellungsmittel erlangt haben. Diese gewinnen beide weit
weniger durch die specielle Unterweisung in der Theorie und Composition, als vielmehr durch die praktische Musikübung. Für
Franz Schubert wurden zunächst jene Quartettübungen im elterlichen Hause, wie die Instrumentalübungen im Convict von ausser-
ordentlicher Bedeutung. Vorzugsweise wurden hier die Werke
unserer grossen Meister aufgeführt, und durch sie namentlich
wurde ihm allmälig die Herrschaft über die Mittel des musikalischen Ausdrucks vermittelt. Am lebendig gewordenen Kunstwerk studierte er die Technik desselben, und da er zugleich hier
auch Gelegenheit fand, das, was er selbst schon in jener Zeit schuf,
zu hören, so wuchsen ihm die Darstellungsmittel seiner Kunst gewissermassen geistig an, so dass er sie allmälig fast instinktmässig überall im treuesten Anschluss an sein Empfinden verwenden lernte. Daher ist es ihm auch früh nur um den Inhalt, nicht
auch um die künstlerische Form zu thun, welche nachzubilden
sonst begabte Knaben am frühesten bemüht sind. Er sucht vielmehr zunächst in der freien Form der Fantasie Ausdruck für sein
noch kindliches Empfinden, für das Walten seiner jugendlichen

Fantasie. Sein erster Biograph — der Bruder Ferdinand — erzählt uns von Klaviervariationen und von einer Fantasie für Klavier zu vier Händen, die Franz bereits 1810 schrieb, er bezeichnet diese zugleich als Leichenfantasie, wahrscheinlich nach Schillers Gedicht: Eine Leichenfantasie: „*Mit erstorbnem Scheinen*" so genannt. Der Knabe Schubert fühlte sich von dem Dichter in dieser Zeit zumeist angezogen, dass man wol annehmen kann, jene Fantasie wurde durch das Gedicht hervorgerufen und deshalb nach ihm benannt. Sie umfasst 32 enggeschriebene Seiten und enthält ein Dutzend Tonstücke von verschiedenem Charakter und in verschiedenen Tonarten. Der Bruder erwähnt ferner noch einer kleineren Fantasie aus dem Jahre 1811 und einer dritten aus dem Jahre 1813. Dem entsprechen aber auch die übrigen Instrumentalwerke aus jener Zeit: die Quintett-Ouvertüre, und die Streichquartette aus dem Jahre 1811; die Sonate für Klavier, Violine und Cello, die Streichquartette (in B und C) die Quartett-Ouvertüre (in B) aus dem Jahre 1812, wie die Sinfonie in D, die Franz bereits 1813 zur Namens- oder Geburtstagsfeier des Convicts-Director Jnnocenz Lang schrieb, wie auch die 4 Streichquartette in C. B. Es und D. oder das Octett für Blasinstrumente, welches der kaum zum Jüngling heranreifende Knabe am 19. Septbr. 1813 beendete. Die Formen sind hier kaum äusserlich gewahrt, so weit sie eben dem genialen Knaben aus der praktischen Musikübung geläufig geworden waren. Aber überall macht sich das Bestreben nach möglichst überzeugender Wahrheit des Ausdrucks geltend. Während jene gottbegnadeten Knaben — Mozart und Mendelssohn — früh zu grosser formeller Meisterschaft gelangen, so dass ihre ersten Werke mehr von der Freude am Spiel mit Formen, als von einem individuellen Inhalt erzeugt zu sein scheinen, macht sich bei Schubert früh eine Fülle des Gehalts geltend, die nur langsam und allmälig knappe Form gewinnt. Ganz besonders tritt dies an den Liedern hervor. Das erste von den erhaltenen Liedern Schuberts: Hagar's Klage (am 30. März 1810 componiert) verräth überall das Bestreben, den Inhalt des Gedichts vollständig darzulegen, aber es zeigt auch nicht den leisesten Versuch nach einer liedmässigen

Begrenzung. Von der Möglichkeit einer solchen, auch beim treffendsten Ausdruck hat der Knabe kaum noch eine Ahnung, er zerlegt das Gedicht in einzelne Theile, deren jeden er dann ziemlich
selbständig behandelt. Nach einer Einleitung beginnt Hagar
ihren Gesang:

Dieser wird allmälig immer leidenschaftlicher und charakteristischer bis zu dem erregten Allegro in D-moll:

Darauf folgt ein Largo mit eigenthümlichen Modulationen:

Ein Klavierzwischenspiel, welches das Vorspiel variiert, leitet das folgende Allegro ein:

und wieder wird der Gesang leidenschaftlich erregt:

Das dann folgende Zwischenspiel bringt schon eine der lieblichsten Melodien Schuberts:

Und ein rüh - rend Klag - lied sin - gen.
Dass du noch im To - des-
kam - pfe trö-stend mei - ne Stim - me hörst.

Das anschliessende **Adagio**:

> *Nur zum letzten Klaggebete*
>
> *Oeff'ne ich meine dürren Lippen,*

(in Desdur) wird wieder durch ein längeres Zwischenspiel eingeleitet. Charakteristisch ist die Phrase: „*und dann komm bald o Tod*" instrumental vorbereitet:

* Die Stelle des Gedichts:

> „*Jehovah blick' auf uns herab*"

ist ein Largo in Edur, mit energischem Ausdruck.

> „*Ist er nicht von Abrams Saamen*"

wird rezitativisch behandelt, und dann folgt ein ziemlich lustiges und gemüthliches Allegro:

> „*Rette deines Lieblings Saamen*"

dem sich ein hochernstes und stürmisch bewegtes Allegro anschliesst:

Auch das Adagio, mit welchem das ganze Stück schliesst, ist ausdrucksvoll; der Anfang mag gleichfalls hier Platz finden:

Diese Proben zeigen, dass der Knabe schon ernstlich bemüht ist
den entsprechenden Ausdruck für die einzelnen Partien des Textes
zu finden. Das gelingt ihm meist, wenn auch nur mit der ganzen
Umständlichkeit, Weitschweifigkeit, Ungeheuerlichkeit und Unbe-
holfenheit des noch ungeschulten Anfängers. Dass Schubert hier
noch ganz Autodidakt ist, darauf deutet Vieles, eigentlich Alles
hin. Die Führung und Behandlung der Singstimme beweist ganz
unwiderleglich, dass er die Lieder selbst sang, dass er sie singend
erfand, gewissermassen improvisierte; der weite Umfang, der
plötzliche Wechsel von Höhe und Tiefe, die Sorglosigkeit, mit
welcher im Gesange die äussersten Grenzen überschritten werden,
machen es unzweifelhaft, dass sie für ein Organ erfunden wurden,
welches halb dem Knaben- halb dem Jünglingsalter angehört.

Auch einzelne Züge in der Schreibweise, wie die Darstellung des
Accords (Tact 15 des ersten Beispiels)

beweisen hinlänglich, dass der Knabe diese Lieder am Klavier
erfand. Mehr instinktmässig als bewusst verarbeitet und verwendet er die Mittel, welche ihm die praktische Musikübung zugeführt hat, zur Darstellung dessen, was ihn bereits innerlich erfüllt
und bewegt. Dieselben Eigenthümlichkeiten zeigt auch der andere Gesang aus demselben Jahre: Der Vatermörder, welcher
das Datum 26. Decbr. trägt. Er ist fast noch umständlicher und
weitschweifiger gehalten und hat gleichfalls einzelne Partien mit
treffendem Ausdruck. Namentlich ist die Klavierbegleitung reich
bedacht. Sie ist weit freier wie in dem vorerwähnten Werk, was
schon die Einleitung zeigt:

Singstimme.
Pianoforte.
Der Va - ter starb von des Soh - nes Hand.

Auch im weitern Verlauf überwiegt das Interesse an der Klavierbegleitung alles Andere. Der Knabe sucht die Balladenform, die selbst der reife Meister nicht finden sollte. Dass die oben besprochene Entstehungsweise der Lieder aus dieser Zeit richtig charakterisiert ist, das bezeugt auch das Lied: Die Schatten:" *„Freunde deren Grüfte sich schon bemoosten"*, welches am 12. April 1813 entstand. Die Melodie ist gleichfalls nur von einem Falsettisten einigermaassen bequem auszuführen. Aus diesem Grunde dürfte auch die erste Composition des Liedes: *„Der Eichwald brauset"*, welche so beginnt:

in diese Zeit zu setzen sein.

Aus dem Jahre 1812 ist nur ein Lied Schuberts bekannt geworden, das als No. 3. in Op. 131 veröffentlichte: *Klagelied von Rochlitz*. Es ist insofern äusserst bemerkenswerth, als es neben kleinen charakteristischen Zügen schon eine etwas knappere Form gewinnt. Vor- und Nachspiel stehen schon in gewisser enger Beziehung zu einander, und wenn die Melodie auch noch keine wirkliche Nachbildung des strophischen Versgefüges ist, so zeigt sie doch schon eine gewisse Geschlossenheit der Form, dass man fast versucht wird: das [Lied in eine spätere Zeit zu versetzen. Schubert hat übrigens mehrere Lieder, die er in dieser Zeit componierte, in späteren Jahren neu in Musik gesetzt, und es ist lehrreich und von besonderem Interesse, diese mit einander zu vergleichen. Aus dem Jahre 1813 sind es namentlich 2 die uns nach dieser Seite interessiren: 1. *Die Sehnsucht* von Schiller: *„Ach, aus dieses Thales Gründen"*, welches er zuerst im April 1813 und dann später neu componierte und als Op. 39 veröffentlichte und Thekla von Schiller: „Wo ich sei, und wo mich hingewendet" das er zum ersten Mal 1813 am 22. August und zum zweiten Mal 1817 in Musik setzte und als Op. 88 No. 2

veröffentlichte. [1]) Zwischen den beiden Bearbeitungen des erst erwähnten Gedichts: *„Die Sehnsucht"* ist der Unterschied noch nicht
so tiefgreifender Art, als wie zwischen den beiden Bearbeitungen
des andern. Formell unterscheidet sich jene erste von der zweiten
hauptsächlich nur dadurch, dass diese die recitativische Form
aufgiebt. Während in jener die Stellen: *„Dort erblick ich schöne
Hügel, ewig jung und ewig grün"* und

> *„Ach, wie schön muss sich's ergehen*
> *Dort im ew'gen Sonnenschein!*
> *Und die Luft auf jenen Höhen,*
> *O, wie labend muss sie' sein!"*

als vollständig freie Recitative und die Stelle:

> *Harmonieen hör' ich klingen,*
> *Töne süsser Himmelsruh,*

als *„Recitativ im Tempo"* behandelt sind, ist die zweite Bearbeitung durchweg als durchcomponiertes Lied gefasst, welchem auch
die oben erwähnten Stellen als gesungene, und nicht deklamierte
Glieder eingefügt sind. Hiermit aber ist ein neuer Beweis dafür
gegeben, dass dem Knaben noch der treffendste Ausdruck höher
steht, als wie die Form, von der er kaum eine Ahnung hat. Diese
verräth sich hier schon darin, dass er wenigstens eine gewisse
Einheit der Tonart wahrt, jene ältere Bearbeitung beginnt in
D-moll und endet in der parallelen F-dur Tonart. Im Ausdruck
sind beide Bearbeitungen in so weit verschieden, als die zweite
viel klangvoller, weniger ungestüm und dennoch überzeugender
wirkt; nur der Schluss ist bei beiden wenigstens in der Melodie zum
Theil gleichlautend. Die zweite Bearbeitung hat als Hauptton
H-moll — der E-dur schluss tritt also gleichfalls in andere Beziehung zum Ganzen wie bei der ersten Bearbeitung. Zur Vergleichung möge die Melodie beider hier stehen, die Klavierbegleitung ist
ganz bedeutsam abweichend:

---

[1]) Die ältern Compositionen beider Lieder sind in neuerer Zeit nach
den, auf der Königl. Bibliothek in Berlin befindlichen Manuscripten durch
Herrn Espagne veröffentlicht in: Sechs, bisher ungedruckte Lieder von
Franz Schubert. Berlin 1868 bei Wilhelm Müller.

Più Allegro.
Erste Bear-
beitung 1813.
Zweite Bear-
beitung 1817.
Frisch hin - ein und oh - ne Wan-ken, sei - ne
Frisch hin - ein und oh - ne Wan-ken, sei - ne
Se - gel sind be - seelt, sei - ne Se - gel sind be - seelt!
Se - gel sind be - seelt, sei - ne Se - gel sind be - seelt
frisch hin - ein — und oh - ne Wan-ken! Du musst glau-ben,
frisch hin - ein und oh - ne Wan-ken! Du musst glau-ben,
du musst wa - gen, denn die Göt - ter
du musst wa - gen, denn die Göt - ter
leih'n kein Pfand! Nur ein Wun - der
leih'n kein Pfand! Nur ein Wun - der

kann dich tra - gen in das schö - ne
kann dich tra - gen in das schö - ne
Wun - der - land! Du musst glau-ben, du musst wa - gen,
Wun - der - land! Du musst glauben, du musst wa - gen,
denn die Göt - ter leih'n kein Pfand,
denn die Göt - ter leih'n kein Pfand,
nur ein Wun - der kann dich tra - gen
nur ein Wun - der kann dich tra - gen
in das schö - ne Wun - der - land!
in das schö - ne Wun - der - land, in das

Viel durchgreifender ist der Unterschied zwischen den beiden Bearbeitungen von Schillers „Thekla." Die zweite zeigt vor allem die vollständigste Beherrschung der Liedform, und diese erscheint zugleich individuell beseelt und mit dem neuen Inhalt erfüllt. Um die Gegenüberstellung der Fragen und der entsprechenden Antworten auch musikalisch darzustellen, wechseln in der ersten Bearbeitung fortwährend recitativische, mit *„im Tempo"* gesungenen Stellen. Die Frage oder später die These wird immer als Recitativ, die Antwort oder Antithese dann im Tact gesungen. Die zweite Bearbeitung berücksichtigt das Verhältniss auch ganz genau; aber hier wird es durch das Gegenüberstellen von Dur und Moll ausgedrückt. Die ersten beiden Verse: *Wo ich sei und wo mich hingewendet, als mein flücht'ger Schatten dir entschwebt,* welche in der ersten Bearbeitung recitativisch eintreten, erscheinen hier in Moll [1]) und die folgenden: *„Hab' ich nicht beschlossen und geendet, hab' ich nicht geliebet und gelebt?* im gleichnamigen Dur; der fünfte und sechste ruhen auf der Dominant, mit der Wendung nach der Moll-Tonika und die letzten beiden werden dann wiederum ganz in Dur gehalten. Mit der knappsten Geschlossenheit der Form ist hier eine Tiefe und Gewalt des Ausdrucks erreicht, die dort trotz der Umständlichkeit und Weitschweifigkeit dennoch fehlt. Das gilt von allen Liedern aus diesem und auch noch dem folgenden Jahre. Dem Jahre 1813 gehören auch noch ein paar gedruckte Lieder an; wie „Verklärung", das am 4. Mai componiert warde, und im Nachlass — Lieferung 17 — veröffentlicht ist. Die Composition der Bal-

---

[1]) Im Original steht das Lied übrigens in Cismoll, nicht in Cmoll, wie es im Druck erschienen ist.

lade: Der Taucher von Schiller, begann Schubert am 13.
Septbr. 1813, beendete sie aber erst im August 1814.

Da wo der Knabe eine grössere Einheit der Form gewinnt,
geschieht dies auf Kosten des Inhalts. Das „Todtengräberlied
von Hölty:“ „Grabe Spaten, grabe!“ das er am 19. Januar 1813
componierte hat mehr Form, ist aber weit oberflächlicher aufgefasst, als wie die andern Lieder aus dieser Zeit. Von besonderem
Interesse ist noch die Composition von Körners Schwertlied:
„Du Schwert an meiner Linken“ das Notenbeilage 1 hier mitgetheilt ist.

Die kecken Harmoniefolgen beim „Hurrah“ sind die besten
Anzeichen für den sich mächtig regenden Genius, der im Knaben
bereits sich wirksam erweist. Dabei zeigt die, bei einem noch so
jugendlichen Componisten überraschend strenge Herbheit des Ausdrucks, dass er an dem gewaltigsten Meister desselben, an Beethoven
namentlich sein Empfinden zu entzünden, dass er ihm nachzu-
trachten bemüht ist.

Für seine Entwickelung waren ganz besonders die Canons
und Terzette, deren er in diesem Jahre eine ganze Reihe schrieb,
hochbedeutsam. Die Canons sind nicht aus der Schule des
älteren Contrapunkts hervorgegangen, sondern, wie es ausdrücklich
bei einem vermerkt ist, als Nachahmungen der Haydn'schen Canons
entstanden. Sie sind insofern von Interesse, als sie zeigen, wie
Schubert hier bereits die Liedform unbewusst streng einhält und
doch auch einen individuell gefärbten Inhalt giebt. Notenbeilage 2 und 3 bringen zwei derselben; namentlich der zweite
ist ganz eigenthümlich seinem Inhalt nach. Beide sind zugleich
sehr angenehm in der Klangwirkung, die melodische Führung ist
bereits ganz vortrefflich.

Es sind besonders Schillers Verse, die er zu Canons oder
dreistimmigen Sätzen verwendet, und zwar

4 Sprüche aus Elysium:

1. Unendliche Freude (15. April)
2. Vorüber die stöhnende Klage (18. April)
3. Hier strecket der wallende Pilger (29. April)
4. Hier umarmen sich (8. Mai.)

2. aus: Triumph der Liebe: 1. Ein jugendlicher Maienschwung (8. Mai) 2. Thronend auf erhabnem Sitze (10. Mai) 1. aus: Der Flüchtling: Frisch athmet des Morgens lebendiger Hauch (15. Mai) 1. aus: Sprüche des Confucius: Dreifach ist der Schritt der Zeit (8. Juli) Die zwei Tugendwege: Zwei sind der Wege (15. Juli) Der Text zu einem andern: „Goldner Schein deckt den Hain" ist aus Matthissons: „Abendlandschaft".

Weit weniger konnten selbstverständlich die Instrumentalwerke dieser Periode Bedeutung haben, wenn sie auch unser Interesse nicht weniger beanspruchen. Die Beherrschung der Instrumentalformen setzt noch viel grössere Erfahrungen und Studien voraus, als die der Vocalformen. Die Sonaten, Quartetten, Ouvertüren und Sinfonien, deren Schubert schon in dieser Zeit, wie das Verzeichniss seiner Compositionen am Schlusse dieses Werkes nachweist, eine ganze Reihe schrieb, sind nichts weiter als Fantasien, die mitunter ebenso wie die Lieder pikante Einzelzüge zeigen, im Ganzen aber niedriger stehen als diese. Die Quintettouvertüre, welche er seinem Bruder Ferdinand widmete, am 29. Juni 1811 begann und am 12. Juli beendete, hat als Einleitungssatz ein Largo, das zunächst die Klaviereinleitung zu: *„Hagars Klage"* bringt, und diese dann weiter ausführt. Das *Allegro* hat folgendes erstes Motiv:

Davon, dass der *Allegrosatz* das Verhältniss der Haupttonarten darstellen soll, dass also das zweite Thema zunächst in den Molltonarten die Ober- oder Untermediante, oder wol auch die Dominant, oder eine andere, in ähnlichem Verhältniss stehende Tonart ausprägen soll, hat der kleine Componist noch keine Ahnung. Sein Thema des zweiten Satzes ist in F-dur gehalten, eine Tonart die mit der Haupttonart in nur loser Verbindung steht:

Wie sehr der kaum vierzehnjährige Knabe hier abhängig
erscheint von den Meistern, deren Werke er mit besonderer Vorliebe ausführen hört und selber mit ausführen hilft, so erkennt
man doch auch namentlich an der harmonischen Führung, und
selbst an seinem Ungeschick, dass er neue Wege gehen will, die
er denn auch später findet. Nicht nur einzelne harmonische
Wendungen, sondern auch feine melodische Züge, die er nicht den
Meistern abgelernt hat, geben hier schon Kunde davon, dass er
der Tonkunst einen neuen Inhalt und damit neue Elemente für
ihre weitere Entwickelung darbringen wird. Aus der, zum Theil
planlosen Weitschweifigkeit seiner frühesten Lieder und Gesänge
ersehen wir, wie mächtig der Knabe schon von der neuen, allmälig sich ausbreitenden Lyrik erfasst worden ist, so dass diese
selbst auf seine instrumentalen Versuche Einfluss gewinnt, und wir
erkennen: dass sie es ist, welche von jetzt an lange Zeit die Entwickelung der Tonkunst beherrschen wird.

Zweites Kapitel.

Franz als Schulgehülfe.
(1813—1817.)

Der Wille des Vaters, wie die Aufforderung zum Militairdienst, welche in jener Zeit an ihn ergieng, mögen beide bestimmend auf Franz eingewirkt haben, dass er nach erfolgtem Austritt aus dem Convict, den Entschluss fasste, dem Lehrerberuf sich zu widmen. Nur so war es für ihn möglich, dass er dem Militairdienst entgieng, welcher ihn damals in Oestreich auf eine Reihe von Jahren jedem andern Beruf entzogen hätte. Zugleich entsprach er mit dieser Wahl aber wol auch dem Wunsche des Vaters, der den Sohn gewiss gern bald in einer gesicherten Stellung und zugleich auch die reiche Begabung desselben dem eignen Stande erhalten und dienstbar sehen wollte. So bereitete sich Franz während des Schuljahres 1813—14 bei St. Anna auf seinen neuen Beruf vor und übernahm dann (1814) die Stelle eines Schulgehülfen bei seinem Vater. Dass diese Wahl ihm nicht gerade sehr zusagte, ist wol erklärlich und man darf es ihm nicht besonders schwer anrechnen, dass er, wie uns Kreissle [1]) mittheilt, nach der Versicherung seiner noch lebenden Schwester Therese: strenge und jähzornig gewesen sei und die Kinder oft in handgreiflicher Weise bestraft habe. Er, der als 13 jähriger Knabe schon es den grössten Meistern der Tonkunst gleich zu thun trachtete, unterrichtete in der Vorbereitungsklasse ABC-Schützen in den Anfangsgründen des Lesens und Schreibens. Dennoch hielt er 3 Jahre treulich aus, und übte mit Eifer seine Pflicht. Dabei durfte doch aber auch die geliebte Kunst nicht zu

---

[1]) Franz Schubert, pag. 34.

kurz kommen. Die Zahl der Werke, die er gerade in dieser Zeit
schuf, ist erstaunlich gross, und schon sind einige darunter, die
allein geeignet sind, seinen Namen unsterblich zu machen.

Er suchte schon während dieser Zeit den Verkehr mit Personen, die ihn musikalisch zu fördern wussten. Kreissle nennt hier
zunächst die Familie eines, um jene Zeit schon verstorbenen Sei-
denfabrikanten Grob [1]. In dem Hause wurde viel musiciert: die
Tochter Therese hatte eine sehr schöne Stimme, die bis ins hohe d
reichte, und der Bruder Heinrich war nicht nur ein guter Clavier-
spieler, sondern auch ein guter Violoncellist und auch sonst musikalisch gebildet, so dass er nicht selten die Kirchenmusik auf dem
Lichtenthaler Chor dirigierte. In dieser Familie namentlich fand
Schuberts Genius Anregung und Pflege. Therese sang ihm seine Lieder
und mit dem Bruder spielte er die Instrumentalsachen. Für diesen ist
auch (Octbr. 1816) ein: *Adagio et Rondo concertant pour le Pianoforte avec accompagnement de Violon, Viola et Cello* (das Autograf
ist Eigenthum des Herrn Spina in Wien) geschrieben. Bis 1820
dauerte sein Verkehr in diesem Hause, um diese Zeit verheiratete
sich Therese und da auch er seitdem in mancherlei andere Verhältnisse und Kreise kam, so löste sich das Verhältniss naturgemäss
von selbst.

Bedeutsamer noch wurde eine andere Bekanntschaft, welche
er um diese Zeit machte, die, des in Oestreich, namentlich seines
unglücklichen Endes halber bekannten Dichters *Johann Mayrhofer*.
Dieser, eine mehr wunderlich als tief angelegte Natur, stand (1814)
bereits im 27. Lebensjahre, als er mit Schubert in ein näheres Verhältniss trat.

„Meine Bekanntschaft" erzählt er selber „wurde dadurch eingeleitet, dass ihm ein Jugendfreund mein Gedicht: *„Am See"* zur
Composition übergab. An des Freundes Hand betrat Schubert das
Zimmer, welches wir fünf Jahr später (1819) gemeinsam bewohnen
sollten. Es war in einer düstern Gasse. Haus und Gemach haben
die Macht der Zeit gefühlt, die Decke ziemlich gesenkt, das Licht

---

[1] Franz Schubert: pag. 35.

von einem grossen gegenüberstehenden Gebäude beschränkt, ein
überspieltes Clavier, eine schmale Bücherstelle — so war der Raum,
welcher mit den darin zugebrachten Stunden meiner Erinnerung
nicht entschwinden wird. Wie der Frühling die Erde erschüttert,
um ihr Grün, Blüthen und milde Lüfte zu spenden, so erschüttert
und beschenkt den Menschen das Gewahrwerden seiner produk-
tiven Kraft, denn nun gilt Goethe's:

> Weit, hoch, herrlich der Blick
>
> Rings ins Leben hinein;
>
> Von Gebirg zu Gebirg
>
> Schwebt der ewige Geist
>
> Ewigen Lebens ahndevoll.

Dieses Grundgefühl und die Liebe für Dichtung und Tonkunst
machten unser Verhältniss inniger; ich dichtete, er componirte was
ich gedichtet, wovon vieles seinen Melodien Entstehung, Ausbildung
und Verbreitung verdankte.“

Direct gewann Schubert auf den Dichter Einfluss, indem er
ihn veranlasste, sich in grösseren Dichtungsformen zu versuchen.
Schon im Jahre 1815 schrieb Mayrhofer einen Operntext: *„Die
beiden Freunde von Salamanca“* den Schubert noch in demselben
Jahre componierte: ein zweiter *„Adrast“* fand sich im Nachlasse
des Dichters vor. Für Schubert konnte die eigenthümliche Denk-
weise des Dichters, die sich weniger in seiner Dichtung, als vielmehr in der ganzen Art und Weise seines Denkens, Lebens und
Verkehrs äusserte, wiederum nicht ohne Einfluss bleiben. Es ist
wol mit vollem Recht anzunehmen, dass die süsse Melancholie
der Schubertschen Weisen, ihr geheimnissvoller Zauber, die durch
die Herbheit seiner frühern Jugendarbeiten fast ganz darnieder gehalten werden, zumeist unter dem Verkehr und an dem Wesen des
Dichters rascher empor wuchsen, als sonst der Fall gewesen wäre.
Ueber die fernern Lebensschicksale des Dichters sei hier gleich
erwähnt, dass er später Beamter bei der Censur-Behörde wurde,
und dass sich Hypochondrie bei ihm zu äusserster Höhe ausbildete
und ihn endlich in den Tod trieb. Nachdem er bereits früher,
doch vergeblich den Tod in den Wellen gesucht hatte, stürzte er
sich vom obern Stockwerk des Amtsgebäudes herab und brach das

Genick, starb aber erst nach 40 Stunden am 5. Februar 1836. —
Besonders anregend für Franz wurden auch in dieser Zeit noch die
praktischen Musikübungen, an denen Theil zu nehmen er noch vielfach Gelegenheit fand. So schrieb er in jedem Jahre eine Messe:
die in F 1814, in G 1815, und in C 1816, welche aufzuführen in
den verschiedenen Kirchen seiner Vaterstadt er hinreichend Gelegenheit fand. Ferner hatte sich der kleine Kreis von Freunden und
Bekannten, der sich den Quartett-Uebungen in seines Vaters Hause
anschloss, allmälig zu einer grössern Gesellschaft von Dilettanten
erweitert, für welche Franz seine Instrumentalwerke aus jener
Zeit schrieb. 'Als sich des Vaters Wohnung zu eng für die an-
wachsende Mitgliederzahl erwies, nahm sie der Handelsmann Frisch-
ling (Dorotheergasse 1105) auf und bereits 1815 konnte der Verein
kleinere Sinfonien von Haydn und Mozart, Pleyel und Rosetti
vor einem kleinen Kreise geladener Gäste aufführen. Schon Ende
des Jahres 1815 war der Raum wiederum zu eng geworden, und so
siedelte die Gesellschaft in die Wohnung des Herrn Otto Hatwig
im Schottenhof über und im Frühjahr in dessen neue Behausung
im Gundelhof. Jetzt durfte man sich auch schon an etwas grössern
Instrumentalwerken versuchen und ausser den Sinfonien von Krommer oder Romberg, gelangten nun auch die grössern von Haydn
und Mozart und die ersten beiden von Beethoven, wie die
Ouvertüren von Weigl, Winter, Câtel, Spontini, Boildieu,
Cherubini, Mozart u. s. w. zur Aufführung. Für diesen Verein
nun schrieb Schubert seine Sinfonien in B und D 1815; die in
C-moll und in B-dur 1816; und die in C 1818; wie die *Ouvertüren
im italienischen Styl 1817.*

Zu Ende des Jahres 1815 eröffnete sich ihm die erste Aussicht, in eine, seinen Neigungen und Wünschen, wie seinen Fähigkeiten mehr entsprechende Stellung zu gelangen. Im December
des genannten Jahres war von der „Central-Organisations-Com-
mission die Errichtung einer öffentlichen Musikschule an der deutschen Normal-Anstalt in Laibach bewilligt worden. In Betreff
der, deshalb zu vergebenden Stelle des Musiklehrers wurde eine
Concurrenz ausgeschrieben, und der Termin zur Einbringung der
Gesuche auf den 15. März 1816 festgesetzt. Auch Franz Schubert

war unter den Bewerbern, aber obgleich sein Gesuch durch die Wiener Stadthauptmannschaft (unterzeichnet: *Mertens, Freih. von Haan. Unger.*)[1] warm befürwortet wurde, bekam er die Stelle doch nicht. Sein Lehrer, der Hofkapellmeister Salieri hatte einen gewissen *Jacob Schaufl* als den, für die Laibacher Musiklehrerstelle geeignetsten Bewerber vorgeschlagen, der sie denn auch erhielt.

Salieri feierte in demselben Jahre am 16. Juni den fünfzigsten Jahrestag seines Eintritts in den kaiserlichen Dienst. Ein Theil dieser Feier bestand darin, dass eine Reihe von Compositionen seiner Schüler zur Aufführung gelangten. *Franz Schubert* componierte zu dieser Feier eine Cantate, zu welcher er sich auch den Text gedichtet hatte. Weder Dichtung noch Musik erheben sich aber über das Maass derartiger Gelegenheitsarbeiten.

Bedeutender ist eine andere Cantate, zu der Schubert auf Verlangen kurze Zeit darauf die Musik schrieb, und die ihm das erste Honorar — 40 Gulden — eintrug. Kreissle erzählt darüber, dass mehrere Studenten den Professor der politischen Wissenschaften Heinrich Watteroth an seinem Namenstag (12. Juli) mit einer musikalischen Feier zu überraschen beschlossen hatten. Einer derselben, Dräxler von Carin hatte zu diesem Zwecke eine Cantate „*Prometheus*" gedichtet und an Franz Schubert war alsdann die Aufforderung ergangen, die Musik dazu zu schreiben. Bei der, erst am 24. Juli erfolgenden Aufführung gewann diese so allgemeinen Beifall, dass man von vielen Seiten eine Wiederholung wünschte und Dr. *Leopold von Sonnleithner*[2] brachte das Werk für die Concerte des Musikvereins in Vorschlag, ohne indess mit seinem Antrag durchzudringen. In Schuberts letzten Jahren wurde es mehrfach nach auswärts verlangt, unter anderm auch vom Stift Göttweih. Von dort kamen die Partitur und die von Schubert selbst ausgeschriebenen Stimmen auch wieder zurück, allein seitdem sind sie verschollen. Noch eine dritte Gelegenheitsmusik aus diesem Jahre ist zu erwähnen: die Cantate zu Ehren des Schulober-

---

[1] Die betreffenden Actenstücke bei Kreissle pag. 106. 107.

[2] Später Hof- und Gerichtsadvokat in Wien, und ein warmer Verehrer Schuberts.

aufscher Josef Spendou, die als Op. 128 im Clavierauszug von Ferd. Schubert im Stich erschienen ist.

Die Aufführungen aller dieser Werke waren lauter Erfolge für ihn, und dennoch musste er in der, seinen Fähigkeiten wie seiner Neigung so wenig entsprechenden Stellung verharren. Erst einem jungen Studenten — *Franz von Schober* — war es vorbehalten, ihn aus derselben zu befreien. Dieser hatte in Linz, im Spaun-schen Hause [1]) Gelegenheit gehabt einige Lieder von Franz Schubert kennen zu lernen, und diese hatten sein Interesse derartig erregt, dass, als er nach Wien kam, er den jungen Tondichter auf-suchte. Da er ihn unter so wenig fördernden Verhältnissen fand, war er auch sofort darauf bedacht, ihn denselben zu entziehen. Seine Mutter gab gern ihre Einwilligung dazu, dass der junge geniale Tondichter Aufnahme in ihrem Hause fand und da auch Schuberts Vater nicht dagegen war, bezog Franz eine Stube in Schobers Wohnung (in der Landskrongasse) und konnte jetzt ungehindert seiner Kunst leben. Doch dauerte diesmal der Aufenthalt Schuberts in Schobers Hause nur kurze Zeit, weil ein zweiter Sohn des Hauses, ein Officier auf Urlaub nach Wien kam, dem Franz die Zimmer überlassen musste. Durch Vermittelung von Joseph Spaun fand er indess Wohnung bei Mayrhofer bei welchem er zwei Jahr blieb von (1819—21.) Später wohnte er wieder mehrere Jahre bei Schober oder hatte doch immer ein Zimmer zur Verfügung. Nicht uner-wähnt darf bleiben, dass Schubert auch viele Gedichte von Schober in Musik setzte. Endlich ist noch einer Bekanntschaft Erwähnung zu thun, welche Schubert gleichfalls in dieser Zeit machte, und welche nicht minder einflussreich für ihn wurde, wie die bereits

[1]) Josef von Spaun war Convictsgenosse des, um neun Jahr jüngern *Schubert* gewesen; er hatte diesem früh ein lebhaftes Interesse zugewendet, und wie im Convict bethätigte er dies auch später, wo er nur Gelegenheit fand. Schubert erkannte das auch wiederholt öffentlich an, indem er ihm mehrere Lieder, und die *Fantasie Op. 78* widmete. Ihm und dem Herrn von *Wittezceck*, einem nicht minder begeisterten und treuen Freunde Schuberts, verdanken wir auch die ziemlich vollständige Sammlung der gedruckten wie der ungedruckten Lieder Schuberts, die gegenwärtig im Besitz der Gesell-schaft der Musikfreunde Oesterreichs in Wien ist.

erwähnten, nehmlich die des, seiner Zeit hochgeschätzten Sängers Johann Michael Vogl (geb. 10 Aug. 1768). Die Vermittelung dieser Bekanntschaft scheint wiederum von *Schober* ausgegangen zu sein. Anfangs trat Vogl dem jungen, bescheidenen Componisten mit vornehmer Herablassung entgegen; als er sich indess an den Melodien des jungen Genius erst erwärmt hatte, wurde er sein begeistertster Apostel, und als solcher war er dann unermüdlich thätig für die Verbreitung der Lieder von Schubert bis in die weitesten Kreise. Dabei gewann er auch einen ganz bedeutsam fördernden Einfluss auf die künstlerische Entwickelung seines jungen Freundes. Er selbst besass eine nicht geringe Bildung und bei seiner ziemlich umfassenden Literaturkenntniss unterstützte er Schubert bei der Auswahl der zu componierenden Lieder. Dass dieser Einfluss auch sich in nicht immer künstlerischer Weise geltend machen musste, ist ganz natürlich. Vogl war ein beliebter Sänger, dessen Lebenselement aber ist: der öffentliche Beifall; dieser Umstand und gewiss wol auch das Bestreben, den Liedern des jungen Freundes die beste Aufnahme im Publikum zu bereiten, machen es erklärlich: dass er Schubert zu manchen Concessionen und Rücksichten, nicht nur für ihn und die besondere Art und Weise seines Gesanges und seiner Stimmmittel, sondern auch gegen das Publikum veranlasste. Man hat ihm, und mit vollem Recht zum Vorwurf machen müssen: dass er die Lieder Schuberts durch einzelne, nur auf die rohsinnliche Wirkung berechnete Verzierungen und forcierte Gesangseffecte veranstaltete und manche Lieder sind in, durch ihn verdorbenen Lesarten auf uns gekommen, so dass es erst einer erneuerten Revision bedurfte die ursprüngliche Lesart wieder herzustellen; allein man darf hierbei nicht übersehen, dass Schubert selbst in dieser Beziehung wol freier dachte als wir. Viele seiner, in der Originalhandschrift noch vorliegenden Compositionen beweisen, dass er Freund gewisser Verzierungen war, und diese sogar ihrer selbstwillen, nicht der Situation wegen einführte. Der weitere Vorwurf, den Kreissle dem Sänger macht: dass er es gewesen, der Schubert veranlasst habe, sich mit besonderer Liebe der Liedcomposition zu zuwenden, ist entschieden ungerechtfertigt. Wir werden in der Folge nachzuweisen versuchen, dass es für den

ersten Meister nach Beethoven zunächst keine höhere Aufgabe zu
lösen gab, als die: dem neuen Liederfrühling, der mittlerweile in der deutschen Poesie herein gebrochen war, und
in Goethe schon seinen Höhepunkt erreicht hatte, die
reichern Mittel des musikalischen Ausdrucks dienstbar
zu machen, um ihn nur noch klingender und in noch viel
bestrickenderem Reiz erscheinen zu lassen; damit aber
zugleich die Tonkunst in eine neue Phase der Entwickelung zu leiten. Wie früh Schubert das als seinen eigensten Beruf
erfasste, das zeigt sich schon bei den ersten schöpferischen Versuchen des Knaben und sein Verhältniss zu Vogl wirkte nicht bestimmend sondern nur fördernd; nicht dieser, sondern der besondere
Zug des eignen Genius leitete ihn in die angedeutete Bahn, und dass
er hier rascher vorwärts schritt, als sonst geschehen sein würde,
ist grösstentheils dem Einflusse des erwähnten Sängers zuzuschreiben
und zu danken. Endlich dürfte selbst Schuberts Thätigkeit als
Lehrer nicht ohne alle Einwirkung auf seine selbstschöpferische
Thätigkeit und somit auf seine künstlerische Entwickelung geblieben
sein. Wie seine Verbindung mit dem Lichtenthaler-Kirchenchor
zumeist ihm die Veranlassung zu mehreren Messen und andern
Kirchencompositionen gab, oder wie er für jenen vorerwähnten
Dilettanten-Orchesterverein mehrere Instrumentalwerke schrieb, so
sind unzweifelhaft die *zweistimmigen Lieder* aus dieser Zeit und
wol auch manche einstimmige unter dem Bedürfniss der Schule
entstanden. Die zweistimmigen Lieder: 2 Mailieder von Hölty:
„*Grüner wird die Au*" (am 24. März 1815 comp.) und: „*Der Schnee
zerrinnt*" (am 26. März 1815 comp.) und der Morgenstern von
Körner: „*Stern der Liebe Glanzgebilde*" wie das Jägerlied:
„*Frisch auf ihr Jäger*" und Lützows wilde Jagd desselben Dichters, welche Schubert zu derselben Zeit (am 26. März 1815) für
zwei Singstimmen mit Begleitung von 2 Hörnern schrieb, sind unzweifelhaft für Schulzwecke componiert. Sie sind vollständig dem
Bedürfniss und den Fähigkeiten der Schulkinder anbequemt und
in dem Sinne und Geiste der Melodien der Lieder des: Weise'schen
Kinderfreundes gehalten. Die Hornbegleitung, die sich nur auf
selbständige Nachspiele oder Zwischenspiele beschränkt, deutet

darauf hin, dass die Lieder auch im Freien, bei Aufzügen oder
Ausflügen der Schule gesungen wurden. So einfach diese Lieder
auch sind, so bilden sie doch nicht unbedeutende Momente in der
ganzen Entwickelung des jungen Componisten, indem sie ihn veranlassten: der Liedform grössere Aufmerksamkeit zu schenken,
als er bisher gethan hatte. Bei allen bisher von uns besprochenen
Werken, ist sein Bestreben einseitig darauf hingerichtet, den speciellen Inhalt des Textes zu überzeugendstem Ausdruck zu bringen.
Weder die Texte, noch die besondere Veranlassung ihrer Wahl der
in Rede stehenden *zweistimmigen Lieder* erfordern ein tieferes
Eingehen auf den Gefühlsinhalt, wol aber musste die Form hier
strenger gewahrt werden, weil sie nur dadurch dem erwähnten
Zweck entsprechen. Sie halfen deshalb in der Entwickelung unsers
jungen Componisten ganz bedeutsam mit, dass er die vollständigste
Meisterschaft in Beherrschung der Form gewann.

Die Menge bedeutender Lieder, welche bereits in demselben
Jahre noch entstanden, beweisen dies bis zur Zweifellosigkeit.
Hierbei wurde ferner noch die Pflege der künstlichen Form des *Canons*
und der *dreistimmigen* Gesänge, der er sich bereits im Jahr 1813
unterzog, förderlich. Fast möchte man annehmen, dass auch diese
Gesänge einer ähnlichen äussern Veranlassung ihre Entstehung
verdanken.

Die Canons sind wie erwähnt durchaus nicht im Sinne des
alten Contrapunkts, wie sie die Schule jener Zeit lehrte, sondern
als Nachbildungen des Haydn'schen Canons ausgeführt; es sind
Liedsätze deren einzelne Strophen zugleich sich gegenseitig contrapunktieren. Ein solcher Satz konnte nicht dem Wort oder
einzelnen Anschauungen gerecht werden, sondern er musste den
Grundton in einer geschlossenen Form darstellen, und so war die
strengste Liedform hier unabweislich Erforderniss. Wir geben
unter Notenbeilage 2 und 3 zwei dieser Canons, zum Beweise wie
hier bei treffendem Ausdruck der Stimmung, doch auch die knappe
lyrische Form gewonnen ist. Ganz ähnlich ist Schillers: *„Dreifach
ist der Schritt der Zeit"* behandelt. Andere Sprüche aus Elysium:
„Vorüber, die stöhnende Klage" (18. April) *„Hier streckt der wallende
Pilger"* (29. April) *„Hier umarmen sich"* (8. Mai) sind wie *„Goldner*

Schein, deckt den Hain" „*Ein jugendlicher Maienschwung*" (8. Mai)
Thronend auf erhabenem Sitz (10. Mai) „*Frisch athmet des Morgens
lebendiger Hauch* (15. Mai) oder *Schillers* „*Zwei sind die Wege*"
als Terzette für 2 Tenöre und Bass componiert. Sie zeigen alle
bereits das Bestreben, auf dem knappsten Rahmen eine möglichst
reiche Darstellung des Textgehalts darzustellen. Die, durch den
Zweck, welchem diese Lieder und Terzetten dienten, gebotene Beschränkung war ausserordentlich förderlich für den Componisten.
Er componierte jetzt nicht mehr, wie wahrscheinlich ausschliesslich
die früheren Lieder, Gesänge und Balladen: „Der Vatermörder"
„Hagars Klage" u. s. w. für seine eigene Stimme; sondern er
wollte jetzt dass andere Stimmen ausführen sollten, was er ihnen
vorschrieb. Er musste sich daher den Anforderungen derselben
anbequemen lernen und wie er allmälig den Ausdruck, und den
charakteristischen und treffenden Ausdruck in anderer und weniger
umständlicher Weise finden lernte, das nachzuweisen wird Haupt-
zweck der nächsten Kapitel unserer Darstellung sein. Hier wollen
wir nur noch darauf aufmerksam machen, dass schon in dem ersten
der beiden Canons sich die Melodik mit ihrer innigen Weichheit vor
den bisher betrachteten Werken ganz bedeutsam hervorkehrt, obwol mit einem viel geringeru Aufwande von Mitteln wird hier
doch unendlich mehr gewirkt, als in allen vorher besprochenen
Tonstücken. Der zweite interessiert mehr durch die wirklich pikante
Ton- und Detailmalerei, welche auf engstem Rahmen ein so treues
Bildchen gibt, wie es das ganze, intentionenreiche Ungeschick der
früheren Arbeiten nimmermehr zu Stande brachte.

So hatten auch die ungünstigsten Verhältnisse nicht vermocht,
die Entwickelung des genialen Jünglings zu hemmen, und wenn wir
uns jetzt zur nähern Betrachtung der Erzeugnisse dieser Zeit
wenden, so werden wir kaum wagen dürfen, anzunehmen, dass diese
unter günstigeren Umständen eine raschere und erfolgreichere hätte
werden können.

Drittes Kapitel.

Die ersten Werke von Bedeutung.

Jener eigenthümliche Zug, der unsern Meister drängte: dass
er nicht nur einzelne Gedichte in Musik setzte, sondern ganze
Dichterindividualitäten musikalisch umgestaltete, und der ganz besonders seine Bedeutung als Hauptvertreter der musikalischen
Lyrik bedingt, tritt schon früh bei ihm zu Tage. Schon früh beschäftigte er sich gern zu gewissen Zeiten mit ein und demselben
Dichter möglichst ausschliesslich. 1813 componierte er namentlich
Gedichte von Schiller, ausser den früher schon erwähnten, begann er
auch in diesem Jahre (am 13. Septbr.) mit der Bearbeitung der
Ballade: Der Taucher; beendete sie aber erst im August des
folgenden Jahres. 1814 sind es dann besonders die Lieder
von Matthissen, die ihn zur Composition anregten. Gedruckt sind
nur: Der Geistertanz: *„Die bretterne Kammer der Todten erbebt"*
(14. Octbr.) die beiden Laura-Lieder: Die Betende: (April)
„Laura betet" und An Laura (7. Octbr.) *„Herzen die gen Himmel
sich erheben"* (beide Lief. 31. des Nachlasses) und die Romanze:
„Ein Fräulein klagt im finstern Thurm" durch Espagne veröffentlicht
in dem mehrfach erwähnten Heft. Die übrigen: Andenken: *„Ich
denke dein"* (April) Geisternähe: *„Der Dämmrungschein"* (April)
Erinnerung: *„Kein Rosenschimmer"* (April) Der Abend: *Purpur
malt* (Juli) Lied der Liebe: *„Durch Fichten am Hügel"* (Juli) Lied
aus der Ferne: *„Wenn in des Abends letztem Scheine"* (Juli)
Trost an Elise: *Lehnst du deine bleich gehärmten Wangen?*
Lied aus der Ferne: *„Wenn in des Abends"* sind alle ungedruckt.

Die meisten der Lieder stehen übrigens gegen die andern aus derselben Zeit zurück. Die Lieder Matthissons entsprechen zwar der Individualität Schuberts, allein sie vermochten diese nicht weiter anzuregen, und noch viel weniger tiefer und nachhaltiger zu bewegen. Mit ihrer traumhaften Mondscheinseligkeit vermochten sie wol einzelne Saiten seines Gemüthes erklingen zu machen, doch nicht so stark und kräftig, dass sie in vollen und mächtigen Accorden erklungen wären. In dieser Periode war die Poesie Matthissons eine entschiedene Nothwendigkeit für die Entwickelung Schuberts, indem durch ihre weiche Sentimentalität die starre und etwas trockne Herbheit der Jugendarbeiten aufgelösst wurde zu jener süssen Melancholie, die bald seine Lieder durchzieht, und, weil ein Hauptzug im deutschen Gemüth, diesen die schnelle und weite Verbreitung sicherte. Der „Geistertanz" erregt ein höheres Interesse weil er zur Tonmalerei Veranlassung giebt, die hier indess noch ziemlich schüchtern geübt wird. Bedeutender ist die Romanze *„Ein Fräulein klagt im finstern Thurm"*.

Das Ganze ist ein Cyklus von Romanzen, die alle nur einen Grundgedanken variieren. Nur die Romanze welche die Katastrophe einleitet: *„Das Fräulein horchte, still und bang"* gewinnt dramatische Lebendigkeit und ist namentlich in der Clavierbegleitung charakteristisch, die andern sind dagegen wenig bedeutend. Alle oben erwähnten Lieder haben nur die Bedeutung der technischen Studien, durch deren Hülfe Schubert die rechte Form des neuen Liedes, und unumschränkte Herrschaft über sie gewinnt. Nach dieser Seite bekunden namentlich: „Edone von Klopstock: *„Dein süsses Bild Edone"* und Emma von Schiller: *„Weit in nebelgrauen Fernen"* (Op. 58) einen bedeutenden Fortschritt.

„Emma" und „Edone" sind schon prägnanter in der Fassung, und dabei nicht weniger eindringlich im Ausdruck; im erstern ist die Harmonik, im letztern wieder die Melodik wirksamer, aber beide sind weder so knapp, noch so streng liedmässig gegliedert, wie schon viele Lieder aus dem nächstfolgenden Jahre.

Die Ballade von Kenner: *„Ein Fräulein schaut vom hohen Thurm"* (als Op. 126 veröffentlicht), welche ebenfalls in diesem Jahre entstand, ist mit dem oben erwähnten Romanzencyklus einigermaassen verwandt, doch ist hier der Charakter der Ballade besser gewahrt, als in den meisten andern derartigen Compositionen Schuberts. Wir werden später noch zeigen müssen, dass Schubert die rechte Form für die Ballade im Grunde nicht fand, die doch einem minder begabten Zeitgenossen — Carl Löwe — zu finden vergönnt war, weil er nicht den, alle Einzelheiten der episch sich ausbreitenden Begebenheit unter einander verbindenden Erzählerton zu treffen vermochte. Auch in der erwähnten Ballade sind die Einzelheiten schon meisterlich herausgebildet: der wehmüthig klagende Ton der Eingangsromanze nöthigt uns sofort zur wärmsten Theilnahme an dem Geschick des Helden. Nicht minder charakteristisch sind die beiden folgenden: (in B-dur): „Sei wohl getrost" und (in D-dur) „Willkommen schmucker Knabe mein" und die anschliessende Schilderung des Kampfes wie die klagende (wiederholte) Trauerode am Schlusse; aber sie stehen unter sich in zu loser Verbindung, die auch nur sehr äusserlich durch Recitative hergestellt wird. Fast in noch höherm Maasse ist das bei Schillers Ballade „Der Taucher" der Fall.

Die einzelnen Bilder führt er mit grosser Energie und Treue und selbst schon mit einer gewissen Meisterschaft aus und auch die einzelnen lyrischen Momente behandelt er bereits so ergreifend, wie vor und nach ihm kaum ein anderer Meister, aber den Ton für die sich stetig ausbreitende Erzählung, durch welchen die Darstellung jener einzelnen Bilder erst in Zusammenhang gebracht wird, fand er nicht und so ermüden diese Balladen trotz der trefflichen Einzelzüge, die sie alle enthalten.

Unter allen diesen Arbeiten ist kaum eine, welche grössere Bedeutung für sich gewinnt, aber alle zusammengenommen haben die Entwickelung Schuberts doch so weit gefördert, dass er im nächsten Jahre bereits eine Reihe seiner vorzüglichsten Lieder schrieb, mit welchen er nicht nur den neuen Liederfrühling entzündete, sondern auch der Musik unserer Zeit die wesentlichsten Momente einer Erneuerung zuführte. Als die reifsten und höchsten Erzeugnisse jenes episch-lyrischen Liedstyls, den Schubert bisher mit besonderer Vorliebe pflegte, sind „Ossians Gesänge" zu betrachten, die er in den Jahren 1815, 1816 und 1817 componierte und zwar No. 2. Cronäan 3. Colma's Klage (am 22. Juni) 4. Loda's Gespenst (1. Febr.) 5. Shylrik und Vinvela 6. Ossians Lied 7. Das Mädchen von Inistore (im Septbr. 1815) 8. Der Tod Oscar's (Febr. 1816) und 9. Die Nacht (im Febr. 1817).

Der greise, blinde Dichter zaubert in seiner Fantasie noch einmal die alte verrauschte Herrlichkeit seines Volkes und Landes in einzelnen, farbenreichen und lebensvollen Bildern hervor. Die Nacht bevölkert sich ihm mit Bildern und Gestalten aus alter Zeit; ihre Nebel bringen ihm die mächtigen Heldengestalten und im Spiel des Windes mit der Klette hört er den leichten Tritt der Geister. Der „Häuptling" erscheint und mit ihm wird das kriegerisch-lustige Leben der Vergangenheit wach. Im zweiten Bilde: „Cronaan" träumen Shilrik und Vinvela noch einmal den Traum ihrer Liebe und führen ihn dann im fünften: Shilrik und Vinvela weiter bis zum nahenden schrecklichen Ende desselben. Das dritte Bild bringt „Colmar's Klage" über den Tod ihres Salgar und des Bruders, die einander im Zweikampfe tödteten. Das vierte Bild: „Loda's Gespenst" zeigt uns Fingal, Morvens König im siegreichen Kampf mit dem Geiste Loda's. No. 6. „Ossians Lied nach dem Falle Nathos" und No. 7. „Das Mädchen von Inistore" ergänzen sich gegenseitig; beide sind Trauergesaenge; jener ist ein gewaltiger Trauerhymnus auf die gefallene Herrlichkeit des Landes; dieser ein stilles Klagelied aus hart getroffenem Mädchenherzen. So drängt sich Bild auf Bild, und keines derselben ist bestimmter gefasst und weiter ausgeführt, als es im Wesen einer solchen Vision begründet ist, und alle sind unter einander nicht fester verbunden, als durch die einheitliche Grundstimmung des ganzen Gedicht's, aus welcher dies hervortreibt. Hier fand demnach jene rhapsodische Weise der musikalischen Behandlung des episch-lyrischen Gedicht's, die Schubert in seinen ersten selbstschöpferischen Versuchen schon übte, und seitdem vorwiegend pflegte, entsprechende Anwendung und „Ossians-Gesänge" gehören zu dem Bedeutendsten, was der Meister überhaupt geschaffen und uns hinterlassen hat. In den klangvollsten, und doch auch zugleich gewichtigsten Accenten deklamiert er in „Die Nacht" den rezitativischen Gesang des Barden, und führt in kurzen und bezeichnenden Zwischenspielen die einzelnen, dort angedeuteten kleinen Bilder und Züge aus, von denen namentlich einzelne, wie: *„in seinem ästigen Geweihe hört sie den Wind,"* oder: *„Düster und keuchend, zitternd und traurig verlor der Wandrer den Weg"* oder: *„Es ist der leichte Tritt eines Geistes"* von überraschender Treue und Wahrheit sind. Ueberall wo dann die Empfindung mächtiger in den Vordergrund tritt, wie beim Anfangsgesang des Häuptlings oder bei der Stelle: *„Schweigen deckt die Felder ihrer Schlachten"* erhebt sich die Melodie zu grosser Wärme und Eindringlichkeit des Ausdrucks. Prachtvoll ausgeführt ist dann das fröhliche Gelag, das sich in der Fantasie des Dichters am Schluss dieses ganzen Bildes aufbaut. Auch im zweiten Bilde: „Cronnan" entgeht dem Komponisten kein Zug des Gedichts, jeden einzelnen illustriert er: „die mosige Quelle" „der stürmische Hügel" „die tobende See" „wie die Hirsche vom Hügel herab ziehen" das alles weckt in seiner Pantasie die entsprechenden musikalischen Motive. Inniger und gefühlswärmer hat Schubert kaum je etwas anderes gesungen als den Wechselsang der beiden Liebenden „Shilrik und Vinvela. Dass dann der Schluss aus der Claviereinleitung dieser ganzen Scene entwickelt wird ist genial gedacht und giebt dem ganzen Bilde seine künstlerische Abrundung. Grossartiger noch in Anlage und Ausführung ist unstreitig die dritte Scene: „Kolma's Klage." Der erste Gesang *„Rund um mich Nacht"* ist von wahrhaft erschütternder Wirkung. In der knappsten Form des einfachen Liedes gewinnt hier der Komponist namentlich durch die Gewalt seiner Harmonik, über welcher sich die, vornehmlich in klangvoller und treffendster Accentuierung bewegende Melodie erhebt, den Ausdruck für die hochtragische Stimmung. Nicht weniger bedeutend ist die anschliessende Romanze: *„Doch sieh' der Mond erscheint"* und der darauf folgende, überaus weiche, und doch aus den markerschütterndsten Klagelauten zusammengesetzte Trauergesang: *„Geister meiner Todten."* Die nachfolgende Scene No. 4 Lodas Gespenst bot weniger Gelegenheit zu hervorragenden Einzelheiten. Der Schlusssatz *„Heil unserm König tapfer und stark"* ist nicht von Schubert sondern von fremder Hand hinzugefügt. Dafür wirkt die folgende Scene 5.) Shylrik und Vinvela wieder um so bedeutsamer. Die Recitative sind wieder durch die feinsinnigste Tonmalerei ausgezeichnet, und ergreifender noch als in dem früheren ist in diesem Zwiegesang zwischen Shilrik und Vinvela die heisse Liebe der beiden geschildert. Wie sehnsüchtig süss klingt das: *„Ruhst du bei der Quelle des Felsen"* wie bang und heiss verlangend das: *„Nicht birgt mich das neigende Schilfrohr"* wie leidenschaftlich das: *„So bist du gegangen o Shilrik"* und wie tröstend und resigniert gefasst das: *„Ja ich werde deiner gedenken"* nach Shilrik's: *„Erinnere dich meiner o Vinvela"*. Neben der ohnstreitig vollendeten Weise der mehr rhapsodischen Behandlung solcher Gesänge hatte Schubert zugleich auch jene höhere mehr künstlerische Weise jetzt erreicht, welche in knapper und eng geschlossener lyrischer Form nicht minder erschöpfenden Ausdruck für die erregte Innerlichkeit gewährt als jene: in dem ersten Gesange aus Kolma's Klage, zum Theil auch in Ossians Lied auf den Fall Nathos. Das Höchste sollte er nach dieser Seite Indess erst im festen Anschluss an die Lyrik des Altmeisters derselben, an Goethe gewinnen. Wie in und mit diesem grössten deutschen Lyriker überhaupt die Blüte der neuen deutschen Lyrik beginnt, so wurde er auch der Schöpfer der musikalischen Lyrik. Wol beginnt die neue Periode derselben schon früher, doch nur in unwichtigen, unbedeutenden Anfängen mit J. Chr. Günther. (1693—1723) Hagedorn (1708—54) Gellert (1715—69) und vor allem Klopstock (1724—1803) oder Uz (1720—96) Ramler (1725—98) und J. G. Jacobi (1740) haben gleichfalls eine Menge Lieder gedichtet, die in Graun (1701—1759) Benda (1746—93) Nichelmann (1717—1761) Agricola (1720—74) Marpurg (1718—95) Hiller (1728—1804) und J. A. P. Schulz (1747—1800) ihre Componisten fanden, allein diese Poesien waren noch nicht bedeutsam genug, um von der Musik mehr zu beanspruchen, als eine Melodie, nach welcher sie gesungen werden können. Mehr Einfluss gewann das musikalische Element in der Poesie schon bei den Dichtern des Göttinger Hainbundes. Die Lieder von Bürger (1748—94) Hölty (1748—76) den beiden Grafen zu Stolberg Christian (1748—1821) und Fr. Leopold (1750—1819) Voss (1751—1826) oder Claudius (1740—1815) regten schon zu einer selbständigern musikalischen Behandlung an, und boten auch unserm

Schubert vielfach Stoff für seine Umdichtungen. Doch war in keinem die Empfindung stark und unmittelbar genug, um den neuen Liedstyl zu erzeugen Erst als in Wolfgang von Goethe (1749—1832) das unbeirrte Naturgefühl ausschliesslich das deutsche Lied wieder erzeugte, da begann auch für das gesungene Lied die neue Periode, in welcher Melodie und Clavierbegleitung die geheimsten und feinsten Züge des menschlichen Herzens darlegen. Darum durften wir früher bereits den ersten und grössten deutschen Dichter zugleich als Schöpfer des modernen gesungenen Liedes bezeichnen. Zwei Tondichter sind es zunächst, welche fast ausschliesslich Goethesche Lieder componierten: J. Fr. Reichardt (1751—1814) und C. Fr. Zelter (1758—1832) doch vermochten beide kaum mehr zu thun, als dass sie das, was im Goetheschen Verse bereits klingt, die in ihm vorhandene Sprachmelodie fixierten, in Tönen von wirklich messbarer Höhe. Zelter geht hierbei wol auch noch einen Schritt weiter, indem er durch die Clavierbegleitung die musikalische Darstellung erweitert, die Melodien auch wolklingender gestaltet und diese in ihrer Wirkung durch eine gewähltere Harmonik unterstützt. Beiden schlossen sich noch zwei andere Berliner Meister an: Ludwig Berger (1777—1830) und Bernhard Klein (1794—1832) von denen jeder wiederum nach einer Richtung einen Schritt vorwärts gieng. Berger versuchte wie Reichardt vorwiegend die Sprachmelodie zu notieren, aber durch eine gewähltere und ausgeführtere Clavierbegleitung ist er dann auch zugleich bemüht, dem Inhalt des Gedichts mehr gerecht zu werden als jener. Klein war zugleich darauf bedacht: die Melodie volksmässig zu gestalten, und ihr durch eine klangvollere Harmonik grössere Eindringlichkeit zu verschaffen.

Keine dieser Weisen war im Stande, die Goethesche Lyrik erschöpfend neu musikalisch zu gestalten. Das vermochten nur Meister wie Mozart und Beethoven, aber auch sie doch auch nur, in dem sie die ursprünglich knappe Form scenisch erweiterten. Es entsteht dadurch eine neue Form, in welcher der ganze poetische Inhalt des Gedichts sich vollständig ausspricht, aber nicht in der knappen Form des Liedes. Jeder einzelne Zug wird vielmehr als besonderer, in gewissem Grade selbständiger

Theil behandelt; in dem Bestreben, die einzelnen im Text angeregten
Tonbilder zu möglichst charakteristischen Gruppen herauszubilden
wird die Einführung und selbständige Ausprägung selbst der, vom
Hauptton weit entfernten Tonarten nöthig. Dadurch aber wird
die strophische Gliederung von vornherein unmöglich gemacht. In
dieser Weise nun, in der zur Scene erweiterten Liedform wussten
Beethoven und Mozart die neue Lyrik auch musikalisch nach
zu dichten. Dass Schubert Anfangs sich dieser Weise anschloss,
noch ehe er die knappe Form des Liedes gewonnen hatte, haben
wir bereits nachgewiesen. Namentlich durch seine Canons und
zumeist durch die zweistimmigen Lieder war ihm die Liedform geläufig geworden, und indem er dann diese knappe,
streng gegliederte und künstlich zusammengefügte Liedform beibehält, innerhalb derselben aber den ganzen
Harmoniereichthum des scenisch erweiterten Liedes verwendet, findet er jene Kunstform, in welcher die zartesten
und die stärksten Regungen des Innern ganz und energisch
wirksam in die äussere Erscheinung treten. Schubert
hält fest an dem ursprünglichen Formgerüst und indem
er die Haupttonart bestimmt ausprägt, gelangt er zu der
Einheit der Stimmung, welche für das Lied Hauptbe-
dingung ist, allein zur weitern Darstellung beider nimmt
er jenes fremde Material des scenisch erweiterten Liedes
mit auf und erreicht dadurch die Möglichkeit die Stimmung
bis in die feinsten Verschlingungen verfolgen zu können. [1)]
In diesem Bestreben gewinnen die Mittel der musikalischen Darstellung eine ganz bedeutende Umgestaltung. Die Melodie ist
jetzt nicht nur mehr der unmittelbare Ausdruck des erregten
Innern sondern zugleich eine ganz getreue Darstellung
des strophischen Versgefüges. Jene Berliner Künstler bleiben
auf der Oberfläche des dichterischen Kunstwerks haften; sie lauschen
ihm nur das ab, was bereits in ihm klingt und singt, ohne in seine
poetischen Tiefen einzudringen und es aus ihrem eignen Geiste
heraus neu zu schaffen. Mozart und Beethoven erfassten diesen

---

[1)] Siehe: Des Verfassers „Das deutsche Lied“ pag. 147 ff.

poetischen Gehalt in seiner ganzen Tiefe aber bei der musikalischen Darstellung verloren sie die Prägnanz des lyrischen Ausdrucks. In Schuberts Innerm weckt das lyrische Gedicht sofort den bestimmten Gefühlszug, dem es seine Entstehung verdankt, und zwar in seinem ganzen Reichthum, zugleich aber auch in der formellen Begrenzung und in der objektiven Fassung, welche er bei dem Dichter bereits gewonnen hat. Nach Anleitung des Gedichts lebt Schubert die Seelenerfahrungen desselben durch und sie werden ihm, Zug um Zug zu klingenden Tonformen. Die ursprüngliche Empfindung beherrscht jede Darstellung so vollständig, dass Melodie, Harmonie und Rhythmus sich leicht und willig ihm fügen, und zu wirklichen Trägern der lyrischen Stimmung werden. In der Melodie Schuberts erscheinen daher auch die Sprachaccente — die ursprüngliche Sprachmelodie — viel treuer nachgebildet, wie bei den Berliner Künstlern, treuer noch als bei Gluck. Dabei aber erhebt sie sich zu einer Gewalt selbständigen Ausdrucks, den in diesem Grade nur noch die Volksmelodie besitzt. Früh schon bildet ihr der Meister jenes reizvolle Klangcolorit an, das Sinn und Herz gleichmässig berückt und umfängt, und welches mit unmittelbarer und unwiderstehlicher Gewalt wirkt.

Dem entsprechend erweitert sich aber auch der Kreis der harmonischen Darstellungsmittel in bisher ungekannter Weise. Schon die eigenthümliche Melodik Schuberts bedingt eine neue Harmonik; aber diese wird bei ihm zugleich auch ein selbständiges Darstellungsmittel. Die Melodie umschreibt gewissermassen nur den Gefühlsausdruck; sie giebt diesen nur mehr in seinen Umrissen; das volle Bild wird uns erst mit Hülfe der vollständig ausgeprägten Harmonie vermittelt. Diese nun erfasst Schubert tiefer wie seine Vorgänger, so tief wie Johann Sebastian Bach. Doch ist die Harmonik beider wesentlich verschieden. Bach gewinnt neue harmonische Combinationen aus der rücksichtslosen Consequenz, mit welcher er seine Stimmen führt, bei ihm tritt die Harmonik seltener ihrer selbst willen auf, wie häufig bei Schubert. An dem Baue jenes ursprünglichen Formengerüstes wagt Schubert die kühnsten und weitesten Modulationen, aber nicht aus eitler Lust an

Klangeffecten, sondern nur in dem Bestreben: die ihn erfüllende
Empfindung wahr und treu auszutönen. Zur besondern Macht
wird die Harmonik bei dem einstimmigen Liede noch durch die
Weise ihrer Darstellung als Clavierbegleitung. Nur selten
giebt diese nur die harmonische Grundlage; in der Regel wird sie
zu einem feinen Gewebe aufgelöst. Ein bestimmtes Motiv, das
unmittelbar aus der Grundstimmung heraus erfunden ist, und diese
zu treffendstem Ausdruck zusammenfasst, wird zu einer Begleitung
verarbeitet, welche nicht nur den Gesang unterstützt, sondern zugleich mit ihrem eigensten Vermögen an der Darstellung der ganzen
Stimmung Antheil nimmt.

Nicht immer entspricht die rhythmische Gestaltung der Lieder
Schuberts diesem grossen melodischen und harmonischen Reichthum.
Der Zauber der Harmonie und der Melodie nimmt nicht selten den
Meister so gefangen, dass er darüber manchmal die Monotonie
des Rhythmus übersieht. Häufiger indess weiss er auch hier das
richtige Maass zu finden. Er stellt dann den, nur intensiv unter-
scheidenden Sprachrhythmus musikalisch auch extensiv in Quantitäts-
messung dar, und zwar ausserordentlich fein abgestuft. Durch
längeres Verweilen auf dem einen bedeutsamen Wort unterbricht
er den ruhigen Gang des Metrums und bringt durch die feinsinnigste Abstufung und Gruppierung der Accente ein wunderbar
rhythmisches Spiel, und ein mannichfaltig zusammengesetztes Versgefüge hervor, das nur dem des Volksliedes in seiner Blüte vergleichbar ist. Das sind die Bedingungen, unter denen zunächst
das Goethesche Lied musikalisch umgedichtet werden konnte,
und die formelle Abrundung desselben zügelt die reiche Fantasie
Schubert's, so dass er nirgends zu jenen Ausschreitungen, die er,
wenn auch selten andern Dichtern gegenüber wagt, sich verleitet
fühlt. Bereits aus den Jahren 1813 und 1814 sind uns Compositionen Goethescher Lieder von Schubert erhalten, wie: Sehnsucht: *„Was zieht mir das Herz so?"* (1813,) und die erste Composition des Liedes aus: *Wilhelm Meister*: (18. Octbr. 1814):

wie die erste Bearbeitung der Scene im Dom aus Faust (comp.
am 12. December 1814). Die erst erwähnte Composition ist ganz
in der Weise der besprochenen Gesänge jener Zeit gehalten; fast
jede Vers-Zeile ist besonders behandelt, in fortwährendem Wechsel
von Recitativen und im Zeitmaass gehaltenen kurzen Sätzen und
dies wechselt wiederum fast fortwährend. Einheitlicher ist die
zweite Bearbeitung gehalten:

doch auch diese Composition genügte dem Meister nicht, denn er
componierte das Lied 1816 im Sptbr. nochmals:

und später noch mehrmals als: *Lied für eine Stimme* Op. 62 No. 4,
als: *Duett für Sopran und Tenor* Op. 62 No. 1. und als *Quintett
für 2 Tenöre und 3 Bässe.* Auch von Goethe's, „An den Mond:"
„*Füllest wieder Busch und Thal*" sind zwei Bearbeitungen von
Schubert auf uns gekommen; die zweite und bedeutendere ist
erst 1868 unter den mehrfach erwähnten, von Espagne herausgegebenen 6 Liedern veröffentlicht. Die in Lief. 48 gedruckte gehört schon mehr dem noblen Bänkelsange an. Die zweite ist nicht
nur deshalb bedeutender, weil sie den wechselnden Ausdruck in
den verschiedenen Strophen berücksichtigt, sondern hauptsächlich
deshalb, weil die Melodie die Grundstimmung viel besser austönt
als bei der ersten, und die Begleitung und besonders die Harmonik ganz
dem entsprechend gehalten sind. Besonderes Interesse gewährt die
Vergleichung der beiden Bearbeitungen der Scene im Dome, deren
erste wir unter den Notenbeilagen als No. 4 zum ersten Male
veröffentlichen; die spätere Bearbeitung ist bereits in Lieferung

20 des Nachlasses veröffentlicht. Die erstere ist ohnstreitig nur Skizze und wie es scheint, sollte sie für Orchester weiter ausgeführt werden, dahin deuten ausser der ganzen Art der Aufzeichnung besonders die Bezeichnungen einzelner Stellen mit: „*Tromboni*“ und „*Orgelton*“. Der Chorgesang ist in beiden Bearbeitungen ziemlich gleichlautend; auch der Gesang „*Gretchens*“ zeigt nur wenige wesentliche Abweichungen, während der „*Böse Geist*“ fast durchweg anders behandelt ist und zwar zeigt sich hier wieder jene unterscheidende Weise in der Auffassung, auf die wir schon früher aufmerksam machten. In der ersten Bearbeitung ist das Bestreben nach höchstem charakteristischem Ausdruck vorherrschend, daher die tiefe Stimmlage und die, zum Theil heftigen und unmelodischen Intervalle, wie die Herbheit im ganzen Klange; die zweite Bearbeitung giebt nichts von ihrem Charakter auf, aber sie strebt zugleich nach grösserer, und vor allem angenehmerer Klangfülle. Die Gewalt des Harmonischen ist dem jungen Componisten jetzt so klar geworden, dass er durch sie mehr wirkt als durch die übermässigen und forcierten Intervallenschritte. Auch die Begleitung erhebt sich hier zu mehr erhöhter Bedeutung wie dort und zugleich konnte auf die grössere Mannichfaltigkeit des Orchesters verzichtet werden.

Alle diese Lieder und Gesänge stehen immer noch auf dem Boden der aeltern vor ihm bereits geübten Praxis; erst an dem Strophenlied gewann Schubert den neuen Liedstyl. Hier geht er zunächst zurück auf die allereinfachste Liedconstruction: Das Haidenröslein (1815.) — Jägers Abendlied (1816.) — Nähe des Geliebten (1815) Wonne der Wehmuth (Febr. 1815) Op. 115 Trost in Thränen: Wie kommt's, dass du so traurig bist — (Lief. 25 d. Nachlass). — Der Fischer — Das Lied des Harfners aus Wilhelm Meister: „*An die Thüren will ich schleichen*“ Mignons Lied: „*Ueber Thal und Fluss getragen*“ oder *Meeresstille* (1815.) zeigen jenes einfachste Formgerüst, das sich aus Tonika und Dominante zusammensetzt und zu seiner reichern Ausstattung nur äusserst sparsam einen oder den andern leitereigenen Accord mit hinzuzieht. Zugleich wird es aber auch wie beim Volkslied eine treue Nachbildung des strophischen Versgefüges, indem es die Reimschlüsse auch harmonisch zu Zielpunkten macht, und die einzelnen Zeilen durch die harmonische Wechselwirkung so unter sich in Beziehung bringt, wie sie in der Strophe durch den Reim verbunden sind. Dadurch erst, durch die wirkliche Reproduction des Versgefüges, wird das gesungene Lied in vollendeter künstlerischer Form gewonnen. In diesen Liedern ist es die Melodie vornehmlich, welche den gesammten Inhalt zum treffendsten Ausdruck bringt. Man muss, um zu erkennen, wie viel feiner, freier und klangvoller Schubert die Goetheschen Lieder declamiert, als jene Berliner Componisten, deren Compositionen Goethescher Lieder mit denen von Schubert vergleichen. Schubert's: Haidenröslein stellt die Sprachmelodie nicht weniger treu und dem Text eng anschliessend dar, als Reichardt in seiner Melodie desselben Liedes; aber hier erscheint sie nur nackt notiert, während sie dort zu einer selbständigen, die Grundstimmung des Gedichts vollständig musikalisch austönenden Melodie erweitert ist, ohne dass sie dadurch aufgehoben wird [1]. Die Sprachaccente werden durch reizende Melismen ausgeschmückt und durch reiche und klangvolle Intervalle eindringlicher gemacht und zugleich durch die gewissenhafteste Abstufung zur geschlossenen Form zusammen gefasst. In ganz gleicher Weise sind: „Der Fischer" „Ueber allen Wipfeln ist Ruh" der „König von Thule" und viele andere declamiert. Die Melodie des Liedes: „Ich denke dein" wird dadurch besonders weich und doch volltönend im Klange, dass in ihr die harmonische Grundlage deutlich erkennbar erklingt. Diese Lieder sind zugleich meist auch rhythmisch reich ausgestattet. Fast in jeder neuen Zeile gewinnt das Metrum eine besondere musikalische Darstellung, wie es die Stimmung verlangt. An der Darlegung derselben nimmt zugleich auch die Clavierbegleitung einen wesentlichen Antheil. Nur in seltnen Fällen, wie in *„Meeresstille"* oder in: *„Haidenröslein"* giebt sie nur die harmonische Grundlage. In der Regel wird sie zu einem feinen Stimmgewebe aufgelöst und mit dem Gesange verschmolzen. In einem Motiv wird die

---

[1] Vergl. des Verfassers: Lehrbuch der Composition. Berlin J. Guttentag Bd. II.

Grundstimmung zu treffendstem Ausdruck verdichtet und dies dann
zu einer Begleitung entwickelt, welche nicht nur den Gesang unterstützt, sondern sich selbständig mit ihrem eigensten Vermögen an
der Darstellung der Stimmung betheiligt. So erinnert das Begleitungsmotiv in: „Der Fischer“ entschieden an das ruhige Wogen
des Wassers; die rhythmische Auflösung der Accorde in: *„Nähe des
Geliebten“* charakterisiert vortrefflich die nur innerliche Erregtheit
des Herzens, und nicht weniger hilft das, mit chromatischen Durch-
gangstönen ausgeschmückte Begleitungsmotiv in: „Jägers Abendlied“ die Zeichnung des reizenden Bildchens vollenden.

Eine harmonische Erweiterung zeigt schon: An Mignon:
„Ueber Thal und Fluss getragen“ [1]. Der Schluss jeder Strophe:
„tief im Herzen, immer Morgens wieder auf“ oder *„still im Herzen,
heimlich bildende Gewalt“* und *„fest im Herzen, schwimmen nicht
im Strome fort“* werden durch eine weitere, und ziemlich unver-
mittelt eintretende Modulation nach A-dur (in den gedruckten

____

[1] In der Originalhandschrift (auf der Königl. Bibliothek in Berlin)
steht das Lied in Gis-moll und zeigt auch einige Aenderungen; die Einleitung heisst dort so:

Weiterhin wird im Original nicht:

declamiert.

Das betreffende Heft war jedenfalls das für den Druck eingerichtete Exemplar,
es trägt darauf bezügliche Bemerkungen. Es enthält die Lieder: Jäger's
Abendlied. Der König in Thule. Meeresstille. Schäfers Klagelied. Die Spinnerin. Haidenröslein. Wonne der Wehmuth.
Wanderers Nachtlied. Erster Verlust. Der Fischer. An Mignon.
Geister Gruss. Nähe des Geliebten. Gretchen am Spinnrade.
(die ersten Seiten).

Ausgaben As-dur) ausgezeichnet. Die Form ist eng geschlossen und begrenzt, aber sie ist hier nach Anleitung des Gedichts individuell gestaltet. Noch freier ist diese Weise der harmonischen Erweiterung der Form in: Mignons Gesang: *„Kennst du das Land"* ausgeführt (Nachlass Lief. 20). Das Original steht in A-dur und schon die erste Hälfte des Vordersatzes moduliert nach der Obermediante und von hier nach deren Unterdominant. Die Einleitung zum Refrain: *„kennst du es wohl?"* moduliert wiederum zurück und der Refrain: *Dahin, dahin möcht' ich mit dir o mein Geliebter ziehn"* hält die ursprüngliche Haupttonart wieder fest, so dass auch hier die Liedform nicht aufgehoben, sondern nur harmonisch neu gestaltet erscheint. Das ganz Gleiche gilt auch von der folgenden Strophe, deren erste Hälfte in F-moll gehalten ist. Wie Schubert in dieser Weise später noch Goethesche Lieder, wie das Lied der Mignon: So lasst mich scheinen (aus Op. 62) oder die Suleika-Lieder in unübertroffener Weise musikalisch umdichtete, wird noch später nachgewiesen werden.

Selbst jene Lieder Goethes, in welchen die strophische Abtheilung nicht fest gehalten ist, wie: *„Rastlose Liebe"* und Erster Verlust (in Op. 5.) oder die antikisierenden wie „An Schwager Kronos" oder „Ganymed" oder die mehr spruchartig gehaltenen Lieder des Harfners (Op. 12) zeigen viel mehr formelle Festigung als die ähnlichen aus der frühern Periode. Die Musik zu: „Rastlose Liebe" gliedert sich genau wie das Gedicht, in drei selbständige Theile, die aber nicht nur harmonisch, sondern auch durch Melodie und Rhythmus auf einander bezogen sind, also in ganz anderm innern Zusammenhange stehen, wie die ähnlichen Lieder der frühern Periode, bei denen die einzelnen Glieder nur mit Rücksicht auf den Ausdruck nicht auch in Bezug auf die formelle Gestaltung des Ganzen ausgeführt erscheinen. Die leidenschaftliche Gewalt des Ausdrucks, die sich nicht weniger in der Clavierbegleitung wie im Gesange ausspricht, ist nicht im Mindesten zurückgedrängt, sie wird im Gegentheil durch die feste Formgestaltung noch gehoben und gesteigert. Das Lied: Erster Verlust zeigt schon eine Eigenthümlichkeit des neuen Liedstyls, die indess erst von Robert Schumann vollständig weiter gebildet

wurde: die Clavierbegleitung führt den, von der Singstimme ange-
schlagnen Stimmungsausdruck weiter, der Gesang schliesst in der
Paralleltonart-As-dur und die Clavierbegleitung erst schliesst im
Hauptton, in F-moll ab.

Bei aller Treue, mit welcher der jugendliche Meister in: An
Schwager Kronos dem Text nachgeht, bis in die kleinsten Einzelheiten desselben, ist doch die Einheit vollständig gewahrt. Die
einheitliche Clavierbegleitung, die immer dasselbe charakteristische
Motiv verarbeitet, wenn auch in mannichfacher Umgestaltung, wie
der sich durchaus streng in den Grenzen der engsten Gesetzmässigkeit haltende harmonische Apparat, und endlich die Gewissenhaftigkeit, mit welcher die einzelnen Partien melodisch abgerundet
und abgegrenzt, und doch auch unter sich in Beziehung gebracht
werden, wirken hier zusammen zur vollständig kunstmässigen Darlegung des Inhalts. „Ganymed“ ist weniger tief erfasst, und noch
weniger gut ausgeführt. Nicht dass es in As-dur beginnt, und in
F-dur schliesst macht das Lied unruhig — wir wissen ja dass beide
Tonarten wenn nicht eng, doch immerhin nahe genug verwandt
sind, um mit einander zu correspondieren — sondern nur die etwas
hastige Weise der Declamation, welche es nicht zulässt, die einzelnen
Bildchen fertig zu machen, und sie unter sich in Beziehung zu
setzen. So reizend manche sind, so wirken sie doch weniger be-
friedigend als die entsprechenden im vorerwähnten Liede. Wie
Schubert meist bei seinen Versuchen einer scenischen Erweiterung
des Liedes hinter Beethoven oder Mozart zurück bleibt, das zeigt
uns seine Bearbeitung von „Clärchens Lied“ aus Egmont (3. Juni
1815) (veröffentlicht in Lief. 30 d. Nachlass). Es bedarf keines
Nachweises um wie viel tiefer und zugleich wirkungsvoller Beethoven dieses Lied musikalisch umdichtete. Auch Gretchens Bitte:
„Ach neige, du Schmerzensreiche“ (Mai 1817) das uns als Fragment hinterlassen ist, bestätigt dies gleichfalls. Die Fülle von
trefflichen Einzelzügen vermag nicht die Mängel eines gefestigten
Baues zu ersetzen.

Eine eigenthümliche Construction zeigt „Schäfers Klagelied“
(aus Op. 3.) Das Lied ist von Goethe als Strophenlied behandelt,
von Schubert aber ist es durchcomponiert, so dass die erste Strophe

in der C-moll- die zweite in der Es-dur- die dritte in der As-dur
und die vierte in der As-moll Tonart gehalten sind. Die fünfte und
sechste führen dann die Stimmung auf den Ausgangspunkt zurück,
die fünfte mit der Musik der zweiten, die sechste mit der Musik
der ersten Strophe. Diese allmälig erfolgende harmonische Erweiterung wird zugleich instrumental ausgeführt, indem die Clavierbegleitung die harmonische Grundlage der ersten Strophe in
Accorden darstellt, in der zweiten Strophe aber in Achtel- und in
der dritten in Sechszehnteilfiguren auflöst. Diese Erweiterung
wird noch dadurch zu einer rein lyrischen, indem die Melodie
immer das Uebergewicht behält; und zwar klingt die Melodie der
ersten Strophe so durch die der zweiten hindurch, und diese wiederum durch die dritte, dass die spätere immer nur wie eine Variation der vorhergehenden, eine charaktergemässe Uebertragung
in die neue Tonart erscheint. Das ist eine wirklich vocale Erweiterung der Stimmung und in diesem Sinne hat das durchcomponierte Lied immer grössere Bedeutung wie das Strophenlied.
In derselben Weise werden auch Strophenlieder von Schubert umgestaltet, wie das Harfnerlied *„An die Thüren will ich schleichen"*
(Op. 12). Die erste Strophe ist so fein herausgebildet und sequenzen-
artig aufgebaut und die Verszeilen sind meisterlich verschränkt wie
nur im Volksliede in seiner Blütezeit. Die zweite Strophe ist eine
getreue Wiederholung der ersten bis auf die erste Verszeile, deren
Declamation eine Veränderung der Melodie bedingt.

Eine eigenthümliche Formgestaltung ist in dem Liede *„Gretchen am Spinnrade"* (Op. 2.) vom Dichter selbst vorgezeichnet. Indem er wiederholt auf die erste Strophe zurückgeht, werden sie
alle einheitlich zusammen gefasst, und die Rondeauform ist hiermit
vorgezeichnet. Das Lied ist demnach in bestimmt abgegrenzte
Theile geschieden; der Componist hält für jeden derselben die
Haupttonart (D-moll) fest. Der immer wiederkehrende Hauptsatz
*„Meine Ruh ist hin, mein Herz ist schwer, ich finde sie nimmer
und nimmer mehr"* ist in D-moll gehalten mit der Wendung nach
der Dominant der parallelen F-dur Tonart; der nun folgende erste
Seitensatz:

> *„Wo ich ihn nicht hab'*
> *Ist mir das Grab.*
> *Die ganze Welt*
> *Ist mir vergällt,*
> *Mein armer Kopf ist mir verrückt,*
> *Mein armer Sinn ist mir zerstückt."*

wendet sich, wiederum von D-moll ausgehend nach der Paralleltonart F-dur aber mit ungleich grösserem Aufwande harmonischer
Mittel. Darauf lenkt wieder die Begleitung in den Hauptton, in
welchem dann der Hauptsatz sich anschliesst. Der zweite Seitensatz:

> *Nach ihm nur schau ich*
> *Zum Fenster hinaus!*
> *Nach ihm nur geh' ich*
> *Aus dem Haus!*
> *Sein hoher Sinn, seine edle Gestalt,*
> *Seines Mundes Lächeln, seiner Augen Gewalt,*
> *Und seiner Rede Zauberfluss,*
> *Sein Händedruck und: ach! sein Kuss!*

geht wiederum von dem Hauptton D-moll aus, aber auf dem Wege
bis zur Dominant wird, wie es der immer leidenschaftlicher sich
entwickelnden Stimmung entspricht, abermals ein reicheres harmonisches Material aufgeboten. Dies wird beim dritten Zwischensatz:

> *Mein Busen drängt sich nach ihm hin!*
> *Ach dürft' ich fassen und halten ihn!*
> *Und küssen ihn, so wie ich wollt',*
> *An seinen Küssen vergehen sollt!*

noch reicher und wirksamer. Wie dem allen auch die melodische
Führung entspricht, das wird gleichfalls am Besten klar, wenn
man diese Composition mit der desselben Gedichts von *Fr. Zelter*
vergleicht. [1] Auch die Clavierbegleitung nimmt in diesem Liede
ganz entscheidenden Antheil an der gesammten Darstellung, indem
es die Situation vortrefflich charakterisiert. Das Begleitungsmotiv
ist dem Summen des Spinnrades abgelauscht und ununterbrochen
folgt es bald verengt, bald erweitert den feinern Nüancen der

---

[1] Vergl. des Verfassers Lehrbuch der Composition Bd. II.

Stimmung, bis es, in immer heftigerer Bewegung bei den Worten: *„und ach! sein Kuss"* abreisst und still steht, wie jedenfalls wol das Fädchen am Spinnrade; langsam, wie das Rädchen, setzt es sich dann wieder in Bewegung, um nochmals der leidenschaftlichen Hast, mit welcher sich wieder die innere Erregtheit der Spinnerin äussert zu folgen und dann im leisesten Pianissimo die Stimmung ausklingen zu lassen.

Weit weniger anregend wirkte die Lyrik Schillers auf Franz Schubert. Des Dichters Individualität erweist sich allerdings auch der musikalischen Lyrik ziemlich ungünstig. Dieser war die unmittelbare Empfindung ebenso wenig geläufig, wie die unmittelbare Formgebung derselben. Zu allem, was ihn fesselt, suchte der Dichter die Idee, um diese dann in bildlicher Anschauung im Gedicht zu offenbaren. Seine Lieder sind daher mehr didactisch gehalten und für Musik weniger günstig. Wol nur einmal, in dem Liede Thekla's aus Wallenstein: *„Der Eichwald brauset, „die Wolken ziehn"* hat er unmittelbar Empfundenes zu vollstem Ausdruck gebracht und das hat denn auch in Franz Schubert ein Musikstück von ewig unvergänglicher Schönheit erzeugt: Des Mädchens Klage. Wieder ist die Vergleichung der zweiten Bearbeitung [1] des Liedes aus dem Jahre 1816, die wir Notenbeilage No. 5 mittheilen, mit der dritten aus dem Jahre 1817 als Op. 58 No. 3 gedruckten ebenso interessant, wie belehrend. Es ist nicht zu verkennen, dass auch die zweite Bearbeitung die Grundstimmung vortrefflich wiedergiebt, allein sie ist nicht nur weniger künstlerisch ausgeführt, sondern es fehlen ihr auch alle die feinen Details, welche in der dritten in so reichem Maasse vorhanden sind. Die Melodie der zweiten Bearbeitung bildet nur im grossen Ganzen das strophische Versgefüge nach; der Vordersatz ist durchaus nicht so wie im Verse gegliedert; der sequenzenartige Aufbau berücksichtigt nur ganz äusserlich die Verszeilen, während die Melodie der dritten Bearbeitung diese treu nachbildet und ihr Verhältniss zu einander in Bezug auf den Versbau genau beobachtet. Und um wie viel gewaltiger ist diese dritte Bearbeitung in ihrer

---

[1] Die erste erwähnten wir bereits früher.

Wirkung. Gleich das kurze, aber harmonisch so reiche Vorspiel
mit den herben Vorhalten lässt uns den grossen Schmerz des, unter den schweren Schicksalsschlägen noch zuckenden, aber nunmehr schon ruhig gewordenen Herzens der lieblichen Tochter
Wallensteins mit empfinden. Wie fein declamiert die doch auch
klangvoll melismatisch ausgebildete Melodie? Die harmonische
Grundlage ist einfach und doch von eigenthümlich gewaltiger
Wirkung. Gleich im Anfang der zweiten Verszeile ist die Verknüpfung des Dominantaccordes der Haupttonart (g-h-d-f) mit dem
der Es-dur Tonart (as-b-d-f) von herbsüsser Wirkung, und wenn
dann vom 9. Tact an die Melodie sich so steigert und im 11. Tact
der verminderte Septaccord nach dem Sextaccord es-b-g sich wendet,
da ist es, als ob das Herz zerspringen möchte vor Liebesweh'
und Liebespein, und wir fühlen die ganze Schwere der Entsagung,
mit welcher in Melodie und Harmonie die Stimmung wieder herab-
sinkt in das düstere, in sich verharrende C-moll. Dass das andere
Thekla-Lied: *„Wo ich sei und wo mich hingewendet,"* wenn es auch
nicht eben so hochbedeutend ist, wie dies vorher besprochene, doch
zu den besten Liedern Schuberts gehört, ist schon erwähnt worden.

Schubert hat in dieser Zeit noch eine ganze Reihe von
Schillers Gedichten in Musik gesetzt: 1815: Die Erwartung:
„Hör' ich das Pförtchen nicht gehen?" (als Op. 116 gedruckt);
Amalia: *„Schön wie Engel"* (den 19. Mai) Das Geheimniss:
„Sie konnte mir kein Wörtchen sagen" (7. Aug.) An den Frühling:
„Willkommen, schöner Frühling" 6. Septbr. [1] Die Hoffnung: *„Es
reden und träumen die Menschen so viel"* (in doppelter Bearbeitung;
einmal als Op. 87 No. 2 gedruckt). Der Jüngling am Bach:
„An der Quelle sass der Knabe" (in 3 Bearbeitungen, die eine in
Op. 87 No. 3) Hektors-Abschied: *„Will sich Hektor ewig von
mir wenden?"* (in Op. 58) An die Freude *„Freude schöner
Götterfunken"* (in Op. 111.) Der Kampf: *„Freigeisterei der Leiden-*

---

[1] Amalia und das Geheimniss sind erst 1867 veröffentlicht in:
*Sechs Lieder für eine Singstimme mit Pianofortebegleitung von Fr.
Schubert.* Op. 173. Wien bei C. A. Spina. „An den Frühling" 1866
in: *Sechs Lieder* Op. 172. Ebendaselbst.

schaft" (Op. 110) Die Bürgschaft: (Lief. 8 d. Nachlass) und [1])
Das Mädchen aus der Fremde (12. Aug.) Punschlied im
Norden (18. August) Das andere Punschlied: „*Vier Elemente*"
und Klage der Ceres: „*Ist der holde Lenz erschienen?*" Aus dem
Jahre 1816 sind zu nennen: Ritter Toggenburg (13. März Lief.
19 des Nachlass) Die vier Weltalter (Op. 111) und von den
ungedruckten: Der Flüchtling „*Frisch athmet*" „Laura am
Clavier" und die „Schlacht" und aus dem Jahre 1817 Gruppe aus
dem Tartarus: „*Horch wie Murmeln des empörten Meeres*" (in
Op. 24 No. 1.) Der Pilgrim: „*Noch in meines Lebens Lenze*"
und der Alpenjäger: „*Willst du nicht das Lämmlein hüten?*"
beide als Op. 37 gedruckt. Von allen diesen Gesängen ist nur
„Gruppe aus dem Tartarus" hochbedeutsam, durch die wahrhaft grandiose Malerei, die es bietet. Das Gedicht veranlasst nur
zu einer Schilderung der Qualen im Tartarus, und diese giebt
Schubert mit der ganzen erschütternden Gewalt, deren er fähig
ist, und in fortwährender Steigerung bis zu dem übermächtigen:
„*Ewigkeit schwingt über ihnen ihre Kreise, bricht die Sense des
Saturn entzwei.*" Ein Seitenstück dazu ist noch: Die Erwartung.
Die Composition hat durchaus nicht den einheitlichen Charakter
der vorher besprochenen, aber die einzelnen Bilder sind ebenso
lieblich, wie die der oben erwähnten grossartig, und die Tonmalerei
ist eben so treu. Die Ballade: Der Alpenjäger wie: Der Pilgrim sind vielleicht nur zu skizzenhaft ausgeführt; die Anlage
ist bei beiden vortrefflich. Die Ballade ist wieder in einzelne
Romanzen zerlegt, von denen namentlich die ersten, den Dialog
zwischen Sohn und Mutter darstellenden äusserst charakteristisch
gehalten sind. Im weitern Verlauf beeinträchtigt es wieder die
Wirkung, dass Schubert den Uebergang vom Romanzen- zum Balladenton nicht findet. Von den übrigen genannten Gesängen gewinnt keiner höhere Bedeutung. Pikante Einzelheiten enthält:
Amalia, wie den Passus: *Erd' und Himmel schwimmen wie zer-
ronnen um die Liebenden*" und den Schluss; aber die Versuchung:
nur charakteristisch zu declamieren liegt bei den Schillerschen

---

[1]) Die nun folgenden aus diesem Jahre sind ungedruckt.

Gedichten zu nahe, und das ist's auch, was die Auffassung des
andern: Das Geheimniss hemmt und in Fesseln schlägt. Die
Triolen und Verzierungen vermögen nicht die Melodie in Fluss
zu bringen und die zum Theil sehr interessante und pikante
Clavierbegleitung hilft nur theilweise die Monotonie, die im Ganzen
herrscht, beseitigen. Die andern aber streifen meist so hart an
den Bänkelsang, dass man nur aus einzelnen harmonischen Wendungen
den Meister, der sie schrieb, erkennt. Dies gilt auch von den Balladen: Die Bürgschaft und Ritter Toggenburg. Wir deuteten
schon an, dass Schubert selbst in der Zeit seiner Reife nicht den
eigentlichen Balladenton zu finden wusste, weil er entweder über
der Treue, mit welcher er die einzelnen Bilder darzustellen trachtet,
es versäumt, den Ton für die Erzählung fest zu halten, oder weil
er zu einseitig und monoton am Romanzenstyl fest hält, der Ballade nicht gerecht wird und deshalb nicht genug interessiert. Das
ist namentlich bei der Ballade „Der Ritter Toggenburg" der
Fall, die nirgend über den trivialsten Romanzenton hinaus kömmt.
Auch Goethes Ballade: Der Sänger: „*Was hör' ich draussen vor
dem Thor*" (Op. 117), die Schubert gleichfalls im Jahre 1816 (im
Februar) componierte, steht nicht höher. Sie ist nur aus Recitativen und im rechten Bänkelsängerton gehaltenen Romanzen zusammengesetzt. Es scheint als ob er sich den Rhapsoden nicht
anders wie als Bänkelsänger denken wollte. Selbst in seiner unstreitig bedeutendsten Ballade: „Der Erlkönig" war es ihm nicht
vergönnt, den, für diese Form einzig geeigneten Ton zu treffen.
Hier wurde er von jenem andern, weit weniger begabten Jüngling,
von Carl Löwe übertroffen, der ziemlich um dieselbe Zeit, als
Schubert an den unvergänglichen Werken der grössten Dichter
seine Fantasie und sein Gemüth entzündete und instinctiv die
rechte Form für das gesungene Lied fand, im Herzen Deutschlands
auf demselben Wege zu dem rechten Balladenton gelangte. Es ist
bekannt, dass der Erlkönig grade eine ganze Menge Musiker zur
Composition anregte. Die Schubert'sche ist die gestalten- und
bilderreichste, die Löwe'sche aber die einzig berechtigte, der Idee
der Form entsprechende, geblieben. Löwe weiss zunächst wie
Schubert einen einheitlichen Balladenton durch die Clavierbegleitung

herzustellen. Diese versucht bei beiden die Darstellung des dämonischen Grundzugs, der durch das Ganze hindurch geht. Dass Schubert nur den Hufschlag des daher brausenden Pferdes habe nachahmen wollen, ist eine Annahme, mit der man sich an ihm versündigt [1]). Allein Schubert giebt diese Begleitung meist überall da auf, wo er dem dramatisch heraustretenden Detail nachgeht, während Löwe die einzelnen Figuren mit dem Hauptmotiv der Begleitung immer so verwebt, dass sie sich von dem nirgends ganz verwischten Untergrunde durchweg deutlich erkennbar abheben. Durch jede einzelne der neuen Partien klingt bei Löwe weiterhin immer der ursprüngliche Balladenton hindurch, jede einzelne ist in sich fest abgeschlossen aber dennoch auch mit den andern in Beziehung gesetzt. Erlkönig, Vater und Kind singen im Grunde dieselbe Weise, nur nach der veränderten Situation verändert und so wirkt der ganze Dialog mächtig ergreifend. Die Melodien Schuberts zu seinem Erlkönig sind alle mehr lyrisch empfunden und streben nach einem in sich geschlossenen fest ausgebildeten Versgefüge. Daher sind Erzählung und Dialog, wie die besondere Ausdrucksweise der handelnden Personen nicht so charakteristisch unterschieden, wie bei Löwe; Schubert muss, um den Ausdruck zu steigern, zu den mehr äussern Mitteln der Transposition greifen, und um die Wirkung zu erhöhen, schneidende Dissonanzen einführen, welche die einzelnen Gruppen aus dem Rahmen des ganzen Bildes zu stark heraus treten lassen und so die Einheit desselben stören.

Unter den Liedern, die Schubert ausserdem noch in den

---

[1]) Die erste Bearbeitung, nach dem, auf der Königl. Bibliothek in Berlin befindlichen Original in Photo-Lithographie, durch Espagne bei Wilh. Müller in Berlin 1868 herausgegeben, hat bekanntlich anstatt der Triolenbewegung in der rechten Hand der gedruckten Ausgabe durchweg Achtel, in dieser Weise:

Jahren 1815, 1816 und 1817 componierte sind zahlreiche von Hölty, von dem er im Mai, und von Kosegarten, von dem er wieder im Juli 1815 eine ganze Reihe componierte zu erwähnen. Beide Dichter zeigen viel Verwandschaft in ihrer Poesie mit Matthisson, doch herrscht in ihrer Lebensanschauung mehr gesunder Realismus und ihre Lieder sind deshalb, wenn auch nicht bilder- so doch gestaltenreicher als die Matthissons, und gewinnen deshalb auch bestimmtere und leichter fassbare Formen. Dies gilt noch mehr von Kosegarten, als von Hölty; obwol wieder dessen Lieder tieferen und mehr individuellen Inhalt haben. Vielleicht ist dies auch der Grund, weshalb die Lieder von Kosegarten unserm jugendlichen Componisten zu componieren meist besser gelangen, als die von Hölty. Deren Inhalt ist nicht tief genug um ihn zu einer wirklich bedeutsamen Um- und Ausgestaltung der Form zu begeistern; und doch auch wieder meist bedeutsamer um sich in die conventionelle Form einzwängen zu lassen, so dass hier nicht immer Inhalt und Form sich decken, sondern sich gegenseitig beeinträchtigen, wie z. B. in „Die Laube" oder „Die Nachtigall" (aus Op. 172) die sonst beide vortrefflich intendiert sind. Dagegen gehören die Lieder mit einem mehr einfachen, und zugleich gefühlswahren Inhalt zu den besten aus dieser Periode wie „Erntelied" „*Sicheln schallen, Aehren fallen*" (Lief. 48.) und die aus derselben Zeit (Mai 1816) ungedruckten: „*Die frühe Liebe*" „*Blumenlied*" und „*Seligkeit*" oder das wunderschöne, ungedruckte „*Minnelied*" und selbst noch das, in Lief. 48 gedruckte „Klagelied: Dein Silberschein." Die Lieder von Kosegarten [1] verleiten ihn von vornherein zu keiner andern Auffassung. „Erinnerung" oder richtiger „*Erscheinung*" (als Op. 108 No. 3 gedruckt) giebt in seiner Melodie eine durchaus treue Nachbildung des strophischen Versgefüges und diese ist zugleich äusserst zart und fein und treibt ganz unmittelbar aus der Stimmung des Gedichts hervor. Sie erinnert nicht nur im Ganzen, sondern selbst in einzelnen Wendungen an die Melodie der Forelle. Liebliche Melodien sind auch noch die

---

[1] Am 19. October 1815 componierte Schubert 6 Lieder von Kosegarten; am 15. October aber neun von verschiedenen Dichtern.

zu „Der Geist der Liebe" (Op. 118) oder „Das Finden" Lief.
42) von den gedruckten und „Alles um Liebe" (27. Juli 1815)
„Huldigung" (27. Juli) „Mondnacht" (am 25. Juli) von den ungedruckten Compositionen Schuberts zu Liedern von Kosegarten,
wie die zwei „Lieder an Rosa", „Louisens Antwort" „Idas
Schwanenlied" und „Schwangesang" die er alle an einem Tage,
am 19. Octbr. componierte. Derselben Richtung gehören auch die
Compositionen der Lieder von Salis, Gleim und Claudius an. Durchaus anderer Art, wie die Poesien sind, ist die Musik, welche Schubert
zu den Liedern von „Klopstock" erfand. Von den drei Strophen-
liedern: „Selma und Selmar" „Das Rosenband" und „Die
frühen Gräber" in Lief. 28 gedruckt, ist keins so weich im Klange,
oder so formvollendet wie das bereits erwähnte Lied „Edone;" die
kühle Weise des dichterischen Ausdrucks verleitet hier den Componisten wieder dazu, mehr zu declamieren, als zu singen. Erst in „Hermann und Thusnelda" (Lief. 28) und in „Hymne an den Unendlichen" erhebt sich, nach Anleitung des Textes diese Declamation
zu gewaltiger Wirkung.

Von allen Dichtern wol am wenigsten vermochte „Th. Körner"
den Componisten anzuregen. Ausser den bereits erwähnten Compositionen sind unter den ungedruckten noch eine ganze Reihe uns
erhalten geblieben, von denen aber keine irgend welche Bedeutung
gewinnt, etwa mit Ausnahme der Ballade: „Amphiaros", welche
Schubert nach Angabe des Manuscripts am 1. März 1815 in 5 Stunden
schrieb. Sie zeichnet sich wieder durch sehr lebendige Tonmalerei
aus; besonders charakteristisch ist die Kampfscene ausgeführt und der
Schluss: wenn die Erde sich aufthut unter Blitz und Donner und
der Apolloide hinein springt. Kaum weniger interessant ist eine andere
Ballade aus derselben Zeit (vom 8. Febr.) „Minona" von Bertrand,
ebenso die Hölty'sche Ballade: „Die Nonne." In jener ist wiederum
die Schlussscene, als Minona sich den Dolch in die Brust stösst, wunderschön. Die Hölty'sche Ballade ist wieder von Schubert als
Romanzencyklus gefasst; sie besteht aus 4 Romanzen; die ersten
drei: in As-dur, $^4/_4$ Tact; As-dur $^6/_8$; und A-dur $^2/_4$ folgen unmittelbar
auf einander; dann wird der weitere Verlauf mehr recitativisch behandelt und der Schluss wieder als Romanze (f-moll $^6/_8$) mit 3 Strophen.

Von den Dichtern, die ohne eine bestimmtere Physiognomie
Franz Schubert nur vorübergehend anregten, ist nur Georg
Schmidt von Lübeck zu erwähnen, dessen „*Wanderer*" durch
Schuberts Musik zu einem der populärsten Lieder geworden ist,
während die Lieder von Kind, Fouqué, Werner, Baumberg,
Fellinger, Deinhardstein, und selbst von Stolberg und
Schlegel, ihn nur oberflächlich anregten. Dagegen versenkte er
in die Dichtungen des ihm befreundeten Dichterkreises: Mayrhofer,
Schober oder Stadler und Collin sich mit der ganzen Hingebung,
mit der er den bedeutendsten Dichtungen entgegen kam, und
er gestaltete sie in seiner reichen Innerlichkeit so durchaus neu,
dass die musikalische Darstellung dann die dichterische meist
ganz ausserordentlich weit überragt. Schon aus dem Jahre 1814
ist ein Lied bekannt geworden, welches einen Beleg hierfür giebt:
Der Sieg von Mayerhofer, (in Lieferung 22 gedruckt.) Das Gedicht mit seiner fast gedankenlosen Tiefe bietet nur einzelne
mystische Phrasen für eine originelle musikalische Darstellung
und Schubert lässt sich doren keine entgehen, wie „uralte Träume
schweben" oder: „Die Musen selber sangen" und „meine Hand sie
traf" mit dem originellen Uebergang von Des- nach F-dur; aber
er hat auch zugleich diese einzelnen Momente zusammengefasst zur
einheitlichen Grundstimmung, die im Gedicht kaum angedeutet ist.
Nicht weniger hat Schubert aus den Liedern desselben Dichters:
Erlassee und Auf dem Strome (beide in Op. 8 gedruckt) und
selbst aus Punschlied (in Lief. 44 gedruckt) alles an poetischem
Gehalt herausgehoben, was nur irgend zu heben war. Die etwas
stark prosaischen Gedichte: Auf der Donau, — Der Schiffer
und: „Wie Ulfru fischt (Op. 21.) oder die Ballade Liebesend
(Lief. 23.)" erfüllt er mit dem ganzen Zauber seiner Innerlichkeit,
dass sie nun im hellsten Lichte poetischer Verklärung erscheinen.

Anspruchsloser sind die Lieder von Schober; einige derselben
gelangten gleichfalls durch Schubert zu einer gewissen Popularität,
wie das Frühlingslied: Schmücket die Locken mit duftigen
Kränzen (1816, Op. 16 Männerquartett) Pax vobiscum (Lief. 7.)
An die Musik (in Op. 88) und einige andere, die später zu nennen
sind. So wird Schuberts Thätigkeit auf diesem Gebiete in der frühe-

sten Zeit seiner Entwickelung nicht nur zu einer durchaus neu
schaffenden, sondern sie führt zugleich in einer Reihe von Liedern schon zu einer künstlerischen Reife und Vollendung, die er
auf andern Gebieten erst viel später, und meist in geringerm
Grade gewann. Sowol die instrumentalen, wie die grösseren chorischen und dramatischen Werke werden ebenso von Mozart,
Haydn, Beethoven, selbst von Rossini, wie ganz besonders
von seinen eignen Liedern beeinflusst. Die innere Verwandschaft,
die zwischen seinem Liedstyl und seinen Orchesterwerken besteht,
ist so eng, dass diese nur als Ergänzung seiner eigentlichen Thätigkeit als grösster Lyriker bezeichnet werden müssen. Wie in
der früher besprochenen Quintett-Ouvertüre, so machte er
später noch mehrmals, wie in der Fantasie Op. 15, im Dmoll-
Quartett, oder im Duo Op. 159 und im Forellen-Quartett, ein
Lied zum Motiv für einzelne Instrumentalsätze; wie aber selbst
seine spätern bedeutendsten Instrumentalwerke auf dem Grund
seiner vocalen Lyrik sich aufbauen, das wird später noch nachgewiesen werden. Die Werke für Orchester und Kammermusik aus
der ersten Periode seiner Wirksamkeit sind, wie ebenfalls schon
erwähnt, zumeist von den grossen Meistern des instrumentalen
Styls beeinflusst, wie z. B. das Trio für Violine, Viola und
Violoncello, das er am 5. Septbr. 1814 begann und dessen ersten
Satz er am 13. Septbr. vollendete, und welches er dann zum Quartett umarbeitete [1]):

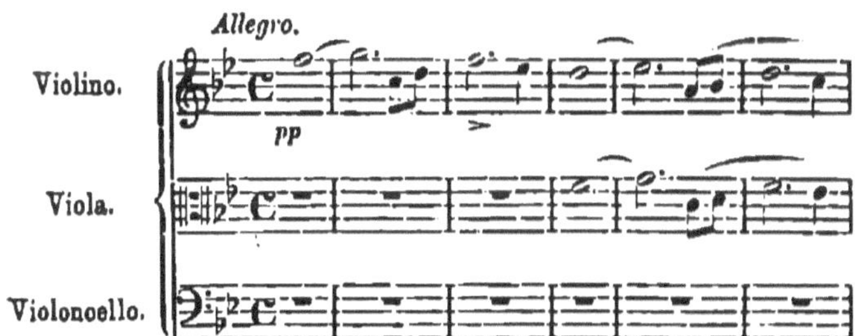

---

[1]) Als solches erschien es 1871 in Stimmen bei C. A. Spina als Op. 168.

Nicht weniger gilt dies von dem G-moll-Quartett, das er 1815 in 6 Tagen vom 25. März bis 1. April schrieb. Nur gewisse reiz- und klangvolle Modulationen, vor allem aber die Emsigkeit der thematischen Entwickelung verrathen ihn, als den Componisten, sonst würde man das Werk für eins der weniger bedeutenden von Mozart hinnehmen können. Die zahlreichen Instrumentalwerke aus den Jahren 1816 und 1817 unterscheiden sich hauptsächlich von den früheren durch die technisch bedeutendere Ausführung, doch machen sich hin und wieder auch Züge von etwas mehr individueller Färbung geltend.

So ist in der G-moll-Sonate für Violine und Klavier, die im April 1816 entstand, [1] eigentlich nur das Trio der Menuett eigenthümlich gehalten, alles andere ist ganz mozartisch gefühlt und ausgeführt; während wieder die D-dur-Sonate für Klavier und Violine [2] ebenso wie die A-dur-Sonate [3] sich mehr an Beethoven anlehnen. In Bezug auf die Ausführung zeigt das bisher ungedruckte Trio für Violine, Viola und Violoncell (Septbr. 1817) namentlich im ersten Satz, der vorwiegend nur aus der thematischen Bearbeitung einzelner Motive gewonnen wird:

---

[1] Als No. 3 in Op. 137 gedruckt.

[2] Als No. 1 in Op. 137 gedruckt.

[3] Als No. 2 in Op. 137 gedruckt.

schon einen Fortschritt, und manche Wendungen sind sehr pikant
und eigenartig, wie beispielsweise folgende:

Die Menuett ist harmonisch kühn und eigenthümlich,
das Andante (in F-dur) erinnert wieder stark an Mozart; das
Finale aber (Rondo-Allegretto) ist ganz im Sinne Haydns gehalten.

In einem Concertstück für Pianoforte: Adagio et
Rondo concertant pour le Pianoforte (F-dur) Octbr. 1816)
ist das Adagio, wenn auch ganz entschieden an Beethoven an-
knüpfend doch wieder eigenthümlicher gehalten, als das Rondo
(Allegro vivace $^3/_4$), das ganz und gar im Style Mozarts geschrieben
ist. Auch in dem Concertstück für die Violine mit Orchesterbegleitung hat nur das einleitende Adagio selbständigeren
Werth; das anschliessende Allegro folgt wieder treu den Bahnen
Joseph Haydns, wie der Anfang schon zeigt:

Ein, gleichfalls handschriftlich vorhandenes Adagio für
Solo-Violine mit Quartettbegleitung (A-dur) gehört wahrscheinlich zu diesem ersten Concertsatz.

Ungleich selbständiger als alle die bisher genannten Instrumentalwerke, ist die sogenannte Tragische Sinfonie in C-moll[1])
die 5. die gleichfalls 1816 entstand.

Auch hier noch liegt die grössere Selbständigkeit weniger in
der Erfindung, als vielmehr in der Verarbeitung der Motive. Nur

____

[1]) Im vierhändigen Arrangement von Hugo Ulrich bei C. F. Peters in
Leipzig gedruckt. Das Adagio in Partitur in demselben Verlage.

dem zweiten Thema des ersten, wie des letzten Allegrosatzes merkt man an, dass beide von dem ersten Meister der musikalischen Lyrik erfunden sind; beide sind nicht in der Obermediante Es-dur, sondern in der Untermediante As-dur zuerst eingeführt. Der Schlusssatz ist ferner dem ersten Allegro ganz gleich construiert, und nicht wie ein Finale oder Rondo gehalten. Alle andern Motive und selbst das Figurenwerk erinnern im Uebrigen durchaus an Mozart; doch zeigt sich hier die schon mehrfach von uns angedeutete Verschiedenheit in der Anwendung und Gruppierung der einzelnen Theile und demgemäss in der Construction. Als Liedercomponist hat sich Schubert gewöhnt, seine Motive als Begleitungsmotive zu verarbeiten, und er trägt dies ohne weiteres auch auf den Instrumentalstyl über. Wie er dadurch auf eine Gattung, die kleinen selbständigen Intrumentalformen für Klavier geführt wurde, das werden wir später noch nachweisen. Die grössern Formen des Kammer- und Orchesterstyls werden natürlich auf diesem Wege nicht gewonnen, sie erfordern, dass die gegensätzlich erfundenen Gedanken auch zu grossen, bestimmt ausgeprägten, durch Neben-Seiten- und Zwischensätze besonders charakterisierten Hauptpartien ausgeführt, und einander als Gegensätze gegenüber gestellt werden. Das versäumt Schubert meist, und so gelangt er allmälig zu einem neuen instrumentalen Styl der die Sonatenform mit einer Fülle von wunderbar empfundenen und reich ausgeführten Einzelzügen ausstattet, aber ohne die, im grossen gestaltende orchestrale und instrumentale Fassung und Gruppierung der einzelnen Bilder zum geschlossenen Ganzen. Die einzelnen Gefühlsergüsse sind aneinander gereiht ohne jene Gegenwirkung, die allein das instrumentale Kunstwerk plastisch heraustreten lässt. Die erwähnte tragische Sinfonie bekundet einen Fortschritt gegen die früheren Werke namentlich auch darin, dass die Hauptpartien, wenn auch nicht gegensätzlich gefasst und ausgeführt, doch bestimmt ausgeprägt und unterschieden sind. Der Vordersatz wird, in der angegebenen Weise aus dem ersten Motiv entwickelt, der Nachsatz unmittelbar anschliessend und ganz in derselben Weise aus dem zweiten. Der Durchführungssatz unterscheidet sich weiterhin nur in der Weise der Harmonik und der

Modulation von diesen, was indess nicht hinreicht, um ihm ein erhöhtes Interesse zu geben und weil die anschliessende Wiederholung des ersten Theils nur durch Versetzung in andere Tonarten
von diesem verschieden ist, so hält der ganze Satz nicht unser
Interesse so rege, wie die ersten Sätze unserer grossen Meister
des Instrumentalen: Haydn, Mozart und Beethoven.

Schubert ist auch in keinem seiner spätern Instrumentalwerke
über diese, mit der tragischen Sinfonie für ihn festgestellten
Form hinaus gegangen, aber er hat ihr bei seinen grossen Sonaten für Klavier, den Trios, Quartetten und Quintetten,
den Ouvertüren und der letzten, der bekannten C-dur-Sinfonie,
durch den eigenthümlichen Inhalt, den er ihr allmälig aufnöthigt, dennoch erhöhtes Interesse zu geben vermocht. Dies zeigen namentlich schon die grossen, im Jahre 1817 componierten
Sonaten für Clavier, mit denen Schubert auch instrumental
den entsprechenden Ausdruck für seine Individualität gewonnen
hat. Das Klavier war ihm früher dienstbar geworden für den Ausdruck seiner Innerlichkeit, wie jedes andere Instrument, eigentlich
früher noch als die Singstimme, und es war der ergebenste Interpret
und Verkünder seiner Ideen geworden, wo diese ihn im Stich liess.
Daher ist es auch natürlich, dass ihm dies Instrument zunächst die
geeignetsten Mittel darbot, als er nach dem reichern und umfassenderen instrumentalen Ausdruck seiner Innerlichkeit suchte.
Freilich gewährte ihm schon der Hinzutritt eines, oder mehrerer
Streichinstrumente im Duo oder Trio, oder der Verein der
Streichinstrumente im Quartett oder endlich der Verein aller
Instrumente im Orchester eine noch weit grössere Fülle von
Darstellungsmitteln, allein deren musste er erst noch mehr Herr
werden. Die vocalen Darstellungsmittel wie die instrumentalen des Klaviers wurden ihm viel früher geläufig als jene;
als er aber auch die Herrschaft über die glänzenderen Mittel der
andern Instrumente erlangte, gewann seine Individualität durch sie
noch weit entscheidender und überzeugender Ausdruck, als durch
die vocalen. Die grosse Sinfonie in C, die Quartetten in
D-moll oder G-dur, die Trio's oder die Quintetten und
einzelne Ouvertüren sind bei weitem bedeutsamer, ebenso als

Kunstwerke, wie erschöpfend im Ausdruck seiner Innerlichkeit geworden, als viele seiner Gesänge, denn das ist ein Hauptmerkmal der Lyrik und der durch sie bestimmten Richtung, dass sie dem Klange besondere Aufmerksamkeit schenkt und eine möglichste Fülle von Klangfarben zu erzeugen bemüht ist. Die Lyrik drängt die sinnlich reizvolle Seite des musikalischen Darstellungsmaterials mehr in den Vordergrund, und dem fügt sich das Instrumentale gern und leicht. Hierauf beruht aber auch namentlich die Umwandlung der Klaviertechnik, welche diese schon bei Beethoven erfährt, und die Schubert noch eigenthümlicher gestaltet. Der Klavierstyl giebt die, vom Vocalen übertragene Polyphonie allmälig ganz auf, und gewinnt eine neue, die nicht darauf hinausgeht, die Selbständigkeit einzelner Stimmen zu wahren, sondern hauptsächlich darauf, eine möglichst grosse Mannichfaltigkeit des Klanges zu erreichen. In der A-dur-Sonate Op. 120 ist die veränderte Richtung noch wenig erkennbar. Der Componist hatte hier augenscheinlich noch das Bestreben die ältere Form nachzubilden. Das erste Motiv ist vollständig liedmässig gehalten; es gliedert sich wie ein Strophenlied:

das zweite ist ihm zwar eng verwandt, doch immer noch in gewissem Grade gegensätzlich, wenn auch nicht im Sinne der ältern Meister; es steht nicht einmal in der Dominant, sondern stützt sich nur auf sie:

Auch das zweite Motiv ist zu einem liedmässig gegliederten Satze verarbeitet, so dass dieser ganze erste Theil des Allegro im Grunde aus zwei Liedsätzen besteht, die, weil alle Zwischen- und Ueberleitungssätze fehlen, nur lose neben einander gestellt sind. Die ursprüngliche Sonatenform ist hier also nur in ihren äussersten Merkmalen vorhanden; sie ist nicht vollständig gewonnen, noch weniger aber erweitert und umgestaltet. Auch ein Durchführungssatz wird regelrecht eingeführt, allein auch er wird mehr nur durch Aneinanderreihen, als durch organische Entwickelung der Motive gewonnen. Die dann anschliessende Wiederholung des ersten Theils unterscheidet sich von diesem nur äusserst wenig, in einigen modulatorischen Abweichungen. Das Andante hat den Charakter der ältern Menuett und nur seine, durch harmonische Fülle erzeugte Weichheit im Klange, zeichnet es von den ähnlichen Sätzen der früheren Meister aus. Eine Eigenthümlichkeit des neuen Klavierstyls: die vollen Griffe auch im Pianissimo ist hier zum ersten Mal mit Consequenz festgehalten. Diese neue Technik allein giebt auch dem anschliessenden Allegro eigenthümlicheres Gepräge; sonst erinnert es durchaus an Mozart.

In der Es-dur-Sonate Op. 122 ist der Sonatencharakter mehr gewahrt, als in der vorerwähnten A-dur-Sonate, aber sie ist auch noch weniger selbständig als diese. Der erste Satz namentlich ist zum Theil mit offenbaren Anleihen Beethoven nachempfunden und nur der, grössere Klangschönheit erzielende Klaviersatz deutet auf Schubert. Das Andante (G-moll) ist auch nur durch die, in üppigerer Klangfülle strotzenden Zwischensätze und die verschiedenen Bearbeitungen des Themas origineller gefärbt, das Thema selbst ist Mozart nachgefühlt. Dagegen ist die Menuett nach allen Seiten des Meisters ausschliessliches Eigenthum, und sie gehört vollständig der neuen Richtung an. Seine reiche Harmonik, wie die originelle und doch so natürliche Melodik und die pikante Rhythmik erscheinen hier zum ersten Mal instrumental in vollster Durchbildung und zugleich ist die neue Klaviertechnik in ihren Grundzügen festgestellt. So weite Arpeggien wie diese:

geben dem Ganzen eine bei den frühern Meistern seltene Fülle des Klanges. Diese Fülle ist aber auch wiederum das Einzige, was dem Schlusssatz einen mehr individuellen Charakter giebt; denn im Uebrigen ist er wieder im Sinne und Geiste Mozarts gehalten. Erst mit der H-dur-Sonate Op. 147 treten diese

fremden Einflüsse auch hier fast in den Hintergrund. Der erste
Satz dieser Sonate ist fast ganz und nur: instrumentaler
Klang; die Sonatenform ist ziemlich vollständig aufgegeben; der
Satz entwickelt sich im Grunde aus einem einzigen Gedanken,
der nur in verschiedenen Formen auftritt:

und die ganze Verarbeitung und Auffassung macht diesen Satz
mehr zu einem Impromptu, als wie zu einem Sonatensatz. Das
Andante ist wieder ein Liedsatz mit Variationen, der wieder
höchsten Reiz in manchen neuen Klangeffecten gewinnt, wie in den
arpeggirten Accorden:

oder in dem pikanten Wechsel der Minder- und Vielstimmigkeit:

Originell rythmisch ist der Schluss. Auch das Scherzo wird durch
den fast orchestralen Wechsel von Octavenspiel, Minder- und Vielstimmigkeit ausserordentlich pikant, aber es ist auch überhaupt
ein durchaus origineller und sehr anziehender Satz, und um Vieles
bedeutender, wie derSchlusssatz. Noch entscheidender wird diese
ganze, vorwiegend auf Klangwirkung bedachte Richtung in der D-dur-

Sonate Op. 53. Die beiden Motive sind nur in diesem Sinne erfunden; das des ersten Satzes ist nur aus Accorden und schallenden Figuren zusammengesetzt:

und das zweite wieder aus diesem hergeleitet:

Diese Motive schon, durchaus nicht mehr im Sinne der ursprünglichen Sonatenform erfunden, erweisen sich gerade zu spröde gegen eine Verarbeitung nach Anleitung der ältern Form. Schubert versucht sie eigentlich auch nicht mehr. Zwar grenzt er die ein-

zelnen Theile ab, wie die Theile des ersten Sonatensatzes, das ist
aber auch ziemlich das Einzige was noch an die alte Form erinnert; im Uebrigen werden die Motive ganz in der besprochenen
Weise, mehr transponierend aneinander gereiht, als organisch
entwickelt. Dabei ist Schubert unerschöpflich in harmonischen Wendungen und vor allem in eigenthümlichen Darstellungen der ursprünglichen Gedanken. Mit reizenden Klangwirkungen wie:

oder:

weiss er dem ganzen Satz ein prächtiges Colorit zu geben, aber
er erreicht dennoch nicht die Wirkung eines Sonatensatzes älterer
Form. Auch das Andante wirkt namentlich nur durch seine vollen und weichen Accorde und die Variationen des Hauptsatzes
verlieren sich in wahrhaft schwelgerischem Spiel mit Accorden:

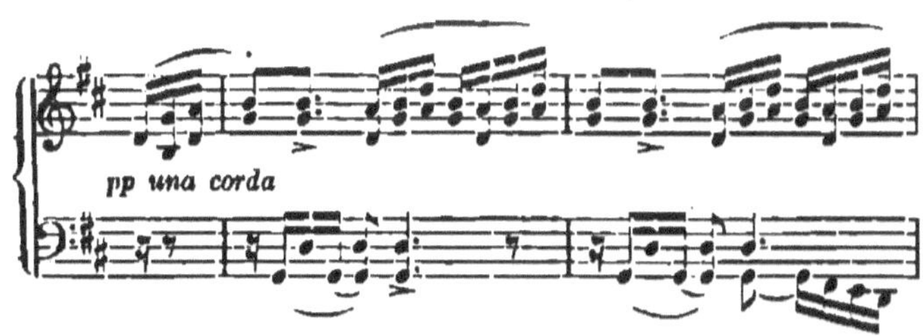

das weiterhin noch sinnlich reizvoller, aber auch noch gedanken-
ärmer wird. Ueberaus prächtig und glänzend ist auch der dritte
Eintritt des Themas instrumentiert, so dass in der Klangwirkung
dieser Satz wol nur von wenigen übertroffen werden dürfte. Dem
entspricht auch das Scherzo, dessen Trio vielleicht zu voll accordisch ist, namentlich bei dem raschen Tempo, das der Meister
vorschreibt. In diesen drei Sätzen ist die ursprüngliche Form
vielfach ganz aufgegeben um der Lust am Klange recht zu
genügen; der letzte Satz dagegen ist ein ziemlich strenges Rondo
und dennoch mit allen den reizvollen Klängen der neuen Richtung
ausgestattet. Beide Anschauungen sind hier in gewissem Grade
vereinigt, so weit das überhaupt möglich ist. Noch mehr gilt das
von der letzten hier zu besprechenden Sonate, der A-moll-Sonate
Op. 143, die demnach unstreitig als die bedeutendste bezeichnet
werden muss. Der erste Satz schon erbaut sich wieder aus melodischen,
nicht aus harmonischen Motiven, denen auch die sinnliche Glut der
nur harmonischen nicht fehlt, so dass in ihnen jener Gehalt, der in
den vorbesprochenen Werken nur ganz dämmerhaft unbestimmt
zur Erscheinung kommt, nunmehr bestimmte Gestalt gewinnt.
Beide Motive sind wieder liedmässig erfunden, und beide sind auch
wieder so eng verwandt, dass sie nicht als Gegensätze im Sinne
der ältern Sonatenform angesehen werden können. Das ist und
bleibt das Charakteristische der Schubert'schen Instrumentalformen,
dass sie uns nicht einen ganzen Lebenszug in fassbaren und über-
sichtlichen Bildern, sondern nur eine einfache Stimmung vermitteln, indem er uns zum Mitempfinden und zur seligsten Schwelgerei, in der er befangen ist, unwillkürlich mit fortreisst: Einer
der wunderbarsten Sätze des Meisters ist das Andante, das

in seiner Knappheit von wahrhaft entzückender Wirkung ist. Nur in wenigen andern Sätzen sind Gehalt und sinnlicher Reiz so vollständig im Einklange wie bei diesem. Der Schlusssatz ist wieder ein ziemlich fest gefügtes und concis gehaltenes Rondo, das diese Form erst im Lichte der neuen Richtung erscheinen lässt. Mit dieser Sonate erst war es Schubert gelungen auch die ältern Formen mit dem neuen Gehalt zu erfüllen, ohne jene zu zerstören oder diese zu schädigen, und wir werden später noch nachweisen, dass seine fernern bedeutenden derartigen Werke die letzten Sonaten, die Trios, Quartetten, Quintetten, die Ouverturen und seine grosse C-dur-Sinfonie aus dem gleichen Bestreben erwachsen. Kunst- und kulturgeschichtlich bedeutender sind natürlich die Formen geworden, die der neue Inhalt selbst schuf: die kleinen Klavierformen, wie wir später noch zeigen.

Das orchestrale Farbencolorit, das sich ihm wieder vornehmlich in seiner praktischen Thätigkeit erschloss, lernte er zumeist und zuerst bei seinen Werken für Singstimmen und Orchester verwenden; die Messen und die andern Cultusgesänge aus dieser Zeit geben dafür mancherlei Belege. In den Messen und selbst noch in den Opern hält er sich meist an das Hergebrachte und dort Uebliche; er instrumentiert nach dem Muster der grossen Meister, wie die folgende Einleitung zu der Duett-Arie: *Auguste jam coelestium* (Octbr. 1816) zeigt.

Hier ist das Streichquartett immer noch als Hauptchor Träger des ganzen Satzes, die Blasinstrumente treten meist nur hinzu, um die ursprüngliche Klangfarbe zu verändern und dem ganzen Colorit höheren Glanz zu verleihen. Die Instrumentation ist durchaus noch ziemlich handwerksmässig.

Selbst an den pikanten Imitationen bei dem: „*Omnem per orbem*" der beiden Singstimmen betheiligt sich nur das Streichquartett, nicht auch die Harmoniemusik in einigermaassen selbstständiger Weise. Das Orchester tritt hier überall vorwiegend nur noch begleitend hinzu und es erstrebt noch nirgends eigenthümlichere Klangwirkungen, wie sie der junge Tondichter doch schon bei seinen Clavierstücken erzielt.

Violino 1.
Violino 2.
Viola.
Oboi.
Fagotti.
Cello und Contrabass.

Selbständigere und abweichende Mischungen versucht Schubert besonders schon in dem: **Stabat Mater** (nach Klopstocks Textbearbeitung, Februar 1816.) Gleich die Einleitung bietet einen solchen Fall.

Die Verbindung von *„Oboen und Posaunen"* zu einem Chor ist nicht nur äusserst originell, sondern hier zugleich ausserordentlich charakteristisch. Sie bilden den Hauptchor; die Streichinstrumente treten nur hinzu, um die Mischung der Klänge jener Blasinstrumente, die sich mehr spröde zu einander verhalten, zu ermöglichen und zu vervollständigen. Indem der weichere Klang der Streichinstrumente den spitzen der Oboen und den härtern der Posaunen deckend überzieht, entsteht jenes neue Colorit, das für das jungfräuliche Passionslied wie eigens erfunden erscheint. Dabei ist nicht zu übersehen: dass der junge Componist auch mit feinem Verständniss die bessere Verschmelzung der Hoboen und Posaunen versucht, in dem er sie in einzelnen Fällen in Octaven, wie im zweiten Tact die erste Oboe und die Tenorposaune oder im Einklange, wie in den letzten Tacten die zweite Oboe und die Altposaune zusammenführt.

Largo.
Violino 1 u. 2.
Viola.
Oboi 1 u. 2.
Tromboni alto e tenore.
Trombone basso.
Cello und Contrabass.
fp
fp
fp
fp
fp
fp
fz
p

Die dem ersten Chor: *„Jesus Christus schwebt am Kreuze"*
folgende Sopran-Arie: *„Bei des Mittlers Kreuze standen"* ist
ausser mit dem Quartett wieder nur mit Oboen und Fagotten begleitet; erst bei dem folgenden Chor: *„Liebend neiget er sein Antlitz"* (in Es-dur) treten Hörner hinzu. Ebenso ist dann das Duett
für Sopran und Tenor: *„Engel freuten sich der Wonne"* begleitet
(B-dur). Der dann folgende Doppelchor (2 Soprane und Alt;
und 2 Tenöre und Bass) erhält wiederum durch die Mischung von
2 Flöten, 2 Oboen und 3 Posaunen eigenthümliches Colorit.
Das Tenor-Solo: *„Ach was hatten wir empfunden"*, wird ausser
dem Streichquartett mit einer (Solo) Oboe begleitet, die anschliessende Chorfuge: *„Erben sollen sie am Throne"* mit gan-
zem Orchester. Die Bass-Arie: *„Sohn des Vaters"* leitet zu dem
wieder mit vollem Orchester instrumentierten Chor: *„O du Herrlicher"* hinüber und eben so ist die „Amenfuge" instrumentiert, die
mit dem Terzett: *„Erdenfreuden"* den Schluss bildet.

Wiederum andere Zusammensetzung hat das Orchester beim
Magnificat (C-dur) (den 25. Septbr. 1816); es besteht aus dem
Streichquartett, Oboen, Fagotten, Trompeten, Pauken
und der bezifferte Orgelbass zeigt an, dass auch die Orgel hinzu-
treten soll.

Schon die beiden Ouvertüren im italienischen Styl (in
D und C) zeigen, bis zu welchem Grade Schubert im Jahre 1817
die Mittel des selbständig wirkenden Orchesters beherrschte.

Ueber die Entstehung der beiden Ouvertüren erzählt Kreissle,
nach den authentischen Mittheilungen des Herrn Doppler — eines
Freundes von Schubert aus jener Zeit, dass Schubert sie schrieb,
um nachzuweisen, wie leicht die Erfolge Rossinischer Musik zu
erringen seien. Auch ihn interessierten die Melodien des Italieners,
aber als sich einst mehrere Freunde, nach der Vorstellung des
„Tancred", welcher sie mit ihm gemeinsam beigewohnt hatten, auf
dem Heimwege gar zu enthusiastisch über diese Musik äusserten,
erklärte Schubert, dass es ihm ein Leichtes sein werde, derlei
Ouvertüren, in ähnlichem Styl gehalten, binnen kurzer Zeit nie-
derzuschreiben, und da ihn seine Begleiter beim Wort nahmen,
componierte er die beiden Ouvertüren wie er es versprochen, in

kurzer Zeit, und beide wurden wiederholt mit Beifall aufgeführt.
Die eine in C-dur ist 1866 bei C. A. Spina in Partitur erschienen.
Sie erinnert nur in der Erfindung der Motive an Rossini, diese
sind nur sinnlich reizvoll und von geringem Gehalt — die Verarbeitung aber ist zwar etwas loser und leichter gehalten, als wir
es sonst bei ihm gewohnt sind, aber sie ist viel künstlerischer als
bei Rossini. Die Instrumentation gewinnt viel höhere Bedeutung,
sie individualisiert die einzelnen Chöre, wie die einzelnen Instrumente. In der Einleitung schon sind nicht nur die Blasinstrumente den Streichinstrumenten gegenübergesetzt, sondern die Instrumente sind meist unter sich selbständig geführt; so dass man
einzelne Stellen, wie die letzten 20 Tacte der Einleitung schon
als erste Vorstudien zur berühmten C-dur-Sinfonie betrachten
muss, und in derselben Weise ist das ganze Allegro instrumentiert. Wesen und Geist der einzelnen Chöre, wie sie zusammen-
wirkend einander ergänzen, oder jeder in seiner Eigenart gefasst,
in gegensätzliche Wechselwirkung treten, eben so wie der einzelnen
Instrumente, ist ihm hier schon so klar und zugleich geläufig worden, dass man es begreift, wie er, obgleich sein eigentlicher Beruf ein anderer war, bald dazu gelangte, auch die grössern Instrumentalformen mit einem Inhalt zu füllen, der nicht mit überwäl-
tigender Macht uns bezwingt, uns erschüttert und erhebt, aber doch
mit den süssesten Schmeichellauten uns lockt und gefangen
nimmt, und mit geistvollen Spielen unsre Fantasie erregt und belebt. Jetzt entsagt er allen Vorbildern auch auf dem instrumentalen Gebiet. Freilich gewinnen häufig seine Instrumente kaum
eine andere Bedeutung, als beim vocalen Kunstwerk. Hier
tritt das Instrumentale nur ergänzend und vertiefend hinzu, um
einen bereits vocal dargestellten Inhalt noch eindringlicher zu
machen. In den selbständigen Instrumentalwerken versäumt
Schubert nicht selten diesen fehlenden vocalen Ausdruck instrumental zu ersetzen; er beginnt sofort zu interpretieren und wenn
dies auch mit prächtigen Farben und Bildern geschieht, so vermag
doch das so entstandene Kunstwerk meist nur unsere Fantasie,
nicht auch unser Herz anzuregen und zu erfüllen. Nicht die Grösse
der Anschauung, oder die Breite und Weite seiner Bilder erzeugt bei

ihm die grossen Formen, sondern die schwelgerische Lust, mit
welcher er einem Zuge seiner Empfindung oder dem Fluge seiner
Fantasie folgt. Dabei und in dem Bestreben nach dem lyrisch
fein zugespitzten Ausdruck verengt sich sein Gefühls- und Ge-
sichtskreis, so dass es ihm schwer oder eigentlich nie gelingt,
sein eigenes Empfinden in den weitesten Beziehungen anzuschauen
und dann zu plastischen Bildern verdichtet in mustergiltigen Formen darzustellen. Hierin liegt auch der Grund, weshalb er auf
den andern Gebieten — dem der Oper und der grössern begleiteten Vocalformen selbst nicht zu jenen Zielen gelangte, wie
noch auf dem Gebiet der Sinfonie und der Kammermusik.
Wol ist sein Liedstyl geeignet, den grössern Formen vermittelt
zu werden, und dass die Vocalformen der Oper wie des Oratoriums recht wol durch den Einfluss dieses neuen Liedstyls erneuert
werden können, das haben nachgeborne Meister bewiesen, aber er
selbst vermochte es nur in geringem Grade. Er geht in der lyrischen
Einzelempfindung so auf, dass er sie nur sehr schwer und unge-
nügend zu personificieren, nur widerstrebend in Beziehung mit
andern zu setzen weiss. Die Empfindung in ihrer lyrischen Iso-
lierung zu fassen und zu verfolgen das verstand er, wie kein anderer ausser ihm, aber gerade deshalb war er für das Dramatische
nur wenig begabt. Wir werden später nachweisen, dass selbst
seiren bedeutenderen Opern und Singspielen der spätern Periode:
„Die Zwillinge, — Alfonso und Estrella, — Fierrabras, —
Der häusliche Krieg“ oder den Nummern aus Rosamunde
dieselben Mängel anhaften. Die Opern der jetzt von uns be-
handelten Periode stehen weit hinter Allem zurück, was sonst in
diese Zeit fällt.

In der Oper: „*Des Teufels Lustschloss*“ sind nur die Partien
beachtenswerth, die zu einer besonders charakteristischen Behandlung veranlassen, wie die Scene mit dem Geisterspuk im ersten
Act, und die, an Idomeneus erinnernde Begleitung von Hörnern
und Posaunen, oder das Vorspiel zum zweiten Act, die Harmoniemusik und der anschliessende türkische Marsch. Die andern
Sätze zeigen, dass dem jungen Componisten nicht nur die Herrschaft über die Vocalformen, sondern selbst die oberflächlichste

Kenntniss derselben noch meist ganz fehlt. Nur um Weniges höher steht die Musik zu Körners: „Der vierjährige Posten," die Schubert am 13. Mai beendete; die Ouvertüre hierzu schrieb er in der Zeit vom 14—16. Mai. Der Soldatenchor hieraus, ein munteres Tonstück, erwarb bei seiner Aufführung im Jahre 1860 Beifall. Die Musik zu einem dritten dramatischen Werk „Fernando" — zu dem ihm sein Freund Albert Stadler den Text geschrieben hatte, componierte Schubert in sechs Tagen vom 3. Juli bis zum 9. Juli, aber weder Dichter noch Componist scheinen viel Freude daran gehabt zu haben, denn nachdem sie es durchgenommen, legten sie es bei Seite ohne wieder darnach zu fragen. Grösseres Gewicht legte Schubert auf die Musik zu Goethes: „Claudine von Villabella," die er gleichfalls im Zeitraum von wenigen Monaten schrieb. Kaum war er damit fertig, als er auch schon wieder eine neue begann, zu welcher ihm sein Freund Mayrhofer den Text gedichtet hatte: „Die beiden Freunde von Salamanka." Die Musik hierzu schrieb er wieder in unglaublich kurzer Zeit vom 18. November bis 31. December 1815. Nur der zweite Act enthält einzelne charakteristische Züge, im Uebrigen ist die Musik weit weniger noch individuell gefärbt als die Instrumentalwerke. Es sind nur wenige Momente, die ihm zu harmonischen oder melodischen Feinheiten Veranlassung gaben, wie wir sie vielfach in seinen instrumentalen und fast in jedem seiner vocalen Werke finden. Noch vielmehr, als in seinen Instrumentalwerken schliesst er sich in seinen Opern den älteren Meistern an, und es wird ihm dabei nicht leicht, ihre Formen auch nur nachzubilden. Ausser den erwähnten, ist noch ein Bruchstück der Musik zu Kotzebue's dreiactiger Oper: „Der Spiegelritter" vorhanden, und dass er auch „Die Minnesänger" und Einzelnes der Oper von Mayrhofer: „Der Adrast" componierte, wird vielfach versichert, doch ist davon noch nichts bekannt geworden. Fragment ist auch die Oper: „Die Bürgschaft" geblieben, die er im nächsten Jahre 1816 begann.

Unvergleichlich bedeutender waren die Erfolge, welche er mit seinen Cantaten erreichte. Hierbei kommt es wieder weniger auf schlagenden und rasch treffenden Ausdruck an, wie bei der

Oper. Weil der Hörende hinlänglich Zeit hat, sich in die betreffende Stimmung zu versenken, so ist auch der Musik in der Cantate hinlänglich Raum gegeben, sich auszubreiten. Schuberts Individualität findet deshalb hier ein weit günstigeres Arbeitsfeld als in der Oper, und selbst ein so überaus trockner und alberner Text, wie der der Cantate zu Ehren des Schuloberaufsehers Spendou, von Hocheisel gedichtet, erzeugte in ihm ein Kunstwerk von hoher Bedeutung.

Gleich das erste Recitativ: „*Da liegt er starr*" ist eben so charakteristisch in der Declamation, wie in der Begleitung, die jeden einzelnen Moment mit sorgsamster Emsigkeit malt. Die dann folgende Arie (*der Gattin*) mit Chor (Kinder) ist mit der Einfachheit, Wahrheit und naiven Innigkeit eines Gluck erfunden und dabei breit und spannend ausgeführt. Das nun folgende Recitativ: „*Gottes Bild ist Fürst und Staat*" leitet zu einem Duett: (Wittwe und Waise) „*Willkommen du Tröster im Leide*" das nur in seiner Grundstimmung an Gluck erinnert, im übrigen mit allem Glanze romantischer Detailmalerei ausgestattet ist. Das Recitativ: „*Ein Punkt nur ist der Mensch*", leitet dann zu dem Kinderchor: „*Spendou schalls in unserem Verein*" dessen über alle Begriffe trivialer Text selbst nicht im Stande ist, die Fantasie des Tondichters ganz in Fesseln zu schlagen, doch ist dieser Chor die schwächste Nummer des Werks. Dafür folgt ein Recitativ: „*Die Sonne sticht*", das wieder reicher illustriert ist und auch an der Illustration des Schlusschors: „*Vater unter Seraphsreihn*" betheiligt sich das Orchester in ausgebreitetster Weise.

Trotz einzelner bedeutender Nummern stehen auch die Messen Schuberts nicht auf der gleichen Höhe der Vollendung wie viele der Lieder und einzelne andere Werke. Soll die Messe, und dem entsprechend auch die übrigen Cultusgesänge zugleich die höchste künstlerische Bedeutung gewinnen, so dürfen sie dem Bedürfniss der Kirche Rechnung nicht mehr tragen, als in der Form selbst begründet ist. Nur unter dieser Voraussetzung schufen Palästrina, Bach oder Beethoven ihre unvergänglichen Messen; Haydn und Mozart berücksichtigten viel zu sehr das Bedürfniss der Kirche und das specielle der Gemeinde ihrer Tage und deshalb schufen sie nichts auf diesem Gebiete, was sich auch nur annähernd mit den Werken jener Meister vergleichen liesse. Das gilt aber auch in gewissem Grade von Schubert. Er schrieb seine Messen und Cultusgesänge meist nicht nur für einen bestimmten Kirchenchor, sondern auch wol unzweifelhaft mit beschränkenden Rücksichten auf die Auffassungsfähigkeit der Gemeinde und zugleich die Besonderheit des Cultus. Mit Rücksicht hierauf sind alle diese Werke hochbedeutsam, aber sie stehen doch in keinem Vergleich mit seinen hervorragenden auf andern Gebieten. Wol spricht sich auch in ihnen seine tiefe Innerlichkeit in ihrer ganzen gewinnenden Eigenthümlichkeit aus, aber nur wenige Sätze, wie das **Kyrie** und **Credo** der G-dur- oder das **Agnus Dei** und **Sanctuss** der B-dur-Messe erheben sich zu wahrhaft künstlerischem Werth. Seltsam ist namentlich die Erscheinung, dass er in seinen Messen eigentlich nirgend eine mehr charakteristische Führung seiner Orchesterbegleitung versuchte. Dies unterstützt in der Regel nur den Gesang oder es alterniert mit demselben als selbständiger Chor. Aber auch selbst diejenigen seiner religiösen Gesänge, welche nicht so direct mit kirchlichen Handlungen verknüpft sind: das **Stabat Mater**, das lateinische und das deutsche oder das **Magnificat** erheben sich nicht über den Standpunkt der Messen. Das Magnificat (am 25. Septbr. 1816) in C steht kaum höher, wie die Messen. Der erste Chor: *Magnificat anima mea dominum* interessiert nur durch die lebendige polyphone Führung; auf diesen folgt dann ein warm empfundenes Solo-Quartett: *Deposuit potentes de sede* und im Schlusssatz: Chor mit Soloquartett: *Gloria patri* sind Chor und Orchester gleich lebendig polyphon geführt. Dabei sind in diesen kirchlichen Tonstücken nur die chorischen Nummern selbständiger geführt, die Solo-Nummern schliessen sich ziemlich ausnahmslos dem Style Mozarts an. Bei der Betrachtung der bedeutenderen Werke dieser Gattung aus der spätern Zeit werden wir noch Veranlassung nehmen müssen, auf diese früheren zurückzukommen.

Auf den Gebieten seiner reformatorischen und neu gestaltenden Thätigkeit hatte Schubert beim Abschluss der bis jetzt be-

sprochenen Periode einen ersten Höhepunkt erreicht. Er hatte
die neue Form des Liedes gewonnen und zugleich eine
Reihe von Mustern dieser Gattung hingestellt, die unvergängliche kunst- wie kulturhistorische Bedeutung
behalten werden. Er erfand zu den Liedern der deutschen Dichter nicht nur passende und sangbare Melodien, sondern er setzte sie wirklich in Musik d. h. er
dichtete sie musikalisch um, gestaltete sie ganz neu
musikalisch von innen heraus. Damit aber gab er der
gesammten Musik einen bedeutsamen Anstoss zu ihrer
weitern Entwickelung, indem er sie nach einer bestimmten Richtung drängte. Er selbst ist bereits bemüht, den neuen
Gefühlsinhalt auch den Instrumentenformen zu vermitteln, dies
gelingt ihm indess zunächst nur dadurch, dass er sie zum Theil
auflöst oder doch von ihrer ursprünglichen Idee los löste. Erst
später fand er für diesen neuen Inhalt auch die entsprechenden
Instrumentalformen, was wir schon in den nächsten Kapiteln nachweisen werden.

Viertes Kapitel.

Franz Schubert als Musiklehrer.
(1818 und 1824).

Nur besondere Umstände konnten Schubert veranlassen eine Musiklehrerstelle anzunehmen. Gegen das Ertheilen von Musikunterricht hatte er den gleichen Widerwillen, der jedem selbstschöpferischen Musiker an- und eingeboren ist. Die Musiklehrerstelle beim Grafen Johann Eszterhazy nahm er nur deshalb an, weil sie ihm eine ziemlich sorgenfreie Existenz, hinlänglich freie Zeit und im Verkehr mit einem Kreise gebildeter Menschen reichste Anregung für seine künstlerisch schaffende Thätigkeit gewährte. Der Graf wohnte mit seiner Familie nur im Winter in Wien, im Sommer auf seinem Landgute Zelész (Zselics) eine in Ungarn am Waagflusse gelegene, zum Barscher und Honther Comitat gehörige Herrschaft. Schubert war durch den Wirthschaftsrath des Baron Hakelberg — Unger, den Vater der nachmals berühmten Sängerin Unger-Sabatier — an den Grafen empfohlen und von diesem sofort engagiert worden. Bereits im Sommer des Jahres 1818 gieng Schubert in seine Stellung nach Zelész. Diese war für ihn eine im Allgemeinen angenehme, wenn ihm auch, wie wir aus einigen Briefen ersehen, nicht gerade Alles, was er hier erfuhr, zusagte.

Er ertheilte den jungen Comtessen, von denen die ältere — Marie — dreizehn und die jüngere — Caroline — eilf Jahre zählte Unterricht; ausser diesen beiden gehörte noch ein Sohn zur Familie, der indess damals erst fünf Jahr alt war. Bedeutsam wurde es für Schubert aber, dass im Hause selbst ein reger musikalischer Verkehr herrschte, der durch ihn gar bald erhöhten Aufschwung gewann. Der Graf hatte eine gute Bassstimme; Comtesse Marie war mit einer wunderschönen Sopranstimme begabt; die Mutter: die Gräfin Rosine, sang mit der jüngern Tochter Alt, und ein Freiherr Carl von Schönstein, der mit dem Eszterhazyschen Hause befreundet war, sang Tenor, so dass, als die jüngeren Damen etwas weiter vorgeschritten waren, auch mehrstimmige Gesänge ausgeführt werden konnten. In diesem ersten Jahre waren es hauptsächlich: Haydn's Schöpfung und die Jahreszeiten und Mozarts Requiem, an denen der kleine Kreis sich erbaute. Schubert wurde der Mittelpunkt desselben, und er löste auch in Wien sein Verhältniss zum Hause nicht, sondern blieb immer ein, dort gern gesehener Gast desselben, bis an sein frühes Ende.

Einen besondern Gönner aber erwarb er an dem Freiherrn von Schönstein. Dieser hatte bisher mit Vorliebe der italienischen Gesangskunst sich zugewendet; durch seine Bekanntschaft mit Schubert wurde ihm das Wesen des deutschen Gesanges erschlossen, und er wurde zugleich ein begeisterter Anhänger des jungen genialen Schöpfers des deutschen Liedes und wetteiferte mit Vogl, vor dem er noch den Glanz und Schmelz einer jugendlichen Stimme voraus hatte, im Vortrage Schubert'scher Lieder.

Directe Veranlassung zu componieren gab ihm dieser Kreis in diesem ersten Jahre noch wenig; ausser den Singübungen, die er 1818 unzweifelhaft für die Gräfin Marie schrieb, sind nur die Lieder Blondel zu Marien (Lief. 34). Das Abendlied *„Du heilig glühend Abendroth"* (Op. 173) das er wahrscheinlich für den Grafen Johann schrieb und: Der Einsame von Mayrhofer (Lief. 32) als in Zelész entstanden, bekannt geworden. Bei seinem zweiten Aufenthalt in Zelész 1824 schrieb er für den genannten Kreis eine seiner bedeutendsten Vocalcompositionen: Gebet vor der Schlacht von Baron de la Motte Fouqué. Ueber die Entstehungsart des Werkes erzählt Kreissle,[1] dass Schubert eines Morgens in den ersten Tagen des September von der Frau des Hauses beim gemein-

---

[1] Franz Schubert. pag. 138.

schaftlichen Frühstück aufgefordert worden sei, das erwähnte
Gedicht von Fouqué für das Hausquartett zu componieren, und
bereits am Abend desselben Tages habe es Schubert zur ersten
Ausführung im Manuscript vorgelegt. Innerhalb 10 Stunden hatte
er es componiert und fehlerlos niedergeschrieben. Das Werk
wurde, da die Familie Eszterhazy Werth darauf legte, es allein zu
besitzen, erst mehrere Jahre nach Schuberts Tode veröffentlicht
als Op. 139.

Auch die Liebe scheint im Eszterhazy'schen Hause ernster
als sonst an Schubert herangetreten zu sein. Unempfindlich war
er nicht gegen sie, doch ist von einem dauernden Liebesverhältniss
nichts bekannt geworden. Aber für die jüngere Comtesse Caroline fasste er bald nach seinem Eintritt in das Eszterhazy'sche
Haus eine tiefe Neigung und er hat sie bewahrt bis an sein Lebens-
ende. Kreissle erzählt auch, dass er sie der Comtesse sogar, wenn
auch nur indirect gestanden habe. Als diese ihn einst scherzhaft
damit neckte: dass er ihr noch nie etwas dedicirt habe, erwiderte
er: „*Wozu denn, Ihnen ist ja ohnehin alles gewidmet*" und nach
der Versicherung desselben Gewährsmanns habe ihr Schubert auch
nie etwas gewidmet, die Dedication der vierhändigen Clavierfantasie
Op. 103 an die Gräfin Caroline sei nicht vom Componisten, sondern
nach dessen Tode vom Verleger ausgegangen. Ueber diesen ersten
Aufenthalt, wie darüber dass diese hocharistokratische Liebe ihn
nicht gleich Anfangs erfasst hatte, ja dass im September noch das
Stubenmädchen seine Aufmerksamkeit in höherm Grade erregte,
geben mehrere, von Bauernfeld 1869 in der „Presse" veröffentlichte Briefe nähern Aufschluss. Der erste, an *Schober* adressierte,
und an den Freundeskreis aus Zelész gerichtete Brief ist vom
3. August 1818 und lautet:

Liebste, theuerste Freunde!

Wie könnte ich euch vergessen, euch, die ihr mir alles seyd!
Spaun, Schober, Mayrhofer, Senn wie geht es euch, lebt
ihr wohl? Ich befinde mich recht wohl. Ich lebe und componiere wie ein Gott, als wenn es so seyn müsste.

Mayrhofer's „Einsamkeit" ist fertig, und wie ich glaube,
so ist's mein Bestes, was ich gemacht habe, denn ich war ohne

Sorge. Ich hoffe, dass ihr alle recht gesund und froh seyd, wie ich es bin. Jetzt lebe ich einmal, Gott sey Dank, es war Zeit, sonst wär' noch ein verdorbener Musikant aus mir geworden. Schober melde meine Verehrung bei Herrn Vogl, ich werde nächstens so frey seyn, auch Ihm zu schreiben. Wenn es seyn kann, so bringe Ihm bei, ob er nicht die Güte haben wollte, bei dem Kunzischen Concert im November ein Lied von mir zu singen, welches er will. Grüsse mir alle möglichen Bekannten. An deine Mutter und Schwester meine tiefste Verehrung. Schreibt mir ja recht bald, jeder Buchstab' von euch ist mir theuer.

Euer ewig treuer Freund

Franz Schubert.

Ein langer Brief an die Freunde vom 18. September schildert in zum Theil humoristischer Weise den Aufenthalt in Zelész und dieser ebenso wie die gräfliche Familie erscheinen ihm nicht in so rosigem Lichte. Es heisst darin:

„Ich war eben bei einer Ochsen- und Kuh-Licitation als man mir euren wohlbeleibten Brief überreichte. Unter immerwährendem Gelächter und kindischer Freude las ich sie. Es war mir, als hielt ich meine theuren Freunde selbst in Händen."
Und weiter:

„Dass die Operisten in Wien jetzt so dumm sind, und die schönsten Opern ohne mich aufführen, versetzt mich in eine kleine Wuth. Denn in Zelész muss ich mir selbst Alles seyn: Compositeur, Redakteur, Auditeur und was weiss ich Alles. Für das Wahre der Kunst fühlt hier keine Seele, höchstens dann und wann (wenn ich nicht irre) die Gräfin. Ich bin also allein mit meiner Geliebten, und muss sie in meinem Zimmer, in meinem Clavier, in meiner Brust verbergen. Obwohl mich dieses öfters traurig macht, so hebt es mich auf der andern Seite desto mehr empor. — — Mehrere Lieder entstanden unter der Zeit, wie ich hoffe, sehr gelungene."
Ueber die Schlossbewohner urtheilt er wie folgt:

„Der Koch ziemlich locker, die Kammerjungfer 30 Jahr alt, das Stubenmädchen sehr hübsch, oft meine Gesellschafterin, die

Kinderfrau eine gute Alte, der Beschliesser mein Nebenbuhler. Die 2 Stallmeister taugen viel besser zu den Pferden, als zu den Menschen. Der Graf ziemlich roh, die Gräfin stolz, doch zarter fühlend, die Comtessen gute Kinder. Dass ich mit meiner natürlichen Aufrichtigkeit recht gut bei allen diesen Leuten durchkomme brauche ich Euch, die Ihr mich kennt, kaum zu sagen."

Der Schluss lautet:

Und nun liebe Freunde, lebt alle recht wohl, schreibt mir ja recht bald. Es ist meine theuerste, liebste Unterhaltung, Eure Briefe zehnmal zu lesen. Grüsset meine lieben Eltern und meldet meine Sehnsucht nach einem Briefe von ihnen.

Mit ewiger Liebe

Euer treuer Freund

Franz Schubert.

Der zweite Brief, den Bauernfeld aus der Zeit des zweiten Aufenthalts Schuberts in Zelesz (vom 21. Septbr. 1824) mittheilt, ist in nahe zu düsterer Stimmung geschrieben. Er lautet:

Lieber Schober!

Ich höre, Du bist nicht glücklich? musst den Taumel Deiner Verzweiflung ausschlafen? So schrieb mir Schwind. Obwohl mich dies ausserordentlich betrübt, so wunderts mich doch gar nicht, da dies beinahe das Loos jedes verständigen Menschen ist in dieser miserablen Welt. Und was sollten wir auch mit dem Glück anfangen, da Unglück noch der einzige Reiz ist, der uns übrig bleibt. Wären wir nur beysammen, Du, Schwind, Kuppel [1]) und ich, es sollte mir jedes Missgeschick nur leichte Waare seyn, so aber sind wir getrennt, jeder in einem andern Winkel und das ist eigentlich mein Unglück. Ich möchte mit Goethe ausrufen: Wer bringt nur eine Stunde jener holden Zeit zurück! Jener Zeit, wo wir traulich beysammen sassen, und jeder seine Kunstkinder den andern mit mütterlicher Scheu

---

[1]) Abkürzung für den vertrauten Freund Schubert's, den Maler: L. Kupelwieser. Er wurde später k. Rath und Professor an der Kunstakademie in Wien.

aufdeckte, das Urtheil, welches Liebe und Wahrheit aussprechen
würden, nicht ohne Sorge erwartend, jener Zeit, wo einer den
andern begeisterte und ein vereintes Streben nach dem Schönsten
alle beseelte. Nun sitz ich allein hier im tiefen Ungarlande, in
das ich mich leider zum zweiten Male locken liess,
ohne auch nur einen Menschen zu haben, mit dem ich ein ge-
scheidtes Wort reden könnte. Ich habe seit der Zeit, dass du
weg bist, beinahe keine Lieder componirt, aber mich in einigen
Instrumental-Sachen versucht. Was mit meinen Opern geschehen
wird, weiss der Himmel! Ungeachtet ich nun seit 5 Monaten
gesund bin, so ist meine Heiterkeit doch oft getrübt durch Deine
und Kuppels Abwesenheit, und verlebe manchmal sehr elende
Tage; in einer dieser trüben Stunden, wo ich besonders das
thatenlose unbedeutende Leben, welches unsere Zeit bezeichnet,
sehr schmerzlich fühlte, entwischte mir folgendes Gedicht, welches
ich nur mittheile, weil ich weiss, dass du selbst meine Schwächen
mit Schonung und Liebe rügst:

Klage an das Volk!

O Jugend unsrer Zeit, Du bist dahin!
Die Kraft zahllosen Volks, sie ist vergeudet,
Nicht einer von der Meng' sich unterscheidet,
Und nichts bedeutend all' vorüber ziehn'.

Zu grosser Schmerz, der mächtig mich verzehrt,
Und nur als Letztes jener Kraft mir bleibet;
Denn thatlos mich auch diese Zeit zerstäubet,
Die jedem Grosses zu vollbringen wehrt.

Im siechen Alter schleicht das Volk einher,
Die Thaten seiner Jugend wähnt es Träume,
Ja spottet thöricht jener goldnen Reime,
Nichts achtend ihren kräft'gen Inhalt mehr.

Nur Dir, o heilge Kunst, ist's noch gegönnt
Im Bild die Zeit der Kraft und That zu schildern,
Um weniger den grossen Schmerz zu mildern,
Der nimmer mit dem Schicksal sich versöhnt.

Mit Leidesdorf[1]) geht es bis dato schlecht, er kann nicht zahlen, auch kauft kein Mensch etwas, weder meinige, oder andere Sachen ausser miserable Mode-Waare.

Ich habe dich nun so ziemlich bekannt mit meiner jetzigen Lage gemacht, und ich erwarte mit Sehnsucht die Deinige sobald als möglich zu erfahren. Das Liebste wäre mir, wenn Du wieder nach Wien kämest. Dass Du gesund bist, zweifle ich nicht.

Und nun lebe recht wohl und schreibe so bald als möglich.

Meine Adresse: Dein

Zelecz in Ungarn, über Raab   Schubert.

   und Torok beim Grafen   Adieu!!!

     Joh. Eszterhazy.

Hochbedeutsam wurde der Aufenthalt in Ungarn für Schubert's künstlerische Entwickelung dadurch, dass er ihn mit der ungarischen Nationalmusik bekannt und vertraut machte und ihm eine Reihe ungarischer und slavischer Nationalweisen zuführte, die seit dem in seinen Instrumentalwerken ein so wichtiges Element geworden sind. Er sammelte die Melodieen, die ihm die Zigeuner vorspielten oder die Mägde vorsangen, und verarbeitete sie dann selbständig oder als Theile seiner grössern Werke. Ueber die Entstehung des Divertissement à la Hongroise (Op. 54) erzählt Kreissle dass Schubert das Thema sich aus der Eszterhazyschen Küche geholt habe, wo es eine Magd sang, als er mit Schöustein von einem Spaziergang heimkehrend, vorübergieng. Solche Weisen oder doch Anklänge an national-ungrische oder slavische Melodien finden sich vielfach in seinen instrumentalen Werken aus dieser und der spätern Zeit, wie im Scherzo und im Schlusssatz der A-moll-Sonate (Op. 42.) oder im Menuett des A-moll-Quartetts (Op. 29), von welchem Chopin den Anstoss zur Mazurka genommen zu haben scheint, oder im Schlusssatz desselben Quartetts.

Dass auch einzelne der *Impromptus, Moments musicals* auf demselben Boden erwachsen sind, ist bekannt. Für Schubert hatten diese Weisen noch den besondern Werth, dass sie ihn zugleich über seine eigentliche Mission aufklären halfen und wesentlich dazu beitrugen, dass der Prozess, dessen wir am Schluss des vorigen

---

[1]) Ein Musikalien-Verleger in Wien.

Kapitels gedachten, sich rascher vollzog, als es ohne dies geschehen sein würde. Wir erkannten, dass Schuberts Fantasie, wenn sie nicht durch einen, in bestimmten Anschauungen sich bewegenden Text gezügelt wurde, sich gern in objektlose Schwelgerei verliert. Er ist deshalb anfangs genöthigt in der Instrumentalmusik sich eng an die ältern Meister anzuschliessen. Wo er das nicht thut, verliert er sich in ein, zwar immer reizvolles, doch nur leicht hin interessirendes Spiel mit Formen und Klangeffecten und erst allmälig gewann er die nöthige Sammlung, seine überflutende Fantasie zu wirklich fassbaren Bildern zu verdichten und diese künstlerisch und übersichtlich zu gruppieren und hierzu gaben ihm die erwähnten National-Weisen Anleitung und Anstoss. Als der energische Ausdruck eines reichen Volksempfindens und der übervollen Fantasie eines Naturvolks zeigten sie ihm, wie dieser gewonnen wurde; und er schulte sein eigene Fantasie an ihnen, um zu ganz gleich mächtiger Darstellung derselben zu gelangen. Indem er aber diese Weisen in sich aufnahm, konnte es nicht fehlen, dass er auch der Vorgänge sich erinnerte, unter denen sie ihm zugeführt worden waren und so wurde auch dadurch seine, leicht überschäumende Fantasie durch die Erinnerung an reale Verhältnisse fest gehalten, dass sie sich nicht in nebelhafter Schwelgerei verlor, dass sie vielmehr auch hier die rechten Formen für die Darstellung ihrer Bilder fand, ohne sich an fremde Muster anzulehnen.

Dazu half allerdings auch noch ein Umstand, der vielleicht mit durch die oben erwähnten Verhältnisse herbeigeführt wurde: dass in diesem Jahre Schubert dem Marsch und Tanze auch wieder seine besondere Sorgfalt zuwendete. Beide Formen sind mit äussern Vorgängen so bestimmt verbunden, dass diese ganz direct einflussreich auf ihre besondere Gestaltung werden. Beide regeln die Bewegung der Massen, die sich nach ganz bestimmten Gesetzen bewegen und denen natürlich auch die Musik sich unterwerfen muss. Dadurch erlangt die Musik des Marsches wie des Tanzes fest vorgezeichnete Formen, von denen sie durchaus nicht abweichen darf und ihr zwingender Einfluss zügelt und bändigt auch die Fantasie Schuberts. Die als Op. 9. gedruckten Walzer, zum grössten Theil während des ersten Aufenthalts Schuberts in Ungarn entstanden, sind selbstredender

Beweis dafür. Sie haben alle die einfachste Form und dennoch
geben sie der Fantasie des Componisten mannichfachen Ausdruck.
Die ertsen 13 des ersteu Hefts halten sogar ein und dieselbe Tonart
fest, — As-dur — und eine ganze Reihe variieren die erste Melodie

An einzelnen dieser Walzer hat wol auch schon die ungarische Volksweise ihren Antheil, wie beim folgenden:

und an den meisten der 18 Walzer des zweiten Hefts. Ausser diesen und den früher bereits genannten Compositionen sind noch zu erwähnen: die Sechste Sinfonie (in C.), eine Clavier-Fantasie und die „Beethoven gewidmeten Variationen" Op. 10; von Liedern ausser den bereits genannten noch: Lieder von Aloys Schreiber: — An den Mond in einer Herbstnacht — Das Marienbild und der Blumenbrief: ferner: Die Forelle. und: Auf der Riesenkoppe; von den ungedruckten die drei Sonette von Petrarca:

I. „Nunmehr der Himmel, Erde schweigt und Winde"

II. „Allein, nachdenklich, wie gelähmt vom Kampfe"

III. „Apollo lebet noch dein hold Verlangen"

nach der Uebersetzung von Schlegel, von denen wir Einzelnes noch im Zusammenhange mit andern später betrachten.

Von besonderer Bedeutung wurden für die künstlerische Entwickelung Schuberts die Variationen-Form, weshalb wir bei den erwähnten vierhändigen Variationen (Op. 10) noch einen Augenblick verweilen. Wir erkannten bereits als ein Hauptmerkmal der neuen Instrumentalmusik, dass sie sich vorwiegend auf die thematische Verarbeitung eines Grundgedankens stützt. Wie die Begleitung zum Gesange, so werden jetzt auch selbständige Instrumentalwerke aus Motiven entwickelt, in denen die Grundstimmung sich concentriert. Für diese Richtung musste die Variationenform natürlich hochbedeutsam werden, da sie, von denselben Gesichtspunkten ausgehend, zu grösseren Formen führt und Formvollendung als erste Bedingung erfordert. Schubert hat sie auch früh geübt und, wie wir später sehen in seinen bedeutendsten Werken verwendet. Die Variationen Op. 10 haben ein französisches Volkslied zum Thema und sie gehören jener höhern Gattung an, bei der das Thema nicht nur formell verändert wird, sondern dessen ideeller Gehalt durch die Variationen in grösster Mannichfaltigkeit dargelegt wird. Schon die erste Variation, die sich noch treu an das Thema anschliesst, vertieft den Gehalt durch kleine harmonische Veränderungen; die zweite hält sich noch treuer an das Thema, aber dies erscheint wiederum reicher harmonisiert, und der Contrapunkt in der Secondopartie giebt ihm eine ganz andere Deutung. Ganz neu beleuchtet erscheint es in der dritten, welche das Thema in Dur bringt, und zwar, überraschend fein, nicht in der gleichnamigen oder der parallelen Durtonart sondern in der, der Untermediante, und wie das Original, moduliert der erste Theil auch nach der Obermediante hier — Es-dur. In der vierten wird dann das geschmackvoll veränderte Thema variiert, die fünfte bringt es wieder in Dur, und zwar in der gleichnamigen E-dur-Tonart und hier wird die Modulation nach der Obermediante am Ende des ersten Theils nicht ausgeführt; die 6te ergreift ganz naturgemäss die Paralleltonart der 5ten — Cismoll — und erreicht somit einen Höhepunkt; daher nimmt die 7te wieder die ursprüngliche Tonart E-moll auf; mit ihr beginnen die formellen Erweiterungen, indem jetzt die einzelnen Theile selbständiger variiert werden als bisher; die letzte Variation wird zu einem breit ausgeführten Marsch. Schon im folgenden Jahre schrieb Schubert ein bedeutendes Instrumentalwerk, in welchem diese Variationen-Form als Hauptbestandtheil erscheint, das sogenannte „Forellen-Quintett.

Fünftes Kapitel.

Die ersten Erfolge.
(1819—22.)

Nach der im Spätherbst 1818 erfolgten Rückkehr nach Wien
fand sich Schubert wieder in seine alten Verhältnisse versetzt.
Mehr als je war er jetzt bemüht, mit seinen Werken in die
Oeffentlichkeit zu treten, und er wurde hierbei von den Freunden
thatkräftig unterstützt. Aus dem, im vorigen Kapitel mitgetheilten
Briefe an die Freunde, vom 3. August, ersehen wir, dass er Schober bittet: Vogl zu veranlassen, bei dem Kunze'schen Concert im
November eins seiner Lieder zu singen. Der Wunsch ist ihm nicht
erfüllt worden. Erst im folgenden Jahre sang Franz Jäger —
Tenorist von der Oper — „Schäfers Klagelied“ in dem, im
Gasthof *„Zum römischen Kaiser“* von dem Violinspieler Jäll
veranstalteten, am 28. Februar 1819 stattfindenden Concert, mit
entschiedenem Erfolg, so dass er es in einem Concert am 12. April
wiederholte. Nachdem die Oper *„Fierrabras“* bereits zur Aufführung die Censur passiert hatte, durfte er auch hoffen, dass sie
zur Darstellung gelangen würde, allein diese Hoffnung wurde ihm
ganz vereitelt. Die Inscenierung dieser Oper unterblieb, dafür gieng
ein Singspiel: Der Spiegelritter, zu welchem er die Musik componiert hatte im folgenden Jahre in Scene. Es war nicht nur der
Rossini-Cultus, welcher zu jener Zeit in Wien in höchster Blüte
stand, der die Aufführung der dramatischen Werke des deutschen
Componisten hinderte, sondern wie heut und zu allen Zeiten ver-
banden sich Mittelmässigkeit und Unfähigkeit mit Neid und Miss-

gunst, um den Aufflug des Genius zu hemmen. Schubert spricht sich vielfach hierüber selbst aus, besonders drastisch in einem Brief an Anselm Hüttenbrenner vom 19. Mai 1819, in welchem es hierüber wörtlich heisst:

„Trotz eines Vogl's ist es schwer, wider die Canaille von Weigl, Treitschke etc. zu manövriren. Darum giebt man statt meiner Operette andere Luder, wo einem die Haare zu Berge stehen."

Der Sommer dieses Jahres brachte ihm wieder reiche Anregung und Nahrung für Herz und Fantasie. Mit seinem Freunde Vogl machte er einen Ausflug nach dessen Heimath *Oberösterreich*, auf dem sie in Linz, Salzburg und Steyr kürzere Zeit verweilten. In der letztern Stadt, dem Geburtsort seiner Freunde Mayrhofer, Stadler und Vogl, fand er, durch Vogl eingeführt, in den musikliebenden Familien des Hausbesitzer und Hauptgewerkschaftlichen Vicefactor, Silvester Paumgartner, des Dr. Schellmann, des Kaufmann Josef von Koller und des ehemaligen Kreishauptmanns Dornfeld, die freundlichste Aufnahme. Schubert wohnte mit Vogl bei Koller und wie sehr es ihm hier behagte, trotz des nicht gerade günstigen Wetters, das ersehen wir aus dem Briefe, den er an seinen Bruder Ferdinand unterm 15. Juli 1819 aus Steyr schreibt; darin heisst es:

„Ich befinde mich jetzt recht wohl, nur will das Wetter nicht günstig sein' — — In dem Hause, wo ich wohne, befinden sich acht Mädchen, beinahe alle hübsch. Du siehst, dass man zu thun hat. Die Tochter des Herrn von Koller, bei dem ich und Vogl täglich speisen, ist sehr hübsch, spielt brav Clavier und wird verschiedene meiner Lieder singen."

Auch der Brief, den er von Linz aus unterm 19. August an Mayrhofer in Wien schreibt bestätigt es, wie sehr ihn Land und Leute anzogen. Darin heisst es:

„Wenn es Dir so gut geht, wie mir, so bist Du recht gesund — In Steyr hab ich mich und werd' mich noch sehr gut unterhalten. Die Gegend ist himmlisch; auch bei Linz ist es sehr schön."

Mitte September reisten beide wieder nach Wien zurück.

An bedeutenden Kunstschöpfungen ist nur das *Quintett Op. 114* — das sogenannte *Forellen-Quintett* zu erwähnen, das Schubert von Stadler und Paumgartner angeregt in dieser Zeit schrieb. Zwei Gelegenheitscompositionen, die gleichfalls in Steyermark entstanden, sind ungedruckt. Das eine ist eine *Cantate zum Geburtstage Vogls*, zu der A. Stadler den Text gedichtet hatte, den Schubert für Sopran, Tenor und Bass mit Clavierbegleitung in Musik setzte. Eine *„Ouverture für Clavier zu vier Händen* (in F-moll) schrieb er *im November „in Herrn Joseph Hüttenbrenners Zimmer im Bürgerhospital innerhalb drei Stunden und versäumte darüber das Mittagsmahl.“*

In das Jahr fällt auch der Versuch, sich Goethe zu nähern. Er sandte ein geschriebenes Heft seiner Compositionen Goethescher Gedichte, mit einem ehrfurchtsvollen Schreiben nach Weimar an den Dichter, aber dieser antwortete nicht, und weder der Componist noch irgend Jemand hat erfahren können, ob Goethe die Sendung überhaupt zu Händen bekommen, oder ob er sie wirklich ignorierte. Die Annahme, dass ihm die kühle, praktisch verständige Weise Zelters und Reichards, seine Lieder zu componieren mehr zusagte, als die Schuberts, ist vollauf begründet. Dafür spricht auch das Verhalten des Grossmeisters der deutschen Dichtung dem ihm persönlich bekannten Beethoven gegenüber, und so ist wol anzunehmen, dass Goethe die Lieder Schuberts einfach bei Seite legte. Bestätigt wird diese Annahme noch durch eine Mittheilung des *Frh. Alfred von Wolzogen*, der in seinem Buche: *Wilhelmine Schröder-Devrient* (S. 146) erzählt, dass die *Schröder*, als sie im April 1830 auf ihrer Reise nach Paris durch Weimar kam, sich auch Goethe vorstellen liess. Unter andern sang sie ihm auch den „Erlkönig“ vor, und Goethe war davon so ergriffen, dass er das Haupt der Sängerin in beide Hände nahm und sie auf die Stirn küsste mit den Worten: *„Haben Sie tausend Dank für diese grossartige künstlerische Leistung!“ „Ich habe“*, fuhr er dann fort, *„diese Composition früher einmal gehört, wo sie mir gar nicht zusagen wollte, aber so vorgetragen, gestaltet sich das Ganze zu einem sichtbaren Bild.“*

Wie bereits erwähnt, gelangte erst 1820 ein musikalischdramatisches Werk von *Schubert* auf die Bühne. Vogl hatte die Direction des Operntheaters zu bewegen gewusst, dass Schubert mit der Composition des, dem Französischen entlehnten und von dem Theatersecretair Hofmann für die deutsche Bühne bearbeiteten Singspiels: „Die Zwillinge" betraut worden war. Es ist anzunehmen, dass das schon im Jahre 1818 geschah, und dass er auch sofort mit der Arbeit begann. Die Originalpartitur trägt das Datum: den 19. Jänner 1819. Die erste Aufführung erfolgte am 14. Juni 1820 auf dem Kärntnerthor-Theater. An der Darstellung betheiligten sich Vogl, der die beiden Zwillinge, Fr. Betti Vio, welche das Lieschen, Herr Rosenfeld, Gottdank und Sebastian Mayer, welche den Anton, den Amtmann und den Schulzen ausführten. Die Musik fand eine sehr beifällige Aufnahme. Gleich die erste Nummer: Das Morgenständchen, „Verglühet sind die Sterne" in B-dur, mit welchem Anton im Verein mit dem Chor der Landleute die Braut weckt, musste wiederholt werden. Auch im weitern Verlauf wurden mehrere Nummern, wie das Quartett: *„Zu rechter Zeit bin ich gekommen"* und die Bass-Arie: *„Mag es stürmen, donnern, blitzen"* lebhaft applaudiert und am Schluss wurde der Componist gerufen, an dessen Stelle Vogl erschien, um in des Componisten Namen zu danken. Die Operette erlebte 6 Vorstellungen, eine nachhaltigere Wirkung scheiterte am Text. Dieser behandelt einen längst verbrauchten Stoff ziemlich witz- und reizlos. Franz Spiess, im Begriff in die weite Welt zu gehen, um seinen verschollenen Zwillingsbruder aufzusuchen, übernimmt vorher noch eine Patenstelle bei des Schulzen, seines Nachbars Töchterlein und er schenkt ihr zugleich als Angebinde 1000 Thaler mit der Bedingung, dass, wenn er binnen 18 Jahren heim käme, und das Mädchen ihm gefiele, sie seine Frau werden müsse. Dieser Zeitraum ist beinahe vergangen; Lieschen — des Schulzen Töchterlein, ist zur blühenden Jungfrau herangewachsen und hat sich, unbekümmert um des Vaters Gelöbniss, Anton zum Bräutigam auserkoren; am Tage nach Ablauf der Frist soll die Hochzeit sein; aber noch vor Sonnenuntergang des letzten, entscheidenden Tages erscheint Franz Spiess, um seine Rechte geltend zu machen. Mit ihm zugleich aber ist auch sein Zwillingsbruder, den er bisher vergeblich suchte, ist auch Friedrich Spiess im Dorfe eingekehrt. Beide sind einander zum Verwechseln ähnlich, ihr Erscheinen zu verschiedenen Zeiten giebt daher Stoff zu mancherlei Verwechselungen und veranlasst endlich auch Franz Spiess von seinem Recht abzulassen und in die Heirat Antons und Lieschens einzuwilligen.

Von Schuberts Musik interessiert gleich die Ouvertüre, die schwungvoll und sehr melodiös gehalten ist. Obwohl in D-dur stehend, wird das zweite Motiv in F-dur eingeführt. Die erste Nummer: „Das Morgenständchen" wurde bereits erwähnt, sie ist sehr ansprechend, und auch dramatisch wirksam gehalten. Dann folgt das mehr anmuthige als originelle Duett zwischen Lieschen und Anton: „*Vor dem Busen möge blühen, was die Liebe dir verehrt*" (G-dur); unbedeutend ist die folgende Arie Lieschens: „*Der Vater mag wohl immer Kind mich nennen*"; um so bedeutender, wie bereits erwähnt, die Arie des Franz Spiess: „*Mag es stürmen, donnern, blitzen*". Die fünfte Nummer, das Quartett „*Zu rechter Zeit bin ich gekommen*" wirkt namentlich durch die überaus reizende Orchesterbegleitung; nicht weniger wirkungsvoll ist die nächste Nummer: die Arie des Friedrich Spiess: „*Liebe, theure Muttererde*". Nr. 7 Duett zwischen Lieschen und Anton (B-dur): „*Nur dir will ich gehören*" und das *Terzett* Nr. 8 (E-dur) zwischen Lieschen, Anton und Franz: „*Wagen sie ihr Wort zu brechen*" sind mehr angenehm als charakteristisch dramatisch, während das Quintett (Anton, Lieschen, Schulze, Franz und Amtmann): „*Packt ihn, führt ihn vor Gericht*" voll dramatischen Lebens ist, welches noch wieder durch die äusserst pikante Orchesterbegleitung gehoben wird. Der Schlusschor: „*Die Brüder haben sich gefunden*" ist wieder vom Componisten mit weniger Sorgfalt ausgeführt.

Wenige Monate später schon kam ein neues Werk auf die Bühne, zu welchem Schubert wiederum die Musik geschrieben hatte. Drei Mitglieder des k. k. priv. Theaters an der Wien, die Herren Theatermaler Neefe, Maschinenmeister Roller und Costumier Lucca Piazza, denen contractlich keine Benefizvorstellung zugestanden war, hatten eine solche durch den Eigenthümer des

Theaters, den Grafen Ferdinand Palffy bewilligt erhalten. Die dritte Vorstellung des neuen Zauberspiels: Die Zauberharfe war zu diesem Benefiz bestimmt und Schubert hatte, von Neefe und dem Regisseur des Theaters Demme auf Veranlassung des Dr. von Sonnleitner aufgefordert, dazu die Musik geschrieben; am 19. August 1820 gieng das Werk in Scene und mit nur mässigem Erfolge. Der Text, den wiederum der Theatersecretair Hofmann verfertigt hat, ist noch weit schlimmer als der, des vorerwähnten Singspiels „Die Zwillinge“, er wurde ebenso vom Publikum, wie von der Kritik schonungslos verurtheilt, aber auch die Musik vermochte das Stück nicht zu halten; es wurde nur einige Male gegeben und verschwand dann gleichfalls ganz vom Repertoir. Die Kritik fand auch an der Musik ebenso, wie an der zum vorerwähnten Singspiel genug auszusetzen, was indess nicht verwundern darf. Wie wir bereits früher erwähnten, erweist sich in diesen dramatischen Werken die ganze Individualität Schuberts nicht stark genug, den Formalismus der alten Schule, dem er sich doch entschieden anschliesst, zu durchdringen und neu zu gestalten; beide, seine besondere Art des Ausdrucks und die, einer gewissen, zum Theil landläufigen Theaterroutine stehen daher nicht selten neben einander, und die Kritik fühlte sich dadurch nicht weniger geniert, als ein Theil des Publikums.

Man fand die Musik zum Singspiel „Die Zwillinge“ zum Theil ältlich oder unmelodisch; der Kritiker der Allgemeinen Musikzeitung[1] konnte sogar wenig von wahrem Gesange darin finden. Die Musik ist ihm als Posse zu ernst; er findet Schubert hält sich bei Einzelheiten zu viel auf, und moduliert zu stark. Die Instrumentation ist ihm zu zerstreut; die Instrumente lösen sich zu häufig ab und stören die Einheit. Bessern Eindruck machte schon die Musik zur *Zauberharfe*, auch auf die Kritik. Doch fand man auch hier wieder meist die Harmoniefolgen zu grell und das Instrumentale zu überladen. Besondern Anstoss erregten aber die Melodramen, die allerdings von der gewohnten Weise bedeutend abweichen. Man fordert, und wol mit Recht, dass die

---

[1] 1820 vom 17. Juni.

Musik beim Melodrama die Wirksamkeit des recitirenden und
darstellenden Schauspielers nicht beeinträchtige; die Musik muss
also sehr aphoristisch, nur einzelne Pausen der Rede oder Handlung ausfüllend, im Uebrigen aber sehr zurückhaltend und wenig
vordringlich gehalten sein. Das beobachtet Schubert nur wenig,
er schreibt auch im Melodrama meist ein ausgeführtes Musikstück, wie das am Schluss mitgetheilte zu dem Text „*Lebe wohl*“.
Daher warf ihm die Kritik „*Unkenntniss mit den Regeln des Melodrama vor*“. Die „*Ouverture*“ ist eins seiner besten Orchester-
werke [1]) und die Entreacts stehen nicht minder hoch; ausser ihnen
ist noch eine Romanze des Palmerin als bedeutend zu erwähnen.
Die einleitenden Tacte des Andante der Ouvertüre schon stimmen
ausserordentlich erwartungsvoll durch ihre kecke Harmonik; das
Andante steigert diese Wirkung ebenso durch seine noble Melodik,
wie durch die reizende Instrumentation. Das erste Motiv des
Allegrosatzes ersteht unter dem Einfluss Rossini’s; ebenso auch
der Ueberleitungssatz: sie sind nur in der Absicht, Effect damit
zu erzielen erfunden. Die Ueberleitung zum zweiten Motiv,
und dies selbst aber sind ganz und durchaus Eigenthum Schuberts:

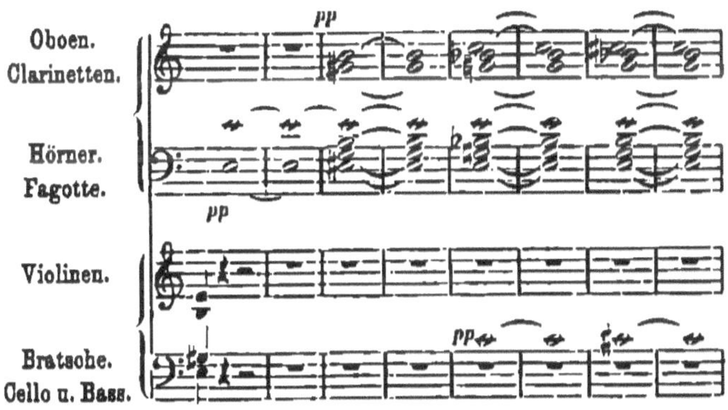

---

[1]) Sie wurde später zum Drama „Rosamunde“ gespielt und auch als
Ouverture zu diesem Drama gedruckt in Op. 26.

Die Construction der Ouvertüre ist die übliche; der brillante Schluss erinnert wieder etwas an die Weise Rossini's.

Fast ziemlich gleichzeitig mit dem vorerwähnten Werke beschäftigte sich Schubert auch mit der Composition des Oratoriums oder der Ostercantate, wie er sie nennt: Lazarus oder: Die Feier der Auferstehung.

Das Gedicht ist von dem, seiner Zeit berühmten Pädagogen August Hermann Niemeyer, der als Kanzler der Universität Halle a./Saale dort 1828 starb. Von den drei Theilen, in welche das Gedicht zerfällt, ist leider nur die Musik zum ersten Theil ganz erhalten; der zweite Theil aber nur unvollständig, und noch herrscht darüber Zweifel, ob Schubert überhaupt selbst weiter mit der Composition gekommen ist.[1]

Der Text gehört zu denen, welche dem Componisten nicht nur äusserst wenig Anregung gaben, sondern seiner Fantasie ebenso wie der gestaltenden Hand mancherlei Schranken setzten und Fesseln anlegten. Er behandelt in ziemlich reizloser Weise und trockenster Einfachheit im ersten Theil den Tod des Lazarus;

[1] Das Verdienst: das Fragment dieses Werkes aufgefunden zu haben erwarb sich der mehrfach erwähnte Biograph Schuberts: Kreissle. Er fand den ersten Theil in Abschrift in der Spaun'schen Schubertsammlung 1860 und im folgenden Jahre den grössten Theil der Originalpartitur des zweiten Theils.

der zweite führt uns dann das, unter den Klagen der Freunde und Freundinnen des Verstorbenen erfolgende Begräbniss desselben vor, und der dritte endlich, dessen Auferweckung durch Jesus Christus. Dabei nimmt der Dichter äusserst wenig Rücksicht auf die oratorische Form, die vor allem Chöre und Ensemblesätze erfordert. Besonders dürftig sind in dieser Beziehung der erste und zweite Theil ausgefallen, deren jeder nur einen Chor, den Schlusschor enthält. Dabei ist der ganze Text mit grosser redseliger Weitschweifigkeit und selbst ohne jede Kenntniss der musikalischen Solo-Formen geschrieben, so dass auch hier der Raum für jede breiter ausgeführte *Arie* oder dem ähnliche Form fehlt. Die musikalische Behandlung ist fast ausschliesslich auf die Form des *Recitativ's* und des *Arioso* beschränkt. Nimmt man endlich noch hinzu, dass die Grundstimmung des ganzen Gedichts in den beiden ersten Theilen wenigstens meist dieselbe bleibt, so muss man wieder die geniale Kraft des jungen Meisters bewundern, der auch aus diesem Anregung gewann, zur Schöpfung einiger bedeutender Tonstücke. Die *Recitative* sind durchweg von jener tief innerlichen Wahrheit des Ausdrucks, nach welcher der Knabe bereits ringt, nnd die der Jüngling schon in den *Ossians-Gesängen* gewonnen hatte. Gleich das erste *Recitativ* des sterbenden Lazarus, der von den Schwestern *Maria* und *Martha* nach dem Garten geleitet wird, wie die anschliessenden recitierenden Gesänge der Maria und Martha sind tief ergreifend; bedeutender noch das *Recitativ* des zwischen Gräbern herumirrenden Sadducäers Simon im zweiten Theil), dessen A r i e: *„Ach des grausen Todgedanken"* wol das bedeutendste Musikstück des ganzen Werkes ist. Kaum weniger trefflich ist die A r i e der *Maria „Steh im letzten Kampf dem Müden"* im ersten Theil. Hier wie in der bedeutenden Scene, der Jemina — die auferweckte Tochter des Jairus — im zweiten Theil, in welchem sie ihren Tod und ihre Auferstehung erzählt, gewinnt die Instrumentation wesentlichen Antheil an der Darstellung in überraschend genialer Ausführung. Das Werk zeigt unwiderleglich, dass Schubert für das *Oratorium* ungleich mehr begabt war, wie für die *Oper.* Seine Neigung sich in die einzelnen Stimmungen zu vertiefen, und sie mit einer gewissen Umständlich-

keit darzustellen, welche die rasche Entwickelung der Handlung
bei der *Oper* hemmt, ist für das *Oratorium* in gewissem Grade
nothwendig, weil hier der gesammte Vorgang in die Fantasie des
Hörers verlegt wird, dieser deshalb Zeit gewinnen muss, um sich
in die verschiedenen Situationen vertiefen zu können. Es ist daher
mehr zu beklagen, dass er keinen, seine Individualität voll und
ganz anregenden und erfüllenden *Oratorienstoff* fand, als dass
auch seine Thätigkeit auf dem Gebiete der *Oper* durch seine Stoffe
gelähmt und gehemmt wurde. Denn noch in demselben Jahre hatte
er einen Opernstoff erwählt, der recht wol seiner Individualität
entsprach: „Sakuntala“. Das reizende, duftige Mährchen des
indischen Dichters *Kalidasa* musikalisch umzudichten, dazu waren
die harmonischen und melodischen Mittel, vor allem aber die
instrumentalen reichern Farbentöne der Romantik, die in Schubert lebendig wurden, wie geschaffen. Wie der nachgeborne Meister
der Romantik, wie „Robert Schumann“ das Seitenstück zur
„Sakuntala“ an: „*Das Paradies und die Peri*“, so konnte Schubert
an jenem die ganze Pracht der Mittel der musikalischen Romantik
zeigen, und er besass diese ja noch in höherem Grade und in
grösserer Unmittelbarkeit als Schumann. Dabei hatte ihm der
deutsche Bearbeiter auch ein besseres Textbuch geliefert, als
die sind, an denen er bisher seine Kräfte verschwendet hatte.
Das decorative Element ist hinlänglich berücksichtigt und zwar so,
dass der Instrumentalmusik dadurch ein bedeutender Anlass zu
Malereien ganz nach dem Sinne Schuberts gegeben waren: im
ersten Act der „*Hain der Erinnerungen*“ mit seinen verschiedenen
Verwandlungen; der „*Palast*“ wie der „*Garten des Königs*“ mit
seinem Zauber, der „*Sphärengesang*“ u. s. w. Das sind alles Scenen
für eine instrumentale Illustrierung, für welche kaum ein anderer
ausser Schubert die nöthigen Mittel und Farben haben konnte.
Dabei bietet die ganze Anordnung der Scenerie einen grossen Wechsel
der mannichfachsten Stimmungen und Situationen; *Knaben-* und
Mädchenchöre, Chöre der *Dämonen* und *Genien*, *Krieger-* und
Fischerchöre wechseln in der buntesten Mannichfaltigkeit. Dabei
hat der Verfasser des Libretto noch zum Ueberfluss in dem Hof-
narren, wie in dem Fischer und den beiden Häschern das

komische Element herbeigezogen, und dadurch den bunten Wechsel
der Scenen nur noch gesteigert. Es ist daher zu beklagen, dass
Schubert bei dem Versuch, dies Buch in Musik zu setzen
nicht weiter als bis zur Skizze der ersten beiden Acte gekommen
ist. Nur die Singstimmen mit Text sind vollständig ausgeschrieben;
von allem Uebrigen ist der Bass meist vollständig, in den andern
Instrumenten aber sind nur einzelne Figuren verzeichnet, mit Ausnahme der *Sphärenmusik* am Schluss des ersten Acts, die vollständig ausgearbeitet ist. Was Schubert bewog, die Arbeit nicht
weiterzuführen und zu vollenden, ist nicht bekannt geworden;
Mangel an Lust zu dramatischen Arbeiten war es nicht, denn noch
in demselben Jahre begann er auf dem Schloss Ochsenburg bei
St. Pölten, wo er mit seinem Freunde Schober, dem Dichter
der Oper, im Spätherbst einige Zeit verweilte, eine neue Oper
„Alfonso und Estrella" die er auch 1822 beendete. Vielleicht
hat die Annahme die meiste Wahrscheinlichkeit für sich, dass
er selbst die Bedeutung der Sakuntala immer mehr empfand,
und, um den Stoff in sich selbst mehr reif werden zu lassen, eine
Pause eintreten liess; dann hätten wir es nur der Ungunst der
Verhältnisse und seinem frühen Tode zuzuschreiben, dass er das
Werk nicht vollendete.

Neben diesen, zum Theil sehr umfangreichen Werken componierte Schubert noch einige seiner bekanntesten Lieder wie
„*Frühlingsglaube von Uhland*" und mehrere von Schlegel, ferner
für *Frauenchor mit Pianofortebegleitung: Psalm 23. „Gott ist mein
Hort*". — *Goethes Gesang der Geister über den Wassern für 8stimmi-
gen Männerchor mit Begleitung von 2 Violen, 2 Violoncello und Contrabass* und an Instrumentalsachen den ersten Satz eines *Streich-
quartetts* (in C-moll) wie die berühmte *C-dur-Fantasie* für Pianoforte.

Den Psalm schrieb er für die, ihm befreundeten Schwestern
Fröhlich, deren eine, Anna mit dem Arrangement des gesang-
lichen Theils der Concerte, welche Donnerstags im Musiksaale des
alten Musikvereinsgebäudes stattfanden, betraut war. In diesen
Concerten kam denn auch der in Rede stehende Psalm, wie auch
Gott in der Natur (Op. 133) das *Ständchen* (Op. 135) und *Mirjams Siegsgesang* zur Ausführung.

Waren auch die Erfolge der Aufführungen Schubertscher Werke nicht direct nutzenbringend für den Componisten geworden, so hatten sie doch den einen Vortheil, dass sie ihn dem grössern Publikum bekannt machten, und dass nun seine Freunde entschiedener damit vorgehen konnten, seine Werke in die Oeffentlichkeit zu bringen. Schon hatte der Meister eine ganze Reihe von bedeutenden Kunstwerken geschaffen, und noch war nur wenig bekannt, kein einziges im Druck veröffentlicht worden. Jetzt, nachdem sein Name öfter in der Presse erwähnt und in Folge der Theater-Aufführungen vielfach genannt worden war, wagten auch Vogl und andere Sänger einzelne seiner Lieder in öffentlichen Concerten zu singen, und seine Freunde waren ernstlich bemüht, einen Verleger für die Lieder zu gewinnen.

Hier ist nun in erster Reihe *Dr. Leopold von Sonnleithner*, ein Altersgenosse Schuberts zu nennen. In dem Hause seines Vaters des k. k. Rath, Advokat und Professor *Dr. Ignaz Edler von Sonnleithner* hatte die Musik eine Stätte der sorgsamsten Pflege gefunden. Seit dem Jahre 1815 fanden sich hier allwöchentlich eine bedeutende Anzahl von Künstlern und Kunstfreunden zusammen zur trefflichen Ausführung bedeutender Tonwerke; darunter waren denn auch Schubertsche, wie die Cantate *„Prometheus“* welche am 24. Juli 1816, das *„Dörfchen“* das am 19. Novbr. 1819, der *„Gesang der Geister über dem Wasser“* welcher am 30. März 1821 oder *„der 23. Psalm“*, welcher am 9. Juni 1822 hier gesungen wurde.[1]

Hier sang auch ein kunstgeübter Dilettant: *August Ritter von Gymnich* am 1. December 1820 zum ersten Male den *„Erlkönig“*, ehe er ihn öffentlich am 25. Januar 1821 in einer Abendunterhaltung des kleinen Musikvereins sang, und zwar unter den lautesten Beifallsbezeugungen, die sich bis zum Hervorruf des Componisten, der diesem auch Folge leistete, steigerten. Dieser gute Erfolg scheint den Sängern rasch Muth gemacht zu haben, denn am 8. Februar schon sangen der bereits erwähnte Götz die Sehnsucht und Frl. *Sofie Linhardt „Gretchen am Spinnrade“* und *„Der*

---

[1] Kreissle: Franz Schubert 204.

Jüngling auf dem Hügel"; und am 8. März *Joseph Preisinger*
„Gruppe aus dem Tartarus". Trotz alledem aber wagte auch jetzt
noch kein Verleger die Veröffentlichung dieser Lieder selbst ohne
Honorar. Der Sohn jenes *Ignaz von Sonnleithner* der bereits
erwähnte *Dr. Leopold von Sonnleithner* hatte es vergebens versucht,
die bedeutendsten Musikverleger Wiens: *Diabelli* und *Haslinger*
für die Herausgabe der Schubertschen Lieder zu interessieren und
so fasste er endlich, im Vereine mit noch andern Freunden
Schuberts den Entschluss: die Herausgabe des *„Erlkönig"* auf eigene
Kosten zu veranstalten. Dieser Entschluss wurde auch sofort
ausgeführt und im Februar 1821 wurde der *„Erlkönig"* bereits
ausgegeben. In einer Abendgesellschaft des Dr. Ignaz von Sonnleithner wurden sofort die ersten Hundert Exemplare ver-
kauft, und damit waren die Herstellungskosten für das zweite
Heft gewonnen; und in dieser Weise wurde es ermöglicht, nach
und nach die ersten zwölf Hefte auf eigene Kosten zu veröffentlichen. Den Commissionsverlag hatte Diabelli übernommen. Für
Schubert erwuchsen daraus mancherlei pekuniäre Vortheile. Er
hatte Op. 2 dem *Grafen Moriz Friess* und Op. 4 dem *Patriarchen*
Ladislaus Pyrker dediciert und erhielt dafür von jenem 20, von
diesem 12 Dukaten. Jetzt entschloss sich auch Vogl den *„Erl-*
könig" öffentlich zu singen; es geschah dies in dem Ascher-
mittwochs-Concert, welches alljährlich von der *Gesellschaft adliger*
Damen zur Beförderung des Guten und Nützlichen veranstaltet
wurde. Der Onkel des *Dr. Leopold von Sonnleithner* der k. k.
Regierungsrath *Dr. Josef von Sonnleithner* war als Sekretair der
Gesellschaft mit dem Arrangement des Concerts betraut und hatte
auf Veranlassung des oben erwähnten Neffen drei Compositionen
von Schubert in's Programm aufgenommen: *„Der Erlkönig"* von
Vogl gesungen; das Männerquartett *„Das Dörfchen"* und den
achtstimmigen Chor: *„Gesang der Geister über den Wassern"*.
Der *„Erlkönig"* wurde stürmisch applaudirt und musste vom
Sänger wiederholt werden; dagegen wurde der achtstimmige
Chor so kühl aufgenommen, dass sich der Componist nicht weniger
darüber ärgerte, wie die ausführenden Sänger. Bei der wiederholten Aufführung in einer Abendgesellschaft bei Sonnleithner am

30. März wurde er schon besser verstanden und lebhaft applaudiert. Doch war die Composition seitdem ziemlich verschollen. Erst dem, um die Schubert-Literatur, wie um die Verbreitung und Würdigung der Schubertschen Compositionen hochverdienten Joh. Herbeck, dem jetzigen Hofcapellmeister und Hofoperndirektor in Wien, war es vorbehalten sie der Vergessenheit zu entziehen.

Ende des Jahres 1858 veranstaltete er in einem Concert des Wiener Männergesangvereins, dessen Chormeister er war, eine öffentliche Aufführung und besorgte auch die Herausgabe, und seit der Zeit ist das Werk von genanntem Verein wiederholt öffentlich gesungen worden.

In demselben Jahre componierte Schubert auch auf Einladung der Direction des Operntheaters zwei Einlagen zur Oper: „Les clochettes" (*Das Zauberglöckchen*) von Herold: eine *Tenorarie* und *ein komisches Duett* und beide gefielen sehr; doch die Oper machte kein Glück und verschwand bald vom Repertoir und mit ihr natürlich auch die Einlagen.

Alle diese Erfolge brachten ihm auch neue gesellschaftliche Beziehungen, die er indess wenig auszunützen verstand.

Ausser den bereits von uns genannten ist namentlich noch das Haus des Professor der Filosofie und Aesthetik *Matthäus von Collin* zu nennen; dort machte er die interessanten Bekanntschaften des auch als Musikschriftsteller und Componist bekannten Hofrath von *Mosel*, des Grafen *Moritz Dietrichstein* (damals Hofmusikgraf) der Dichterin *Caroline Pichler*, von deren Liedern er einige componierte und des *Patriarchen Ladislaus Pyrker*. Dem letztern dedicierte er den „Wanderer". Aus dessen Schreiben vom 18. Mai 1821 (aus Venedig datiert[1]) ersehen wir, dass der Patriarch gleichfalls, wie die andern oben genannten Personen, sich an dem Genie des jungen Meisters erwärmte.

Mehr angezogen fühlte sich Schubert noch von jenem engen Freundeskreise, der ihm nicht nur des Tages Last und Mühen zu erleichtern und durch Witz und Humor zu versüssen bemüht war, sondern ihm auch erneuete Anregung zum Schaffen gab. Ausser

---

[1] Kreissle: Franz Schubert pag. 217.

den bereits genannten Schober, Mayerhofer, Spaun, waren
es der in München verstorbene, als Historienmaler berühmt ge-
wordene Moritz von Schwind, der bekannte Dichter Eduard
Bauernfeld, Franz Lachner und die Maler: Leopold Kupelwieser (von Schubert in seinen Briefen nur „Kuppel" genannt)
Franz Bruchmann (von dessen Gedichten Schubert gleichfalls
mehrere in Musik setzte), Ludwig Schnorr von Carolsfeld, der
Freiherr Anton von Dohlhoff u. A. Obwohl Schubert den Zusammen-
künften der Freunde nicht selten theilnahmlos beiwohnte, so betrachteten diese ihn doch gewissermassen als den Mittelpunkt derselben; die geselligen Unterhaltungen sind unter dem Namen
„*Schubertiaden*" bekannt geworden. Sie waren ganz besonders dem
Vortrage seiner neuen Compositionen gewidmet, doch wurden auch
Dichtungen vorgelesen, gesellige Spiele gespielt oder es wurde getanzt.
Sie fanden bei Schober, Bruchmann, Spaun oder Witteczeck,
dem bekannten Schubertenthusiasten, der eine ziemlich vollständige
Sammlung aller Schubertscher Compositionen, auch der unge-
druckten[1]) zusammenbrachte, statt. Ein anderer Versammlungs-
ort war ein Zimmer im Gasthof zur „*Ungarischen Krone*" in der
Himmelpfortgasse.

Die Gesellschaft machte auch weitere Ausflüge, nach Linz,
St. Pölten, Schloss Ochsenburg bei St. Pölten und nach
Atzenbruck, dem in der Nähe von Abstetten in Ober-Oester-
reich gelegenen und jener Zeit von einem Oheim Schuberts be-
wohnten Sommersitz. Dort veranstaltete der Oheim ein Fest, zu
welchem ausser anderen Gästen auch die Mitglieder der Schubertiaden geladen waren, und diesen Festen verdanken eine Reihe der
schönsten Schubertschen Märsche und Tänze (Ecossaisen und
Walzer) — die sogenannten Atzenbrucker Tänze   ihre Entstehung. Nach Kreissle's Mittheilung hiess Schubert in diesem
Kreise „*der Kaneras*" weil er, wenn ein Fremder eingeführt und
der Gesellschaft vorgestellt wurde, in der Regel den Nachbar zu
fragen pflegte: „*Kann er was?*" -— Später hiess er, weil er cor-
pulent geworden war: „Schwammerl", eine Bezeichnung die auch,

---

[1]) Gegenwärtig im Besitz der „Gesellschaft der Musikfreunde" in Wien.

wie wir aus einzelnen Briefen ersehen, in weiteren Kreisen bekannt wurde.

Auch die Kritik begann jetzt, sich mit den Schöpfungen Schuberts zu befreunden; wenigstens machte ein Kritiker in der Wiener musikalischen Zeitung [1]) einen guten Anfang mit einer Kritik des Erlkönigs, die wir hier als charakteristisch folgen lassen:

„Der romantische Geist Goethe's, welcher in dieser Ballade weht, hat in dieser Musik des jungen Tonsetzers einen recht schönen Widerhall gefunden. Die Bewegung des Accompagnements bereitet das Gemüth des Hörenden auf das Schauerliche der Scene recht passend vor, und macht zu dem Eintritt der fragenden Geisterworte: *„Wer reitet so spät durch Nacht und Wind?"* einen, die Erwartung spannenden Eingang. Die Führung des Gesanges ist klar und hat bei alledem einen Anstrich des Wunderbaren. Auch ist der Gegensatz in den Worten des Knaben, des Vaters und Erlkönigs recht charakteristisch gehalten. Der Tonsetzer hat den Schauder des ersteren bei dem Ausruf: *„Mein Vater, Mein Vater"* durch eine Dissonanz individualisiert, welche ihren Effect nicht verfehlen wird, obgleich die Stimme des Sängers sich einigermassen sträubt, das oben liegende Intervall zu nehmen, besonders da es im Accompagnement nicht angeschlagen wird. Die Intonation wird hier dem festesten Sänger schwer werden. Die festliegende Saite wäre leichter zu intoniren.

Das Triolen-Accompagnement erhält das Leben durch das Ganze und gibt ihm gleichsam mehr Einheit; allein es wäre zu wünschen, dass Herr Schubert es ein paar Mal in die linke Hand gelegt und dadurch den Vortrag erleichtert hätte, denn der immerwährende Anschlag eines und desselben Tons durch ganze Takte in Triolen ermüdet die Hand, wenn man das Tonstück in dem schnellen Tempo nehmen will, als Herr Schubert fordert.

Die Bass-Cadenz, welche sowohl vom Erlkönig, als auch vom

---

[1]) H. V. Jahrgang 1821. Nr. 38 den 12. Mai.

Vater einige Mal gebraucht wird, erhöht den Reiz des Wunderbaren. Der Schluss durch ein Recitativ ist höchst lobenswerth und beweist, dass der Tonsetzer das Gedicht wirklich verstanden hat. Wir wünschen dem jungen Compositeur von Herzen Glück zu diesem ersten wohlgelungenen Versuch, der durch den unübertrefflichen Vortrag des Herrn Vogl bei mehreren Privatzirkeln und öffentlichen Akademien von dem Publikum mit lautem Beifall gekrönt wurde."

Wie bereits oben erwähnt: hatte Schubert im September des Jahres 1821 wieder eine neue Oper: „Alfonso und Estrella," zu welcher ihm sein Freund Schober den Text dichtete, zu componieren angefangen. Beide Freunde hatten sich nach Schloss Ochsenburg zurückgezogen und bereits am 20. Septbr. begann Schubert an der Composition des ersten Actes und beendet diesen so rasch, dass wie es auf der Originalpartitur verzeichnet ist, er am 20. Oct. schon mit dem zweiten Act begann. Anfangs November waren beide Freunde wieder in Wien — ein Brief von Schober vom 2. Novbr. datiert bereits wieder von dort — und am 27. Febr. 1821 war mit dem dritten Act die ganze Oper beendet.

Dass das Werk wiederum nicht ein, der künstlerischen Bedeutung des Meisters würdiges wurde, mag diesmal hauptsächlich diese grosse Hast verschulden, mit welcher er wieder arbeitete; doch trug auch der Umstand mit dazu bei, dass der Dichter augenscheinlich vorwiegend bemüht war, dem *Meister des lyrischen Ausdrucks* recht in die Hände zu arbeiten und in dem Bestreben diesem recht viel Raum zu schaffen, für den Erguss der Empfindung die Anordnung der Scenen zu dramatischem Leben und die Steigerung derselben zu dramatischen Pointen versäumte, wozu der Stoff doch hinreichend Veranlassung gab. Estrella, die Tochter Mauregato's des Herrschers von Leon, der den rechtmässigen König Troila vom Throne gestossen hat, wird von Adolfo, dem siegreichen Feldherrn ihres Vaters mit heftiger Liebe verfolgt und da sie ihm nicht Gegenliebe gewährt, so schwört er: sich an ihr zu rächen. Da erscheint Mauregato im feierlichen Siegeszuge, und da er den Feldherrn auffordert, sich eine Gnade zu erbitten, so begehrt dieser die Hand der Tochter *Estrella*. Mauregato lässt sich indess durch die Bitten der Tochter bestimmen, zu erklären: dass, nach einem heiligen Gelöbniss nur derjenige die Hand seiner Tochter gewinnen könne, welcher die verlorene Kette *Eurichs* wiederbringe. *Adolfo* aufs Höchste dadurch beleidigt, schwört dem Könige und seinem Hause Untergang.

Der zweite Act führt uns in die Gegend, in welche sich Troila und sein Sohn *Alfonso* geflüchtet haben. Alfonso erzählt in der ersten Scene seinem Vater von einem wundersamen Mädchen, welches ihm in der Nacht im Traum erschienen war. Ausserordentlich gross ist natürlich seine Ueberraschung, als ihm dann in *Estrella*, die sich auf der Jagd in diese Gegend verirrt hat, dies Traumbild leibhaftig entgegentritt. Auch *Estrella* ist von dem Anblick des schönen Jünglings entzückt und bald haben sich beider Herzen gefunden und sind in reinster Liebe geeint. Beim Abschied schenkt Alfonso der Geliebten als Erinnerungszeichen eine Kette, die er vom Vater erhalten hatte, als Erinnerung daran, dass er die Pflicht habe, ihn zu befreien und zu rächen. Estrella kehrt zu dem schon ernstlich um das Schicksal der Tochter bekümmerten Vater zurück und als dieser die Kette — Eurichs Kette — bei ihr gewahrt, geräth er in die höchste Bestürzung und fordert von ihr Auskunft darüber, wie sie dazu gekommen ist, worauf Estrella ihr Abentheuer erzählt. Doch schon bringt der Anführer der Leibwache die Schreckenskunde, dass *Adolfo* an der Spitze eines bedeutenden Heeres gegen den Pallast anstürmt, um sich dafür zu rächen, dass ihm der König die Hand seiner Tochter versagte. Schon dringt der Racheruf der Verschwörer bis in den Saal des Königs, dieser aber bereitet sich mit seinen Getreuen zum energischen Widerstand, und auch Estrella will nicht von des Vaters Seite weichen. Damit schliesst der zweite Act. Der dritte Act, dem eine treffliche Instrumental-Einleitung vorausgeht, führt uns direct ins Kampfgetümmel. *Adolfo* ist es gelungen *Estrella* gefangen zu nehmen; von Neuem beschwört er sie, ihm ihre Hand zu reichen und als sie ihn wiederum zurückweist, da zieht er in höchster Wuth seinen Dolch und lässt ihr nur die Wahl zwischen seiner Liebe und dem gewissen Tode von seiner Hand. Doch noch zu rechter Zeit hört *Alfonso* ihren Hülferuf, er stürzt mit seinen

Jägern herbei, befreit die Geliebte und nimmt Adolfo gefangen. Dabei erfährt er, dass sie die Tochter *Mauregato's* ist, und zugleich von der Bedrängniss, in welcher dieser sich befindet, und sofort ruft er seine Schaaren zusammen, um ihm zu Hülfe zu eilen. Auch Troila kommt herbei und segnet den in den Kampf ziehenden Sohn. Auch als ihm dann der fliehende *Mauregato* begegnet, zeigt er sich sofort versöhnlich und führt ihm die Tochter zu. Mittlerweile ist Alfonso siegreich gewesen, und im Triumph zurückkehrend, legt er sein Schwert *Mauregato* zu Füssen. Dieser aber weist ihn damit an seinen Vater als den rechtmässigen König. Das Ende ergiebt sich von selbst: *Troila* übergiebt das Reich seinem Sohne *Alfonso*, und dieser erhält von *Mauregato* die Hand der Tochter *Estrella*.

Ist der Stoff auch nicht reich an Verwickelungen oder aussergewöhnlichen Situationen, so bietet er doch einige recht wirksame dramatische Scenen, die der Componist, bei etwas mehr Sorgfalt zu grosser Wirkung steigern konnte, was Schubert meist unterlässt. Er begnügt sich wiederum damit, nach dem Vorgange des Librettodichters die lyrischen Partien breit auszuführen, und da diese ihm nichts Neues boten, nichts wofür er nicht schon in irgend einem Liede den Ausdruck gefunden hatte, so erheben auch diese sich nicht über seine Lieder, bleiben meist dahinter zurück. Die im Text noch vielfach vorwaltende trockene Reflexion verleitet dabei den Meister vielfach zu einer Bevorzugung des instrumentalen Theils, die man sonst selten bei ihm findet. Die Instrumentation ist entschieden das Anziehendste an der ganzen Oper. Die *Traumscene* im zweiten Act erhält nur durch sie ein eigenthümliches Colorit; ebenso der *Jagdchor* der *Frauen* im ersten Act, oder der *Doppelchor im zweiten.*

Einzelne Nummern von mehr decorativer Bedeutung wie der *Marsch* und der *Chor der Jäger und Krieger* des dritten Acts, und der *Schlusschor*, sind sorgfältig und edel ausgeführt, andere dagegen wie gleich der *Eingangschor*, besonders aber der zweite *Chor der Landleute* sind ziemlich trivial. Die Arien, Duetten und Ensembles, sind mit wenig Ausnahmen wie die erste Arie des *Alfonso* (Larghetto B-dur) mit Clarinettsolo oder das *Ensemble* mit Chor im ersten Finale, meist im Liedstyl gehalten, und zwar

weit einfacher, als die Lieder des Meisters. Vergleicht man damit
die wirklich dramatisch bedeutsameren Nummern und Sätze, wie
das *Finale* des zweiten Acts; die ganze *Kampfscene* und das *Duett*
zwischen *Alfonso* und *Estrella* im dritten Act, so kommt einem
bald der Gedanke, dass es dem unübertroffenen Meister des lyrischen Ausdrucks zwar nicht leicht wurde, diesen zur Schlagfertig-
keit der dramatischen Wirkung zu concentrieren, aber dass er
es damit auch leichter nahm, als mit all seinen übrigen Werken;
es drängt sich einem die Ueberzeugung auf, dass er zu den gleichen
Erfolgen gelangt wäre, wenn er mit derselben Gewissenhaftigkeit,
mit welcher er die Bedingungen des lyrischen und instrumentalen
Ausdrucks erwog, auch die der dramatischen Wirkung beobachtet
hätte. Und man fühlt sich versucht anzunehmen, dass der Einfluss
Rossini's, dessen Werken er ein gewisses Interesse entgegen brachte,
hier seine ungünstige Wirkung zeigte. Die Opern des, den äussersten sinnlichen Reiz erstrebenden Italieners, standen damals in
Wien in höchster Gunst und auch Schubert fühlte sich davon angezogen, wie eine hierauf bezügliche Stelle in einem Briefe an
Anselm Hüttenbrenner vom 19. Mai 1819 bezeugt:

„Letzthin", heisst es dort, „wurde bei uns Othello von Rossini
gegeben. — Ausserordentliches Genie kann man ihm nicht ab-
sprechen. — Die Instrumentation ist manchmal originell und
der Gesang ist es manchmal, und ausser den gewöhnlichen italienischen Galloppaden und mehreren Reminiscenzen aus *Tancred*
lässt sich der Musik nichts vorwerfen."

Es ist leicht möglich, dass auch bei Schubert schon sich die
verkehrte Anschauung festsetzte: dass die Musik der Oper mehr
als jede andere auf äussere Wirkung berechnet werden müsse, und
dass es hier weniger der Vertiefung und künstlerischen Gestaltung
bedürfe. Im Allgemeinen steht die Musik seiner Opern auf durchaus tieferer Stufe, als alles andere was der Meister auf anderen
Gebieten nur einigermassen Bedeutendes schuf.

Alle Bemühungen Schuberts und seiner Freunde, diese Oper
auf die Bühne zu bringen, waren wiederum vergeblich. Schubert
sandte sie auch der Sängerin *Anna Milder* — eine Schülerin von
Vogl — in Berlin ein, mit dem Wunsche, dass sie eine Aufführung

derselben in Berlin zu ermöglichen suche. Allein die der Musik Schuberts zugethane Sängerin hielt, wie sie an Schubert in einem Briefe vom 8. März 1825 schreibt, den Stoff für Berlin nicht geeignet.

Auch Carl Maria von Weber hatte ihm zugesagt sich für eine Aufführung der Oper in Dresden zu verwenden, und auch diese kam nicht zu Stande. Weber war im *October 1823* nach Wien gekommen, um die am 25. October erfolgende Aufführung seiner Oper: *Euryanthe* zu leiten. Auch Schubert wohnte derselben bei und sprach sich nichts weniger als günstig über das Werk aus; er fand viele harmonische Schönheiten, vermisste aber jede originelle Melodie. Als ihm die Freunde der *„Euryanthe"*, entgegneten, dass *Weber* seinen Styl habe finden müssen, weil jetzt nur durch schwere Massen grössere Wirkung zu erzielen sei, erwiderte Schubert: *„Wozu denn schwere Massen? Der Freischütz war so zart und innig, er bezauberte durch Lieblichkeit; in der Euryanthe ist aber wenig von Gemüthlichkeit zu finden."* Dies Urtheil wurde dem Componisten der Euryanthe hinterbracht und er soll darauf erwidert haben: *„Der Laffe soll früher etwas lernen, bevor er mich beurtheilt."* Dies harte Wort kam wiederum zu Schuberts Ohren und veranlasste ihn mit der Partitur seiner Oper: *„Alfonso und Estrella"* zu Weber zu gehen. Dieser sah die Oper durch und kam dann wieder auf Schuberts Urtheil über die Euryanthe und als er es nicht modificieren mochte, soll Weber im Unmuth geäussert haben, im Glauben, die ihm vorliegende Oper sei das erste Werk Schuberts: *„Ich aber sage Ihnen, dass man die ersten Hunde und die ersten Opern ertränkt."* Doch trennten sich beide Meister versöhnt und Weber soll ernstlich und warm die Oper in Dresden zur Aufführung empfohlen haben. Dass Schubert und seine Freunde glaubten, dies voraussetzen zu dürfen, geht auch aus einem Briefe *Schobers* vom 24. Dezember 1824 hervor, in welchem es heisst: *„Nun auf Deine Sachen. Was machen denn Deine Opern? — — Verlautet denn gar nichts von C. M. Weber? Schreib ihm doch, und wenn er Dir nicht genügend antwortet, begehre sie zurück."* Weniger noch wie über dies Verhältniss sind wir über das *Schuberts* zu *Beethoven* aufgeklärt.

Gewiss scheint nur zu sein, dass Schubert sein Op. 10, welches er, wie bereits erwähnt, Beethoven dediciert hatte, diesem selbst überbrachte. Nach dem glaubwürdigen Bericht der Freunde Schuberts ist die Erzählung, welche Anton Schindler in seiner Biographie Beethovens[1] von diesem Zusammentreffen giebt, falsch, da Schubert diesen nicht zu Hause traf, das Dedicationsexemplar aber zurückliess. Ein, wenn auch nicht gerade intimer, persönlicher Verkehr fand zwischen Beethoven und Schubert statt; dies bezeugt auch der Leipziger *Hofrath Friedrich von Rochlitz*, der im Sommer 1822 nach Wien kam, in der Absicht mit Beethoven in Angelegenheiten der Musik zu verkehren. Er erzählt, dass als er 14 Tage nach seinem ersten Besuch bei Beethoven mit Franz Schubert zusammengetroffen sei, dieser ihm die Mittheilung gemacht habe, dass Beethoven im Gespräch mit ihm, seiner (Rochlitz's) gedacht habe. *Schubert* habe ihm auch gerathen, Beethoven jetzt im Gasthause aufzusuchen und habe ihn dahin begleitet. Auch dass Beethoven, wie Schindler erzählt, sich in der letzten Zeit viel mit den Liedern Schuberts beschäftigt und das lebhafteste Interesse dafür gezeigt habe, darf wol nicht bezweifelt werden. Mit grosser Wahrscheinlichkeit darf man auch annehmen, dass Schubert die Lieder *Rellstabs*, die er im letzten Jahre seines Lebens componierte und die im „*Schwanengesange*" veröffentlicht sind, direct von *Beethoven*, dem sie vom Dichter zur Composition übergeben worden waren, erhalten hat.

Alle Anstrengungen der Freunde, Franz von Schober und Joseph Hüttenbrenner, eine der Opern Schuberts auf die Bühne zu bringen, waren vergeblich. Erst 1854 machte Franz Liszt in Weimar mit „*Alfonso und Estrella*" einen Versuch, das Werk dem Bühnenrepertoir einzuverleiben; doch zeigte schon die am 24. Juni stattfindende erste Aufführung die Erfolglosigkeit des Unternehmens namentlich bei unserem, an ganz andere Kost gewöhnten Theaterpublikum.

Ausser den bereits erwähnten Werken entstanden in diesem Jahre die zwei *Sinfonie-Sätze* in H-moll, die grosse *Messe* in As, die

---

[1] Theil II. pag. 177.

Hymne zur Namens- und Geburtstagsfeier (*Des Tages Weihe*) der *Chor für Frauenstimmen*: „*Gott in der Natur*" und das mit verändertem Text als Constitutionslied veröffentlichte Volkslied von Deinhardstein, und mehrere Lieder.

Unter den Werken dieses Zeitraums von drei Jahren, ragen auch zwei Instrumentalwerke als bedeutungsvolle Produkte des neuen Geistes, der in *Schubert* lebendig geworden ist, hervor. Es sind diese das *Forellen-Quintett* (Op. 114) und die grosse *Fantasie für Pianoforte* in C (Op. 15). Jenes schrieb er für seinen Gönner *Paumgartner* in Steyr, diese für den *Klaviervirtuosen Liebenberg von Zittin*, dem die Fantasie auch gewidmet ist. Für beide Werke ist die *Form der Variation* ebenso bedeutungsvoll geworden wie der Vocalstyl Schuberts, denn in jedem wird eins seiner Lieder variiert. Die *Fantasie* ist im Grunde ganz durch die Gesangsphrase aus dem *Wanderer* erzeugt, während im *Quintett* nur der vorletzte Satz aus *Variationen* über die „*Forelle*" besteht und die übrigen Sätze nur in Beziehung zu diesem stehen, wie überhaupt die einzelnen Sätze der Sonatenform. Augenscheinlich ist es nicht nur die Gesangsphrase, sondern es ist die, den dazu gehörigen Worten:

> *„Die Sonne dünkt mich hier so kalt,*
> *Die Blüthe welk, das Leben alt*
> *Und was sie reden leerer Schall;*
> *Ich bin ein Fremdling überall!"*

zu Grunde liegende Anschauung, welche auch die *Fantasie* entstehen lässt. Wurde doch, wie die angeführten Briefe beweisen, kurze Zeit darauf Schubert von dieser trüben Anschauung ganz und gar beherrscht. In der *Fantasie* erscheint sie indess noch nicht als in sich verharrende, kampfesmüde, ergebene und hoffnungslose Klage, sondern vielmehr als im Kampf mit dem widrigen Geschick begriffen, als ein energisches Andringen gegen widerstrebende Mächte. Das beweist die Verschiedenheit der Motive der ersten beiden Sätze — des *Allegro* und des *Adagio* bei der doch sogar äusserlichen, nicht nur innern Verwandtschaft derselben:

Der Anfang ist bei beiden gleichlautend, aber auch abgesehen von dem verschiedenen *Tempo*, wird das erste heftig aufstrebend, indem es sich hastig nach aussen wendet, während das zweite ruhig in sich zurückgeht. Die bis zu einer gewissen Eintönigkeit fortgeführte wiederholte Verarbeitung des ersten Motivs beweisst die energische Hast, mit welcher die Stimmung nach Erhebung ringt. Das zweite Motiv des Allegro-Satzes — in der Obermediante — in E-dur — eintretend — zeigt eine solche nicht; es ist im Gegentheil nur eine neue Form des ersten, das seine aufstürmende Gewalt verloren hat und sich bereits dem Liedthema des Adagio mehr nähert. Darauf deutet auch die Einführung in E-dur hin; hierdurch verliert der Eintritt des Adagio in Cis-moll das Befremdliche; denn die E-dur-Tonart steht zur C-dur-Tonart in einem Verwandtschaftsverhältniss, wenn auch nicht in einem so engen wie die *Dominante*. Durch sie aber wird auch die Einführung der Paralleltonart *Cis-moll* gerechtfertigt. Dass der Componist auch die Liedmelodie hier nicht so tief ernst erfasste, wie der Dichter die dazu gehörigen Worte, beweist die ganze Bearbeitung, in welcher sie eingeführt wird, wie auch die anschliessende Wiederholung in dem milden — selig ruhigen E-dur. — Der erste Eintritt erfolgt wieder mit

jener klangvollen accordischen Fülle, die namentlich Schubert der
Klaviertechnik zuerst vermitteln half, und einer zweiten, mild
dahin ziehenden, bewegten Begleitungsstimme. Die Ueberleitung
nach der dritten Einführung erinnert wieder mehr an das Thema
und den Charakter des ersten Satzes; in dieser dritten Einführung
aber in Cis-dur verliert das Liedthema noch mehr von seiner
düstern Grundstimmung, diese wird allmälig erhellt, zur hoffnungs-
seligsten Sehnsucht nach dem entfernten Lande ungestörten Glücks
und in der letzten Durchführung in *Cis-moll* scheint die Brust der
süssen Ahnung desselben voll, von seligen Schauern durchbebt.
Und nun erhebt sich auch die Stimmung wieder zu noch gewalti-
gerem Ringen als im ersten Satze, in dem unmittelbar anschliessenden dritten: Presto (As-dur $^3/_4$) in der Form und dem Charakter
des *Scherzo.* In immer lebendigeren und mannichfachen Bildern
erscheint die Grundstimmung in neuer Gestalt, bis diese wieder
in dem letzten Satze *Allegro* (C-dur $^4/_4$) die Oberhand gewinnt,
und zwar im Thema des ersten Satzes. Aber dies durfte nun nicht
mehr in der Weise wie bisher verarbeitet werden, und so wählte
der Meister mit dem richtigen künstlerischen Verständniss die
freie Fugenform. Sie ist nicht nur in sofern frei, als die Wieder-
schläge mit einer gewissen Willkürlichkeit erfolgen, sondern
namentlich insofern, als sie nicht auf reale Stimmen, sondern
überall auf instrumentale Wirkung gerichtet ist. Diese *Fuge* ist
eine instrumentale Fuge im engsten Sinne des Wortes. Die fortwährend in Octaven erfolgende Einführung des Themas und die
sich fast ausschliesslich auf Octaven- und Terzengänge beschränkende Gegenharmonie sind wenig im Sinne der ursprünglichen
Form, namentlich ganz und gar nicht der Vocalfuge, sondern
nur mit Rücksicht auf die geringere Klangfülle des Pianoforte,
den Singstimmen gegenüber ausgeführt. Jedenfalls ist dadurch
einer der mächtigsten Sätze für Pianoforte gewonnen, der das ganze
Werk vollkommen entsprechend abschliesst.

Wie erwähnt gewinnt das Liedthema für das zweite hier zu
besprechende Werk, für das sogenannte *Forellen-Quintett*, nicht dieselbe Bedeutung. Hier variiert und verarbeitet Schubert wol nur
die Melodie ohne besondere Rücksicht auf den Text. Dieser hat

auch kaum tiefere Beziehungen zu jener. Die Melodie ist im Romanzenton gehalten, ganz passend zum Text erfunden, aber auch ohne ihn verständlich. Erst die Klavierbegleitung ist charakteristisch für das Lied, und von dieser sieht Schubert zunächst bei der Bearbeitung für das Quintett ganz ab. In correct vierstimmigem Satze wird das Thema vom Streichquartett: *Violine*, *Viola*, *Violoncello* und *Contrabass* eingeführt, ohne Begleitung des Pianoforte. Dies kommt erst in der ersten Variation hinzu, das Thema in Octaven ausführend, während es die Streichinstrumente in einer zwar sehr klangvollen, aber wenig künstlerischen Weise, in Arpeggien figurieren. Erst die zweite Variation wird bedeutender, *Viola*, *Cello* und *Contrabass* führen das Thema, welches das Pianoforte in kurzen freien Imitationen zu erweitern bestrebt ist und die Violine umspielt es mit brillanten Figuren. In der folgenden Variation haben dann *Cello* und *Contrabass* den Themasatz, die *Violine* und *Viola* contrapunktieren, und das *Pianoforte* figuriert ihn. Aeusserst effectvoll ist der erste Theil der nächsten Variation (IV), ihr zweiter Theil ist dagegen künstlerischer ausgeführt, weil die Stimmen selbständiger geführt sind. Während diese Variationen ziemlich treu an dem ursprünglichen Thema festhalten, bringt die fünfte dasselbe in etwas umgestalteter Form. Es erscheint in B-dur im Violoncello und zugleich melodisch und auch harmonisch erweitert; und in dieser Gestalt wird es von den übrigen Instrumenten variiert, contrapunktiert und figuriert. Bei dem daran schliessenden Allegretto erst begleitet das Pianoforte mit der pikanten Figur, mit der das gesungene Lied: „Die Forelle" begleitet wird, während die Violine die Melodie spielt. Die Wiederholung des ersten Theils übernimmt dann das *Streichquartett*, indem das *Cello* die Melodie, die *Violine* aber die Begleitungsfigur spielt, *Viola* und *Contrabass* begleiten in Accorden, und das Pianoforte pausiert. Beim zweiten Theil spielt wieder die *Violine* die Melodie und das Pianoforte begleitet wie beim gesungenen Liede; bei der Wiederholung übernimmt dann wieder das Cello die Melodie, die Violine die Begleitungsfigur und die andern beiden Streichinstrumente begleiten wieder in Accorden; das Pianoforte schweigt bis es gegen den Schluss nochmals die

Begleitungsfigur aufnimmt, während die Streichinstrumente den Satz zu Ende bringen. Diese *Variationen* unterscheiden sich demnach wesentlich von denen, die wir früher besprachen (Op. 10) und sie sind auch verschieden von der Weise, in der das Thema der vorher besprochenen Fantasie variiert ist. Sie sind nur darauf berechnet, das Thema immer klangvoller auszubreiten und auszuweiten, es durch immer neue Klangverbindungen und Klangfarben reizvoller zu machen, ohne dass es dabei an Gehalt oder Werth gewinnt. Dem entsprechend sind auch die übrigen Sätze. Das ganze Werk gehört zu jenen der neuen Richtung, die weniger durch die Macht und Gewalt des in ihnen sich verkörpernden Inhalts ergreifen und bewegen, als durch den wunderbaren Zauber fein erwogener und origineller Klangwirkung entzücken und erfreuen. Das erste Thema des ersten Satzes ist gleichfalls viel weniger gehaltvoll als reizend klingend erfunden und die durchsichtigen Figuren, mit denen es die Instrumente begleiten und die schallenden Arpeggien, mit welchen es das Pianoforte illustriert, erhöhen nur seine sinnlich reizende Wirkung. Das zweite, vom Cello in der Dominant (E-dur) eingeführte Thema ist gesangreicher und seine Bedeutung wird erhöht durch die Imitationen der Violine, aber die andern Instrumente sind nur bemüht, seine klangliche Wirkung zu erhöhen. In diesem Sinne erfolgt auch die sehr weite Ausführung dieses zweiten Themas zum Nachsatz. Auch der sogenannte Durchführungssatz folgt diesem Zuge; er ist wieder reich harmonisch bedacht, aber diese Harmonik ist meist accordisch oder in Arpeggien dargestellt. Sogar das Andante (F-dur) folgt diesem Zuge. Dies ist einer von den Sätzen, in denen Schubert, ehe er noch den Gedanken ganz ausspricht, schon zu interpretieren und zu umschreiben beginnt. Erst gegen Ende des ersten Theils kommt er dazu, den Grundgedanken, doch auch noch an die verschiedenen Instrumente vertheilt, ganz auszusprechen. Der Grundgedanke des zweiten Theils (Fis-moll) wird von vornherein bestimmter ausgesprochen, aber dann auch sofort aufgelöst in Figurenwerk.

Die ganze weitere Entwickelung erfolgt wiederum nur in dem Bestreben, noch originellere und berauschendere Klang-

wirkungen zu erzielen. Dann folgt ein *Scherzo*, das wiederum nur
durch die, in reicher accordischer Fülle sich darstellende prachtvoll wirkende Harmonik von einem Beethovenschen sich unterscheidet. Das eigentliche Motiv. ist ganz im Geiste dieses Meisters erfunden; es erhält aber gleich von vornherein eine vollere Begleitung, und während dann bei Beethoven dem ersten andere,
gegensätzliche Motive gegenübergestellt werden, entwickelt Schubert
alles Uebrige meist aus dem Einen. Hier wird nicht nur der zweite
Theil gleichfalls aus der Verarbeitung des ersten Motivs gewonnen,
sondern auch das *Trio* bringt keine eigentlich neuen Gedanken;
dieser ist nur eine erneuerte, modificierte Darstellung des ersten.
Nun folgt das bereits besprochene *Thema mit Variationen* und
dann noch ein Finale, das wieder genau demselben Zuge folgt.
Das erste, etwas ungarisch national klingende Thema wird in un-
unterbrochener Arbeit zu einem längern Vordersatz fortgesponnen;
ein zweites, von *Violine* und *Viola* in Octaven eingeführtes Motiv,
das dann das Cello in der Nachahmung bringt, ist gesangvoller;
seine Verarbeitung wird aber bald abgebrochen; es weicht einem
wieder rauschenderen *Tutti*, das zu einer lebhaften weit ausgeführten thematischen Verwendung des ersten Themas hinüberleitet,
und hiermit schliesst der erste Theil ab; ein zweiter ist ziemlich
gleich construiert, so dass in diesem *Finale* weder die Form des
ersten *Allegrosatzes*, noch die des *Rondo* fest gehalten ist, es ist
vielmehr eine neue, aus dem zweitheiligen Lied entwickelte
Form, und sie ist wol die entsprechende für diesen neuen Inhalt
geworden. Dieser ist nicht so tief und auch nicht so gewaltig,
dass er eine so complicierte, und doch in ihrer Totalwirkung so
mächtige Form erfordert, wie der, der ältern Sonate eines Beethoven. Er ist vielmehr von der Liedstimmung erzeugt, und
schliesst sich daher selbstverständlich auch mehr der Liedform an, als
jener des Finale der Sonate oder Sinfonie und vollkommen gerechtfertigt weil es sich mehr um ein fantastisches Spiel, als um Darlegung bedeutender Gedanken handelt. So erscheint dies Quintett
als die ganz nothwendige Consequenz jener Klaviersonate, die wir
früher besprachen und zugleich als bedeutendes Produkt der einen
Seite der neuen Richtung, die mehr einseitig auf die Fantasie, mit reiz-

vollster Gewalt auf die Nerven wirkt, während die Fantasie Op. 15 wiederum auf der andern Seite steht, mehr der, nach Offenbarung drängenden Empfindung und damit zugleich einer bestimmten Idee dient.

Weniger noch, wie die bisher erwähnten Instrumentalwerke, wahren die beiden Sätze der unvollendeten *Sinfonie in H-moll*, die Schubert im Jahre 1822 schrieb, den Charakter der ursprünglichen Form, so dass man fast versucht wird, anzunehmen, sie seien für andere Zwecke, oder doch unter anderen Gesichtspunkten componiert worden. Ganz besonders macht der erste Satz den Eindruck, als sei er mit Rücksicht auf irgend welche Schaustellung geschrieben. Er steht nicht höher als der *H-moll Entre-Act* zum *Drama „Rosamunde"* aus dem ein Theil der Balletmusik gewonnen wird. Beide Themen sind durchaus populär liedmässig, das zweite sogar tanzmässig erfunden, und dieser Charakter des zweiten wird auch noch durch die sehr wenig im Sinne der Sinfonie gehaltene Begleitung gesteigert. Auch die Verarbeitung der Themen entspricht dem vollkommen. Diese ist eine ausserordentlich leichte; ganz besonders aber lässt die unmotivierte Weise, mit welcher sie mehrmals plötzlich abbricht, und ebenso plötzlich wieder aufgenommen wird, auf äussere, ein solches Verfahren rechtfertigende Vorgänge schliessen. Weniger ist dies beim *Andante* der Fall, doch auch dies ist leichter seinem Gehalt und umständlicher seiner Ausführung nach, als selbst die entsprechenden Sätze seiner Klaviersonaten. Der, etwas kirchlich klingende Hauptsatz erfährt eine instrumental ausserordentlich reiche und mannichfach gefärbte Behandlung, das zweite Motiv ist ebenso reich und fein harmonisch bedacht, aber beide geben nur Veranlassung zu einer sehr breiten, nicht aber auch entsprechend tiefen Verarbeitung. Auch dieser Satz ist als Begleitung oder selbst als Vorbereitung irgend eines scenischen Vorganges gewiss vollkommen entsprechend; als Sinfoniesatz dagegen ist auch er wie der erste zu leicht wiegend. Auch jene instrumentalen Tonsätze des Meisters, welche mehr der Lust am Spiel mit Tönen und Klängen ihre Entstehung verdanken, als einem wirklich erkennbaren ideellen Gehalt, stehen meist höher, als diese beiden Sinfoniesätze, die einen solchen Inhalt offenbaren. Doch erscheint dieser zu unbedeutend, zum wenigsten durchaus nicht sinfonisch.

Von Liedern und Gesängen gehören diesem Zeitraum einige der populärsten und einige seiner bedeutendsten an. Zu jenen gehören: Frühlingsglaube: *„Die linden Lüfte sind erwacht“*, Lob der Thränen: *„Laue Lüfte, Blumendüfte“* die beiden *Suleika-Lieder*: *„Ach um deine feuchten Schwingen“* und *„Was bedeutet die Bewegung?* Sei mir gegrüsst: *„O du Entrissne mir“* und die Männerquartette: Das Dörfchen: „Ich rühme mir mein Dörfchen hier“; Die Nachtigall: *„Bescheiden verborgen im buschichten Gang“* und Geist der Liebe: *„Der Abend schleiert Flur und Hain“.* Einige von diesen Liedern gehören zugleich zu den bedeutendsten Werken Schuberts, wie die Suleika-Lieder und Frühlingsglaube. Das letztere ist ein einfaches Strophenlied, und dennoch tief und voll wärmster Empfindung. [1]) Es war gewiss nicht leicht gerade diese Grundstimmung — ein Gemisch von hoffnungsseliger Zuversicht und ängstlichem Bangen, zu treffen, und wol nur einem Meister möglich, der wie Schubert das ganze Gedicht in sich aufnahm, um es in seinem Innern musikalisch umzugestalten und es dann in ursprünglichster Natürlichkeit auszutönen und mit kunstgeübter Hand zu gestalten. Das: *„nun armes Herze sei nicht bang“* wird durch eine leise Andeutung des Mollcharakters ausgezeichnet. Dies Spiel mit Dur und Moll wird besonders wieder in den beiden Suleika-Liedern wirksam zur Darlegung der Empfindung angewendet.

[1]) Die handschriftliche Aufzeichnung dieses Liedes, welches die Königl. Bibliothek in Berlin besitzt, steht in der B-dur-Tonart und hat kleine Veränderungen: so heisst Tact 20 und 21 in der Begleitung so:

und nicht wie in allen Ausgaben:

Treffender war die sehnsüchtig heisse Stimmung, aus welcher Suleika's erster Gesang: „*Was bedeutet die Bewegung*“ (Op. 14) hervortreibt, wol kaum zu zeichnen, als durch das reizende Wechselspiel zwischen H-moll und H-dur, das wieder auf der Dominant seinen Stützpunkt hat. Das kurze und interessante Vorspiel bezeichnet in reizender Tonmalerei die äussere Situation, welche das Gedicht voraussetzt: aber es wendet auch schon in den beiden Schlussaccorden die Stimmung nach innen. Die ersten beiden Verse halten sich streng in der Tonart der Tonika, die folgenden beiden ebenso streng in der Paralleltonart, aber die unmittelbar anschliessende Wiederholung dieser beiden Verse erfolgt in H-dur und diese Tonart wird die ganze Strophe hindurch auch nicht wieder verlassen; der H-dur-Dreiklang wechselt nur mit dem Dominantaccord, und die ganze harmonische Bewegung ruht auf der Dominant. Die zweite Strophe ist dann harmonisch ebenso construiert, nur die Melodie ist nach Text und der sich vertiefenden Stimmung verändert. Als dann diese sich mehr nach aussen wendet, mit der Anrede an den Wind: „*Und so kannst du weiter schweifen*“ wird auch der harmonische Apparat erweitert bis zu einem bedeutenden Reichthum und die Klavierbegleitung schwelgt in der duftigsten Situationsmalerei. Der Schluss: „*Ach die wahre Herzenskunde*“ wendet sich wieder ganz nach innen; die ganze Aussenwelt schweigt bei dem süssesten Gedanken, und so tönt jetzt nur, wiederum auf der Dominant ruhend, das wunderbar

gehobene Leben des erregten Innern in Melodie und Begleitung aus. Suleika's zweiter Gesang: *„Ach um deine feuchten Schwingen"* ist durchweg an den Westwind gerichtet; die Stimmung also mehr nach aussen gewendet, und dem entsprechend wird die malende Begleitung hier bedeutungsvoller, als im vorher besprochenen ersten Gesange. Ununterbrochen hält sie die Bewegung im Gange; luftig und durchsichtig gehalten, vereinigt sie sich mit einer zauberhaft süssen Melodik und der reichern Harmonik, um die ganze heisse Glut der Stimmung auszutönen.

Unter die bedeutendsten Vocalwerke Schuberts gehören ferner einige in dieser Zeit entstandenen Werke für Männerchor.

Namentlich seit durch Ludwig Berger und Bernhard Klein neben der bereits bestehenden Zelterschen Liedertafel in Berlin — durch Zelter 1808 gegründet — die jüngere Liedertafel gegründet worden war, nahm der Männergesang rasch einen bedeutenden Aufschwung. Es wurden bald darauf auch in Königsberg, Breslau, Magdeburg, Dessau, Hamburg und anderen Städten ähnliche Vereine gegründet ausschliesslich zur regsten Pflege des Männergesanges.

Für Schubert war diese Gattung der Vocalmusik besonders anziehend, weil der sinnliche Klangreiz bei ihr alles Andere überwiegt. Das, bei aller Gewalt doch immer eigenthümlich weiche Klanggepräge des Chors von Männerstimmen entspricht der Richtung den sein Genius nahm und der Eigenthümlichkeit seiner Individualität so sehr, dass er sich mit allem Eifer dieser Gattung zuwandte. Die drei (in Op. 11 gedruckten) Lieder: Das Dörfchen — Die Nachtigall — und Geist der Liebe zeigen aber auch, dass er nicht, wie die meisten andern Componisten von Männergesängen, der sinnlichen Klangwirkung alles Andere opfert. Mehr fast noch, wie bei seinen Werken für gemischten Chor, wahrt er hier die Selbständigkeit der Stimmen. Er ist ein viel zu bedeutender Meister der Melodie, um die Stimmen hier nur in engster Gedrängtheit zu Accorden vereint wirken zu lassen. Dort, beim gemischten Chor, der eine durchsichtigere Darstellung der Accorde zulässt, schreibt er viel häufiger mehr nur accordisch als hier. Er geht hier sogar noch einen Schritt weiter, und schliesst

jedes der drei erwähnten Lieder in streng canonischer Weise ab, so
dass die Stimmen möglichst gleichmässig selbständig sich aussingen.

Ungleich höher indess als diese Lieder steht die Bearbeitung
von Goethes Gesang der Geister über den Wassern für *achtstimmigen Männerchor mit Begleitung von 2 Violen, 2 Violoncello's und Contrabass* (als Op. 107 gedruckt). Schubert hat sich
natürlich nicht dabei begnügen können, die Stimmung nur in grossen
Umrissen, wie in der einstimmigen Bearbeitung (Op. 3) auszusingen.
Der ungleich grössere Aufwand von Mitteln erfordert natürlich
auch, dass die höhere Aufgabe einer eingehenderen Darlegung des
Textgehalts gelöst wird. Schon die Instrumental-Einleitung, die
auf dem engsten Raum eine solche Fülle von Harmonien verwendet, zeigt, wie tief der Meister das Gedicht erfasste:

Der Text wird nun, in einzelne Sentenzen zerlegt, motettenhaft musikalisch erläutert. Der erste Abschnitt ist besonders durch die Anschauung: *vom Himmel kommt es, zum Himmel steigt es und wieder nieder zur Erde muss es"* beherrscht, und das: „**ewig** wechselnd" wird ganz bedeutungsvoll harmonisch ausgezeichnet. Für die anschauliche Darstellung des zweiten Abschnitts: *„Strömt von der hohen steilen Felswand der reine Strahl, dann stäubt er lieblich in Wolkenwellen zum glatten Fels"* u. s. w. wird die Scheidung in zwei Chöre, von denen der eine aus den vier Tenor-, der andere aus den vier Bassstimmen gebildet ist, äusserst wirkungsreich benutzt; ebenso im dritten Abschnitt: *„Ragen Klippen dem Sturz entgegen"*, der sich ausserordentlich belebt ausbreitet, und hier erzeugt die Anschauung des *„schäumt er unmuthig stufenweise zum Abgrund"* eine kühne und gewaltig wirkende Führung der vereinigten Bassstimmen. Beruhigt wird diese Bewegung in dem nächsten Abschnitt: *„Im flachen Beete schleicht er das Wiesenthal hin"* und noch mehr in dem lieblichen *„Wind ist der Welle lieblicher Buhle"*; der letzte Abschnitt: *„Seele des Menschen, wie gleichst du dem Wasser"* leitet ganz folgerichtig wieder auf den Anfang zurück. Besonders bemerkenswerth ist noch die Harmonik, die den, in der Einleitung angeschlagenen kühnen Gang nirgend unterbricht; ferner auch die Instrumentation, welche überall unterstützend und ergänzend eingreift.

Der, ähnlich wie der Männerchor in vier Stimmen getheilte Frauenchor erweist sich noch weniger günstig für die künstlerische Gestaltung als jener. Der, den Stimmen zu Gebot stehende Umfang ist noch mehr beschränkt und diese sind daher beim Frauenchor in ihrer Bewegung noch mehr gehemmt, wie die Stimmen des Männerchors; eine mehr polyphone Führung bei jenen ist deshalb noch mehr erschwert, als wie bei diesem. Dabei ist der Chorklang der Frauenstimmen einförmiger und der sinnliche Reiz wirkt leicht ermüdend.

Wie wir bereits erwähnten, wurde Schubert mehr durch äussere Verhältnisse veranlasst, für Frauenchor zu componieren. Der 23. Psalm, den er 1822 schrieb, ist nur durch seine Harmonik bedeutsam, diese aber kommt ganz naturgemäss zu grösserer Wirkung in der Begleitung wie im Chorgesange.

Noch ist aber in allen diesen Chorgesängen der sinnlichen Klangwirkung nichts vom eigentlichen Wesen des Vocalstyls geopfert wie in manchen spätern, bei welchen in dem Bestreben, instrumentale Effecte zu erzeugen, wesentliche Bedingungen des Vocalstyls verletzt werden.

Sechstes Kapitel.

Die Mühen und Sorgen des Lebens.
(1823—24).

Die äussern Verhältnisse des jungen Meisters besser zu gestalten, waren all sein Fleiss und die Reihe bedeutender Werke, die er bereits geschaffen hatte, nicht im Stande gewesen. Dass er eine, ihm durch den Hofmusikgrafen *Moritz von Dietrichstein* angebotene Stelle eines Organisten an der Hofkapelle nicht annahm, wird man ihm kaum zum Vorwurf machen können. Er hatte bereits erfahren, dass eine derartige Stellung ihm nicht auch nur annähernd einigermassen genügenden Ersatz bot für die geopferte Unabhängigkeit. Jener praktische, berechnende Sinn, der ein solches Amt nur als erste Stufe betrachtet, von welcher aus man die höhere Stellung erreichen könnte, fehlte ihm ganz und gar. Als später ein, seiner künstlerischen Bedeutung mehr entsprechendes Amt, das eines zweiten Hofkapellmeisters offen wurde, säumte er keinen Augenblick sich darum zu bewerben, und er würde es unzweifelhaft ehrenvoll ausgefüllt haben.

Vielleicht könnte man auch den Umstand, dass er sich durch die obersten Behörden der Kaiserlichen Hofmusik: die *Hofmusikgrafen Moritz von Dietrichstein, den k. k. wirklichen Hofsecretär Ignaz Franz Edler von Mosel und den Hofkapellmeister Salieri wie den Hof-Operndirector Weigl seine* grosse Befähigung, wie namentlich seine erfolgreiche Wirksamkeit für die Bühne bescheinigen liess, schliessen: dass er schon damals Willens war, ein, ihm zusagendes Amt mit entsprechender Wirksamkeit zu gewinnen; wenn er nicht etwa durch die Zeugnisse seinen Opern die

Wege über andere Bühnen bahnen wollte. Die betreffenden Documente theilt Kreissle wörtlich mit. [1]

Um die bedeutenden Vortheile, welche ihm aus dem weitern Verkauf der ersten, durch die Freunde veröffentlichten 12 Hefte seiner Compositionen allmälig erwachsen mussten, brachte er sich selbst von der Noth des Augenblicks dazu gedrängt. Er verkaufte Platten und Verlagsrecht um den geringen Preis von 800 Gulden an die Verlagshandlung von Diabelli. Zwar waren jetzt auch die andern Wiener Verlagshandlungen *Leidesdorf*, *Eder*, *Czerny*, *Artaria* u. s. w. bereit, den Verlag seiner Compositionen zu übernehmen, aber sie wussten ihn auch immer zu bestimmen, ihnen diesen unter billigen Honorarbedingungen zu überlassen. Trotz der günstigen Aufnahme, welche namentlich die Lieder fanden, wussten die Verleger dennoch die Meinung der Zunftgenossen, welche die Lieder gern für unsangbar und unspielbar oder für verworren und schwülstig erklärten, für sich auszubeuten, um den unerfahrnen Componisten zu bestimmen: möglichst niedrige Honorare zu fordern. Ein Beleg mag hierfür genügen: es ist ein Schreiben des Leiziger Musikverlegers B. V. Peters, an den sich Jos. Hüttenbrenner wegen Uebernahme des Verlages Schubert'scher Lieder gewandt hatte [2]. Obwohl Peters entschieden geneigt ist, auf das Anerbieten einzugehen, giebt er doch einen so ausführlichen Bericht über die Umstände die es ihm erschweren, dass man ohne Mühe heraus liest: der Componist sollte es als ein Risico seitens des Verlegers ansehen, wenn dieser die Herausgabe einiger Schubert'scher Werke übernähme und deshalb möglichst keine, oder doch nur geringe Honorarforderungen stellen. Die Verhandlungen blieben denn auch erfolglos.

Trotzdem Schubert von seinen dramatischen Werken noch weniger Lohn erndtete, als von seinen übrigen, ist er doch im Jahre 1823 schon wieder mit Arbeiten für das Theater beschäftigt; er schrieb die Musik zu einem Drama: „Rosamunde" von Helmine von Chezy und zwei neue Opern, eine 3aktige grosse: Fierrabras

<hr>

[1] Franz Schubert pag. 200 ff.
[2] Ebend. pag. 272.

zu welcher ihm Josef Kupelwieser den Text, und eine Operette
in einem Act: Die Verschworenen (Der häusliche Krieg)
zu der J. Castelli den Text geschrieben hatte.

Er beendete alle diese Werke wieder in unglaublich kurzer
Zeit und dennoch bekunden sie, wenn auch nur in der äussern
Technik des musikalisch-dramatischen Ausdrucks einen Fortschritt.
Der Antheil, welcher der Musik am Drama: Rosamunde zuge-
wiesen wird, ist sehr untergeordnet; die Musik ist vorwiegend
decorativ, wie in der Regel beim Schauspiel oder dem „Drama“
mit Musik. Derart sind auch die Musikstücke, welche Schubert
zu dem in Rede stehenden Werke schrieb. Die Gesangstücke:
eine Romanze: „*Der Vollmond strahlt*“ sehr ansprechend in dem,
Schubert geläufigen Styl gehalten, ein Hirten-, ein Jäger- und
ein Geisterchor sind im Clavierauszuge — der letztere auch
mit der Originalbegleitung — 3 Posaunen und 4 Hörner — als
Op. 26 erschienen. Besonders bedeutend ist der Geisterchor. Es
ist das wieder eine von jenen Compositionen, die ein, mehr blöd-
als tiefsinniges Gedicht fast verständlich macht. Der Componist
lehrt es uns wenigstens empfinden, dass die Dichterin nach einem
grossen Gedanken rang, den zu finden und auszusprechen ihr eben
nicht vergönnt war. Die äusserst geschickt und wirksam einge-
webte instrumentale Begleitung macht den knappen Chor ausserordentlich wirkungsvoll. Von den beiden andern Chören ist der
Hirtenchor fein und originell und dabei doch nicht weniger
charakteristisch, wie der Jägerchor, welcher etwas banal, mit
den landläufigsten Mitteln, aus Horn- und Trompetensignalen zusammen gesetzt ist. Von der Zwischenactsmusik ist namentlich
der erste Entre-Act in H-moll, aus welchem auch ein Theil der Ballett-
musik entwickelt wird hervorzuheben. Die erste Aufführung des
Drama's erfolgte am 20. December 1823 und die Musik hatte sich
einer sehr freundlichen Aufnahme zu erfreuen. Eröffnet wurde
übrigens die Vorstellung mit der Ouvertüre zu: *Alfonso und Estrella;*
sie musste wiederholt werden.

Die Oper „*Fierrabras*“ ausser der Ouvertüre 23 Musikstücke
enthaltend — beendete Schubert wieder in der kurzen Zeit vom
23. Mai bis 26. Septbr. und daneben schrieb er auch noch die be-

reits erwähnte Operette und Lieder und Clavierstücke. Das Textbuch ist zwar ziemlich ungeschickt und in wenig fesselnder Weise zusammengestellt, aber es enthält einzelne dramatische Tableau's, die auch für musikalische Darstellung geeigneten Stoff bieten. *Fierrabras*, der Sohn des Maurenfürsten ist als Gefangener an den Hof König *Karls* gekommen, und erblickt hier, in der Tochter des Königs — in *Emma* — die Geliebte seines Herzens, für die er in Liebe entbrannte, als er sie vor 4 Jahren, ohne ihre Herkunft zu wissen, zum ersten mal sah. *Emma* aber hat ihr Herz längst *Eginhardt*, einem Ritter ihres Vaters, geschenkt. Dieser ist einer der Gesandten, die dem Maurenfürsten die Friedensbedingungen überbringen sollen; er erscheint in der Nacht im Garten des Schlosses, um von seiner geliebten Emma Abschied zu nehmen, und erlangt auch Eintritt im Schloss. Mittlerweile ist auch *Fierrabras* herbeigekommen und überrascht das erschreckte Paar, als *Emma* den scheidenden *Eginhardt* herausgeleitet. Er zieht sofort das Schwert, aber *Emma* besänftigt ihn und so lässt er nicht nur den glücklichen Nebenbuhler ziehen, sondern erklärt sich sogar, als auch noch König Karl mit Gefolge hinzukommt, für den Schuldigen, und *Eginhardt* und *Emma* lassen es wunderbarer Weise zu, dass *Fierrabras* in den Kerker geworfen wird, und *Eginhardt* zieht unbesorgt um des edlen Feindes Geschick mit den Gesandten ab. Diese werden am Hofe des Maurenfürsten sehr schlecht empfangen. Da sie ihm die Mittheilung machen, dass sein Heer geschlagen ist und sein Sohn als Gefangener den Christenglauben angenommen hat, flucht er diesem und lässt die Gesandten in's Gefängniss werfen um sie dann der Rache seiner Krieger zu überliefern. Unter den Franken aber ist ein Ritter *Roland*, der früher die Zuneigung von *Florinde*, der Tochter des Maurenkönig's und der Schwester des Fierrabras erworben hatte, und diese beschliesst den Geliebten zu retten. Sie eilt in's Gefängniss und macht die Gefangenen mit der, ihnen drohenden Gefahr bekannt. Diese vertheidigen sich auch mit aller Macht, doch nur *Eginhardt* entkommt, *Roland* wird gefangen. Hiermit schliesst der zweite Act. Der dritte beginnt mit den Vorbereitungen zu den Empfangsfeierlichkeiten am Hofe König Karl's für die Heimkehrenden. Jetzt endlich hat auch *Emma* sich des

unglücklichen Fierrabras erinnert und dem Vater ihre Liebe zu
„*Eginhardt*" und ihren Verrath an *Fierrabras* eingestanden. Dieser
wird natürlich sofort in Freiheit gesetzt; dem in diesem Augenblick
eintretenden *Eginhardt* aber bedeutet, dass er nur durch die Be-
freiung der gefangenen Gesandten seine schwere Schuld sühnen
könne. Diese haben mittlerweile den eindringenden Mauern tapfern
Widerstand geleistet, doch als ein Holzstoss aufgerichtet wird, um
den gefangenen *Roland* zu verbrennen, giebt Florinde mit ihrem
Schleier das Zeichen, dass die Franken sich ergeben wollen. Sie
bekennt jetzt auch dem Vater ihre Liebe zu Roland, was diesen in
noch grössere Wuth versetzt; er giebt Befehl die Tochter mit den
Rittern zu tödten. Da stürmt das Frankenheer herbei, der Mauren-
fürst will mit seiner Tochter wieder in den Thurm flüchten, wird
aber von *Roland* daran gehindert, der ihm Florinde entreisst und
ihn mit dem Schwert durchbohren würde, wenn nicht *Fierrabras*
noch rechtzeitig den tödtlichen Stahl ablenkte. Jetzt erscheinen
auch König *Carl* und *Emma*, und beenden den Kampf. Der be-
siegte Mohrenfürst willigt in die Verbindung seiner Tochter mit dem
fränkischen Ritter *Roland*; König *Carl* legt, als Zeichen dass er
ihm verziehen, die Hand seiner Tochter in die des Ritter Eginhardt,
und nur *Fierrabras* der Edle, geht leer aus. Diese flüchtige Skizze
des Textes zeigt, dass er bedeutende Aufgaben der Musik nicht zu
lösen stellte, dabei bewegt er sich meist in banalen Phrasen und
einem oft sehr bedenklichen Schwulst, er vermochte daher auch
unsern Meister nicht tiefer zu interessieren. Doch hat er eine
Menge feiner Züge in seine Musik zu verweben gewusst, über-
raschende Detailmalereien, an denen er so reich war, wie der überaus sinnige und reizvolle, und der Situation so sehr entsprechende
Wechsel von Dur und Moll im ersten Chor, oder die Cello-Begleitung in dem Duett des zweiten Acts in der Begleitung zum
Terzett, im Finale des ersten Acts, in dem Wechselgesang der
Ritter und Reisigen und dem anschliessenden Soloquartett. Auch
die bekannte *Arie* der *Florinde* mit Männerchor: „*Des Jammers
herbe Qualen*" ist ein bedeutsamer Beleg dafür. Der Klagegesang
der verzweifelnden *Florinde* bewegt sich in F-moll, der Gesang
der tröstenden Ritter in F-dur und als beide sich vereinigen, hält

sich jener wiederum vorwiegend in Moll, dieser in Dur. Diese Nummer zeigt doch aber auch, wie wenig Schubert bedacht war, die Bedingungen des dramatischen Ausdrucks zu erfüllen. Er fühlt, dass dieser eine so eingehende Charakteristik wie beim Liede nicht gestattet, und er versucht sie auch hier nicht, aber er steigert ihn auch nicht bis zu dramatischer Wahrheit und daher kommt es, dass seine Arien weit weniger interessieren wie seine Lieder und sehr leicht ermüden. Das gilt zum Theil selbst von den Ensemblesätzen. Dass dies seinen Grund mit in der Hast, mit welcher Schubert gerade diese Werke schuf, haben dürfte, wird namentlich auch durch die *Finale's*, besonders durch die ersten beiden bewiesen, die in der Anlage weit bedeutender sind, als in der Ausführung. Die Hauptschuld trägt indess unzweifelhaft der Umstand, dass Schubert so wenig Gelegenheit geboten wurde, seine dramatischen Werke zu hören. Wie die praktische Erfahrung die vortrefflichste Lehrmeisterin ganz besonders für Schubert wurde, das haben wir mehrfach nachgewiesen. Die Technik des musikalischen Dramas aber ist ohne diese praktische Erfahrung nimmer zu gewinnen. Das aber ist es allein, was auch das unstreitig bedeutendste dramatische Werk Schubert's die Operette: *Die Verschwornen* [1]) nicht zu jener Reife gelangen liess, die es gewonnen hätte, wenn Schubert mehr Erfahrungen auf diesem Gebiete zu machen Gelegenheit fand. Der Text der Operette, von J. F. Castelli, behandelt ein schon mehrfach bearbeitetes Thema. Die Verschwornen sind diesmal Frauen und die Verschwörung ist gegen deren Männer gerichtet. Die Frauen: *Ludmilla, Helena, Luitgarde, Kamilla* und die der übrigen Ritter, deren Männer: *Graf Heribert von Lüdenstein, Astolf von Reisenberg, Garold von Nummen, Friedrich von Trausdorf* und andere Ritter seit Jahresfrist fern, im Kriege mit den Saracenen begriffen, haben sich verschworen, bei der Heimkehr derselben an ihnen durch Kälte und Gleichgültigkeit sich dafür, dass jene das Gebot der Ehre höher setzen als die Liebe, zu rächen. Die heimkehrenden Krieger wer-

---

[1]) Der Titel war von der vorsorglichen Wiener Censur in: „Der häusliche Krieg" verändert worden.

den indess durch den Pagen *Udolin*, der voraus geeilt war und dem *Isella*, die Zofe der Gräfin und seine Geliebte Kunde von dem Plan der Frauen und auch Gelegenheit gegeben hatte, der Sitzung mit beizuwohnen, in welchem dieser festgestellt und beschworen worden war, davon benachrichtigt. Sie beschliessen sofort den Frauen zuvorzukommen und ihnen in eben derselben Weise zu begegnen. Sie treffen im Saale des Schlosses mit den Frauen zusammen und gehen ohne einen Gruss zu einem Trinkgelage. Darüber sind die Frauen natürlich sehr bestürzt, und als dann gar *Isella* kommt und der Gräfin erzählt, der Graf habe bei einem Hoch auf den Krieg es zugleich ausgesprochen: dass die Ritter bald wieder davon ziehen, und in der kurzen Zeit ihres Hierseins keine Gemeinschaft mit ihren Frauen pflegen würden, wird diesen ihr Verhalten leid, und sie wünschen sich mit den Männern zu versöhnen. Die jüngste der Frauen *Helena*, die auch nur schwer dem ganzen Plan ihre Zustimmung ertheilt hatte, wird zuerst abtrünnig, aber auch die Gräfin, die eigentliche Urheberin, kommt ihrem Manne liebevoll entgegen, so dass er, um sein gegebenes Wort nicht zu brechen, vorgiebt, ein Gelübde zwinge sie nochmals in den Krieg zu ziehen. Er weist seine Gattin an Udolin, der ihr alles erklären soll, und entfernt sich schnell. Udolin erzählt nun der Gräfin, sie wären einst von Feinden so umringt gewesen, dass es fast unmöglich geschienen hätte, zu entkommen. Da seien die Ritter zu dem feierlichen Gelübde gedrängt worden, den Frauen nicht eher den kleinsten Beweis von Zuneigung zu geben, als bis diese sich mit Harnisch, Schild und Lanze bewaffnen und mit ihnen ziehen würden, um für den Glauben zu fechten. Die Gräfin ist natürlich empört, aber sie lässt es ruhig geschehen, dass Isella sie mit Harnisch, Helm und Lanze bewaffnet; so gerüstet trifft sie der Graf, der natürlich tief gerührt wird und da auch die andern Frauen gerüstet hinzukommen, wird der Friede bald wieder hergestellt — Isella und der Page aber werden durch den Grafen verbunden. Diesen im Grunde mehr possenhaften als feinkomischen Stoff hat Schubert erst durch seine Musik in eine höhere Sphäre gehoben. Sie strahlt in dem hellsten, sonnigsten Glanz, der in seinen glücklichsten Stunden über seine Individualität ergossen war. Das erste Duett zwischen *Isella* und *Udolin:* „*Sie ist's*" ist ebenso stimmungs- und effectvoll, wie künstlerisch vollendet ausgeführt. Die Einleitung verarbeitet, äusserst zartsinnig die Gesangsphrase der Worte: „*Es ist nun schon ein langes Jahr*", und zwar ganz wieder im Sinne der Situation als Imitation in der Ober- und Unterstimme und bereitet so den Eintritt des: „*Sie ist's! Er ist's*" wirkungsvoll auf dem Dominantaccord der Dominanttonart vor. Nicht weniger sinnig wie wirkungsvoll ist auch die Wiederholung der ganzen ersten · Gesangsphrase in der Umkehrung. Im weitern Verlauf wird die Wirkung vielleicht etwas dadurch beeinträchtigt, dass die Instrumentalbegleitung vielfach den Gesang überwuchert, und häufig interessant melodisch geführt ist, wo die Singstimme nur nackt recitiert und declamiert wie gleich bei der Stelle: „*Die Zeit der Trennung liegt im Rücken.*" Aeusserst wahr und überaus fein komisch ist das neckische Examen: „*Hast du meiner oft gedacht*" wobei die Instrumentalbegleitung wieder durch manche Feinheit den Gesang ergänzt und erläutert. Die nachfolgende Romanze der Helene: „*Ich schleiche bang und still herum*" gehört zu Schuberts besten Gesangscompositionen. Die beiden folgenden Nummern, zur *Verschwörungsscene* gehörig, sind des grössten Meisters der feinen musikalischen Komik würdig. Beim Chor der Frauen: „*Ihr habt auf eure Burg entboten*" wirken namentlich wieder die Instrumentaleinleitung und die Begleitung, mit dem prächtig persiflierten Marsch hoch komisch. Um die Persiflage zu vollenden, geht das Marschtempo, den handelnden Personen wie der Situation ganz entsprechend, in den Polonaisenrhythmus über. Und auch als die Sache dann ernsthafter wird, im Allegro, bleibt der Tanzrhythmus noch vorherrschend. Grade diese Behandlung hat eine unverständige Kritik dem Meister zum Vorwurfe gemacht, und doch ist sie die einzig entsprechende, dem Text und der Situation gemässe. Auch der anschliessende Verschwörungschor: „*Ja wir schwören*" ist mit seinem komischen Ernst fein humoristisch und seine Wirkung wird durch den Schluss im ⁶/₈ Tact: „*Nur Muth, nur Muth, dann harret süsser Lohn*" noch gehoben und verstärkt. Vielleicht beeinträchtigt es die Wirkung des Ganzen, dass der nun folgende: „*Marsch und Chor der*

Ritter" nicht heroischer und vor allem brillanter gehalten ist, und selbst die folgende Scene mit Udolin und den Rittern: *„Verrätherei hab' ich entdeckt"* musste etwas ernsthafter, nicht so leicht spielend erfasst werden. Zwar wird diese Scene besonders wieder durch die pikante Instrumentalbegleitung reizvoll wirksam; aber es war für den Erfolg der ganzen Operette vielleicht vortheilhafter, wenn der Componist sich in diesen beiden Nummern weniger von der Idee der komischen Oper leiten liess. Die Ritter kommen aus ernsthaften Kämpfen heim und dürften noch wenig zu Possen aufgelegt sein. Vortrefflich ist dagegen wieder die nächste Scene No. 7, die Begegnung der Ritter mit den Frauen. Gleich die Einleitung charakterisiert die beiden Parteien, das etwas brutale Auftreten der Männer, und — im Polonaisenthema — die, trotz des Racheplans die Männer mit allem Liebreiz bewillkommnenden Frauen. Und auch im weitern Verlauf geht dem Componisten nicht ein einziger Zug verloren: wie die Frauen sich im Stillen herzlich ihrer Männer freuen, und wie diese eben so ihnen viel lieber um den Hals fielen, wie aber schliesslich doch wieder der brutale Vorsatz den Frauen ihren Racheplan zu vergelten, die Oberhand gewinnt, das wird in der Musik viel feiner und treuer charakterisiert als im Text. Im nachfolgenden Duett (No. 8) zwischen *Astolfo und Helene: „Ich muss sie finden"* wird die Wirkung nur dadurch wieder etwas beeinträchtigt, dass die Singstimmen mehr deklamieren als singen, was in der nachfolgenden Ariette (No. 10) der Gräfin: *„Gesetzt, ihr habt wirklich gewagt und gestritten"* ganz am Platz ist, nicht aber in dem Duett, in dem die Empfindung sogar bis zu einer gewissen Leidenschaftlichkeit erregt ist. Das *Finale* entspricht der Scene der ersten Begegnung (No. 7) und es ist hier wiederum begründet, dass dem Orchester die Hauptarbeit zufällt; es muss die wechselnden Stimmungen einheitlich zusammenfassen, bis, in dem wieder etwas leicht gewogenen Schlusschor: *„Suchet keine stärkern Waffen"* alle in einem Punkte vereinigt sind.

Erst lange nach des Verfassers Tode [1]) wurde die Operette

---

[1]) Zum ersten Male in Frankfurt a. M. am 29. Aug. 1861.

auf mehreren deutschen Bühnen aufgeführt und errang überall lebhaften Beifall; wenn sie sich nicht auf dem Repertoir erhielt, so hat dies wol seinen Grund nur darin, dass es dem Componisten an jener Bühnenroutine, oder besser gesagt, jenem Bühnenraffinement fehlte, das auf einzelne ganz besonders hervorragende Effecte hinarbeitet, die immer wieder das grosse Theaterpublikum anregen, während diesem eine so durchweg künstlerisch gehaltene Musik leicht langweilig oder doch wenigstens gleichgültig wird. Der Eifer und die Energie, mit welcher Schubert sich immer wieder den dramatischen Arbeiten zuwandte und die Hast mit der er sie ausführte, waren wol grösstentheils darin begründet, dass er mit Recht annahm: Erfolge auf diesem Gebiet, müssten ihn rascher als Alles Andere aus seiner misslichen Lage befreien. Um so mehr wirkte es niederdrückend für ihn, dass hier all sein Fleiss und sein Eifer sich als vergeblich herausstellten. Dazu kamen auch noch körperliche Leiden, die Abwesenheit einiger seiner liebsten Freunde und Ungemach aller Art und so bemächtigte sich seiner Anfang des Jahres 1824 eine so hoffnungslose und verzweifelte Stimmung, die bei seinem, sonst so lebenslustigen und leichtblütigen Naturell auf Vorgänge sehr trüber Art schliessen lässt. Schon am 30 Novbr. 1823 schrieb er ziemlich trostlos an Schober:[1])

Lieber Schober!

Mich drängt es schon einige Zeit, Dir zu schreiben, aber immer konnte ich nicht dazu kommen.

Du weist schon wie das geht.

Vor allem muss ich Dir ein Lamento über den Zustand unserer Gesellschaft, wie über alle übrigen Verhältnisse ankündigen; denn ausser meinen Gesundheitsumständen, die sich (Gott sei Dank) nun endlich ganz festzustellen scheinen, geht alles miserabel. Unsere Gesellschaft hat durch Dich, wie ich es wohl voraussah, ihren Anhaltspunkt verloren. Bruchmann, von seiner Reise zurückgekommen, ist nicht mehr, der er war. Er scheint sich in die Formen der Welt zu schmiegen und schon dadurch

---

[1]) Der Brief ist von Bauernfeld zuerst mitgetheilt.

verliert er seinen Nimbus der meines Erachtens nur in diesem
beharrlichen Hintanhalten aller Weltgeschäfte bestand. Kuppelwieser ist, wie Du vermuthlich schon weisst, nach Rom (ist aber
mit seinem Russen nicht sonderlich zufrieden. [1]) Was an den
übrigen ist, weisst Du besser als ich. Als Ersatz für Dich und
Kuppelwieser bekamen wir zwar vier Individuen, doch die Mehrzahl solcher Individuen machen die Gesellschaft nur unbedeutender statt tüchtiger. Was soll uns eine Reihe von ganz gewöhnlichen Studenten und Beamten? Ist nun Bruchmann nicht
da, oder vollends krank, so hört man Stundenlang unter der
obersten Leitung des Mohns („des Malers") nichts anders als ewig
von Reiten und Fechten, von Pferden und Hunden reden. Wenn
es so fort geht, so werde ich's vermuthlich nicht lange unter
ihnen aushalten.

Mit meinen 2 Opern steht es ebenfalls sehr schlecht. Kuppelwieser ist vom Theater plötzlich weggegangen. Weber's
Euryanthe fiel schlecht aus, und wurde nach meiner Meinung
mit Recht nicht gut aufgenommen. Diese Umstände und eine
neue Trennung zwischen Palfy und Barbaja lassen mich beinahe
nichts für meine Oper hoffen. Uebrigens wäre es auch wirklich
kein Glück, indem jetzt alles unbeschreiblich schlecht gegeben
wird.

Vogl ist hier und hat einmal bei Bruchmann und einmal bei
Witeczek gesungen. Er beschäftigt sich fast ausschliesslich
mit meinen Liedern. Schreibt sich selber die Singstimme heraus und lebt so zu sagen, davon. Er ist daher gegen mich
äusserst manierlich und folgsam. Und nun lass von Dir was
hören. Wie geht es Dir? Bist Du schon vor der Welt erschienen. [2]) Ich bitte Dich, lass ja recht bald von Dir mich was
erfahren, und fülle die Sehnsucht nach Dir nur einigermaassen
aus indem Du mir schreibst, wie Du lebst und webst. Ich habe
seit der Oper nichts componiert, als ein paar Müllerlieder. Die

---

[1]) Kuppelwieser war in Gesellschaft eines russischen Edelmanns —
Alexis Beresin — nach Italien gegangen.

[2]) Schober lebte in Breslau, und hatte den Plan, die Bühne zu betreten.

Müllerlieder werden in vier Heften erscheinen, mit Vignetten von Schwind.

Uebrigens hoffe ich meine Gesundheit wieder zu erringen, und dieses wiedergefundene Gut wird mich so manches Leiden vergessen machen, nur Dich lieber Schober, Dich werd ich nie vergessen, denn was Du mir warst, kann mir leider niemand andrer sein.

Nun lebe recht wohl, und vergesse nicht
Deines Dich ewig liebenden Freundes
Franz Schubert.

In einem, von Kreissle mitgetheilten Briefe Schuberts [1] an den, in jener Zeit in Italien weilenden Freund Kupelwieser vom 31. März 1824 heisst es wörtlich:

„Mit einem Wort, ich fühle mich als den unglücklichsten, elendesten Menschen auf der Welt.

Denke Dir einen Menschen, dessen Gesundheit nie mehr richtig werden will, und der aus Verzweiflung darüber die Sache immer schlechter statt besser macht; denke Dir einen Menschen, sage ich, dessen glänzendste Hoffnungen zu nichte geworden sind, dem das Glück der Liebe und Freundschaft nichts bietet als höchstens Schmerz, dem Begeisterung (wenigstens anregende) für das Schöne zu schwinden droht, und frage Dich, ob das nicht ein elender, unglücklicher Mensch ist. — Leidesdorf mit dem ich recht genau bekannt geworden bin, ist zwar ein wirklich guter Mensch, doch von so grosser Melancholie, dass ich beinahe fürchte, von ihm mehr als zu viel in dieser Hinsicht profitiert zu haben; auch geht es mit meinen und seinen Sachen schlecht, daher wir nie Geld haben. Die Oper von Deinem Bruder [2] wurde für unbrauchbar erklärt, und mithin meine Musik nicht in Anspruch genommen. Die Oper von Castelli: *Die Verschwornen* ist in Berlin, von einem dortigen Compositeur componiert, mit Beifall aufgenommen worden. Auf diese Art hätte ich also wieder zwei Opern umsonst componiert.

---

[1] Franz Schubert pag. 319.
[2] „Fierrabras."

Auch an Schober schrieb er den früher erwähnten Brief in
ähnlicher Stimmung; und in dessen Antwortschreiben vom 24. December 1824 heisst es unter anderm:

„Also mit Leidesdorf geht es schlecht? Das ist mir doch sehr
leid, und auch Deine Müllerlieder haben kein Aufsehen gemacht?
Die Hunde haben kein eigenes Gefühl und keinen eigenen Gedanken und überlassen sich blind dem Lärm und fremder
Meinung; wenn Du Dir nur ein paar Lärmtrommeln von Recensenten verschaffen könntest, die immerfort ohne Ende in allen
Blättern von Dir sprächen, es würde schon gehen; ich weiss
ganz unbedeutende Leute, die auf diese Weise berühmt und be-
liebt geworden sind, warum sollte es denn der nicht benutzen,
der es im höchsten Maasse verdient?“

Auch der Brief an seinen Bruder Ferdinand vom 8. Juli
1824 giebt Zeugniss von der gedrückten Stimmung, in welcher
sich Schubert jener Zeit befand, wenn er sich auch dem Bruder
gegenüber entschieden mehr Zwang anthut, heiterer zu erscheinen
als den fernen Freunden gegenüber.

Wie bereits früher erwähnt, lebte er seit Mai 1824 wieder
in Zelécz und dass er auch hier nicht die ruhige Stimmung
früherer Jahre wieder gewann, das beweisen die erwähnten von
hier datierten Briefe.

Doch auch in dieser trüben Zeit ruhte sein Genius nicht, er
schuf wieder einige seiner bedeutendsten Werke, ausser dem Lieder-
kreis: „*Die schöne Müllerin*“ ein Werk von unvergänglicher Bedeutung, das Octett (Op. 166) für zwei *Violinen, Viola, Clarinette, Fagott, Waldhorn, Cello* und *Contrabass* (das im Februar
begonnen und am 1. März beendigt wurde) die 3 Streichquartette
in *A-moll* (Op. 29) in *Es-dur* (Op. 125 No. 1) und in *E-dur* Op.
125 No. 2) das *Duo für Clavier und Flöte* (Op. 160) und die
Sonate für Clavier und Arpeggione[1]) ein Salve Regina
(Op. 149) die erste grosse Sonate (Op. 30) und die Variationen über ein Originalthema (Op. 35) beide für Clavier
zu vier Händen, und wiederum viele Tänze.

---

[1]) Ein, von Georg Stauffer 1824 erfundenes Instrument.

Das Octett schrieb Schubert angeblich auf Bestellung des Grafen *Ferdinand Troyess* Obersthofmeister des *Cardinal Erzherzogs Rudolf von Oestreich;* und der Graf betheiligte sich auch an der ersten Aufführung desselben in seinem Salon als Clarinettist. [1])

Das Flöten-Duo componierte er unzweifelhaft für den, der Familie *Fröhlich* verwandten Flötenvirtuosen *Ferdinand Bogner,* jener Zeit Honorarprofessor am Conservatorium in Wien.

Mit dem Liedercyklus: „*Die schöne Müllerin*" hatte Schubert einen ersten Höhepunkt seiner gesammten künstlerischen Thätigkeit gewonnen.

Kreissle erzählt die Entstehungsgeschichte dieses Werkes, nach den Mittheilungen des Herrn *Benedict Randhartinger* (gegenwärtig k. k. Hofkapellmeister) mit welchem Schubert freundschaftlich verkehrte. Darnach hatte sich *Schubert* bei einem Besuch bei Randhartinger dessen Exemplar der Lieder von W. Müller mitgenommen, und als Randhartinger sich am andern Tage sein Buch wiederholen wollte, konnte ihm Schubert bereits die ersten, während der Nacht componierten Lieder vorsingen. [2]) In dem Dichter Wilhelm Müller (geboren 1794 gest. 1827) fand Schubert wieder eine, ihm verwandte Natur. Auch die Lyrik Müllers ist naiv wie das Volkslied; sie ist ebenso sangbar und ungekünstelt ebenso wahr im Gefühl und poetisch in der Anschauung wie die des Altmeisters der Dichtung, Goethe, wenn sie auch nicht gleich tief und reich ist. Schubert fand sich daher gleich mächtig von ihr angeregt, wie von der Goethes und die Musik zu dem Liedercyklus „*Die schöne Müllerin*" wie der später von Schubert componierte andere Cyklus: Die Winterreise desselben Dichters zählen zu den genialsten Schöpfungen unseres Meisters und sind zugleich höchste Muster ihrer Gattung.

Ursprünglich zählt der Cyklus: „Die schöne Müllerin" den *Prolog* und *Epilog* mitgerechnet: 25 Lieder; Schubert hat nur 20 davon componiert: „*Das Mühlenleben*" „*Erster Schmerz*" und

---

[1]) Kreissle: Franz Schubert. pag. 324 ff.

[2]) Ebend. pag. 315.

„*Letzter Schmerz*" wie der *Prolog* und *Epilog* fehlen bei ihm.
Bekanntlich hat Beethoven mit seinem Lieder-Cyklus: „*An die
ferne Geliebte*" Op. 98. diese Gattung begründet; er stellte zwischen
den, nur innerlich verbundenen Gedichten, auch einen äusserlichen
Zusammenhang her, indem er aus dem einen Liede in das andere
hinüberleitet. Der Liedercyklus Müllers ist ein durchaus ge-
schlossenes Ganzes; gewissermaassen eine Novelle in Liedern, und
eine Verknüpfung der einzelnen, wie sie dort Beethoven ausführt,
wäre hier ganz gerechtfertigt gewesen. Allein eine solche lag
nicht in der Absicht des Componisten. Eine seiner hervortretendsten
Eigenthümlichkeiten ist die lyrische Beschaulichkeit, welche jede
einzelne Empfindung in ihrer vollständigen Isoliertheit erfasst und
deshalb lag es ihm auch fern einen epischen Zusammenhang herzustellen; er ist vielmehr nur darauf bedacht, die einzelne Stimmung vollständig zu erschöpfen; aber damit stellt er in der stetigen
Entwickelung der einzelnen Stimmungen nothwendig einen, wenn
auch nicht epischen, so doch logischen Zusammenhang her. Wir
leben das ganze Ereigniss in seinen einzelnen Situationen durch
und stimmen am Schluss tiefbewegt in „*des Baches Wiegenlied*"
mit ein.

Der Mannichfaltigkeit des Inhalts entsprechend, sind alle
Formen des gesungenen Liedes hier vom Meister verwendet. Das
erste Lied: „*Das Wandern*" ist ein einfaches Strophenlied. Die
Melodie ist so einfach volksthümlich gehalten, wie nur die besten
Volkslieder zur Zeit der Blüte des Volksgesangs und der einfachste
harmonische Apparat genügt, um die Stimmung auszutönen. Das
Motiv der Clavierbegleitung arpeggiert nur den Accord, aber in
eigenthümlicher Weise jenen gesättigten Grundton gewinnend,
welcher die Stimmung trefflich charakterisiert. Dabei hilft sie in
ihrer Einfachheit den Gesang ergänzen, indem sie durch die kurzen,
nachahmenden Zwischenspiele zu den ersten Verszeilen, der Stimmung
mehr Raum gewährt, sich fest zu setzen. Besonders charakteristisch
ist auch der, die Melodie der zweiten Hälfte des Liedes unter-
stützende Bassgang. Das zweite Lied „*Wohin*" ist durchcomponiert; aber durchaus nicht etwa als Scene gefasst, oder auch
nur scenisch erweitert. Es ist eben so strophisch gegliedert wie

die andere, und die einzelnen Strophen treten wieder so unter
einander in Beziehung, wie die einzelnen Verszeilen in der Strophe.
Dabei ist das Lied durchweg „gesungen“ und nicht, wie sonst
häufig im durchcomponierten Liede, nur declamiert. In Bezug
hierauf sind die Veränderungen, die bei diesem Liede allmälig in
den verschiedenen spätern Ausgaben sich eingebürgert hatten,
bemerkenswerth. [1]) Wir stellen sie hier nebeneinander um zu zeigen,
dass die vermeintlichen Verbesserungen im Sinne der Declamation
erfolgen; dass in der ersten Ausgabe an den betreffenden Stellen
nicht nur declamiert, sondern auch gesungen wird, während die
Verbesserung nur declamiert:

Bemerkenswerth ist noch die Verdoppelung der Melodie an
einzelnen Stellen durch den Bass in der tiefern Octave, ein Verfahren wodurch *Schubert* oft erschütternde Wirkung herbei führt.
Auch das folgende Lied: „*Halt!*“ ist durchcomponiert, und in derselben Weise, wie das vorhergehende. Der Meister ist auf Vollendung
der Form ebenso bedacht, wie auf den textgemässen Ausdruck,

____

[1]) Die Verlagshandlung — *C. A. Spina in Wien* — hat als äusserst
dankenswerthes Unternehmen 1865 eine neue, durch den Hofkapellmeister
Randhartinger nach der ersten, von Schubert selbst corrigierten Auflage
genau revidierte Ausgabe veranstaltet, die nur angelegentlich empfohlen
werden muss.

dass er sich häufig der, von einer unverständigen Theorie in neuer
Zeit hart verpönten Textwiederholungen bedient. Wie wahr und
das einzelne Wort berücksichtigend der Ausdruck auch ist, es
wird fortwährend gesungen und innerbalb der vollendetsten Form.
Noch mehr ist dies bei den folgenden Liedern der Fall. No. 4
„Danksagung an den Bach" und No. 5 *„Am Feierabend."* Beide
sind ganz vortrefflich declamiert, aber die Accente sind fein abgestuft und bis zur wirklichen Melodie gesanglich gesteigert. In
letzterem, wie in dem folgenden: No. 6. *„Der Neugierige"* werden
sogar einzelne Stellen freier behandelt, aber immer so, dass die
Form nicht carrikiert, sondern nur erweitert wird. Weil diese sonst
treu gewahrt ist, erkennt man auch Abweichungen sofort als solche.
Die spätern Ausgaben haben hier sogar eine ausgesprochen recitativische Behandlung vorgeschrieben. Neben anderen Abweichungen
ist namentlich folgende Stelle bemerkenswerth:

Auch der Schluss erfährt noch eine wesentliche Veränderung:

Die Veränderungen im nachfolgenden Liede: No. 6 „*Der Neugierige*" sind nur des Effects halber vom Sänger angebracht und
nehmen sich allerdings wunderlich genug aus:

In diesen Liedern erhöht die Clavierbegleitung nicht nur den wahren
Ausdruck der Stimmung, sondern sie hilft auch zugleich die Form
vollenden. Die Begleitungsmotive sind sogar unter einander verwandt. Das des ersten Liedes erscheint im zweiten tonreicher
und lebendiger in Sechszehntheil-Triolen dargestellt und ist so viel
mehr geeignet, an das lustig daher rauschende Bächlein zu erinnern;
auch im dritten ist es noch zu erkennen und im vierten hat es von
seinem Tonreichthum nur so viel behalten, um den ursprünglichen
Charakter nicht einzubüssen; jetzt ist es vielmehr, der Situation
entsprechend, nach innen gewandt. Im fünften erscheint es wieder
in erhöhtem Tonreichthum und auch im sechsten bleibt es nicht
ganz aus. Nun folgen wieder vier einfache Strophenlieder: No. 7

Ungeduld, No. 8 Morgengruss, No. 9 Des Müllers Blumen
und No. 10 Thränenregen und keins gab auch nur zu jener harmonischen Vertiefung Veranlassung, mit deren Hülfe Schubert auch
in der knappsten Form tief erschöpfenden Ausdruck gewinnt. Nur
der Schluss im letztgenannten Liede: „*Thränenregen*“ veranlasst ihn
zu einer weiten Modulation nach A-moll — C-dur und nach A-dur
zurück, und diese wenigen Tacte sind allerdings auch geeignet uns
die erschütternde Katastrophe voraus empfinden zu lassen. In der
ersten Ausgabe steht übrigens *Ungeduld* in A-dur und nicht wie
in der spätern in F-dur. Wahrhaft barbarisch sind die spätern
Ausgaben mit No. 11 „*Mein!*“ umgegangen; hier sind nur wenig
Tacte von der verballhornisierenden Hand verschont geblieben.
So steht in der ersten Ausgabe keiner der Vorschläge, mit welchen
die letztern immer die Gesangsphrase

begleiten. Ferner werden nicht nur einzelne Stellen der Melodie
mit mehr Figuren ausgestattet, sondern einzelne auch ver-
einfacht, wie:

Eine andere Stelle, die schon an sich etwas bedenklich realistisch ist, wird durch Einschiebung einer plumpen Gesangsphrase und durch Wortwiederholung zum rohesten Coulisseneffect:

auch die Lesart der ersten Ausgabe ist besser als die der spätern und wenn auch der Schluss der ersten Ausgabe nicht gerade fein ist, so ist er doch dem der spätern vorzuziehen.

Das Lied ist wieder derartig durchcomponiert, dass die erste und dritte Strophe gleichlautend, die zweite aber als Mittelsatz in B-dur — selbständig behandelt sind. Construction und die aufgebotenen harmonischen Mittel sind wiederum äusserst einfach und doch athmet das Lied ein seliges Entzücken, dem sich nicht leicht jemand wird verschliessen können. Mit dem folgenden Lied: Nr. 12 „*Pause*" beginnt die Stimmung eine wesentlich ernstere zu werden, und so gewinnen einzelne Lieder, wie gleich dies, den Romanzenton. Auch hier zeigen die spätern Ausgaben Ab-

weichungen von der ersten:  heisst es

in der ersten und 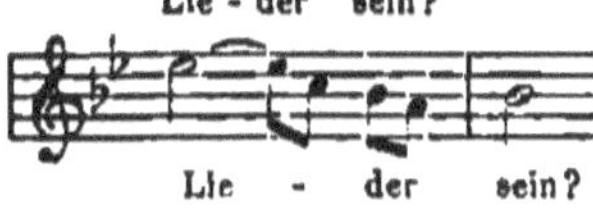 in den spätern Aus-

gaben, und der Schluss, der in der ersten Ausgabe einfach so lautet:

wird wieder in der spätern ausgeschmückt:

Auch fehlen in der ersten Ausgabe die Bezeichnungen „*a piacere*" und „*a Tempo*" der spätern bei der Schlussstrophe. Das nächste Lied: No. 13. „*Mit dem grünen Lautenbande*" ist wieder ein einfaches Strophenlied. Der ersten Ausgabe fehlen wieder alle die Vorschlagsnoten, welche die spätern haben, und die Melodie heisst am Anfange immer so:

und nicht wie in den spätern Ausgaben:

Das nächstfolgende Lied Nr. 14 *„Der Jäger"* ist wieder ein
Strophenlied, und trotz seiner grossen Einfachheit ausserordentlich
charakteristisch. Wieder geht die Harmonik nicht über den ein-
fachsten Kreis hinaus und doch entfaltet sie sich in grosser
Mannichfaltigkeit. Die Klavierbegleitung gewinnt hier schon ein
gewisses Uebergewicht über die stellenweise zornig und gereizt
declamierende Singstimme. No. 15 *„Eifersucht und Stolz"* zeigt
in den spätern Ausgaben die meisten Veränderungen. Der ersten
Ausgabe fehlt durchweg der zweite Tact des Instrumental-
Zwischenspiels das die Verszeilen: *„Wenn von dem Fang der
Jäger zieht nach Haus"* — und *„da steckt kein sittsam Kind den
Kopf zum Fenster 'naus"*, und der ganze Schluss des *G-mollsatzes*
ist vielfach anders in der Melodie und auch dem entsprechend in
der Begleitung gehalten, und auch in dem Dursatz, mit dem das
Lied schliesst, finden sich so wesentliche Aenderungen, dass es
hier fast schwer wird anzunehmen, fremde Hand habe gewagt, sie
vorzunehmen, um· so mehr als sie weniger wie die bisher besprochenen den schlechten Neigungen der Sänger zu genügen
suchen, sondern die ganze Construction des Liedes betreffen. Die
bedeutendsten Lieder des ganzen Cyklus sind die nun folgenden
und unter ihnen stehen wieder die beiden nächsten: No. 16 *„Die
liebe Farbe"* und No. 17 *„Die böse Farbe* am höchsten. Das erste
dieser beiden ruht ganz auf der Dominant, die, bald für Dur, bald
für Moll gilt und in diesem ganz natürlich herbeigeführten Wechsel
von H-dur und H-moll klingt die Stimmung ganz vortrefflich aus.
Auch im folgenden: *„Die böse Farbe"* wird dieser Wechsel von
Dur und Moll hoch charakteristisch. Dabei hat dies Lied eine
Menge wunderbar feiner Einzelzüge; wie ergreifend ist das:
„weinen so todtenbleich" und das entsprechende: *„zum Abschied
deine Hand"* gesungen; wie prächtig die Tonmalerei: *„Horch wenn
im Wald ein Jagdhorn schallt"*, nicht minder die stürmische Einleitung und der correspondierende Schluss. Das populärste von
diesen und vielleicht von sämmtlichen Liedern Schuberts, ist das
nächste: No. 18 *„Trockne Blumen"* geworden. Die erste Ausgabe
hat das Lied in E-moll, nicht in C-moll, wie die spätern. Diese
hat auch keine Triolenbewegung in der Melodie, also nicht

sondern:

und dort wird so deklamiert:

Nr. 19 „*Der Müller und der Bach*" ist wieder im Romanzenton gesungen und: Das letzte Lied No. 20: „*Des Baches Wiegenlied*" in der einfachsten Liedform. Auch von No. 19 enthalten die späteren Ausgaben einige unwesentlich von der ersten abweichende Lesarten, und das letzte Lied No. 20 steht in der ersten Ausgabe nicht, wie in der spätern in C-dur, sondern in E-dur.

Ausser diesen Liedern sind noch einige aus den Jahren 1822 und 1823 zu nennen, die nicht minder Bedeutung haben, wie jene. Der Musensohn (Op. 92 vom Jahre 1822) interessiert namentlich durch seine harmonische Construction, die erste Strophe steht im Hauptton[1]), die zweite in der Tonart der Obermediante; die dritte dann wieder im Hauptton und die vierte wieder in der Obermediante; die Schlussstrophe erst steht wieder im Hauptton. Weit bedeutender aber ist Schuberts Musik zu den Liedern von Rückert (Op. 59) die er 1823 componierte. Unter ihnen steht: „*Du bist die Ruh*" oben an. Es ist wieder ein streng gegliedertes Strophenlied; die Melodie der ersten drei Strophen hält sich auch

---

[1]) Dieser ist in der Originalhandschrift As-dur und nicht G-dur, wie in den verschiedenen Ausgaben.

wieder innerhalb des knappsten und einfachsten harmonischen Formengerüstes; erst die letzte Strophe wagt im engsten rhythmischen Rahmen die aussergewöhnliche Modulation von Es-dur über Ges-dur und Ces-dur nach der Unterdominante, und wendet sich von dort zurück nach der Tonika Es-dur.

Die, dadurch gewonnene Gewalt des Ausdrucks, wird auch durch die unmittelbar darauf erfolgende Wiederholung der Strophe nicht abgeschwächt. Die andern beiden *„Du liebst mich nicht"* und *„Dass sie hier gewesen"* sind beide noch mehr gesteigert im Ausdruck, durch eine weit grössere und wirkungsreichere Harmonik, aber diese ist umständlicher und nicht so auf bestimmte Zielpunkte gerichtet, wie in jenem, deshalb wird auch keine so knappe Form gewonnen und der Ausdruck ist mehr weitschweifig, nicht so präzis und pointiert wie in jenem vorherbesprochenen Liede. *„Auf dem Wasser zu singen"* Op. 71 strahlt wieder im vollsten Glanze seiner, gern sinnlich angeregten Fantasie und *„Der Zwerg"* (Op. 22), beide im Jahre 1823 componiert, ist wieder ein Tongemälde wie die *„Gruppe aus dem Tartarus"*. Das Gedicht gehört im Grunde zur Gattung der Ballade; der Componist fasst es wie eine Scene, deren wechselnde Situationen er mit der, ihm eignen Schärfe und Eindringlichkeit zeichnet. Die durchweg gleichmässig festgehaltene Klavierbegleitung ist von tiefschauerlicher Wirkung, die eigenthümlichsten, und mit dem feinsten Verständniss erwogenen harmonischen Klangverbindungen modificieren diesen Grundton nach Anleitung des Gedichts. Bei der Katastrophe wird dann der Ausdruck durch die bereits mehrfach erwähnte Verdoppelung des Gesanges in der tiefern Octave im Bass wie zu den Worten: *„Da tritt der Zwerg zur Königin"* u. s. w. bis zu tragischer Gewalt gesteigert, und auch der Schluss mit seinen seltsamen Harmonien, wird dadurch noch mehr erschütternd wirkend. So hatte der Meister mit Abschluss dieses Zeitraumes die vollständigste Herrschaft gewonnen über alle Formen des gesungenen Liedes; er hatte jene mehr scenische Weise, die er in seiner frühesten Jugend schon übte zur wirklichen Kunstform erhoben, und hatte zugleich das einfache Strophenlied, wie das durchcomponierte Lied zur höchsten Vollenduug geführt. Daneben aber auch war es ihm gelungen den

rechten Weg zu dem, der neuen Richtung entsprechenden Instrumentalstyl zu finden, und mit einigen bedeutenden Werken genau
zu bezeichnen. Hierzu gehören namentlich die drei *Streichquartette
in A-moll* Op. 29 und die beiden in Op. 125 veröffentlichten: in
Es-dur und in E-dur, und unter ihnen steht wiederum das
A-moll-Quartett am höchsten. In dem Es-dur-Quartett macht sich
noch vielfach der Einfluss der ältern Meister geltend, ebenso wie
in den andern Instrumentalwerken aus dem Jahre 1824 dem
Octett, der Sonate *für Clavier und Arpeggione*, der Sonate
für Clavier zu vier Händen Op. 30 oder dem Duo in *C-dur für
Clavier zu vier Händen* Op. 140. In der Regel dient nur der
letzte Satz mit seinen Anklängen an die ungarischen Nationalweisen
und das glänzendere Klangcolorit den neuen Idealen. Die Erfindung wie die Verarbeitung der Motive erfolgt im Uebrigen viel
mehr als bei einigen der früher erwähnten Klaviersonaten oder
dem *Forellen-Quintett* unter der Herrschaft der klassischen Ideale.
Motive wie die des ersten Satzes:

oder:

haben so wenig bestimmte Physiognomie, dass sie jedem Meister
des Instrumentalstyls Haydn, Mozart oder Beethoven ange-
hören könnten. Nur in der grössern Weitschweifigkeit mit der

sie verarbeitet werden, zeigt sich der Lyriker, der gern in der
einen Grundstimmung verharrt. Daher gelangt er auch zu keinem
Gegensatz, denn dies Motiv:

wie dies des zweiten Theils:

sind im Charakter des ersten Theils erfunden. Dieser ganze
Allegrosatz gehört wieder in die Reihe jener Werke der ersten
Periode, in denen Schubert die ältere Form ziemlich mechanisch nach-
ahmte, ohne sie zugleich mit neuem Gehalt zu erfüllen und demgemäss umzugestalten und dieser Satz scheidet sich von jenen nur
durch die grössere Gewandheit, mit welcher er die rein technischen
Gesetze beobachtet, und insofern gewinnt auch er Bedeutung
durch seine Formvollendung.

Im *Scherzo* ist nur das *Trio* originell, mit der echten
Dudelsack-Melodie und die ganze Behandlung wie der Orgelpunkt
im Cello auf g—c deuten darauf hin, dass die Idee dazu in Schubert durch eine slavische Volksmelodie geweckt wurde. Im *Adagio*
zeigt wieder nur die Sorgfalt, welche der Klangschönheit zugewendet ist, und mit der einzelne, sinnlich reizende Klangeffecte
erzeugt werden, dass der Satz von Schubert componiert ist.
Durchaus von der Lust an der sinnlichen Klangwirkung erzeugt,
ist dagegen der Schlusssatz, er ist demnach durchweg originell,
und gehört durchaus der neuen Richtung an. Wie bei der
früher erwähnten H-dur-Sonate wird auch hier die Erfindung
wie die Verarbeitung durchaus von dieser Freude am Klangwesen
beherrscht, und da der Satz zugleich ganz bestimmt formell abgerundet und symmetrisch gegliedert ist, so ist er durchaus künstlerisch bedeutungsvoll. Jeder Tact des Satzes verräth, dass er

von einem Meister herrührt, welcher sich auch für die Weise Rossini's interessiert, dabei aber auch die höchsten künstlerischen Ziele verfolgt.

Insofern als das E-dur-Quartett durchweg von dieser Anschauung beeinflusst wird, muss es als ein Fortschritt gegen das Es-dur-Quartett bezeichnet werden. Hier ist alles, vom ersten bis zum letzten Tact von der hellsten, lichtesten Freude am Klange und den Klangeffecten dictiert; das erste:

wie das zweite Thema des ersten Allegrosatzes:

haben keinen tiefern Inhalt, sie sollen eben nur klingen und in keinem andern Sinne erfolgt ihre Verarbeitung; diese ist äusserst knapp und schlagfertig gehalten; sie geht mit viel grösserer Energie und Bestimmtheit, wie bei dem vorerwähnten Quartett auf ihre Ziele los. Der Satz ist daher einer der wirksamsten und interessantesten, wenn auch keiner der tiefsten und inhaltsreichsten dieser ganzen Richtung. Nur das *Andante* tritt etwas aus diesem Charakter heraus, ohne tiefer und ausdrucksvoller zu werden, verliert es viel von dem Glanze der übrigen Sätze und wird namentlich Anfangs etwas matt und farblos. Erst in der zweiten Hälfte des ersten Theils nimmt es an klanglichem Reiz zu, der dann auch durch den zweiten Theil und bis ans Ende gesteigert wird.

Erst die Menuett treibt wieder ganz und voll aus der ursprünglichen Anschauung heraus, und sie übertrifft noch den ersten Satz an sinnlichem Reiz, weil hier zugleich die unterscheidende Klangwirkung der Streichinstrumente feinste Berücksichtigung findet, und zu besonderen Effecten verwendet ist, wie gleich am Anfange:

oder im Trio, das zu den reizendsten Erfindungen des Meisters gehört:

Der letzte Satz ist ein *Rondeau*, das nur, so weit es in der
Form bedingt ist, an unsere Meister erinnert, sonst durchaus denselben Charakter gewinnt, wie der erste und dritte Satz. Der Componist scheut selbst nicht jene nur rhythmische Auflockerung des
Accordes, die dem Quartettstyl widerstrebt, weil sie die Selbständigkeit der Stimmen vollständig aufhebt, wenn er damit eine
erhöhte Wirkung des Klanges erzielen kann, und insofern ist in
diesem Satze das neue Prinzip bis an die äusserste Gränze, fast
schon bis zur Schädigung künstlerischer Gesetze gelangt.

Erst im *A-moll-Quartett* (Op. 29) ist die Gewalt der sinnlichen
Klangwirkung wiederum nicht abgeschwächt, sondern so weit ge-
bändigt, dass sie zugleich wieder der treue und unmittelbare Ausdruck eines bedeutenden Gefühlsinhalts wird. Dies Quartett steht
demnach wieder zu den vorhergehenden, wie die *A-moll-Sonate*
zu den andern dort gleichfalls besprochenen Sonaten. Dass
dieses Werk wieder direct an das Lied anknüpft, das beweist schon
der Anfang:

Allegro ma non troppo.
Violino 1.
Violino 2.
Viola.
Violoncello.
pp
pp
pp
pp

Die drei Unterstimmen führen die Begleitung und sie beginnen mit dieser, präludierend. Die breite Melodie der ersten
Violine weitet sich über den ganzen Vordersatz des ersten Theils
aus, und wendet sich sogar nach Dur (A-dur); ein motivisch
entwickelter Ueberleitungssatz führt in den Nebensatz, dessen
Hauptmotiv (in C-dur) sich wiederum weniger gegensätzlich zum
ersten verhält, als vielmehr mit diesem verwandt erscheint; diesmal
übernimmt die Viola die Begleitung, während die beiden Geigen
das Thema einführen und zwar wieder über einem Orgelpunkt, den
das Violoncello festhält, wie bei der Einführung des ersten; aus
der thematischen Verarbeitung dieses zweiten Themas wird der
Nebensatz gewonnen. Die weitere Construction des ganzen Allegro
ist die übliche. Der sogenannte Durchführungssatz ist besonders
harmonisch hochbedeutsam; er ist aus dem Hauptmotiv entwickelt
und führt zur Wiederholung des ersten Satzes mit den durch die
Form gebotenen Modificationen. Eine kurze *Coda*, welche die
ganze Arbeit recapitulierend zusammenfasst, beschliesst den Satz,
der als eins der bedeutendsten Produkte der neuen, vom romantischen Geiste geleiteten Richtung bezeichnet werden muss. Sein
Grundzug ist schwärmerische Innigkeit, die sich in stiller Seligkeit
wol gefällt und nur in einzelnen Augenblicken mit lebhafteren
Aeusserungen derselben sich hervorwagt.

In hellster Verklärung erscheint diese Stimmung dann im
Andante; der Componist bedarf um sie darzulegen zwei Liedsätze; der erste in C-dur ist ein vollständig fertiges Lied:

Andante.
pp
pp
pp

der zweite, in G-dur, nur Liedfragment:

beide sind durch einen längern Zwischensatz verbunden, alsdann
wird wieder nach dem ersten Liedsatz übergeleitet, der figuriert
und auch motivisch weiter geführt wird; nachdem auch das zweite
Motiv nochmals kurz berührt worden ist, schliesst der Satz ab.

Vielleicht darf man diese beiden Sätze als nach *Zelész
adressiert*, ansehen. Dass der dritte, die Menuette unzweifelhaft

dorthin gehört, wurde schon früher ausgesprochen. Dieser Satz hat ein so eigenthümlich nationales Gepräge, dass wir ihn für den Erzeuger der *Chopin*'schen Mazurka halten möchten:

dass auch der letzte Satz nach „*Zelesz*" weist, ist gleichfalls erwähnt worden. Das erste Motiv:

mehr aber noch das zweite:

sind, wenn nicht ungarische Volksweisen, doch aus dem Geiste derselben heraus erfunden.

Keins der, noch als in diesem Zeitraum entstanden genannten Instrumentalwerke kommt diesem gleich; es gehört zu den trefflichsten Werken des Meisters überhaupt, und zu denen, die als Marksteine einer neuen Zeitrichtung in der Entwickelung der Instrumentalmusik auch dem wechselnden Zeitgeschmack gegenüber immer noch Geltung und Bedeutung behalten, weil es nicht nur nach dem treffendsten Ausdruck des neuen Inhalts, sondern zugleich nach seiner formellen Gestaltung ringt, und diese ebenso vollkommen gewinnt wie jene.

Siebentes Kapitel.

Auf der Höhe der künstlerischen Thätigkeit.
(1825—28.)

Mit den „*Müllerliedern*" und mit dem „*A-moll-Quartett*" hatte die künstlerische Entwickelung Schuberts jenen Höhepunkt erreicht, auf welchem er noch eine Reihe von Werken schuf, die an sich nicht bedeutender sind, aber noch weit entschiedener und überzeugender den neuen Gehalt in plastisch heraustretende Formen giessen. Sein Instrumentalstyl ist jetzt ebenso festgestellt, wie sein Vocalstyl; alles was er jetzt noch schafft ist nur von seiner Innerlichkeit bestimmt, lehnt sich an keinen Meister, und an kein Kunstwerk mehr an.

In seinen äussern Verhältnissen trat leider auch jetzt keine Wendung zum Bessern ein. Nach wie vor blieb es seinen Freunden vorbehalten, ihm des Lebens Last und Sorge zu erleichtern. Im Frühjahr wusste ihn wieder *Vogl* zu einem, ihm sehr wohlthätigen Ausfluge nach dem Salzkammergut zu bewegen. *Vogl* war bereits am 31. März 1825 von Wien abgereist, und nahm in Steyr wieder bei Paumgartner Wohnung; nach Schuberts eigner Angabe[1] kam er am 20. Mai in Oberöstreich an, blieb aber nur vier Tage in Steyr und gieng dann mit *Vogl* nach Gmunden, wo beide sechs Wochen verweilten. Die ganze Reise schildert Schubert in zwei Briefen, die beide bereits früher von *R. Schumann* mitgetheilt wurden, und die wir hier folgen lassen, weil sie ein klares

---

[1] In dem Briefe vom 21. Juli 1825 von Linz an Spaun.

12*

Bild von der Reise, wie von den Eindrücken, welche sie bei Schubert zurückliess, geben. Der erste ist an die Eltern gerichtet und aus Steyr vom 25. Juli datiert.:

Theuerste Eltern!

Mit Recht verdiene ich den Vorwurf, den Sie mir über mein langes Stillschweigen machten, allein da ich nicht gerne leere Worte schreibe und unsere gegenwärtige Zeit wenig Interessantes darbietet, so werden Sie mir's verzeihen, dass ich erst auf Ihr liebevolles Schreiben etwas von mir vernehmen lasse. Sehr freute mich das allerseitige Wohlbefinden, zu dem ich, der Allmächtige sei gepriesen, auch das meinige hinzufügen kann. Ich bin jetzt wieder in Steyr, war aber sechs Wochen in Gmunden, dessen Umgebungen wahrhaft himmlisch sind, und mich, sowie ihre Einwohner besonders der gute Traweger,[1] innigst rührten und mir sehr wohlthaten. Ich war bei Traweger wie zu Hause, höchst ungeniert. Bei nachheriger Anwesenheit des Herrn Hofrath Schiller[2], der der Monarch des ganzen Salzkammerguts ist, speisten wir (Vogl und ich) täglich in seinem Hause und musicierten sowohl da, als auch in Traweger's Hause sehr viel. Besonders machten meine neuen Lieder aus Walter Scott's „Fräulein am See" sehr viel Glück. Auch wunderte man sich sehr über meine Frömmigkeit, die ich in einer Hymne an die heilige Jungfrau ausgedrückt habe, und die, wie es scheint, alle Gemüther ergreift und zur Andacht stimmt. Ich glaube das kommt daher, weil ich mich zur Andacht nie forcire und ausser wenn ich von ihr unwillkürlich übermannt werde, nie dergleichen Hymnen oder Gebete componiere, dann aber ist sie auch gewöhnlich die rechte und wahre Andacht. Von Gmunden gingen wir über Puschberg, wo wir einige Bekannte antrafen und uns einige Tage aufhielten, nach Linz, wo wir acht Tage verweilten, die wir wechselweise in Linz selbst und zu Steyreck zubrachten. Zu Linz quartierte ich mich im Spaunschen Hause ein, wo man Spaun's (den Sie kennen) Versetzung

---

[1] Ein Kaufmann in Gmunden.

[2] Oberamtmann des Salzkammerguts.

nach Lemberg noch sehr bedauert. Ich las einige Briefe von ihm, die er von Lemberg geschrieben hatte, die sehr betrübt lauten, und wirkliches Heimweh verrathen. Ich schrieb ihm nach Lemberg, machte ihn über sein weibisches Benehmen sehr aus, wäre aber an seiner Stelle vermuthlich noch jammervoller als er. In Steyreck kehrten wir bei ber Gräfin Weissenwolf ein, die eine grosse Verehrerin meiner Wenigkeit ist, alle meine Sachen besitzt und auch manches recht hübsch singt. Die Walter Scott'schen Lieder machten einen so überaus günstigen Eindruck auf sie, dass sie sogar merken liess, als wäre ihr die Dedication derselben nichts weniger als unangenehm. Mit der Herausgabe dieser Lieder gedenke ich aber doch eine andere Manipulation zu machen, als die gewöhnliche, bei der gar so wenig herausschaut, indem sie den gefeierten Namen des Scott an der Stirn tragen und auf diese Art mehr Neugierde erregen könnten und mich bei Hinzufügung des englischen Textes auch in England berühmter machen würden.[1]) Wenn nur mit den — von Kunsthändlern etwas Honnettes zu machen wäre, aber dafür hat schon die weise und wohlthätige Einrichtung des Staates gesorgt, dass der Künstler ewig der Sclave jedes elenden Krämers bleibt.

Was den Brief der Milder betrifft[2]) so freut mich die günstige Aufnahme der *„Suleika“* sehr, obwohl ich wünschte, dass ich die Recension selbst zu Gesicht bekommen hätte, um zu sehen, ob nicht etwas daraus zu lernen sei; denn so günstig als auch das Urtheil sein mag, ebenso lächerlich kann es zugleich werden, wenn es dem Recensenten am gehörigen Verstand fehlt, welches nicht selten der Fall ist.

In Oberösterreich finde ich allenthalben meine Compositionen,

---

[1]) Schubert widmete die Gesänge dennoch der Gräfin.

[2]) Die Sängerin hatte in einer Abendunterhaltung am 9. Juni in Berlin Schuberts *„Suleika“* und *„Erlkönig“* gesungen und übersandte dem Componisten die Zeitung, welche von dem glücklichen Erfolge berichtete. Das Begleitschreiben war während der Abwesenheit Schuberts in Wien eingetroffen und dem Vater übergeben worden, der es dem Sohn mit einem Briefe nachsandte, den dieser mit dem oben mitgetheilten beantwortete.

besonders in den Klöstern Florian und Kremsmünster, wo ich
mit Beihülfe eines braven Klavierspielers meine vierhändigen
Variationen und Märsche mit günstigem Erfolge producierte.
Besonders gefielen die Variationen aus meiner neuen Sonate zu
zwei Händen, die ich allein und nicht ohne Glück vortrug, indem
mich einige versicherten, dass die Tasten unter meinen Händen
zu singenden Stimmen würden, welches, wenn es wahr ist, mich
sehr freut, weil ich das vermaledeite Hacken, welches auch ausgezeichneten Klavierspielern eigen ist, nicht ausstehen kann,
indem es weder das Ohr, noch das Gemüth ergötzt. Ich befinde
mich gegenwärtig wieder in Steyr und wenn Sie mich bald mit
einem Schreiben beglücken wollen, so wird es mich noch hier
treffen, indem wir nur 10 bis 14 Tage verweilen, und dann die
Reise nach Gastein antreten, einer der berühmten Badeörter
ungefähr 5 Tage von Steyr entfernt. Auf diese Reise freue ich
mich ausserordentlich, indem ich dadurch die schönsten Gegenden kennen lerne und wir auf der Rückreise das, wegen seiner
herrlichen Lage und Umgebungen berühmte Salzburg besuchen
werden. Da wir von dieser Reise erst halben September zurückkommen werden und dann noch einmal nach Gmunden, Linz,
Steyreck und Florian zu gehen versprochen haben, so dürfte
ich wohl schwerlich vor Ende October in Wien eintreffen.
Uebrigens bitte ich, doch mein Quartier neben der Karlskirche
zu miethen und gefälligst die 28 fl. W. W. indessen zu erlegen,
die ich bei meiner Wiederkunft mit Dank zurückerstatten werde,
weil ich es einmal versprochen habe und es doch möglich wäre,
dass ich früher eintreffe, als ich glaube. Das Wetter war hier
den ganzen Juni und halben Juli sehr unstät, dann 14 Tage
sehr heiss, dass ich ordentlich mager wurde vor lauter Schwitzen,
und jetzt regnet es 4 Tage beinahe in einem fort. Den Ferdinand und seine Frau sammt Kindern lasse ich schönstens
grüssen. Er kriecht vermuthlich noch immer zum Kreuz[1]) und
kann Dornbach nicht los werden; auch wird er gewiss schon
. wieder 77 Mal krank gewesen sein und 9 Mal sterben zu

---

[1]) Ein Gasthaus in Wien.

müssen geglaubt haben, als wenn das Sterben das Schlimmste
wäre, was uns Menschen begegnen könnte. Könnte er nur einmal diese göttlichen Berge und Seen schauen, deren Anblick
uns zu erdrücken oder zu verschlingen droht, er würde das
winzige Menschenleben nicht so sehr lieben, als dass er es nicht
für ein grosses Glück halten sollte, der unbegreiflichen Kraft
der Erde zu neuem Leben wieder anvertraut zu werden. Was
macht Carl?[1]) Wird er reisen oder nicht? Er hat wohl jetzt
viel zu thun, denn ein verheiratheter Künstler ist verpflichtet,
sowohl Kunst- als Naturstücke zu liefern, und wenn beide gerathen, so ist er doppelt zu loben, denn das ist keine Kleinig-
keit. Ich leiste Verzicht darauf. Ignaz wird vermuthlich eben
bei Hollpein sein; denn da er nur Morgens, Nachmittags und
Abends dort ist, so wird er schwerlich zu Hause sein. Ich kann
nicht aufhören seine Ausdauer zu bewundern, nur weiss man
nicht recht, ob er sich dadurch mehr den Himmel oder die
Hölle verdient. Er möchte mich doch darüber aufklären. Der
Schneider[2]) und seine Schneiderin sollen auf die zu kommenden
Schneider oder Schneiderin schön Acht haben, auf dass die
Schneider zahllos werden, wie der Sand am Meere, nur sollen
sie darauf sehen, dass keine Aufschneider oder Zuschneider,
keine Ehr- oder Gurgelabschneider überhand nehmen. Und nun
muss ich das Geschwätz endlich enden, da ich glaubte, mein
langes Schweigen, durch ein dito Schreiben ersetzen zu müssen.
Marie und Pepi und den kleinen Probstl Andre küss ich tausend-
mal. Uebrigens bitte ich Alles was nur grüssbar ist, schönstens
zu grüssen. In Erwartung einer baldigen Antwort verharre ich
mit aller Liebe   Ihr
                                      treuester Sohn
                                            Franz.

Der zweite, oben erwähnte, gleichfalls von Robert Schumann
zuerst veröffentlichte Brief ist an seinen Bruder Ferdinand gerichtet und bespricht die Reise und den Aufenthalt in Oberöstreich

---

[1]) Ein anderer Bruder Schuberts, der Landschaftsmaler.
[2]) Schuberts Schwager.

noch ausführlicher; er ist aus Gmunden datiert und am 12. Septbr.
begonnen:

Lieber Bruder!

Deiner Aufforderung gemäss möchte ich Dir freilich eine aus-
führliche Beschreibung unserer Reise nach Salzburg und Gastein
machen, allein Du weisst wie wenig ich zum Erzählen und Beschreiben geeignet bin; da ich indessen bei meiner Zurückkunft
nach Wien auf jeden Fall erzählen müsste, so will ich es doch
lieber jetzt schriftlich, als dann mündlich wagen, ein schwaches
Bild all' dieser ausserordentlichen Schönheiten zu entwerfen,
indem ich jenes doch besser, als dieses zu treffen hoffe.

Wir reiseten nämlich ungefähr halben August von Steyr ab,
fuhren über Kremsmünster, welches ich zwar schon öfter ge-
sehen habe, aber wegen seiner schönen Lage nicht übergehen
kann. Man übersicht nämlich ein sehr liebliches Thal, von
einigen kleinen sanften Hügeln unterbrochen, auf dessen rechter
Seite sich ein nicht unbedeutender Berg erhebt, durch dessen Gipfel
das weitläufige Stift schon von der Fahrstrasse, die über einen
entgegengesetzten Bach herabführt, den prächtigsten Anblick
gewährt, der besonders durch den mathematischen Thurm sehr
erhöht wird. Hier, wo wir schon länger bekannt sind, besonders
Herr von Vogl, der hier studiert hat, wurden wir sehr freundlich
empfangen, hielten uns aber nicht auf, sondern setzten unsere
Reise, ohne dass sie eine besondere Erwähnung verdiente, bis
nach Vöklabruck fort, wo wir Abends anlangten; ein trauriges
Nest. Den andern Morgen kamen wir über Strasswalchen und
Frankenmarkt nach Neumarkt, wo wir Mittag machten. Diese
Oerter, welche schon im Salzburgischen liegen, zeichnen sich
durch eine besondere Bauart der Häuser aus. Alles ist beinahe
von Holz. Das hölzerne Küchengeschirre steht auf hölzernen
Stellen, die aussen an den Häusern angebracht sind, um welche
hölzerne Gänge herumlaufen. Auch hängen allenthalben zer-
schossene Scheiben an den Häusern, die als Siegestrophäen auf-
bewahrt werden aus längst vergangenen Zeiten, denn man findet
die Jahreszahl 1600 und 1500 häufig. Auch fängt hier schon
das bairische Geld an. Von Neumarkt, welches die letzte Post

von Salzburg ist, sieht man schon Bergesspitzen aus dem Salzburger Thal herausschauen, die aber mit Schnee bedeckt waren. Ungefähr eine Stunde von Neumarkt wird die Gegend wunderschön. Der Waller-See, welcher rechts von der Strasse sein helles blaugrünes Wasser ausbreitet, belebt diese anmuthige Gegend auf das herrlichste. Die Lage ist sehr hoch und von nun an geht es immer abwärts bis nach Salzburg. Die Berge steigen immer in die Höhe, besonders ragt der fabelhafte Untersberg wie zauberhaft aus den übrigen hervor. Die Dörfer zeigen Spuren von ehemaligem Reichthum. An den gemeinsten Bauernhäusern findet man überall marmorne Fenster- und Thürstücke, auch sogar manchmal Stiegen von rothem Marmor. Die Sonne verdunkelt sich und die schweren Wolken ziehen über die schwarzen Berge wie Nebelgeister dahin; doch berühren sie den Scheitel des Untersbergs nicht, sie schleichen an ihm vorüber, als fürchteten sie seinen grauenvollen Inhalt. Das weite Thal, welches mit einzelnen Schlössern, Kirchen und Bauernhöfen wie angesäet ist, wird dem entzückten Auge immer sichtbarer. Thürme und Paläste zeigen sich nach und nach; man fährt endlich an dem Kapuzinerberg vorbei, dessen ungeheure Felswand hart an der Strasse senkrecht in die Höhe ragt und fürchterlich auf den Wanderer herabblickt. Der Untersberg mit seinem Gefolge wird riesenhaft, ihre Grösse will uns fast erdrücken. Und nun geht es durch einige herrliche Alleen in die Stadt selbst hinein. Festungswerke aus lauter Quadersteinen umgeben diesen so berühmten Sitz der ehemaligen Churfürsten. Die Thore der Stadt verkünden mit ihren Inschriften die verschwundene Macht des Pfaffenthums. Lauter Häuser von 4 bis 5 Stockwerken erfüllen die ziemlich breiten Gassen und an dem wunderlich verzierten Hause des Theophrastus Paracelsus vorbei geht es über die Brücke der Salzach, die trüb und dunkel mächtig vorüberbraust. Die Stadt selbst machte einen etwas düsteren Eindruck auf mich, indem trübes Wetter die alten Gebäude noch mehr verfinsterte, und überdies die Festung, die auf dem höchsten Gipfel des Mönchberges liegt, in allen Gassen der Stadt ihren Geistergruss herabwinkt. Da leider gleich nach

unserer Ankunft Regen eintrat, welches hier sehr oft der Fall
ist, so konnten wir, ausser den vielen Palästen und herrlichen
Kirchen, deren wir im Vorbeifahren ansichtig wurden, wenig zu
sehen bekommen. Durch Herrn Pauernfeind, ein dem Herrn
v. Vogl bekannter Kaufmann, wurden wir bei dem Grafen von
Platz, Präsident der Landrechte, eingeführt, von dessen Familie,
indem ihnen unsere Namen schon bekannt waren, wir freund-
lichst aufgenommen wurden. Vogl sang einige Lieder von mir,
worauf wir für den folgenden Abend geladen und gebeten
wurden, unsere sieben Sachen vor einem auserwählten Kreise
zu producieren, die denn auch unter besonderer Begünstigung
des schon in meinem ersten Briefe erwähnten Ave Maria's, allen
sehr zu Gemüthe gingen. Die Art und Weise, wie Vogl singt
und ich accompagniere, wie wir in einem solchen Augenblick
Eins zu sein scheinen, ist diesen Leuten etwas ganz Neues, Un-
erhörtes. Nachdem wir den andern Morgen den Mönchberg bestiegen, von welchem man einen grossen Theil der Stadt übersicht, musste ich erstaunen über die Menge herrlicher Gebäude,
Paläste und Kirchen. Doch giebt es wenig Einwohner hier,
viele Gebäude stehen leer, manche sind nur von einer höchstens
zwei bis drei Familien bewohnt. Auf den Plätzen, deren es
viele und schöne giebt, wächst zwischen den Pflastersteinen
Gras, so wenig werden sie betreten. Die Domkirche ist ein
himmlisches Gebäude nach dem Muster der Peterskirche in Rom,
versteht sich im verkleinerten Massstabe. Die Länge der Kirche
hat die Form eines Kreuzes, ist von vier ungeheuren Höfen umgeben, von denen jeder einzelne einen grossen Platz bildet. Vor
dem Eingange stehen die Apostel in riesenhafter Grösse aus
Stein gehauen. Das Innere der Kirche wird von vielen marmor-
nen Säulen getragen, ist mit den Bildnissen von Churfürsten
geschmückt, und in allen seinen Theilen wirklich vollendet
schön. Das Licht, welches durch die Kuppel hereinfällt, er-
leuchtet jeden Winkel. Diese ausserordentliche Helle macht
eine göttliche Wirkung und wäre allen Kirchen anzuempfehlen.
Auf den vier Plätzen, welche die Kirche umgeben, befinden sich
grosse Springbrunnen, die mit den herrlichsten und kühnsten

Figuren geschmückt sind. Von hier gingen wir in das Kloster zu St. Peter, wo Michael Haydn residirt hat. Auch diese Kirche ist wunderschön. Hier befindet sich, wie Du weisst, das Monument des M. Haydn. Es ist recht hübsch, aber steht auf keinem guten Platz, sondern in einem abgelegenen Winkel. Auch lassen diese herumliegenden Zettelchen etwas kindisch; in der Urne befindet sich sein Haupt. Es wehe auf mich, dachte ich mir, dein ruhiger klarer Geist, du guter Haydn, und wenn ich auch nicht so ruhig und klar sein kann, so verehrt dich doch gewiss Niemand auf Erden so innig als ich. (Eine schwere Thräne entfiel meinen Augen, und wir gingen weiter.) Mittags speisten wir bei Herrn Pauernfeind, und als uns Nachmittags das Wetter erlaubte auszugehen, bestiegen wir den zwar nicht hohen, aber die allerschönste Aussicht gewährenden Nonnenberg. Man übersieht nämlich das hintere Salzburger Thal. Dir die Lieblichkeit dieses Thales zu beschreiben, ist beinahe unmöglich. Denke Dir einen Garten, der mehrere Meilen im Umfange hat, in diesem unzählige Schlösser und Güter, die aus den Bäumen heraus- oder durchschauen, denke Dir einen Fluss, der sich auf die mannigfaltigste Weise durchschlängelt, denke Dir Wiesen und Aecker, wie eben so viele Teppiche von den schönsten Farben, dann die herrlichen Matten, die sich wie Bänder um sie herumschlingen, und endlich stundenlange Alleen von ungeheuren Bäumen, dieses Alles von einer unabsehbaren Reihe von den höchsten Bergen umschlossen, als wären sie die Wächter dieses himmlischen Thals, denke Dir dieses, so hast Du einen schwachen Begriff von seiner unaussprechlichen Schönheit. Das übrige von Salzburgs Merkwürdigkeiten, welche ich erst auf der Rückreise zu sehen bekomme, lasse ich auch bis dahin, indem ich meine Beschreibung chronologisch verfolgen will.

Den 21. September. Steyr.

Du siehst aus dem angemerkten Datum, dass zwischen dieser und jener Zeile mehre Tage verflossen sind, und wir von Gmunden leider auf Steyr umsiedelten. Um also meine Reisebeschreibung (die mich schon reuet, weil sie mir zu lange dauert) fortzusetzen, folgt wie folget Folgendes: Der folgende Morgen war nämlich

der schönste Tag von der Welt und in der Welt. Der Untersberg, oder eigentlich der Oberste glänzte und blitzte mit seinem
Geschwader und dem gemeinen Gesindel der übrigen Berge
herrlich in, oder eigentlich neben der Sonne. Wir fuhren
durch das oben beschriebene Thal, wie durch's Elisium, welches
aber vor jenem Paradies noch das voraus hat, dass wir in einer
scharmanten Kutsche sassen, welche Bequemlichkeit Adam und
Eva nicht hatten. Statt den wilden Thieren begegneten uns
mancherlei allerliebste Mädchen, — — —. Es ist gar nicht
recht, dass ich in einer so schönen Gegend so miserable Spässe
mache, aber ich kann heut einmal nicht ernsthaft sein. So
steuerten wir denn, in Wonne versunken über den schönen Tag
und über die noch schönere Gegend gemächlich fort, wo uns
nichts auffiel, als ein niedliches Gebäude, welches Monat-Schlöss-
chen heisst, weil es ein Churfürst in einem Monat für seine
Schöne aufbauen liess. Das weiss hier jeder Mensch, doch
stösst sich Niemand daran. Eine Toleranz zum Entzücken.
Auch dieses Gebäudchen sucht durch seine Reize das Thal zu
verherrlichen. Nach einigen Stunden gelangten wir in die zwar
merkwürdige, aber äusserst schmutzige und grausliche Stadt
Hallein. Die Einwohner sehen alle wie Gespenster aus, blass,
hohläugig und mager zum Anzünden. Dieser schreckliche Contrast, den dieser Anblick des Ratzenstadtl's etc. auf jenes Thal
erzeugt, machte einen höchst fatalen Eindruck auf mich. Es ist,
als wenn man von dem Himmel auf einen Misthaufen fiele, oder
nach einer Mozartschen Musik ein Stück von dem unsterblichen
A. hörte. Den Salzberg sammt den Salzwerken anzusehen, war
Vogl nicht zu bewegen, dessen grosse Seele, angetrieben durch
die Gicht, nach Gastein strebte, wie in finsterer Nacht der Wanderer nach einem lichten Punkt. Wir fuhren also weiter über
Golling, wo sich schon die ersten hohen, unübersteiglichen Berge
zeigten, durch deren fürchterliche Schluchten der Pass Lueg
führt. Nachdem wir dann über einen grossen Berg langsam
hinaufkrallten, vor unserer Nase, sowie zu beiden Seiten
schreckliche Berge, so dass man glauben könnte, die Welt sei
hier mit Brettern vernagelt, sieht man plötzlich, indem der

höchste Punkt des Berges erreicht ist, in eine entsetzliche Schlucht hinab, und es droht einen im ersten Augenblicke einigermassen das Herz zu erschüttern. Nachdem man sich etwas von dem ersten Schreck erholt hat, sieht man diese rasend hohen Felswände, die sich in einiger Entfernung zu schliessen scheinen, wie eine Sackgasse, und man studiert umsonst, wo hier der Ausgang sei. In dieser schreckhaften Natur hat auch der Mensch seine noch schreckenvollere Bestialität zu verewigen gesucht. Denn hier war es, wo auf der einen Seite die Baiern und die Tiroler auf der andern Seite der Salzach, die sich tief, tief unten brausend den Weg bahnt, jenes grauenvolle Morden vollbrachten, indem die Tiroler, in den Felsenhöhlen verborgen, auf die Baiern, welche den Pass gewinnen wollten, mit höllischem Lustgeschrei herabfeuerten, welche getroffen in die Tiefe herabstürzten, ohne je sehen zu können, woher die Schüsse kamen. Dieses höchst schändliche Beginnen, welches mehrere Tage und Wochen fortgesetzt wurde, suchte man durch eine Capelle auf der Baiern Seite und durch ein rothes Kreuz in dem Felsen auf der Tiroler Seite zum Theil zu bezeichnen, und zum Theil durch solche heilige Zeichen zu sühnen. Du herrlicher Christus, zu wie viel Schandthaten musst Du Dein Bild herleihen. Du selbst, das grässlichste Denkmal der menschlichen Verworfenheit, da stellten sie Dein Bild auf, als wollten sie sagen: „Seht, die vollendetste Schöpfung des grossen Gottes haben sie mit frechen Füssen zertreten, sollte es uns etwa Mühe kosten, das übrige Ungeziefer, genannt Menschen, mit leichtem Herzen zu vernichten? — Doch wenden wir unsere Augen ab von so niederschlagenden Betrachtungen, und schauen wir lieber, dass wir aus diesem Loch hinauskommen. Nachdem es nun eine gute Weile abwärts geht, die beiden Felswände immer näher zusammenrücken und die Strasse sammt dem Strom auf zwei Klaftern Breite eingeengt werden, so wendet sich hier, wo man es am wenigsten vermuthet, unter einem herabhängenden Felsen bei dem zornigen Wüthen der eingezwängten Salzach, die Strasse zur angenehmen Ueberraschung des Wanderers. Denn nun geht es, obwohl noch immer von

himmlischen Bergen eingeschlossen, auf breiterem Wege und
eben dahin. Mittags kamen wir in Werffen an. Ein Markt mit
einer bedeutenden Festung, von den Salzburger Churfürsten erbaut, wird jetzt vom Kaiser renovirt. Auf unserer Rückreise
bestiegen wir selbe, es ist verflucht hoch, gewährt aber eine
herrliche Aussicht in das Thal, welches auf einer Seite von den
ungeheuren Werffner Gebirgen, die man bis Gastein sieht, begrenzt ist. Himmel, Teufel, das ist etwas Erschreckliches, eine
Reisebeschreibung, ich kann nicht mehr. Da ich so in den
ersten Tagen des Octobers nach Wien komme, so werde ich
Dir dieses Geschreibsel selber übergeben und das Uebrige
mündlich erzählen.

Im Jahre 1825 schloss sich auch *Bauernfeld* dem Freundeskreise enger an. Hierüber erzählt er in den oben angeführten
Mittheilungen selber:

Ich war um diese Zeit der zuletzt mitgetheilten Briefe [1]) nur
obenhin mit Schubert bekannt geworden, doch hatte ich ihn
ein paar Mal seine Lieder singen hören. Die Stimme (*une voix
de compositeur*) war ein Mittelding von sanftem Tenor und Ba-
riton, der Vortrag einfach und natürlich, innig, ohne alle Ko-
ketterie. — Im Winter 1824—25 als Jurist im vierten Jahre,
war ich zugleich mit der Wiener Shakespeare-Ausgabe, sowie
mit eigenen Produktionen über und über beschäftigt. Zahllose
Dramen und Lustspiele lagen mir nach und nach aufgehäuft,
darunter *„Die Geschwister von Nürnberg"* später *„Der Musikus
von Augsburg" „Fortunat"* und anderes Ideelle und Romantische, wovon das reale und praktische Theater von der Hand
nichts wissen wollte. Doch arbeitete ich rastlos weiter, brachte
damals auch fast alle meine Abende in meiner einsamen
Stube zu.

So sass ich auch im Februar 1825 eines Abends in meiner
Klause, als mein Jugendfreund Schwind den inzwischen bereits
berühmt, wenigstens bekannt gewordenen Schubert zu mir brachte.
Wir waren bald vertraut mit einander.

------

[1]) 1823 und 24.

Auf Schwinds Aufforderung musste ich einige verrückte Jugendgedichte vortragen, dann gings ans Clavier, Schubert sang, wir spielten auch vierhändig, später ins Gasthaus, bis tief in die Nacht.

Der Bund war geschlossen, die drei Freunde blieben von dem Tage an unzertrennlich. — Wie oft strichen wir drei bis gegen Morgen herum, begleiteten uns gegenseitig nach Hause — da man aber nicht im Stande war, sich zu trennen, so wurde nicht selten bei Diesem oder Jenem gemeinschaftlich übernachtet.

Mit dem Comfort nahmen wir's dabei nicht sonderlich genau. Freund Moritz warf sich wohl gelegentlich, blos in eine lederne Decke gehüllt, auf den nackten Fussboden hin, und mir schnitzte er einmal Schubert's Augengläser-Futteral als Pfeife zurecht, die eben fehlte. In der Frage des Eigenthums war die communistische Anschauungsweise vorherrschend; Hüte, Stiefel, Halsbinden, auch Röcke und sonst noch eine gewisse Gattung, wenn sie sich nur beiläufig anpassen liessen, waren Gemeingut, gingen aber nach und nach durch vielfältigen Gebrauch, wodurch immer eine gewisse Vorliebe für den Gegenstand entsteht, in unbestrittenen Privatbesitz über. Wer eben bei Casse war, zahlte für den, oder die Andern. Nun traf sichs aber zeitweilig, dass zwei kein Geld hatten und der dritte — gar keins! Natürlich, dass Schubert unter uns dreien die Rolle des Krösus spielte, und ab und zu in Silber schwamm, wenn er etwa ein paar Lieder an Mann gebracht hatte oder gar einen ganzen Cyclus, wie die Gesänge aus „Walter Scott" wofür ihm Artaria oder Diabelli 500 fl. W. W. bezahlte — ein Honorar, mit welchem er höchlich zufrieden war, auch gut damit haushalten wollte, wobei es aber, wie stets bisher, beim guten Vorsatz blieb. Die erste Zeit wurde flott gelebt und tractirt, auch nach rechts und links gespendet, — dann war wieder Schmalhans Küchenmeister! Kurz, es wechselte Ebbe und Fluth. Einer solchen Fluthzeit verdanke ichs, dass ich Paganini gehört. Die fünf Gulden, die dieser Concert-Corsar verlangte, waren mir unerschwinglich; dass ihn Schubert hören musste, verstand sich von selbst, aber er wollte ihn durchaus nicht wieder hören ohne mich; er ward ernstlich böse, als ich mich weigerte, die Karte von ihm anzunehmen. „Dummes Zeug‟ rief er aus — „ich hab ihn schon einmal gehört und mich geärgert, dass Du nicht dabei warst! Ich sage Dir, so ein Kerl kommt nicht wieder! Und ich hab jetzt Geld wie Häckerling — Komm also!‟ Damit zog er mich fort.

Während Schuberts Abwesenheit im Sommer dieses Jahres waren Schwind und Bauernfeld übereingekommen, eine gemeinschaftliche Wohnung zu nehmen, und auch Schubert sollte mit dazu treten und Bauernfeld schreibt ihm deswegen unterm 13. September nach Steyr. Schubert lehnte indess ab:

Was unser Zusammenleben betrifft, so wäre mir's zwar sehr angenehm, da ich aber dergleichen Junggesellen- und Studentenpläne schon kenne, so möchte ich nicht, dass ich am Ende zwischen zwei Stühlen auf der Erde sitze.‟

Er theilt dem Freunde mit, dass er sein Quartier im Frühwirth'schen Hause [1] zu behalten gesonnen ist, und bereits dem Wirth die betreffende Mittheilung durch sein elterliches Haus habe machen lassen, und weil er fürchtet, dass es dort vergessen worden oder dass der Wirth ängstlich sei, bittet er die Freunde die 25 fl. W. W., welche dieser für den Monat October zu bekommen habe, für ihn einstweilen auszulegen.

Da Vogl Ende September nach Italien reiste, um dort Heilung oder Linderung für sein Gichtleiden zu suchen, so kehrte Schubert nach Wien zurück. In Linz traf er mit seinem Freunde Gahy zusammen, und fuhr mit diesem nach Wien zurück. Schubert bezog wieder seine alte Wohnung im Frühwirth'schen Hause. In Wien fand er auch seinen treuen Freund Schober wieder, der nach zweijähriger Abwesenheit im Spätsommer zurückgekehrt war.

Von seinen Werken aus diesem Jahre sind zu nennen: Die *Amoll Sonate Op. 42* (die er in Gastein beendete) und die Lieder: *Die Allmacht* und *Heimweh*, die ebenfalls dort, wo er mit dem Dichter derselben: *Ladislaus Pyrker* zusammentraf, entstanden sind. Ausserdem sind noch die mehrmals erwähnten Lieder und Ge-

---

[1] Nächst der Carlskirche No. 100.

sänge aus **Walter Scott's** *Fräulein am See*, ferner: *Die junge Nonne Op. 43* und *Der blinde Knabe Op. 101* zu nennen, ausserdem: *Der Trauermarsch* (Op. 55) auf den Tod des Kaisers Alexander und „*Marche héroique*" (Op. 66) zur Feier der Thronbesteigung des Kaisers Nicolaus von Russland componiert, und endlich auch die als *Reliquie* gedruckte Sonate in C mit dem unvollendeten letzten Satz.

Wie naiv die Verleger zu dieser Zeit noch die Bedeutung Schuberts auffassten, davon giebt ein Brief des Herrn *Hüther*, Inhaber der Verlagshandlung *Pennauer* in Wien, den Kreissle mittheilt, Zeugniss. Im Verlage dieser Handlung waren die *Amoll Sonate* Op. 42 und das Lied: *Die junge Nonne* Op. 43 erschienen; Herr *Hüther* zeigt dem Componisten das Erscheinen dieser Werke an, und bittet zugleich um Mittheilungen über das, was Schubert im Laufe dieser Zeit noch componiert hat, und was er, im Publikum erscheinen zu lassen, geneigt ist.

„Ich bitte Sie", heisst es dann in dem betreffenden Schreiben weiter, „mir zu sagen, wie viele Lieder Sie aus W. Scotts Werken componirten, ob die deutsche Uebersetzung im Metrum des englischen Originals ist und daher geeignet wäre, beide Texte unter die Composition zu legen. Ich bitte Sie mir den genauesten Preis als Anfänger zu machen und überzeugt zu sein, dass ich mein Möglichstes zur Ausstattung einer sehr schönen Ausgabe und Verbreitung Ihrer Compositionen beitragen werde."

Im folgenden Jahre 1826 eröffnete sich ihm wieder die Aussicht nach einer ihm zusagenden Stellung. Nach dem am 7. Mai 1825 erfolgten Tode Salieris war Eybler zum Hofkapellmeister ernannt, und dadurch die Vice-Hofkapellmeisterstelle erledigt worden. Unter den Bewerbern für dieselbe befand sich auch *Schubert;* neben ihm *Seyfried*, Kapellmeister in Wien, *Girowetz* Hoftheaterkapellmeister, *Conradin Kreutzer*, Kapellmeister, *Joachim Hoffmann*, Tonkünstler, *Anselm Hüttenbrenner*, Director des steirischen Musikvereins, *Wenzel Würfel*, Kapellmeister am Kärntnerthorthcater und *Franz Gläser*, Kapellmeister am Josephstädter Theater, und keiner von ihnen kam auch nur in die engere Wahl.

Es wurden nur zwei vorgeschlagen: der Hoftheaterkapellmeister
Weigl und sein Adjunct *Michael Umlauff*, und der erstere wurde
vom Kaiser (am 22. Januar 1827) zum Vicehofkapellmeister mit
einem Gehalt von 1000 Gulden und zwei hundert Gulden Woh-
nungsentschädigung ernannt. Nach einer Mittheilung des Freiherrn von *Spaun* soll Schubert, als er erfuhr, dass seine Hoffnungen wiederum vergeblich gewesen waren, gesagt haben: *Gerne
hätte ich diese Stelle erhalten mögen, da sie aber einem so würdi-
gen Manne wie Weigl verliehen wurde, muss ich mich wohl damit
zufrieden geben.*"

Noch eine andere Gelegenheit, eine definitive Stellung zu
erhalten, soll ihm gleichfalls in demselben Jahre gegeben worden
sein. Kapellmeister Carl August Krebs [1] war nach Hamburg berufen, und dadurch die Stelle am Kärntnerthortheater vacant geworden. Für die Besetzung derselben nun soll der Administrator des
Theaters Duport, durch die Freunde Schuberts veranlasst, diesen zur Besetzung der Stelle in Aussicht genommen, und Schubert
beauftragt haben, einige Opernscenen in Musik zu setzen. Schubert entledigte sich der Aufgabe; dass er aber dann wie A.
Schindler erzählt bei der Probe sich gegen die Sängerin Schech-
n e r, für welche die Hauptpartie geschrieben war, und die manches unpraktisch und unsangbar fand und Aenderungen wünschte,
unzugänglich und geradezu ungezogen betragen, und dadurch seine
Anstellung verhindert habe, ist unzweifelhaft nur Erfindung von
Schindler. Augenzeugen jener Probe bekunden vielmehr, dass
sich auch hier Schubert wie immer, und wie es seinem Wesen
entsprechend ist, durchaus zurückhaltend benommen hat. Dass
er die Anstellung nicht erhielt, wenn es sich überhaupt dabei um
eine solche handelte, was noch vielfach bezweifelt wird, ist dann
wol ebenfalls auf die bereits angeführten Umstände zurück zu
führen, die es früher verhinderten, dass er einen entsprechenden
Wirkungskreis finden konnte.

Gegen Ende des Jahres übersandte der Ausschuss der *Gesellschaft der Musikfreunde* „für die wiederholten Beweise der

---

[1] Gegenwärtig Hofkapellmeister in Dresden.

Theilnahme, die er ihr gegeben" an Schubert ein Geschenk von *Einhundert Gulden* Conv. M. mit einem, seine Bedeutung in den schmeichelhaftesten Worten anerkennenden Schreiben.

Von den Werken aus diesem Jahre sind zu nennen „Das Trio in B (Op. 99), die beiden Streichquartette *in D-moll und G-dur*, von denen er das letzte wieder in der kurzen Zeit vom 20. bis 30. Juni schrieb; das Duo brillant (Op. 70) für *Violine und Pianoforte* und eine Reihe von Liedern, darunter der *erste Theil der Winterreise*, die Männerchöre *Nachthelle, Grab und Mond* und *das Ständchen* und *Trinklied*, die Schubert im Juli in Währing componierte.

Auch an einer neuen Oper begann er noch im Winter dieses Jahres zu arbeiten. Bauernfeld berichtet darüber: „Auch mich hatte Schubert längst um einen Operntext angegangen. Nun hatte ich den Frühling und Sommer 1826 in Begleitung eines Freundes im Kärntnergebirge zugebracht und mir an kalten und regnerischen Tagen die Sage vom *„Grafen von Gleichen"* als Opernstoff zurecht gelegt, darüber auch an Schubert berichtet, der mit der Antwort auch nicht lange warten liess. Der Brief, an beide Freunde gerichtet, obwohl ich wunderlicher Weise nur ganz allein angesprochen werde, lautet wie folgt:

Lieber Bauernfeld!

Lieber Mayrhofer!

Dass Du die Oper gemacht hast, ist ein sehr gescheidter Streich, nur wünschte ich, dass ich sie schon vor mir sähe. Man hat hier meine Opernbücher verlangt, um zu sehen, was damit zu machen sei. Wäre Dein Buch schon fertig, könnte man ihnen dieses vorlegen und bei Anerkennung des Werthes, woran ich nicht zweifle, in Gottes Namen damit anfangen oder es nach Berlin zur Milder schicken. Die Mlle. Schechner ist hier in der *„Schweizerfamilie"* aufgetreten und hat ausserordentlich gefallen. Da sie viel Aehnlichkeit mit der Milder hat, so kann sie gut für uns sein. Bleibe doch nicht so lang aus, es ist sehr traurig und miserabel hier. — — Die Langweiligkeit hat schon zu sehr um sich gegriffen. Von Schober und Schwind hört man nichts als Lamentationen, die viel herzzerreissender sind als die wir in der Charwoche gehört haben. In Grinzig war ich, seit Du fort bist, kaum einmal, mit Schwind gar nicht. . . . . . . Ich arbeite gar nichts. Das Wetter ist hier wirklich fürchterlich, der Allerhöchste scheint uns gänzlich verlassen zu haben, es will gar keine Sonne scheinen. Man kann im Mai noch in keinem Garten sitzen, schrecklich! fürchterlich!! entsetzlich!!! für mich das Grausamste was es geben kann. Schwind und ich wollen im Juni mit Spaun nach Linz gehen. Dort in Gmunden können wir uns ein Rendezvous geben, nur lass es uns bestimmt wissen — sobald wie möglich. Nicht erst in zwei Monaten.

Lebt wohl!

Im August 1826, erzählt Bauernfeld weiter, brachte ich die fertige Oper mit und Schubert machte sich sogleich darüber her, hatte auch den Text vorläufig der Regie des Kärntnerthor-Theaters überreicht, welche sich der Censur wegen einigermaassen besorgt zeigte, Grillparzer trug sich bereitwillig an, für den Fall des Verbots in Wien die Aufführung der Oper auf der Königstädter Bühne zu vermitteln. Im Laufe des nächsten Winters hatte Schubert den Text beiläufig durchcomponirt, mir auch einiges davon auf dem Klavier vorgetragen, zur Noth vorgesungen. Es klang gar reizend und poetisch! Doch fehlte noch die Instrumentation, die nur hie und da angedeutet war und deren volle Ausführung erst die gehörige Färbung giebt. Dabei überraschte ihn aber der Tod.

Das Jahr 1827 wurde ihm wiederum durch einen Ausflug nach Graz besonders genussreich. Dort lebte der Advokat *Dr. Karl Pachler* der seit 1816 mit *Marie Leopoldine Koschak* verheirathet war, einer durch Schönheit ebenso wie durch reiche Befähigung für Musik ausgezeichneten Dame. Sie hatte sich zu einer bedeutenden Klavierspielerin ausgebildet und hatte 1817 sogar Beethoven zu dessen Zufriedenheit in Wien vorgespielt; seit dem war ein gewisser freundschaftlicher Verkehr zwischen dem Meister und der Familie Pachler unterhalten, von dem der kürzlich veröffentlichte Briefwechsel Zeugniss abgiebt. Im Jahre 1827 wurde Beethoven im Pachler'schen Hause zum Besuche erwartet, statt seiner traf die Nachricht von dem im März erfolgten Tode des Meisters ein. Mit dieser Familie war ein Freund Schuberts: *Johann Baptist Jenger*, der namentlich Schubertsche Lieder schön begleitete, befreundet, und von diesem wurde Schubert im Hause des Dr. Pachler eingeführt. Schon 1826 waren beide dort erwartet worden, allein da Jenger Beamter war, konnte er nicht frei über seine Zeit verfügen, und Schubert wurde meist durch noch trübseligere Gründe am Reisen verhindert. Erst Ende August 1827 konnten die beiden Freunde die Reise unternehmen und trafen am 2. September in Graz ein.

Hier verlebten sie drei vergnügte Wochen, so dass ihnen die Trennung von dem gastfreundlichen Hause nicht leicht, wol aber die Eingewöhnung in Wien nach der erfolgten Rückkehr recht schwer wurde. Für Schubert gab dieser Aufenthalt in Graz wiederum Veranlassung zu einer Reihe ganz bedeutender Werke wie die *Grätzer Galoppe* und *Grätzer Walzer;* auch die *Valses nobles* und die *Originaltänze* entstanden hier. Der Dichter *Gottfried Ritter von Leitner* verkehrte gleichfalls in dem Pachler'schen Hause und Schubert wurde von Frau Pachler veranlasst, mehrere seinei Lieder, wie das „*Weinen*“ und „*Vor meiner Thür*“ zu componieren. Ferner sind die Compositionen der Lieder: *Heimliches Lieben* und *die altschottische Ballade* von Frau Pachler angeregt.

Unter den Vocalwerken aus diesem Jahre sind noch einige vierstimmige wie „*Nachtgesang im Walde*“ für Männerchor und Hörnerbegleitung, das *Ständchen* für Alt-Solo mit Chor, und das komische Terzett: *Der Hochzeitsbraten* zu erwähnen.

Im October dieses Jahres vollendete Schubert auch den Cyklus: *Die Winterreise* (die letzten 10 Lieder). Im November entstand das *Es-dur Trio* (Op. 100). Auch die *deutsche Messe* nach einem, vom Professor *Johann Filipp Neumann* gedichteten Text wurde in diesem Jahre von Schubert für gemischten Chor mit Harmoniemusik (Oboen, Clarinetten, Hörner, Posaunen) oder Orgel componiert, und endlich gehören auch die von den Verlegern „*Impromptus*“ genannten (Op. 142 III—VIII) kleineren Klavierstücke in dies Jahr; wie auch einige Gelegenheitscompositionen ein: *Allegretto für Herrn Ferd. Walcher* (zur Erinnerung mit dem Datum 26. April, und ein vierhändiger Marsch mit Trio (in Gdur) für den damals siebenjährigen Sohn der Frau *Marie Pachler*, für *Faust Pach-ler* (im October geschrieben).

Schon 1824 hatte Schubert in dem bereits erwähnten Briefe vom 31. März an *Kupelwieser*, als er diesem Mittheilung machte von dem Concert, das *Beethoven* veranstalten werde, um seine neu-sten Compositionen: die *neunte Sinfonie*, die *Messe* und eine neue *Ouvertüre* dem Publikum vorzuführen, die Absicht ausgesprochen, im nächsten Jahr ein Gleiches zu thun; doch erst im Jahre 1828 brachte er diesen Plan zur Ausführung.

Bauernfeld berichtet am angegebenen Ort über diese ganze Angelegenheit wie folgt: Die Freunde und Genossen, in deren Mitte Schubert am liebsten weilte, waren wenig in der Lage, ihm thatkräftig unter die Arme zu greifen, in höhere Kreise sich zu drängen und Gönner zu suchen, die ihn empor zu heben vermöch-ten, dazu fehlte ihm Neigung und Geschick. Kein Wunder also, dass er es weder zu einer Anstellung brachte, noch irgend eine seiner Opern zur Aufführung gelangte. So verharrte er sein Le-belang in einer mehr als mittelmässigen Stellung, und die Kunst-händler, die ihn genugsam gedrückt und ausgebeutet, waren und blieben vor wie nach seine einzige Zuflucht und Hilfsquelle. Zeit-weise fühlte er sich auch völlig muth- und hoffnungslos, voll düstern Ausblicks in die Zukunft. So erinnere ich mich des Sommers 1827, als ich mir in dem neuen Kreisamtsdienst so wohl gefiel, zugleich Aussicht hatte, mit Nächstem nach langem Harren end-lich auf die geheiligten Bretter des Hofburgtheaters zu gelangen.

Auf einem Spaziergange erzählte ich dem Freunde frohen Muthes von meinen Hoffnungen und Plänen. „Mit dir gehts vor-wärts!“ sagte er in sich gekehrt. „Ich sehe Dich schon als Hof-rath und als berühmten Lustspieldichter! Aber ich! Was wird mit mir armen Musikanten? Ich werde wohl im Alter wie Goe-the’s Harfner an die Thüren schleichen und um Brod betteln müssen!“ Ich sah den hypochondrischen Freund gross an. „Du bist zwar ein Genie“ versetzte ich ihm lustiger als mir zu Muthe war „aber auch ein Narr! Nullam magnum ingenium sine aliqua mixtura dementiae fuit — möchte man Dir mit dem altrömischen Jean Paul, dem bisweilen etwas geschraubten Seneca zurufen. Du

zweifelst an Dir! Bist Du gescheidt. Wer Dein Talent
hat, so da steht wie Du, dem ist die Hauptsache zu Theil geworden. — Alle Nebendinge finden sich! Was aus uns wird,
weiss ich nicht, aber Du bist, was Du bist, und wenn Freund Moritz Dir einst nach und nach nahe kommt, so wird's mich freuen.
Sie haben Dir unlängst wieder eine Capellmeister-Stelle abgeschla-
gen, Dir einen Dilettanten vorgezogen, ich weiss. Aber was weiter? Beim Lichte besehen taugst Du gar nicht und bist viel
zu gut für eine solche Dienstbarkeit und musikalische Robot!
Willst Du meinen Rath? Dein Name klingt in aller Munde und
jedes Deiner Lieder ist ein Ereigniss; Du hast die prächtigsten
Streichquartetten und Trios componiert — der Sinfonien nicht zu
denken! Deine Freunde sind davon entzückt, aber kein Kunst-
händler will sie vorderhand kaufen und das Publikum hat noch
keine Ahnung von der Schönheit und Grazie, die in diesen Werken schlummern. So nimm Dir einen Anlauf, bezwinge Deine
Trägheit, gieb im nächsten Winter ein Concert, nur von Deinen
Sachen natürlich. Vogl wird Dir mit Vergnügen beistehen, Boklet,
Böhm und Linke werden sich's zur Ehre schätzen, einem Maestro,
wie Du, mit ihrer Virtuosität zu dienen. Das Publikum wird sich
um die Eintrittskarten reissen, und wenn Du nicht mit einem
Schlage ein Crösus wirst, so genügt doch ein einziger Abend um
Dich fürs ganze Jahr zu decken. So ein Abend lässt sich alle
Jahre wiederholen, und wenn die Neuigkeiten Furore machen,
wie ich gar nicht zweifle, so kannst Du Deine Diabelli's, Artaria's und
Haslingers mit ihrem schäbigen Honorar bis in's Unermessliche
hinauftreiben! Ein Concert also. Folge meinem Rath! Ein Concert. — „Du magst Recht haben", versetzte der Freund nachdenklich, „wenn ich die Kerls nur nicht bitten müsste!"

Er bat sie doch, und das Concert kam im Frühjahr 1828 zu
Stande. In der nächstfolgenden Einladung ist das Programm enthalten:

Einladung

zu dem Privat-Concert, welches Franz Schubert am
26. März Abends 7 Uhr im Locale des oesterreich. Musikvereins unter den Tuchlauben No. 558 zu geben die
Ehre haben wird.

Vorkommende Stücke:

1. Erster Satz eines neuen Streich-Quartetts, vorgetragen von den Herrn Böhm, Holz, Weiss und Linke.

2.
   a) Der Kreuzzug von Leitner
   b) Die Sterne von demselben
   c) Der Wandrer an den Mond von Seidl
   d) Fragment aus dem Aeschylus

   Gesänge mit Begleitung des Pianoforte, vorgetragen von Herrn Vogl k. k. pensionirten Hofopernsänger.

3. Ständchen von Grillparzer für Sopran- Solo und Chor, vorgetragen von Fräulein Josephine Fröhlich und den Schülerinnen des Conservatoriums.

4. Neues Trio für Pianoforte, Violine und Violoncello vorgetragen von den Herren Bocklet, Böhm und Linke.

5. Auf dem Strome von Rellstab, Gesang mit Begleitung des Horns und Pianoforte, vorgetragen von den Herren Tietze und Lewy dem Jüngeren.

6. Die Allmacht, von Ladislaus Pyrker, Gesang mit Begleitung des Pianoforte, vorgetragen von Herrn Vogl.

7. Schlachtgesang von Klopstock, Doppelchor für Männerstimmen.

Sämmtliche Musikstücke sind von der Composition des Concert-
gebers.

Eintrittskarten zu 3 fl. W. W. sind in den Kunsthand-
lungen der Herren Haslinger, Diabelli und Leidesdorf
zu haben.

Der Saal war vollgestopft, jedes einzelne Stück wurde mit Beifall überschüttet, der Compositeur unzählige Mal hervorgerufen. Das Concert warf einen Reinertrag von beinahe achthundert Gulden (Wiener Währung) ab — was damals für eine Summe galt! Die Hauptsache aber, Schubert hatte sein Publikum gefunden, und· war mit dem frischesten Muthe erfüllt!" So weit Bauernfeld.

Doch war dieser Erfolg nicht nachhaltig. Gern hätte Schubert im Frühjahr oder Sommer wieder die Reise nach Graz unternommen, aber seine misslichen Verhältnisse liessen es nicht zu. Vergebens hatte er sich mit seinen Compositionen, um ihnen eine weitere Verbreitung zu sichern, und auch etwas angemessenere

Honorare zu erlangen, an einige auswärtige Verleger gewandt, und wahrhaft unerquicklich ist die Einsicht in den Briefwechsel, den Schubert mit einigen Leipziger und anderen auswärtigen Firmen führte. Keine ist abgeneigt, mit ihm in Geschäftsverbindungen zu treten, aber keine möchte viel Honorar zahlen, und jede verlangt: dass Schubert bei seinen Compositionen möglichst berücksichtige, was sie gerade für gangbar und einträglich hält. Die ganzen, durch drei Jahr geführten Verhandlungen hatten denn auch nur bei einer Firma Erfolg: das *Es-dur Trio* erschien bei H. A. Probst in Leipzig.

Ferdinand Traweger in Gmunden, bei welchem Schubert 1825 so glückliche Tage verlebt hatte, bat durch Brief vom 19. Mai herzlich um Wiederholung des Besuches, aber Schubert konnte diesen Wunsch nicht erfüllen, und *Jenger* unterlässt es nicht, in dem Briefe an Frau Dr. Pachler den Grund zu nennen:

„Die Abwesenheit, schreibt er unterm 4. Juli, zweier Beamten aus meiner Kanzlei zum Gebrauch des Badner Bades und die nicht ganz brillanten Finanz-Umstände des Freundes Schubert, welcher sich Ihnen und dem Freunde Dr. Carl recht vielmals empfehlen lässt, sind die Hindernisse, warum wir Beide nicht dermal von Ihrer gütigen Einladung nach Graz zu kommen, Gebrauch machen können. Schubert hat ohnehin projektiert gehabt, einen Theil des Sommers in Gmunden und Umgebung, wohin er schon mehrere Einladungen erhielt, zuzubringen, woran ihn bis jetzt die obenbesagten Finanz-Verlegenheiten abgehalten haben. Er ist dermalen noch hier, arbeitet fleissig an einer neuen Messe und erwartet nur noch — wo es immer herkommen mag — das nöthige Geld, um so dann nach Oberoesterreich zu fliegen.

Unter dem Druck dieser Verhältnisse, und unter dem schädlichen Einfluss einer nasskalten Wohnung, die er neu bezogen hatte, verschlimmerten sich auch seine körperlichen Zustände, und diese zumeist verhinderten es wol, dass er der, unterm 11. October an ihn gelangenden Einladung *Lachners*, der Aufführung von dessen erster Oper: Die *Bürgschaft*, in Pest beizuwohnen, keine Folge leistete. Lachner hatte bereits vor seiner Abreise nach Pest von

Schubert die Zusage erhalten, dass er, wenn irgend möglich dieser
Aufführung beiwohnen werde. Anton Schindler suchte noch
in dem obenerwähnten Schreiben vom 11. October ihn dadurch für
diese Reise günstiger zu stimmen, dass er ihm ein einträgliches
Concert in Aussicht stellte, und auch *Lachner* schrieb noch einige
Worte darunter, in denen er die bestimmte Hoffnung ausspricht,
den Freund zur Aufführung in Pest zu haben, aber Schubert kam
nicht und antwortete auch nicht, und als *Lachner* Anfangs November nach Wien kam, fand er den Freund auf dem Krankenlager
von dem dieser auch nicht wieder erstehen sollte.

Als ob der Meister eine Ahnung davon hatte, dass seine irdische Mission bald erfüllt sei, und sein Leben zur Neige gehe,
hat er gerade in diesem Jahre und unter so misslichen Verhältnissen noch eine ganze Reihe der bedeutendsten und umfangreichsten
Werke geschaffen. Die grosse Sinfonie in C, das Quintett
für Streichinstrumente in C, die Cantate: Mirjams Siegesgesang, die Hymne an den heiligen Geist für achtstimmigen Männerchor, die drei letzten Sonaten für
Klavier und auch noch die Es dur Messe, vor allem aber der grösste
Theil der Lieder des „Schwanengesangs" neben andern trefflichen
Liedern entstanden in diesen letzten Monaten seines Lebens.

Die Sinfonie hatte Schubert bereits im März 1828 beendet
und übergab sie der Direction des Wiener Musikvereins, der auch
Anstalten für eine Aufführung des Werkes traf; allein schon nach
den ersten Proben wurde es „als zu lang und schwierig" wieder zurückgelegt. An ihrer Stelle sollte die sechste aufgeführt
werden, aber auch das erlebte Schubert nicht mehr, da es erst am
14. December geschah. Die grosse Sinfonie in C aber blieb
seitdem unbekannt und gewissermassen verschollen, bis sie Schumann wieder auffand und an's Tageslicht zog. Während der Anwesenheit *Schumanns* in Wien 1838, besuchte er auch *Ferdinand
Schubert*, den Bruder Franzens: „Er kannte mich," erzählte Schumann hierüber [1]) „aus meiner Verehrung für seinen Bruder, wie

---

[1]) Neue Zeitschrift für Musik und Gesammelte Schriften III. Bd.
pag. 196 ff.

ich sie oft öffentlich ausgesprochen, und erzählte und zeigte mir
vieles, wovon auch früher unter der Ueberschrift „*Reliquien*“ mit seiner Bewilligung in der Zeitschrift mitgetheilt wurde. Zuletzt liess
er mich auch von den Schätzen sehen, die sich von Franz Sch.'s
Compositionen in seinen Händen befinden. Der Reichthum, der
hier aufgehäuft lag, machte mich freudeschauernd, wo zuerst hin-
greifen, wo aufhören. Unter andern wies er mir die Partituren
mehrerer Sinfonien, von denen viele noch gar nicht gehört worden
sind, ja oft vorgenommen als zu schwierig und zu schwülstig zurückgelegt wurden. Man muss Wien kennen, die eigenen Con-
certverhältnisse, die Schwierigkeiten, die Mittel zu grösseren Aufführungen zusammenzufügen, um es zu verzeihen, dass man da,
wo Schubert gelebt und gewirkt, ausser seinen Liedern von seinen
grösseren Instrumentalwerken wenig oder gar nichts zu hören bekommt. Wer weiss, wie lange auch die Sinfonie, von der wir
heute sprechen, verstäubt und im Dunkel liegen geblieben wäre,
hätte ich mich nicht bald mit Ferdinand Sch. verständigt, sie nach
Leipzig zu schicken, an die Direction der Gewandhaus-Concerte
oder an den Künstler selbst[1] der sie leitet, dessen feinem Blick
ja kaum die schüchtern aufknospende Schönheit entgeht, geschweige
denn, so offenkundige, meisterhaft strahlende. So ging es in Er-
füllung. Die Sinfonie kam in Leipzig an, wurde gehört, verstanden, wieder gehört und freudig, beinahe allgemein bewundert.“

Diese erste Aufführung erfolgte in Leipzig am 22. März 1839
im letzten Gewandhaus-Concert unter Mendelssohns Leitung, und
seitdem hat sich die Sinfonie in allen Concertinstituten eingebürgert
und hat ihren stehenden Platz auf den Programmen unserer
Orchester-Concerte gewonnen.

Die Liedersammlung „Schwanengesang“ ist nicht von
Schubert, sondern von dem Verleger Haslinger zusammengestellt.[2]
Sie enthält sieben Lieder von Ludwig Rellstab, dem bekannten
Berliner Journalisten, Mitarbeiter der Vossischen Zeitung, sechs
von Heine und die „Taubenpost“ von Seidl.

---

[1] Felix Mendelssohn-Bartholdy.

[2] Die Samlung erschien am 4. Mai 1829.

Nach Rellstabs eignen Mittheilungen [1]) war er 1825 nach Wien gekommen, hauptsächlich um Beethoven für seine Operntexte zu interessieren. Von Freunden dazu angeregt, nahm er auch einige seiner lyrischen Lieder, auf einzelne Zettel geschrieben mit, und diese giengen wahrscheinlich noch zu Beethovens Lebzeiten durch ihn selber an Schubert, und nicht erst nach des Meisters Tode durch Schindler, wie dieser behauptet. Schubert componierte nur die im Schwanengesang veröffentlichten Lieder.

Auf einem Irrthum beruht es, dass *Kreissle,* mit Herrn von *Schönstein* annimmt, die Composition der Lieder Heines gehöre einer frühern Zeit an. Die erste Ausgabe von *Heines Buch der Lieder* erschien erst 1827 und Herr von Schönstein konnte es demnach nicht *früher* bei Schubert gefunden haben. Zu dem wohnte ja auch Schubert in jener Zeit unter den Tuchlauben — beim blauen Igel bei Herrn von Schober, so dass es wol auf einem Irrthum des Herrn von Schönstein beruht, wenn er die Composition der Heineschen Lieder einige Jahre vor dem Tode Schuberts datiert. *Seidl's „Die Taubenpost"* soll des Meisters letztes Lied gewesen sein, das er im *October,* wenige Wochen vor seinem Tode componierte.

Die Cantate: *Glaube, Hoffnung und Liebe* wie der 92. Psalm sind wieder Gelegenheitscompositionen. Jene schrieb er zur Einweihung der neuen Glocke in der Kirche der allerh. Dreifaltigkeit in der Alservorstadt (die am 2. September 1828 stattfand) und den Psalm 92 schrieb er für den Synagogenchor der israelitischen Gemeinde in Wien. Auch für die Sängerin *Anna Milder* componierte er noch kurz vor seinem Tode auf ihren Wunsch das Lied: *Der Hirt auf dem Felsen* mit Pianoforte und obligater Clarinettenbegleitung, und endlich noch für den Waldhornisten I. Lewy das Rellstab'sche: *Am Strom* mit Klavier und obligatem Horn (oder Cellobegleitung). So gelangte dies Lied in Lewy's Concert am 20. April 1828 zur Ausführung, Schubert accompagnierte dabei am Klavier.

Sind auch nicht alle Lieder Schuberts aus diesem Zeitraum

---

[1]) Aus meinem Leben Berlin 1861. Bd. II. pag. 245.

gleich bedeutend, so ist doch kaum eins darunter, das als unbedeutend bezeichnet werden müsste. Fast jedes einzelne giebt Zeugniss von der vollkommenen Meisterschaft, welche Schubert jetzt erreicht hat und bietet mindestens einzelne anziehende und geist- und gemüthvolle Züge. Hier sind nun zunächst die *Lieder von Ernst Schulze* zu nennen, welche Schubert in Musik setzte. Schon aus dem Jahre 1817 ist eins vorhanden: Tiefes Leid: *Ich bin von aller Ruh geschieden*, (Nachl. Lief. 30.) das in seiner innig wahren Einfachheit ziemlich populär geworden ist. In den letzten Jahren componierte Schubert noch sechs Lieder von Ernst Schulze, von denen keins einen neuen Zug seiner Individualität offenbart, die aber doch auch wiederum Zeugniss davon ablegen, wie emsig sich Schubert in die fremde Individualität einzuleben sucht, sobald ihm diese überhaupt anziehend genug erscheint. Der jugendliche Dichter, der namentlich durch zwei epische Gedichte: *Cäcilie* und *Die bezauberte Rose*, bekannt geworden ist — schloss seine irdische Laufbahn früher, ehe noch sein bedeutendes Talent zur Reife gelangt war: er ist 1789 geboren und starb bereits 1817. — Liebessehnen und Liebesqual bilden das Grundmotiv seiner Dichtung, und beide werden in ihm am stärksten wach an dem frischen, fröhlichen Leben der Natur, in Wald und Flur: seine Gedichte sind deshalb ein seltsames Gemisch von Frische und Sentimentalität und diese erhalten dadurch einen eigenthümlichen Reiz. Das ist es auch, was Schubert interessierte, denn für die musikalische Darstellung dieser Eigenthümlichkeiten hatte er die treffendsten Mittel; und er singt dieLieder mit jener naiven Sorglosigkeit, die auf dieser Stufe seiner künstlerischen Bedeutung beinahe überrascht, die aber ihres Erfolges immer sicher ist. Um Mitternacht: *Keine Stimme hör' ich schallen*, (Op. 88 No. 3) ist ein einfaches Strophenlied und auch einfach wahr im Ausdruck. Im Frühling: *Still sitz ich an des Hügel's Hang*, im Grunde genommen auch, allein hier erfahren schon die verschiedenen Strophen eine etwas abweichende Behandlung, bei der einen wird der Vordersatz sogar nach Moll übertragen; die Klavierbegleitung aber wird von Strophe zu Strophe verändert, um das Schweben zwischen hoffnungsseliger Sehnsucht und trüber Qual auszutönen. Aehnlich ist: Auf der

Brücke: *Frisch trabe sonder Ruh' und Rast* (Op. 93) behandelt.
Auch hier liegt den verschiedenen Strophen dieselbe Melodie zu Grunde,
die nur, wo es der Text verlangt, modificiert wird, und der Wechsel von Moll und Dur ist hier gleichfalls hochbedeutsam. Dieser
wird auch in dem Liede: Im Walde: *Ich wandre über Berg und
Thal* characteristisch verwendet, wenn auch nicht in dieser Ausdehnung, wie bei den vorerwähnten Liedern, weil in diesem Liede
die verzweifelnde Stimmung den Grundton bildet. Die blühende
Natur lässt den Dichter die Liebesqual nur noch mehr empfinden,
und dieser Stimmung giebt Schubert erschütternden Ausdruck, nur
die Erinnerung an den Grund derselben veranlasst die Uebertragung der Melodie nach dem weichern Dur.

In allen diesen Liedern erfolgt der Wechsel von Dur und
Moll abweichend, wie in den frühern. Dort werden in der Regel
die beiden Tongeschlechter derartig einander gegenüber gestellt,
dass in jedem auch eine besondere Gesangsphrase erfunden wird
— steht der Vordersatz in Moll, so wird dann der Nachsatz in
der gleichartigen Durtonart erfunden, während hier dieselbe Melodie in das andere Geschlecht übertragen wird, wodurch natürlich,
doch meist nur wegen der nun veränderten harmonischen Grundlage,
auch melodische Veränderungen nothwendig werden. Die weiteste Anwendung findet das ganze Verfahren in: Lebensmuth: *O wie
dringt das junge Leben.* Das Gedicht schlägt schon einen etwas
energischern Ton an, der von der Musik fast bis zu trotzigem
Selbstgefühl gesteigert wird. Die Strophen werden im Grunde alle
nach derselben Melodie gesungen; allein nur die ersten beiden ganz
treu, die dritte: *Dieses Zagen, dieses Sehnen, das die Brust vergeblich
schwillt* wird nach Moll versetzt und erleidet dadurch bedeutendere Veränderungen; bei der vierten und fünften erscheint sie wieder in Dur mit einigen, den Ausdruck erhöhenden Veränderungen
am Anfange, der Schluss wird harmonisch gesteigert durch die Erinnerung an den Mittelsatz. Die Gleichmässigkeit der Behandlung
aller dieser Lieder beweist hinlänglich, dass sie nicht tiefer erfasst
werden konnten. Nur eins regte auch Schubert mächtiger an:
Ueber Wildemann: *Die Winde sausen am Tannenhang* (Op.
108.) Das Gedicht gehört dem Stimmungskreis der Winterreise

an und ist vom Dichter auch in dem entsprechenden, gewaltigen
und mächtig wirkenden Ton gehalten; diesen weiss dann auch
Schubert mit seinen bedeutendsten Mitteln musikalisch klingend
zu machen, und die Erinnerung an die ganze Situation, welche das
Gedicht voraussetzt, erzeugt in ihm eine ebenso fortreissende Melodie, wie hochcharakteristische Klavierbegleitung. Hier kommt
dann auch die Harmonik zu viel grösserer Wirkung, wie in den
vorerwähnten Liedern. Die erste und letzte Strophe gehen nach
derselben Mollmelodie — (D-moll) — die *zweite* und *dritte* nach einer
seltsam aus Moll und Dur gemischten Melodie, die sich auf die
Dominant stützt, und dann bei der dritten Strophe nach der Tonika wendet. Die vierte Strophe: *„O Liebe, Liebe, o Maienhauch“*
wird zum überaus weich gehaltenen Mittelsatz in der Dominante
(A-dur). Dies Lied gehört unstreitig den bedeutendsten Schöpfungen
Schuberts an. Weit weniger als die Lieder Schulze's vermochten
die von A. W. von Schlegel den Tondichter zu erwärmen, weil
ihnen jede individuelle Selbstständigkeit fehlt. Die ersten, wie
Sprache der Liebe: *„Lass dich mit gelinden Schlägen“* (Op. 115.)
Lebensmelodien: *„Auf den Wassern wohnt ein stilles Leben“*
(Op. 111.) Der Wandrer: *„Wie deutlich des Mondes Licht“*
(Op. 65) oder: Die Sterne: *„Du staunest o Mensch, was heilig
wir strahlen“* aus den Jahren 1817—20 singt er deshalb mehr im
Bänkelsängerton; diese Texte geben ihm nur Veranlassung, sing-
bare, zum Theil sogar triviale Melodien zu erfinden. Das Abendlied an die Entfernte: Hinaus mein Blick, hinaus ins Thal Op.
88 No. 1. (1825) ist nur etwas reicher harmonisiert als die andern,
sonst steht es um nichts höher als diese. Das interessanteste ist jedenfalls das Lied: Die gefangenen Sänger: *„Hörst du von den Nach-
tigallen“* das mit den vorerwähnten von Schulze ziemlich auf einer
Stufe steht. Ueber allen steht wie erwähnt das Lied: Lob der
Thränen. Bessere Erfolge hatte Schubert mit den Gedichten
des jüngern Bruder Fr. von Schlegel. Waldesnacht: *„Waldes-
rauschen, Gottes Flügel“* regte den Tondichter sogar zu einer weiten, und zum Theil hoch interessanten Tonmalerei an. Es ist nur
zu weitschweifig, um grössere Wirkung zu erzielen. Nach dieser
Seite erscheint Die Rose: *„Es lockte schöne Wärme mich an das*

Licht zu wagen" Op. 73 bedeutender. Das Lied wird auch dadurch bemerkenswerth, als ihm das, am meisten bekannte Motiv aus Wagners Lohengrin, das sogenannte Schwanmotiv entlehnt ist:

In diesem Liede wird wiederum jener mehrfach besprochene Wechsel von Moll und Dur wirksam, aber weit feinsinniger verwendet, als in den Schulze'schen Liedern. Dadurch, dass bereits die zweite Hälfte der ersten Strophe nach Es-dur sich wendet, um sofort wieder mit dem letzten Versgliede, und zwar mit dem Hauptmotive der Melodie, nach dem Hauptton zurück zu kehren, wird der Mollcharakter des Schlusses schon früh bestimmt. Die folgende Strophe ist eine treue Wiederholung der ersten. Die Musik zur dritten und vierten Strophe folgt dann den Intentionen des Textes: *„Es kam die Morgenröthe, da liess ich alles Zagen“*; in der Tonart der Dominant gehalten, gehört der daraus entwickelte Zwischensatz zu den glänzendsten und reizvollsten Erzeugnissen des gesammten Gebietes. Die letzten beiden Strophen: *„Was soll der milde Abend, muss ich nun traurig fragen“* gehen nach der Musik der ersten beiden Strophen, aber nach G-moll übertragen, bis auf den Schluss, der in G-dur erfolgt. Das Lied, so zart und duftig, wie die hochpoetische Anschauung, aus welcher es erwuchs, ist werth, mit den trefflichsten des Meisters genannt, aber auch gesungen zu werden. Weit weniger hoch steht: Fülle der Liebe: *„Ein sehnend Streben“* Lief. 33. Die zum Theil pikante Klavierbegleitung und die interessante Harmonik vermögen nicht genügend Ersatz zu bieten für den Mangel einer gehaltvollen Melodik. Dasselbe gilt von dem Liede: Die Berge: *„Sieht uns der Blick gehoben“*; (Op. 57. No. 2) während dagegen zwei andere, Der Schmetterling: *„Wie soll ich nicht tanzen“* (Op. 57 No. 1) und der Schiffer: *„Friedlich lieg ich hingegossen“* (Lief. 33 No. 1) wol verdienten der Vergessenheit entrissen zu werden. Namentlich ist das letztere schwungvoll melodisch gehalten und besonders interessant durch seine Begleitung.

Unter den Liedern, welche für Schubert zum Componieren gedichtet wurden, sind die von *„Craigher“* bemerkenswerth. Sie sind zwar etwas forciert im Ausdruck, bis zu einer gewissen Rührseligkeit, allein das weiss Schubert wieder ganz vortrefflich zu mildern und abzuklären. Der blinde Knabe: *„O sagt, ihr Lieben, nur einmal; welch' Ding ist's Licht genannt“* (Op. 101) ist ziemlich unwahr, mehr aus der sentimentalen Stimmung des

Dichters heraus gemacht, als aus der Seele des blinden Knaben gedichtet, erst Schubert hat diese Empfindung hineingewirkt und sie in ihrem poetischen, wahren Kern dargestellt. Mit den einfachsten Mitteln, aber in einer breiten Form und einer äusserst schwungvollen Melodie, singt er die genügsame Glückseligkeit des blinden Knaben aus. In *Todtengräbers Heimweh: „O Menschheit o Leben“* (Lief. 24) ist die Empfindung natürlicher, wenn auch mitunter in seltsamen Bildern sich äussernd. Doch gab hier namentlich der Contrast, in welchem der Schluss zum Anfange steht, dem Tondichter Gelegenheit zu grosser Wirkung, die er denn auch in vollkommen künstlerischer Weise erreicht. Das ist bei Op. 43 No. 1: Die junge Nonne: „*Wie braust durch die Wipfel der heulende Sturm*“ noch mehr der Fall. Das Gedicht ist das bedeutendste unter den dreien und bietet der Musik den weitesten Spielraum. Es knüpft an äussere Vorgänge an, und diese müssen auch in der Musik genügend Berücksichtigung finden. Das ausserordentlich charakteristische Vorspiel schildert daher „*den heulenden Sturm*“ und das „*tönende Glöcklein*“; selbstverständlich wird, als dann die Nonne ihren Gesang anhebt, das Einleitungsmotiv als Begleitung weiter fortgeführt. Es wird nicht nothwendig sein auf die ganz wunderbare Treue, mit welcher der Gesang der Situation sich anschmiegt hinzudeuten; mit wie göttlicher Ruhe er sich über das Getobe und Wüthen des grollenden Sturmes erhebt; wie prächtig deklamirt das: „*und finster die Nacht*“ oder das „*Immerhin*“ ist. Die Wiederholung dieses ersten Theils zu den Worten: „*Es brauste das Leben wie jetzo der Sturm*“ etc. wird dadurch wirksamer, dass jetzt die Zwischenspiele wegfallen. Ueber den Schlusssatz in F-dur ist nichts weiter zu sagen; das ist eben nur zu empfinden. Wie sich die Sinne allmälig von der Aussenwelt abwenden, aus dem noch vom Sturm bewegten irdischen Leben, hinüber nach ewigen Höh'n und wie das Innere immer ruhiger geworden ist und nur noch Raum giebt für die Sehnsucht nach dem Heilande, das ist in genialer Weise von dem herrlichen Meister uns zum bewussten Nachempfinden gebracht worden.

Eine ganze Reihe Lieder von *J. G. Seidl* componirte Schubert in diesem Zeitraum, und namentlich die für Männerstimmen geschriebenen sind populär geworden. Auch Seidl's Poesie ist vorwiegend, und oft geschmacklos sentimental, und Schubert musste mit seinen Liedern meist denselben Process vollziehen, wie mit jenen von Craigher: er durfte sich nur auf die poetische Grundanschauung, die meist vorhanden ist, beschränken. Bei dem Männerchor: Grab und Mond: *„Silberblauer Mondenschein, fällt herab"* hat Schubert namentlich in der besondern Darstellung der eigenthümlich gestalteten strophischen Versform erhöhten Ausdruck der Stimmung gewonnen. Die zweite Verszeile ist metrisch immer um die Hälfte verkürzt; Schubert dagegen giebt ihr immer den vollen Werth der längern ersten und erreicht dadurch ganz eigenthümliche Wirkung. Hier verleitet ihn auch schon das Bestreben den treffendsten Ausdruck in charakteristischen Klängen zu gewinnen zu einer, von der herkömmlichen und ästhetisch begründeten, abweichenden Führung der Stimmen; um die entscheidenden Worte: *„Alles stumm"* recht schauerlich wirken zu lassen, führt er die obern mit den untern Stimmen in Octaven:

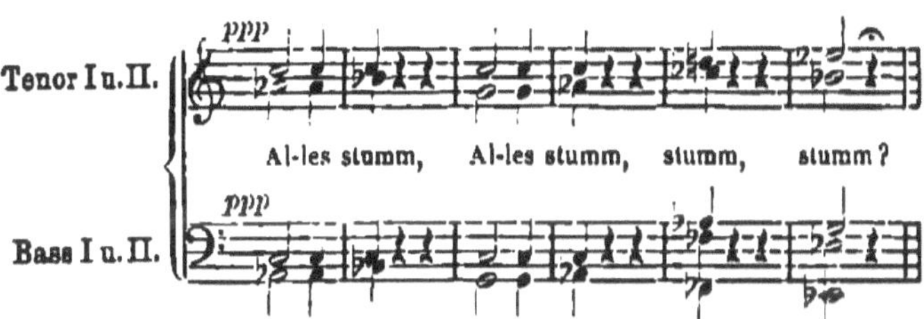

eine Weise, welche den vierstimmigen Gesang insofern schädigt, als er die Selbständigkeit der einzelnen Stimmen aufhebt. Wenn auch in dem vorliegenden Falle diese Führung immerhin noch mancherlei Entschuldigung zulässt, so darf man doch auch andererseits behaupten, dass bei der andern, gesetzmässigen Führung der Ausdruck nicht minder charakteristisch zu gewinnen ist. Auch die Quinten im vorletzten und letzten Tact waren zu vermeiden, ohne die Wirkung der Stelle zu schwächen. Derartige Abweichungen von der gesetzmässigen Norm erfolgen meist in dem Bestreben: *instrumentale* Effecte zu erreichen, und sind daher nicht zu recht-

fertigen. Auch die beiden berühmten Gesänge für Männerstimmen:
„Nachthelle“, *„Die Nacht ist heiter und ist rein* (Op. 134) und:
„Nachtgesang im Walde“ *„Sei uns stets gegrüsst o Nacht“*
(Op. 139) folgen diesem instrumentalen Zuge, ohne indess die Gesetze des Vocalstyls zu verletzen. Wenn auch die polyphone Führung des Chors nicht gerade die höhere Anforderung des Vocalstyls erfüllt, so ist sie ihm doch auch nicht entgegen, und sie entspricht hier dem Text. Der Chor wiederholt meist nur das, was
ihm die *Tenor-Solostimme* vorgesungen hat, und zwar, weil sich
der Text Anfangs mehr betrachtend verhält, nach längern Pausen,
welche durch die malende Klavierbegleitung ausgefüllt werden;
erst als das Gedicht mehr nach innen gewendet ist: *„In mir ist's
hell so wunderbar“* wird auch der Chor mehr selbständig und erhebt sich bis zur Wechsel- und Widerrede mit dem *Solo-Tenor*.
Wo er noch nachahmt, geschieht das jetzt in unmittelbarem Anschluss an die Solostimme und an der brillanten harmonischen
Steigerung: *„es will hinaus, die letzte Schranke bricht“* nimmt er
ganz selbstständig wirkend Antheil. Die allerdings etwas monotone
Sechzehntheilbewegung in der Klavierbegleitung zeichnet wirksam
die flimmernde Bewegung der Nacht und der Bass tritt meist den
Gesang unterstützend hinzu. Der grossartige Schluss aber wird
durch diese rhythmische Auflösung wenn auch nur äusserlich doch immerhin äussert wirksam gesteigert. Zu noch grösserer sinnlicher Gewalt
des Ausdrucks gelangt der andere oben erwähnte Chor: *„Nachtgesang
im Walde“* durch die *Hornbegleitung* und deren eigenthümliche
Einführung. Ausser zum Vorspiel wird das Hornquartett Anfangs
nur zu kurzen Zwischenspielen verwendet, mit denen es die Pausen
zwischen den Verszeilen ausfüllt. Erst bei dem Mittelsatz auf der
Dominant wird es selbstständiger begleitend und hier versuchen
auch wieder die Singstimmen mehr instrumentale Effekte zu erzielen. Die beiden Unterstimmen sind ganz und gar zu instrumentalen Begleitungsstimmen degradiert und der zweistimmige Satz,
in welchem sich die beiden Oberstimmen darstellen, ist auch mehr
instrumental als vocal angelegt:

Tenor I u. II.
Bass I u. II.
Horn I Horn IV } in E.
pp
Säuselnde Lüftchen sind dei - ne Re - den,
spin-nen - de Strah - len sind dei - ne Fä - den,
säu-seln-de Lüft - chen sind dei - ne Re - den,

Auch ausgeführtere Zwischenspiele werden jetzt eingeschoben, und allmälig zur Vorbereitung und Begleitung der Worte: *und doch, es ist zum Schlafen zu schön,* wird die Bewegung in der Begleitung zu Sechzehntheilen aufgelöst und somit ein *Allegro molto vivace* vorbereitet, zu welchem das *Hornquartett* eine ähnliche Begleitung ausführt, wie das Klavier in dem vorerwähnten Chorwerk: Die *Nachthelle*; sie würde noch ungleich mehr wirken, wenn sie den angeschlagenen Rhythmus nicht bis zur Monotonie festhielte. Diese wirkt hier um so mehr abschwächend, da auch der harmonische Apparat, den Schubert hier verwendet, einfacher ist, als in vielen, mannichfaltiger rhythmisierten Liedern, und es endlich dem Chor an gedrängter Form fehlt, so dass die einfache Begleitung mit ihrem monotonen Rhythmus sogar das Uebergewicht gewinnt:

regt in den Lau - ben des Wal - des sich schon,

Die Vö - gel sie glau-ben die

Fühlbarer noch und wirklich ermüdend wird diese rhythmische
Einförmigkeit in einem andern Männerchor nach einem Gedicht von
Joh. Gabr. Seidl: Widerspruch: „*Wenn ich durch Busch und
Zweig brech' auf beschränktem Steig*“, (Op. 105 No. 1) weil sie
sich nicht nur auf das Metrum, sondern auf die ganze rhythmische
Gestaltung überträgt; diese wiederholt fast ununterbrochen die
rhythmische Formel:

nur einige Mal in der Begleitung von der verwandten:

unterbrochen.   Die Wirkung des melodisch wie harmonisch nicht
uninteressanten Liedes wird dadurch fast ganz aufgehoben.

Von den in Op. 105 noch enthaltenen 3 *Liedern für eine
Singstimme* mit Pianofortebegleitung ist das zweite: Wiegenlied
„*Wie sich der Aeuglein kindlicher Himmel*“ lieblich und wolklin-
gend; der Text des dritten: Am Fenster: „*Ihr lieben Mauern
hold und traut*“ aber ist viel zu dürftig, um tiefer anzuregen; der

Componist deklamiert daher wieder mehr als dass er singt; und auch im Uebrigen zeigt die Composition kaum mehr als die meisterliche Routine des Componisten. Dagegen zählt das letzte wieder: Sehnsucht: *„Die Scheibe friert, der Wind ist rauh"* zu seinen besten Liedern. Es zeigt wiederum die hohe Meisterschaft Schuberts: auch innerhalb der eng geschlossensten Form die feinste Charakteristik der Stimmung bis zur Illustration des einzelnen Worts zu geben. Hier sind nicht nur die verschiedenen Anschauungen, aus denen die Stimmung hervorgeht: der Blick in die kalte Winternacht, wie ins stille Kämmerlein und die Erinnerung an das ferne Lieb, sondern sogar einzelne Worte berücksichtigt, obwol sie alle gleich in der ersten Strophe zum Ausdruck gelangen. Die der ersten Anschauung dienenden Verszeilen werden in der Haupttonart D-moll mehr deklamiert über einem grössern Harmoniereichthum; die beiden Verszeilen des Nachsatzes, welche vom Kämmerlein erzählen, werden mehr gesungen und sind nach der Dominant gewendet; der zweite Theil giebt dann der Trauer über die ferne Geliebte Ausdruck, vorwiegend im Hauptton. Die folgende Strophe wendet sich direkt an die Geliebte und ist ganz folgerichtig in D-dur gehalten. Die Trauer darüber, dass dem Dichter kein Lied gelingen will, singt er dann ebenso natürlich wieder in Moll aus, und die Freude, dass dies schon ein Lied ist, wieder in Dur.

Wundervoll ist die Behandlung der Worte: *„mir fehlt mein Lieb"*:

Von den Liedern *Seidl's,* die mit Schubert's Musik in Op. 80 veröffentlicht sind, sind das zweite und dritte bemerkenswerth

wegen der Klavierbegleitung. Namentlich die des dritten: Im
Freien: „*Draussen in der weiten Nacht*“ ist voll grossen Reizes
und recht wol geeignet, die Dürftigkeit der Melodie vergessen zu
machen. Beim zweiten: Ziegenglöckchen: „*Kling' die Nacht
durch, klinge*“ ist auch die Melodie bedeutender, und beide, die
charaktervolle Begleitung, wie die warm gefühlte Melodie, haben
das Lied zu einem Lieblingsliede der Sänger gemacht. Das erste:
Der Wandrer und der Mond: „*Ich auf der Erd', am Himmel
du*“ ist anspruchslos wie das Gedicht.

Endlich ist noch: Die Taubenpost: „*Ich hab' eine Brieftaub
in meinem Sold*“ zu erwähnen, das Lied Seidl's, das Schubert angeblich als seine letzteComposition niederschrieb.

Es ist fast schwer anzunehmen, dass dies Lied von einem gesungen
worden ist, der bereits den Tod im Herzen trug. Es athmet die
reinste, herzlichste Innigkeit und eine wolkenlose Ruhe, so dass
man hier am Klarsten erkennt, wie wenig der Genius des unsterblichen Liedersängers sich von der Last und Schwere der Verhältnisse hemmen und niederdrücken liess. Gerade dies Lied erhebt
seine Schwingen, als käme es aus einem von Freude und Glück
gesättigten Herzen.

Von den beiden Gedichten des *Ladislaus Pyrker*, welche Schubert 1825 componierte: Das Heimweh: „*Ach der Gebirgssohn
hängt mit kindlicher Lieb' an der Heimath!*“ und: Die Allmacht:
„*Gross ist Jehova!*“ (Op. 79) gab ihm das erste nur zu reizenden
Ton- und Detailmalereien Veranlassung. Wie der Dichter nur
mehr beschreibend verfährt, so lässt auch der Componist sich nicht
tiefer anregen; mit der Nachahmung von *Alpenhornklängen*, *Kuh-
reihen* und *Glockenläuten* malt er uns die Idylle, welche dem Al-
pensohn das *Heimweh* verursacht, dies selber bringt uns die Composition ebenso wenig zum Mitempfinden, wie das Gedicht. Dagegen hat der Componist dem andern Gedicht wieder zu einer Bedeutung verholfen, die es ursprünglich nimmer hatte. In ziemlich
verbrauchten Bildern und im trocken lehrhaften Kanzelton zeigt
der Dichter die Allmacht Jehova's; Schubert erst erfüllt die
kahlen Worte mit der Majestät und Pracht seines Gesanges, dass
sie nun auf uns wirken wie einer der weihe- und glaubensvollsten

Gesänge des Psalmisten. Einfach und gewaltig erhebt sich der Gesang, wie die Stimme eines Propheten des alten Bundes; und er wird durch eine mächtig wirkende harmonische Grundlage, die kaum noch je verwendet wurde und die doch bei aller Freiheit der Accordverbindungen organisch entwickelt ist, bis zur eindringlichsten Gewalt gesteigert. Die Liedform ist hier bis zu hymnischer Breite und ganz naturgemäss ausgeweitet.

Ausserdem sind einzelne Lieder zu nennen: Des Sängers Habe: *Schlagt mein ganzes Glück* (Lief. 7) und Todtengräberweise: *Nicht so düster und so bleich* (Lief. 15) von Fr. von Schlechta; Der Einsame: *Wenn meine Grillen schwirren* Op. 41; Hyppolit's Lied aus Gabriele: *Lasst mich* (Lief. 7) von *Johanna Schoppenhauer*, — Die Sterne: *Wie blitzen die Sterne so hell durch die Nacht* (Op. 96) und: Der Winterabend: *„Es ist so still so heimlich um mich"* von Ritter G. von Leitner — Das Echo: *Herzliebe, gute Mutter* von J. Castelli (Op. 130) oder die Scenen: No. 1 Delphine: *Ach was soll ich beginnen vor Liebe* und No. 2 Florio: *Nun die Schatten niedergleiten* aus dem, von A. W. Schlegel herausgegebenen Schauspiel: *Lacrimas* von Schütz, die indess zu keiner weitern Betrachtung Veranlassung geben. Auch dass Shakspeare's: *Morgenständchen. „Horch, horch, die Lerch im Aethersaum"* 1826 in dieser Zeit von Schubert componiert wurde, braucht hier nur erwähnt zu werden. Das Trinklied aus Antonius und Kleopatra *„Bachus feister Fürst"* interessiert, weil es mit entschiedener Rücksichtsnahme auf die Situation der Tragödie, in welcher es gesungen wird, componiert ist.

Es bleiben nun noch zur Betrachtung die drei Liederkreise übrig, von denen jeder einzelne eine Reihe unübertrefflicher Lieder enthält. Gesänge aus Walter Scott's: *Fräulein am See* Op. 52 der Liedercyklus: Winterreise von *Wilhelm Müller* Op. 89 und der andere Liedercyklus: Schwanengesang der, von den Verlegern zusammengestellt, erst nach dem Tode des Componisten erschien.

Hauptquell und Boden für die Dichtungen Walter Scott's ist die mittelalterliche Romantik, mit ihrer schillernden Farbenpracht. Hier wird alles, Empfindung und Gedanke, in glänzenden, blendenden Bildern offenbart; diesem Zuge fügt sich die begleitende

Tonkunst gern und willig und namentlich der Genius Schuberts folgt ihm mit hoher Freude am üppigen Spiel mit Klängen und Klangfarben. Selbst die Klagen der Frauen und Mädchen um *Duncan* macht sich in Bildern, welche die äussere Natur liefert, Luft: „*Die versiegte Quelle*", *die reife Aehre von der Hand des Schnitters gemäht; Blätter und Blumen; die Blas' auf der Welle*" werden zu Bildern des Todes. Ebenso wird auch der Held gefeiert, im: Bootsgesang müssen: *Die grünende Fichte*, das *Pflänzchen*, die *Quellen* und die *Trümmer der verbrannten Städte und Dörfer* helfen: *Sir Roderich Clan Alpine's Held* zu feiern. Hier also fand unser Meister weniger zu interpretieren und dem Gefühl zu vermitteln, als vielmehr zu illustrieren und dadurch in unserer Fantasie zu erzeugen. Dass er das verstand und mit Lust ausführte, haben wir vielfach nachweisen müssen.

Von den beiden Liedern Ellens ist das zweite: *Jäger ruhe von der Jagd* das bedeutendere, weil es auf knappstem Rahmen im Grunde reicher illustriert, als das erste, im Ausdruck umständlichere. Das ganze Lied ist aus einem Hornsignal entwickelt, und dies wird so mannigfaltig eingeführt, dass es auch den wechselnden Anschauungen entspricht. Auch die Melodie wird so gewonnen, auch sie ist vorwiegend darauf gebaut: um so mehr wirkt der Refrain: *Jäger ruhe von der Jagd* der abweichend construiert ist. Das andere: *Ellens erster Gesang* ist zwar noch klangvoller gesungen, aber auch weniger charakteristisch. Namentlich ist der wiederkehrende Hauptsatz mehr wie ein sehr süsses und weiches, aber die Situation nicht so prägnant wie das vorgenannte bezeichnendes Wiegenlied gesungen; daher wurde auch der Componist veranlasst, dem Liede Rondoform zu geben: dem wiederkehrenden Hauptsatz zwei, den Anschauungen der anderen Strophen entspringende Nebensätze gegenüber zu stellen. Von diesen ist wieder der erste: *In der Insel Zauberhallen* gleichfalls mehr ansprechend als die Situation bezeichnend; erst der zweite: *Nicht der Trommel wildes Rasen* entspricht dieser, doch nur in einer Weise, welche den Charakter des ganzen Liedes, als *Wiegen-* oder *Schlaflied* aufhebt. So ist dieser zweite Gesang Ellens als Lied des Meisters immerhin hochbedeutsam, doch nicht in dem Maasse, wie die andern. Mit seiner Einfachheit wirkt der dreistimmige *Todtengesang der Frauen und Mädchen „Er ist uns geschieden vom Berg und vom Walde"* (No. 4) mit unwidersteblicher Gewalt. Die Klavierbegleitung unterstützt nur den Gesang und deutet ganz leise mit dem *Tremolo* der linken Hand den Wirbel der gedämpften, mit Trauerflor verhangenen Trommeln an. Der *Bootgesang: Triumph, er naht! Heil, Heil dem Helden* (No. 3) wird durch den, bei ihm vorwaltenden Wechsel von Moll und Dur volksthümlich anklingend erhalten. Er beginnt in C-moll, wendet sich aber sofort nach Es-dur, und stützt sich auch vorwiegend auf diese Tonart, bis er bei den Worten: *dass freudig er knosp' und weit sich verbreite* die C-dur Tonart gewinnt, und sich auch in derselben festsetzt, doch nicht, ohne nochmals auf die Es-dur Tonart zurück zu gehen. Die beiden folgenden Lieder No. 5 *Norman's Gesang: „Die Nacht bricht bald herein"* und No. 6 *„Ellens dritter Gesang: Ave Maria! Jungfrau mild"* sind in sofern von den übrigen etwas unterschieden, als sie weniger malen, als vielmehr einen Gefühlsinhalt unmittelbar austönen. In *„Norman's Gesang"* nicht weniger, wie in dem weltbekannten *„Ave Maria"* ist die Situationsmalerei mehr untergeordneter Art; die im Gesange rückhaltlos sich darlegende Stimmung ist hier Hauptsache. In No. 7: Lied des gefangenen Jägers: *Mein Ross so müd in dem Stalle sich steht* überwiegt wieder jene. Die Klavierbegleitung hält das Bild von der Jagd fest, welches in der Fantasie des Gefangenen auflebt und auch der Gesang wird davon ziemlich ausschliesslich beherrscht. Noch sind drei andere Gedichte von Walter Scott zu erwähnen: *Lied der Anna Lyle: Wärst du bei mir im Lebensthal* (Op. 85 No. 1) der Gesang der Norna: *Mich führt mein Weg wol meilenlang* (Op. 85 No. 2) und *Romanze des Richard Löwenherz: Grosser Thaten that der Ritter fern im heil'gen Lande viel* (Op. 86), die alle drei vortrefflich sind, doch zu einer besondern Betrachtung keine Veranlassung geben. Die Romanze trifft den Ton dieser Gattung, wie nur wenige andere des Meisters.

Der Liedercyklus: Winterreise ist bekanntlich nur eine Abtheilung eines noch umfassenderen, grösseren, aus drei Abtheilungen bestehenden gleichfalls von *Wilhelm Müller* gedichteten Cyklus, unter dem Namen: „Reiselieder" bekannt. Dass Schu-

bert diese Lieder in der Zeit seiner höchsten Reife schrieb, und
mit künstlerischer Gewissenhaftigkeit ihre Ausführung vollendete,
davon giebt jedes einzelne unwiderleglich Zeugniss. Hier ist alles
mit genialem Geiste erfasst und mit echt kunstmässigem Verständniss erwogen und so werden die Lieder der Winterreise ewig
Mustergültigkeit behalten, so lange der deutsche Geist dichtet,
denkt und empfindet. Die 24 Lieder welche Schubert componierte
sind alle in der Stimmung verwandt, im Geiste ist es ein und dieselbe, und es gehörte die ganze Kraft eines Gott begnadeten Sängers dazu, um den, jedem einzelnen eigenthümlichen Zug heraus
zu finden, und so hervorzuheben, dass nicht ermüdende Monotonie
eintritt, oder gar Wiederholungen nothwendig werden. Nur weil
Schubert diese unfehlbare Meisterschaft in Beherrschung der Form
sich angeeignet hatte, löste er diese Aufgabe in so unübertrefflicher Weise. Der besondere Gehalt jedes Liedes der Winterreise
festigt sich sofort zur Form in ihm, und indem er dann diese mit
dem unerschöpflichen Reichthum seiner Mittel individuell erfüllt,
gewinnt er auch die Mannigfaltigkeit des Ausdrucks. So sind diese
Lieder ebenso fest gefügt in der Form, wie erschöpfend im Ausdruck. Die Form der Lieder ist durchweg von einer seltenen
Vollendung und bei dieser Fülle des Inhalts staunenerregend knapp.
Es gewährt das höchste Interesse zu beobachten, wie der Ausdruck
von Lied zu Lied erweitert wird, und doch immer mit derselben
strengen Geschlossenheit der Form.

No. 1 *„Gute Nacht"* ist ein Strophenlied von einfachster Construction, das sich auf der natürlichsten harmonischen Grundlage
auferbaut; auch zur weitern Darlegung des Inhalts wird kein neues
harmonisches Material aufgeboten; diese erfolgt ausser durch die
Melodie durch die besondere Einführung der harmonischen Grundlage. Jene erscheint dem Text abgelauscht und ist von wehmü-
thiger Innigkeit und diese stellt die Harmonie in einfach durch-
sichtiger Weise, beinahe wie ein Chor von Singstimmen ziemlich
selbstständig dar, und beide sind eng in einander gewebt, so dass
die Singstimme, wo sie mehr nur declamiert, wie bei den Worten
"das Mädchen sprach von Liebe" zur Mittelstimme und das Klavier
melodieführend wird. Bei der dritten Strophe erleidet die Melo-

kleine durch den Text gebotene Veränderungen; besonderen Reiz
aber gewinnt sie durch die Uebertragung nach Dur bei der letzten Strophe, deren Schluss dann ganz entsprechend wieder nach
D-moll zurück gewendet wird. No. 2 Die Wetterfahne: *„Der
Wind spielt mit der Wetterfahne"* ist bedeutend leidenschaftlicher
gehalten und das Spiel des Windes mit der Wetterfahne, das die
Stimmung des Gedichts weckt, findet natürlich auch in der Musik
Berücksichtigung. Diese erzeugt die scharfen, zum Theil schnei-
denden Gesangsfiguren, welche die Stimmung so vortrefflich wiedergeben und die bezeichnende Malerei in der Begleitung. Auch
beim folgenden Lied: Gefrorne Thränen: *„Gefrorne Tropfen
fallen"* ist etwas von dieser Malerei zu beobachten. In der Stimmung entspricht es dem ersten, nur ist es trüber und düstrer. Im
nächsten Liede No. 4 Erstarrung: *„Ich such' im Schnee vergebens"* wie in No. 5 Der Lindenbaum: *„Am Brunnen vor dem
Thore"* und No. 6 Wasserfluth: *„Manche Thrän' aus meinen
Augen"* wie No. 9 Irrlicht: *„In den tiefsten Felsengründen"* oder
No. 11 Frühlingstraum: *„Ich träumte von bunten Blumen"*
No. 14 Der greise Kopf: *„Der Reif hat einen weissen Schein"*
No. 15 Die Krähe: *„Eine Krähe war mit mir"* und den meisten
folgenden gewinnt die Klavierbegleitung eine noch höhere Selbstständigkeit als in den vorerwähnten. Sie folgt ganz bewusst ihrem
eigenen Zuge; ein selbstständiger Führung und in charakteristischen
Vor- Zwischen- und Nachspielen betheiligt sie sich mit ihren eigensten Mitteln an der Darstellung des poetischen Inhalts. In No. 4
wird im Vorspiel eine Bassmelodie eingeführt, die dann auch als
Begleitung zum Gesange der Melodie desselben entgegen gesetzt
wird, und wiederholt macht sich gegen sie auch in der Oberstimme der Begleitung eine erläuternde Gegenmelodie geltend, immer mit dem bewussten künstlerischen Zweck, die fast wilde Erregtheit der Stimmung, die durch die Singstimme doch nur anzudeuten ist, ganz auszutönen. In No. 5 muss die Begleitung wieder
durch reizende Decorationsmalerei uns die Situation vergegenwär-
tigen: im nachgeahmten Rauschen der Zweige unsre Fantasie erregen, um uns dadurch sicherer in Mitleidenschaft zu ziehen. In
No. 6 wird das Klavier nur in den Vor- und Zwischenspielen selbst-

ständiger eingeführt; sonst ist der Gesang als Hauptsache behandelt. In weiten Intervallen und reich melismatisch ausgeschmückt giebt er die verzweifelnde Grundstimmung in herzbeklemmender Wahrheit und die Klavierbegleitung ergänzt nur die harmonische Grundlage. Auch im folgenden Liede No. 7: Erstarrung: *„Der du so lustig rauschest"* hält sich die Begleitung nur in der ersten Hälfte untergeordnet, die durchaus wolgebildete Melodie unterstützend; in der zweiten Hälfte, von den Worten an: *„Mein Herz, in diesem Bache"* declamiert die Singstimme in kürzern mehr rhetorischen Phrasen und der Klavierbass übernimmt die ursprüngliche Melodie, und damit erhält die Begleitung ein gewisses Uebergewicht. Auch harmonisch bietet dieses Lied eine Menge feiner Züge. Der bedeutsamste ist die Wahl der Obermediante der Dominante an Stelle der, der Tonika zur Bildung der ersten und zweiten Strophe. Für No. 8. Rückblick: *„Es brennt mir unter meinen Sohlen"* wird wieder der Wechsel von Dur und Moll hochbedeutsam, mehr noch in No. 16: Letzte Hoffnung: *„Hie und da ist an den Bäumen."* Vorspiel und Anfang des Liedes lassen es vollständig unentschieden, ob das Lied der Es-dur oder Es-moll Tonart angehört. Zwar endet die erste Verszeile in Dur, und die nächste setzt sich in der Obermediante fest, aber die dritte wendet sich zu einem Halbschluss auf der Dominant, und diese deutet nach Es-moll, welche Tonart denn auch in den nächsten Zeilen vollständig ausgeprägt ist. Das Lied schliesst auch in Dur aber immer Bezug nehmend auf den Moll-Charakter. In No. 9 malt die Klavierbegleitung wieder das Flattern des Irrlichts, in No. 13: Die Post: *„Von der Strasse her ein Posthorn klingt"* versäumt sie nicht, die Klänge des Posthorns nachzuahmen. In No. 17: Im Dorfe: *„Es bellen die Hunde, es rasseln die Ketten"* unterlässt sie ebenso nicht, auch dies anzudeuten, wie sie in No. 18: Der stürmische Morgen: *„Wie hat der Sturm zerrissen des Himmels graues Kleid,"* auch diesen äusseren Vorgang nicht unberücksichtigt lässt. Hier wird sogar die Melodie von ihm beeinflusst. Besonders lebhaft malend ist die Begleitung auch noch in No. 15: Die Krähe und No. 19: Täuschung: *„Ein Licht tanzt freundlich vor mir her"* behandelt. Die Schauer und Schrecken der Grundstimmung in: Die Krähe, werden durch die flatternde Klavierbegleitung noch erhöht, ebenso wie durch die Unterstützung der Melodie in der Unterstimme der Begleitung. Bei No. 19 wie No. 11. hilft diese wieder die Stimmung fast freundlich gestalten. So beschäftigt der Meister immer in ziemlich gleichem Maasse die Fantasie wie die Empfindung; er versäumt nie, diese anzuregen, wo es noth thut, aber er ist auch stets darauf bedacht, dass dies nicht einseitig geschieht, dass das Gefühl gleichmässig in Anspruch genommen wird. In den letzten fünf Liedern wird dies aber überwiegend geltend. No. 20: Der Wegweiser: „*Was vermeid' ich denn die Strasse*" wäre allein hinreichend, Schubert zum ersten unter den Meistern des lyrischen Ausdrucks zu machen, denn mit weniger Mitteln ist wol noch nie solche, bis ins Innerste des Herzens treffende Wirkung erzielt worden. Das Lied wird wieder mehr declamiert als gesungen, diese Declamation aber ist durch eine äusserst gewählte Harmonik unterstützt, die sich am Schluss: „*Einen Weiser seh ich stehen*" bis zu tragischer Gewalt, zu grauenvoll beängstigender Wirkung steigert: Die Stimmung des folgenden Liedes No. 21: Das Wirthshaus. „*Auf einen Todtenacker hat mich mein Weg geführt*" zu treffen war wieder eine der schwierigsten Aufgaben. Friedhofstille und Wahnsinnsqual einheitlich darzustellen, das vermochte wol ausser Schubert kein Anderer. Nicht weniger gilt dies von den nächstfolgenden beiden No. 22: *Muth*: „*Fliegt der Schnee mir in's Gesicht*" und No. 23: Die Nebensonnen: „*Drei Sonnen sah ich am Himmel steh'n*". In beiden ist jener fürchterliche, sich selbstvernichtende Humor herrschend, der durch das tiefste Leid erzeugt wird, und Schubert zeichnet ihn namentlich wieder mit seinen reichen harmonischen Mitteln. Das merkwürdigste dieser Lieder aber ist das letzte: No. 24: Der Leiermann: „*Drüben über'm Dorfe steht ein Leiermann*". Anregung zu der besondern Behandlung dieses Liedes erhielt Schubert zweifellos wieder durch das wirkliche Leben; das Vorspiel — aus dem zugleich das, die Verszeilen trennende Zwischenspiel gewonnen wird, —

ist ganz gewisss volksthümlich, direct der, und zwar ungarischen Volksmusik entlehnt; wahrscheinlich auch das ganze Lied.
Dies hat nur Tonika und Dominant zu seiner Grundlage und
die letztere wird, ausser in den Zwischenspielen, nur in der
Melodie angedeutet; diese hat nur Grundton und Quint, welche
vom Bass ununterbrochen festgehalten werden, zur Begleitung,
nur gegen den Schluss wird die Dominantharmonie etwas bestimmter auch in der Begleitung angegeben. Dieser so bezeichnenden
Harmoniearmuth gegenüber, gelangt die Melodie natürlich zu grosser Selbstständigkeit und es ist bewundernswürdig, wie mannichfaltig Schubert die wenigen Töne melodisch verbindet. Das ganze
Lied aber gewinnt dadurch die erschütternde Wahrheit des Ausdrucks — es ist ein Stück verlornen Lebens, das hier in poetischer
Verklärung erscheint.

Mit einzelnen der Lieder der Winterreise hatte Schubert
zugleich die Wege bezeichnet, auf denen die musikalische Umdich-
tung der Lieder *Heinrich Heine's*, des bedeutendsten lyrischen
Dichters nach *Goethe,* gefunden werden konnte.

Wie bereits erwähnt, wurde Schubert wol erst kurz vor seinem Tode mit den Liedern *Heine's* bekannt, und so vermochte er
nur mit einigen für die besondere musikalische Darstellung, welche dieser Dichter anregte, Plan und Ziel zu bestimmen. Schubert
componierte nur sechs Lieder Heine's: Der Atlas: *„Ich unglück-*

selger Atlas" — Ihr Bild: *„Ich stand in dunklen Träumen"* — Das Fischermädchen: *„Du schönes Fischermädchen"* — Die Stadt: *„Am fernen Horizonte"* — Am Meer: *„Das Meer erglänzte weit hinaus"* und Der Doppelgänger: *„Still ist die Nacht."* Sie sind, wie gleichfalls schon erwähnt ist, in der, nach des Componisten Tod veröffentlichten Sammlung: Schwanengesang erschienen.

Die Lieder Heine's sind noch weit knapper in der Form, als die Goethe's. Die Stimmung wird noch präciser, auf noch engerm Rahmen künstlerisch gestaltet dargelegt, gar oft in wenig Worten und Bildern nach ihrem weitesten Umfange. Das einzelne Wort wird bei Heine noch bedeutungsvoller, wie bei Goethe, besonders auch für den Tondichter. Mit ungleich grösserer Treue muss dies vom Tondichter berücksichtigt werden und so bildet sich jener mehr rezitierende Liedstyl, den Schubert mit diesen Liedern fand und der dann von *Robert Schumann* erst zur Vollendung geführt wurde. Wol begegnen wir auch schon früher Liedern, die mehr rezitiert als gesungen wurden, aber ohne einen neuen Liedstyl zu begründen, weil dieser in der Regel darunter Schaden litt. In den neuen, mehr rezitierten Liedern Schuberts erst wird auch die strenge Liedform beobachtet und nur in dieser Voraussetzung war es möglich, den neuen Liedstyl, zu finden. Das Fischermädchen gehört ihm noch nicht an; es gab noch keine Veranlassung in andrer Weise zu singen, und ist daher noch vollständig mit der weichen und bezaubernden Melodik der bedeutendsten Lieder der frühern Periode gesungen und mit einer eben so reichen und weichvermittelten Harmonik ausgestattet. Das Bild zeigt schon mehr von der neuen Weise; schon sind einzelne Wendungen *„und starrt ihr Bildniss an"* mehr declamiert als gesungen und die Begleitung ist vorwiegend darauf gerichtet, die Declamation zu unterstützen. Bemerkenswerth ist hier auch wieder der Wechsel von *Dur und Moll* deshalb, weil er nicht nur der Charakteristik des Inhalts dient, sondern zugleich auch strophenbildend wirkt. Noch bedeutsamer wird die Declamation in: *Das Meer* und zwar so, dass die erste Hälfte des Nachsatzes jeder Strophe schon beinahe rezitativisch behandelt ist, und die ältere Liedform an dieser Stelle

wenigstens aufgehoben erscheint. Vollständig ausgebildet ist der rezitierende Liedstyl in: *Der 'Atlas.* Der Text ist durchweg declamiert, in ebenso klangvollen wie charakteristischen Accenten; aber
der Meister wahrt auch die Form: um sie zu erweitern wird er
sogar zu Textwiederholungen genöthigt. Das Gedicht ist strophisch
gegliedert, aber diese Glieder sind nicht im Reime verbunden, und
so fasst der Componist die, dem Inhalt nach vereinigten Zeilen
zusammen, um sie in gewisser Selbstständigkeit auszubilden; setzt
sie dann aber auch in Beziehungen zu einander. Den ersten Abschnitt singt er in der Haupttonart, den zweiten führt er gewaltig
aufsteigend im Sinne des Gedichts nach der Tonart der Durterz;
in dieser hält er den nächsten Abschnitt und in der etwas veränderten Wiederholung des ersten wendet er sich wieder nach der
Haupttonart zurück. Hier kommt auch wieder jene Steigerung
der Wirkung des Gesanges durch Verdoppelung im Bass der Begleitung zu weitester Anwendung. Besonders beachtungswerth ist
die Declamation der Worte: *und brechen will mir das Herz im
Leibe* und der Schlussworte: *die ganze Welt der Schmerzen muss
ich tragen.*

Noch entscheidender wird für diesen Liedstyl: Die Stadt
hier ist ein ganz symmetrisch geliedertes Versgefüge, dessen einzelne Verszeilen auch durch den Reim verbunden sind, nachzubilden, und dies wird in der ersten Strophe ebenso durch die harmonische Grundlage, wie durch die Abstufung der Accente erreicht.
Die zweite Strophe ruht nach der feinsinnigsten Auffassung des
Textes nur auf dem, vom verminderten Septimenaccorde her-
geleiteten Terzquartenaccorde

die strophische Gliederung wird daher nur durch die Abstufung
der Accente gewonnen. Die letzte Strophe ist wie die erste con-

struiert mit den, durch den Text gebotenen Veränderungen. Bemerkenswerth ist noch die Tonmalerei der Clavierbegleitung; die im Vor- und Nachspiel wie zur Begleitung der zweiten Strophe unverändert wiederkehrende Figur:

ist durch die Anschauung *ein feuchter Windhauch kreisell* erzeugt. In ähnlicher Weise ist endlich auch das letzte dieser Lieder Heine's construiert, nur dass hier das strophische Versgefüge hauptsächlich durch die Clavierbegleitung hergestellt wird, und zwar durch das Motiv, das die Einleitung zuerst einführt. Die Singstimme declamiert den Text in einer wunderbar genialen Weise, die hier keiner nähern Erläuterung bedarf.

Die Lieder Rellstabs boten zu einer so ausnahmsweisen Auffassung und Ausführung keine Veranlassung. Sie sind weder poesielos noch ohne Gedanken, aber sie haben doch nur in geringem Grade individuelles Gepräge; das musste ihnen erst die Musik Schuberts zuführen. Von den Liedern No. 1 Liebesbotschaft: *Rauschendes Bächlein* — No. 3 Frühlingssehnsucht: *Säuselnde Lüfte, wehend so mild* — No. 7 Abschied: *Ade du muntre, du fröhliche Stadt* und zum Theil von No. 4 Ständchen: *Leise flehen meine Lieder* gilt was wir von dem letzten Liede: Taubenpost anführten: man sollte glauben, dass sie aus den, ihm so spärlich lachenden glücklichsten Stunden seines Lebens herrührten, so stillseliger Empfindung geben sie vollendet künstlerischen Ausdruck. Jedenfalls sind sie wieder unwiderlegliche Beweise dafür, dass Schubert den äussern Eindrücken sich zwar nicht verschloss, so weit sie seine Fantasie zu befruchten im Stande sind, dass sie ihn aber nicht zu stören und zu hemmen vermochten in der künstlerischen Ausführung seiner Ideale. Die Lieder mit den düstern Stimmungen: No. 2 Kriegers Ahnung: *In tiefer Ruh liegt um mich her* — No. 5 Aufenthalt: *Rauschender Strom* und No. 6 In der Ferne: *Weh dem fliehenden*, *Welt hinaus ziehenden* haben ihre ganze Bedeutung erst durch die Musik gewonnen und sind durch sie populär geworden im edelsten Sinne des Worts.

So zeigen auch die Lieder dieses Zeitabschnitts, dass der Meister nicht nur Melodien zu den Texten erfindet, und auch nicht nur das einzelne Lied trefflich in Musik umsetzt, sondern dass er die ganze Individualität des Dichters, wenn eine solche vorhanden ist, erfasst und ihr zugleich musikalisch Ausdruck giebt. Wie er in früheren Jahren schon, bei seinen ersten Schöpfungen auf dem Gebiete des Liedes die Lieder von *Klopstock* anders behandelt wie die von Matthisson, Hölty, Kosegarten, Uz oder Gleim so erzeugt ihm die besondere Weise der Lyrik Goethe's einen neuen Liedstyl, und im gleichen Maasse ist er dann bemüht, der Individualität eines Rückert oder Platen Ausdruck zu geben, den Geist Ossians oder Walter Scotts musikalisch darzustellen und die Eigenthümlichkeit der Poesie eines Wilhelm Müller in mustergültigen Kunstwerken zu gestalten. Die poetischen Anläufe der Freunde und Bekannten: Mayrhofer, Schober, Craigher, Seidl, Leitner oder die Rellstabs vertieft, ergänzt und erweitert er, dass auch sie ihm Stoff werden zu klassischen Tongebilden. Die Lieder Heines aber erzeugen wieder in ihm einen neuen Liedstyl, den weiterzubilden er dann den nachgebornen jüngern Meistern überlassen muss. Er brachte den neuen Liederfrühling nicht nur zur höchsten Blüte, sondern er legte zugleich auch wieder die ersten Keime zu einem wiederkehrenden, nicht minder herrlichen, und wie er damit zugleich die gesammte moderne Musikentwickelung in neue Bahnen leitete, das haben wir schon mehrfach dargethan, und wiederholt müssen wir noch darauf zurückkommen.

Nicht weniger wie diese Lieder bezeugen auch die Instrumentalwerke dieses letzten Lebensabschnittes des unsterblichen Meisters, dass er sich auf der Höhe seiner künstlerischen Thätigkeit erhielt.

Auch die, als *Reliquie* gedruckte [1]) unvollendete Sonate bekundet es, dass Schubert auch auf diesem Gebiete zur Selbstständigkeit gelangt ist. Der erste wie der zweite Satz sind von der Liedstimmung erzeugt; der dritte von der verwandten Form des Tanzes und der vierte greift in der Rondoform wiederum auf das Lied zurück. Dem Inhalt und der Ausführung nach ist freilich die Amoll Sonate Op. 42 — die in demselben Jahre 1826 entstand, viel bedeutender. Beide verrathen einige Verwandtschaft, namentlich im ersten Satze, und ganz besonders das erste Motiv:

Auch das zweite Motiv der A-moll Sonate unterscheidet sich von dem ersten ebenso wenig, wie das zweite von dem ersten der *C-dur Sonate.*

Der Satz der *A-moll Sonate* ist nur viel bedeutender und dem neuen Inhalt mehr entsprechend, weil er aus einer emsigern und gehaltvollern Verarbeitung der Motive erwwächst während der

---

[1]) Erschien 1861 bei Whistling in Leipzig.

Satz der *C-dur Sonate* die ursprünglichen Motive mit fremdem Material versetzt und alles mehr lose aneinanderreiht. Das Andante der *C-dur Sonate* erinnert wieder an die ältere Form; das der *A-moll Sonate* ist ein vollständig strophisch construiertes Lied, das dann variiert wird. Die Melodie liegt im ersten Theil in der Mittelstimme; erst bei der Wiederholung in der höhern Octave tritt sie in die Oberstimme, doch kommt auch hier noch einmal die orgelpunktartig festgehaltene Dominant über sie zu stehen. Diesem Vordersatz folgt ein ganz gleich construierter Nachsatz. Die ersten beiden Variationen schon variieren dann nicht nur die Liedmelodie, sondern den ganzen Liedsatz, so dass sein Inhalt schon in der zweiten in grosser Fülle und Breite dargelegt ist. Die dritte Variation erinnert nur noch in leisen Anklängen, die zudem in der Gegenbewegung eintreten, an die Melodie, sie variiert die harmonische Grundlage, diese ist nach dem Mollgeschlecht versetzt, und dadurch wird eine neue Verarbeitung des ursprünglichen Liedgehaltes in As-dur vorbereitet; sie führt dann zu einer äusserst brillant variierten Darstellung des Liedsatzes in seiner ersten Gestalt. Das *Scherzo* wirkt namentlich durch seinen vorwärts treibenden Rhythmus sehr originell. Der Meister legte auf ihn selbst das Hauptgewicht, denn er beherrscht die ganze Bewegung und weitere Verarbeitung; das *Trio* ist ein einfaches lustiges Liedchen. Auch das Rondo trägt den Liedcharakter und mancherlei einzelne Wendungen lassen wieder auf nationale Einflüsse schliessen. Der emsige Eifer aber, mit welchem die Motive verwerthet und durch Figurenwerk umrankt werden, lässt gerade diesen Satz noch mehr als die vorhergehenden im Lichte des neuen Inhalts erscheinen. Von den drei letzten *grossen Sonaten* bringt die in A-dur wieder ihren Inhalt weniger klar zur Anschauung als die andern beiden: in D-dur und in B-dur. Der *Allegro-Satz der A-dur Sonate* gehört zu jenen Compositionen, bei denen der Meister es verabsäumt, den Stimmungsgehalt in prägnanten Themen darzustellen, ehe er es unternimmt, diesen in der weitern Verarbeitung zu erläutern. Nur das zweite Thema ist einigermassen im Zusammenhange dargestellt, wird aber auch bald mit andern Elementen versetzt, so dass es nicht leicht ist, der nachfolgenden Interpretation zu folgen, da die Hauptgedanken nur schwer zu erkennen sind. Das Andantino, das diesem Satz folgt, ist dagegen wieder ein bewundernswerthes Erzeugniss des neuen Geistes; es ist eins der reizendsten Lieder die je gesungen wurden, und von so tiefem und modernem Gehalt, dass *Mendelssohn* seine *Gondellieder* daraus schöpfen konnte. Nachdem der ganze Gehalt in mehreren verschieden bearbeiteten Strophen liedmässig dargestellt ist, wird er noch durch geschmackvolles Figurenwerk umspielend erläutert, bis eine Einführung in einer neuen wieder anders dargestellten Strophe nöthig erscheint. Im *Scherzo* wird wieder die ganze übersprudelnde Lust am instrumentalen Klange lebendig, es ist von einem, durch das Klavier nur sehr selten erreichten blendenden Zauber der Klangfarben übergossen, und selbst der mehr liedmässige Satz — das Trio — wird von dieser Lust ergriffen. Der *Schlusssatz* ist ein Rondo im strengsten Sinne, und hier sind auch die liedmässig erfundnen Sätze vollständig ausgeprägt; der erste Satz gleich ist wie ein lebhafter Chorgesang gehalten, und aus ihm wird auch der zweite hergeleitet; auch noch ein dritter — in Fis-dur — ist ähnlich wie der erste chormässig eingeführt, und wiederum werden alle mit feurigem lebhaften Figurenwerk umschreibend und erweiternd erläutert. So zeigt auch diese Sonate wieder, wie bei dem Meister Herz und Fantasie gleichmässig beansprucht sind.

Die C-moll Sonate ist in so fern noch bedeutender, als auch im ersten, *dem Allegro-Satz*, die Themen bestimmt und selbstredend ausgeprägt sind. Zwanzig einleitende Tacte gehen dem Thema voraus; dies ist wieder 'ganz liedmässig abgeschlossen und ohne Zwischensatz reiht sich ihm das zweite Thema an; das wieder mehr chorisch gebildet ist; alles Uebrige wird aus beiden hergeleitet und weil das reiche Figurenwerk immer auf diese gemüth- und geistvollen Liedsätze sich bezieht, so ist die Wirkung dieses Allegro entschieden bedeutender als bei manchen andern derartigen Sätzen. Das Adagio zeigt, 'als erster Versuch das neue Lied im Sinne des ältern Adagio zum Hymnus auszuweiten einen bedeutenden Fortschritt. Es beginnt wieder mit einem vollständig liedmässig construierten Satz. Dieser aber wird nicht, wie in den frühern lang-

samen Sätzen variiert, sondern es tritt ihm ein neuer liedmässiger
Satz gegenüber, der den ersten als Vordersatz betrachtet, so dass
er nun zum Nachsatz wird, und nicht das nur, dass er noch zu
wenig gegensätzlich erfasst ist, lässt den Versuch noch nicht ganz
gelingen, sondern die Hast, mit welcher er abgebrochen wird, um
einzelne Motive desselben zu variieren. Nach dieser Seite ist das
Andante der letzten, der *B-dur Sonaten* entschieden bedeutender.
Die beiden zum Hymnus vereinten Liedsätze sind durchaus organisch
und selbständig entwickelt, und sie sind wieder ebenso stimmungs-
voll als brillant in der Wirkung ausgeführt und verbunden. Ueber-
haupt ist diese Sonate wol die bedeutendste von allen Schubert'-
schen Sonaten. Hier sind gleich im ersten Satze wieder die Haupt-
themen so bestimmt ausgeprägt, dass man keinen Augenblick über
sie im Zweifel ist, und dass man gern und willenlos sich in ihre
nähern Erläuterungen vertieft. Das *Scherzo* und das *Finale* sind
in der bekannten Weise der früheren gehalten und nicht weniger
bedeutend, als wie die vorhergehenden beiden Sätze. Der dritte
Satz der C-moll Sonate — ein *Menuetto* — interessiert durch seine
eigenartige Rhythmisierung, die wieder sehr an die volksthümliche
Weise der ungarischen Nationalmusik erinnert. Der *Schlusssatz*
endlich ist wieder ein reiches Tableau voll pikanter harmonischer
und melodischer Schönheiten und brillanter Klangwirkungen.

Auf derselben Stufe stehen die beiden *Trios für Piano, Violino* und *Violoncello*, von denen Schubert das erste in B (Op. 99)
1826, das zweite in Es (Op. 100) 1827 schrieb. Sie gewinnen
beide an Innigkeit des Ausdrucks und an Glanz des Colorits, weil
ihnen zwei Instrumente *Violine und Violoncell* gern und willig
dienen. In dem ersten Satz des *B-dur Trio* sind beide Richtungen wieder getrennt in den Themen vertreten; das erste
scheint nur erfunden, um die Streichinstrumente in fast virtuoser
Weise ausklingen zu lassen; das Klavier ordnet sich ihnen ganz
unter; das zweite Thema dagegen ist wieder von herzgewinnender
Innigkeit, und aus dem Wechsel, häufig auch Kampf, dieser beiden
Richtungen erwächst ein *Allegrosatz*, voll Feuer und Leben; ein
echter Sonatensatz. Auch bei der Erfindung des *Andante* ist wiederum die Rücksicht auf die beiden Streichinstrumente bestimmend

geworden, nicht in der oben angedeuteten Weise; die erste Melodie ist innig und warm gefühlt, aber sie wird hauptsächlich von den Streichinstrumenten ausgeführt. Das *Violoncello* bringt sie zuerst und das Pianoforte begleitet in ganz einfacher Weise; dann geht sie in die Violine über und das Cello contrapunktiert, während das Pianoforte wiederum nur begleitet; dann erst wird sie auch von diesem übernommen harmonisch verändert, und die beiden Streichinstrumente contrapunktieren in ziemlich strenger Imitation; dann wird die Melodie wieder als Duett der Streichinstrumente mit einfacher Pianofortebegleitung weiter geführt, und damit schliesst der erste Theil. Der zweite Theil beginnt mit einer Art Durchführungssatz, der aus neuen Motiven, an deren Verarbeitung sich die Instrumente ziemlich gleichmässig betheiligen, gewonnen wird; daran schliesst sich die mannichfach veränderte Wiederholung des ersten Theils von der Unterdominant aus. Der ganze Satz ist nach Art eines echten Allegrosatzes construiert, eine Form, die das ältere Adagio auch hin und wieder annimmt. Die Mannichfaltigkeit der Klangwirkung, welche aus der Entgegensetzung von Geigen- und Klavierklang gewonnen wird, ist besonders für das Scherzo bestimmend geworden. Namentlich wird der zweite Theil dadurch aussergewöhnlich reich und anziehend belebt. Das Trio ist wieder ein melodiereiches, vom Klavier begleitetes Duett der Streichinstrumente. Auch dem *Finale* liegt eine ähnliche Anschauung zu Grunde; das Pianoforte wird sehr vernachlässigt, und der ganze Satz ist weniger bedeutend, als nur anziehend.

Dass im Ganzen beim *Es-dur Trio* ein günstigeres Verhältniss in dieser Beziehung hergestellt ist, giebt diesem einen noch höhern Werth, als dem ersten. Schon im ersten Satze greift das Pianoforte viel entscheidender ein und wirkt selbständiger zur Gestaltung des Inhalts mit, als beim ersten, dem *B-dur Trio*. Hier ist auch das Thema weniger mit Rücksicht auf die Instrumente und ihr specielles Bedürfniss, als vielmehr um einen Inhalt zu offenbaren empfunden. Im Uebrigen ist die Construction dieselbe. Im Andante wird der erste Liedsatz vom Cello eingeführt, das Pianoforte begleitet nur; aber dann übernimmt dies diesen Satz und die Streichinstrumente begleiten. Bei der Einführung des zweiten Liedsatzes durch die Streichinstrumente begleitet das Pianoforte wieder, aber in mehr selbständiger Führung und an der weiteren Arbeit nimmt es dann gleichfalls in eigner Weise Antheil. Bei der Wiederholung des ersten Satzes ist dann das Pianoforte bald mit den Motiven, bald mit der selbständigen Begleitung betraut. Im Scherzo wird diese Selbständigkeit der Instrumente bis zur streng kanonischen Arbeit gesteigert. Der Satz ist ein Kanon reizvollster Art. In dem originellen Trio ist das Pianoforte sogar zum Hauptinstrument erhoben. Das gilt auch von dem *Schlusssatz*. Dieser gewinnt noch dadurch ein besonderes Interesse, dass die verschiedenen Sätze anders rhythmisiert sind. Dem ersten Satz im $^6/_8$ Tact, folgt ein zweiter dem ersten verwandter im $^4/_4$ Tact und diesem dann wieder ein neuer im $^6/_8$, der indess wiederum nur eine Umschreibung des ersten ist; und darauf wird wieder der zweite Satz eingeführt aber mit einem Vorspiel, das dem Componisten wichtig genug erscheint, denn er verbindet es mit dem Hauptsatz auch bei der Wiederholung; daran schliesst sich wieder eine neue besondere Gestaltung des $^6/_8$ Tacts, die in die erste Fassung auf der Dominant hinüber leitet. Die bis dahin gewonnenen einzelnen Sätze werden als Theil gefasst und nun von der Dominant aus wiederholt mit mancherlei Veränderungen; während die Einführung des ersten $^4/_4$ Tacts in der Unterterz erfolgt — in der Paralleltonart C-moll — erfolgt sie hier in der Oberterz der Dominant, in D-moll und nachdem auch der folgende $^6/_8$ Tact in D-moll weiter geführt wird, erscheint der $^4/_4$ Tact in H-moll u. s. w. Der Componist schwelgt hier ebenso in einem Spiel mit Rhythmen, wie sonst im verwandten Spiel mit Harmonien und Melodien. Das Tempo bleibt unverändert — und so stellen sich die Tacteinheiten nur immer in verschiedenen Werthen dar, einmal in 6 das andre Mal in 8 Achteln, oder die kleinsten Einheiten, die halben Tacte, ein Mal in 3, das andre Mal in 4 Achteln. Das Ganze erscheint wie ein vielstrophiges durchcomponiertes Lied. Die übersprudelnde Laune, die den ersten Satz entstehen und steigern liess, und die im Andante nur gemildert und verklärt erscheint, ist im Scherzo wieder bis zur Ausgelassenheit lebendig geworden und wird dann im letzten Satze beinahe gesteigert bis zur Ungebundenheit, die sich selbst über die rhythmischen Einschränkungen hinwegsetzen möchte, an altbegründeten Verhältnissen rüttelt, um in möglichster Schrankenlosigkeit des Herzens Lust und Freude auszutönen.

Dass Schubert in dem Verein von Streichinstrumenten willigere Werkzeuge für Darlegung seiner ebenso gesund sinnlichen wie reich gemüthvollen Innerlichkeit fand, sahen wir schon bei Betrachtung der Streichquartette der frühern Jahre. Namentlich in dem *A-moll-Quartett* erschienen die beiden Seiten seines Naturells schon künstlerisch in einander gewebt. Die beiden *Quartette in D-moll* und *G-dur*, welche Schubert im Jahre 1826 componierte, sind noch bedeutsamer in dieser Beziehung und ganz besonders das Quartett in D-moll, weil es zugleich durch ganz bestimmte Fantasiebilder erzeugt ist. Es ist bekannt, dass Schubert im *Andante* sein Lied: *Der Tod und das Mädchen* (aus Op. 7) variiert; dies steht zwar nicht in so inniger Verbindung mit den übrigen Sätzen, wie die *Wandrermelodie* zu den andern Sätzen der *C-durfantasie*, allein seine Beziehungen zu den übrigen Sätzen sind doch enger wie das Andante mit den Variationen zu den andern Sätzen des *Forellenquartetts*. Schubert hat das Klaviervorspiel des Liedes als ersten Theil des Themas genommen. Den Gesang des Mädchens:

> *„Vorüber, ach vorüber,*
> *Geh' wilder Knochenmann!*
> *Ich bin noch jung, geh' Lieber*
> *Und rühre mich nicht an!"*

übergeht Schubert hier; den zweiten Theil seines zu variierenden Liedsatzes entnimmt er dem Gesange des Todes; die erste Hälfte, die dort sehr monoton ist:

gestaltet er zu erhöhter Wirksamkeit um:

Von der andern Hälfte (der Schluss) wird dann unverändert die Klavierbegleitung zu den Worten:

Sei guten Muths! ich bin nicht wild,
Sollst sanft in meinen Armen schlafen

entlehnt.

Das *Nachspiel* — die Wiederholung des Anfangs vom Vorspiel in Dur — bleibt hier ebenfalls weg; die durch dasselbe bezeichnete Anschauung erhält in der vierten Veränderung Ausdruck und am Schluss des *Andante* erst wird es unverändert verwendet. Man muss sich, um die Behandlung dieses Thema's ganz zu verstehen, jener Stelle aus einem Briefe Schuberts, den er aus Steyr an seine Eltern richtet[1]), erinnern, in welcher er sich über die Furcht, die sein Bruder vor dem Sterben hat, ausspricht: „als wenn das Sterben" heisst es dort „das Schlimmste wäre, was uns Menschen begegnen könnte. Könnte er nur einmal diese göttlichen Berge und Seen schauen, deren Anblick uns zu erdrücken oder zu verschlingen droht, er würde das winzige Menschenleben nicht so sehr lieben, als dass er es nicht für ein grosses Glück halten sollte, der unbegreiflichen Kraft der Erde zu neuem Leben wieder anvertraut zu werden." Die in diesen Worten niedergelegte Anschauung ist im Grunde dieselbe, welche das oben erwähnte Gedicht vertritt, und sie beherrscht auch das *Andante* und das ganze Quartett. Die erste Variation schon weiss uns mit süssern Klängen zu locken, als die Stimme des Todes, und diese Lockung wird noch eindringlicher und auch sinnbefangender in der zweiten, welche das Thema im Violoncello bringt; in der dritten steigert sie sich fast bis zu sinnverwirrender Wirkung. Die vierte — in G-dur — wie die fünfte in G-moll scheinen damit locken zu wollen, dass sie uns einen bezaubernden Blick ins Jenseits eröffnen.

Zu diesem Satze bildet der erste — der *Allegro-Satz* — gewissermaassen die Exposition; er ist wie eine musikalische Erläuterung des: „*Mitten wir im Leben sind, von dem Tod umfangen*". Dass das Einleitungsmotiv:

---

[1]) Vergl: Pag. 183 — dieses Buches.

wie eine Mahnung des Todes gefasst werden soll, darauf deutet
der nach wenigen Tacten der ersten Durchführung dieses Motivs
eintretende kirchlich anklingende wie ein Grabgesang gehaltene
Satz:

der dann vor einer rührigen und rüstigen Verarbeitung des ersten
Motivs verstummt; doch klingt auch hier eine Art kirchlicher Can-
tus firmus hindurch:

Das zweite Motiv aber ist dem üppig blühenden, lustig hervor-
treibenden Leben entnommen:

Beide Motive sind so gegensätzlich wie nur in der ältern Sonatenform und der ganze Satz erreicht eine Grösse und Vollkommenheit
der Darstellung, wie nur wenige *Allegrosätze* Schuberts. Dass
auch die letzten Sätze derselben Anschauung dienen, zeigt die,
mit dem ersten ganz gleiche Tonart, und auch die Verwandtschaft
der Motive. Sie deuten beide an, in wie verschiedenen Formen
der Tod hervor tritt, im beflügelten, leicht dahin ziehenden Leben,
— Scherzo — und den süssern Episoden desselben — D-dur
Trio — oder unter den mannichfach verheerenden, uns umbrau-
senden und mit fortreissenden Stürmen desselben.

Nur weil das *G-dur-Quartett* nicht ebenso aus einer bestimmten
Anschauung hervorgeht, wie das *D-moll-Quartett*, hat es nicht dieselbe Bedeutung gewonnen wie dies. Auch das *G-dur-Quartett*
überrascht durch eine wunderbar reiche Fülle von Melodien, Harmonien und prächtigem Figurenwerk, aber sie werden wieder meist

von der Lust am sinnigen Spiel mit dem Material, weniger von einem bestimmten Inhalt hervorgerufen.

In gewissem Grade gilt dies auch von dem Streichquintett; hier gewann der Meister in dem zweiten Cello die Möglichkeit den bezaubernden Klang des Instruments in noch weiterem Umfange zu verwenden als in seinen Quartetten und diesem gegenüber werden auch die Violinen und selbst die Viola zu erhöhter Theilnahme getrieben und zu immer neuen Klangwirkungen verwendet und zusammen gestellt. Doch erweist sich der Umstand, dass auch die Cantilene und ihre accordische Darstellung hier noch mehr Berücksichtigung gewinnen konnte, günstig für eine mehr fassbare Gestaltung des ideellen Grundgedankens, und in sofern steht das Quintett wiederum höher noch, als das *G-dur-Quartett*. Wir ahnen, dass des Meisters Fantasie nach Festigung zu ganz bestimmten Bildern rang, ohne dass sie ihm selbst vollständig klar geworden sind.

Dasselbe gilt zum Theil selbst von der grossen *C-dur-Sinfonie*, die er im Jahre 1827 componierte. An Frische der Erfindung, Fülle herrlicher Gedanken und an Pracht und Glanz des Colorits übertrifft sie alle andern instrumentalen Werke des Meisters. Wie der Ruf von *Oberons* Horn, so weckt die Melodie der Hörner, in dem einleitenden Andante mit welchem die Sinfonie beginnt:

ein ausserordentlich reich bewegtes Leben, an dem sich zunächst die Streichinstrumente betheiligen, indem sie das in Chorweise von Rohrbläsern ausgeführte Hornmotiv contrapunktieren; Violen und Cellis schliessen dann mit einem Nachsatz dies Motiv liedmässig ab und die äusserst buntgefärbte Darstellung dieses ganzen Liedsatzes durch das volle Orchester lässt es ausser allem Zweifel erscheinen, dass die Welt, in welche uns das Werk versetzt, die fantastisch aufgeputzte, mit zauberhaftem Glanze ausgestattete Traumwelt ist, und als dann wieder der Liedsatz von *Oboen*, *Clarinetten* und *Fagotten* ausgeführt, auftritt, sagt es uns der trippelnde Contrapunkt der Violinen, dass diese Welt auch bevölkert werden soll und immer lauter und dringender wird der Ruf der Hörner, Trompeten und Posaunen, bis im unmittelbar anschliessenden *Allegro* sich das bunteste Leben in fortreissender Lebendigkeit vor unsern Augen ausbreitet, und wir bedauern nur, dass wir in dem bunten Reigen der Figuren und Gruppen nicht die einzelnen Gestalten erkennen und ihr Thun und Treiben verfolgen können. Wol sehen wir gewappnete Nachtgeister im feierlichen Marsch aufmarschieren:

Ob. und Olar.
Ob. und Olar.
OB.
Cello.
Cello.

aber wir möchten auch erfahren, ob es neckische Kobolde oder freundliche Elfen sind, und ob sie ausziehen um zu segnen oder Possen zu treiben. Darüber lässt uns der Meister im Zweifel. Im Eifer für die lebens- und naturgetreue Schilderung seiner sonnenstrahlenden und goldflimmernden Welt, vergisst er uns die Vorgänge zu erzählen, die sich innerhalb derselben zutragen; wir sind deshalb nur mit unserer Fantasie, nicht auch mit unserm Herzen bei der Sache. Im *Andante* führt er uns wieder eine neue Gruppe vor, und diese ist schon bestimmter charakterisiert; wenigstens wissen wir, dass: wer mit solchen bezaubernden Melodien einzieht, nichts Uebles im Sinne haben kann. Ganz besonders klärt uns der A-dur-Satz, und der Schluss über ihr Wesen und ihren Charakter auf; wir wissen unter solcher Maske erscheinen nicht böse Geister; das sind die echten lieblichen Töchter der Luft. Alle diese Gestalten des ersten, wie des zweiten Satzes zeigt uns der dritte im festlichen Reigen sich drehend vereint. Besonders hell und glänzend wird er in dem kanonischen Sätzchen der Geigen und Cellis, zu welchem die Blasinstrumente das ursprüngliche Menuettmotiv aufnehmen, und dann in dem A-dur Trio, das wieder im hellsten Glanze instrumentalen Colorits schillert und prangt. Das *Finale* bringt im Grunde nichts Neues; in einer noch viel glänzendern Darstellung giebt er uns eine noch umständlichere Schilderung jener fantastischen Welt, in die wir schon im ersten Satze so tiefe Blicke thun konnten. Doch werden jetzt in ihr so süsse Stimmen und Lieder laut:

dass nunmehr auch unsere Empfindung zur Betheiligung angeregt wird, und Herz und Sinne mit hinein gezogen werden in den immer mehr in bachantischer Lust sich verwirrenden Knäuel der Bilder, Figuren und Gestalten. Das Spiel mit allen Mitteln der musikalischen Darstellung hat hier in vollendetster Weise künstlerische Gestalt gewonnen und ein Bild geschaffen, das in seiner berauschenden Wirkung seines Gleichen nicht hat! Damit war zugleich diese neue Welt künstlerischer Darstellung in ihrer ganzen Pracht und Herrlichkeit erschlossen und nun konnten jene beiden Meister kommen, die sie mit Elfen und Kobolden, mit guten und bösen Geistern bevölkerten.

Die Musik fügt sich diesem Zuge gern und willig, weil sie mit ihren glänzendsten Mitteln wirken kann. Allein höhere und bedeutsamere Darstellungsobjecte sind auch für sie, wie für alle andern Künste immer jene grossen Ideen, welche die leitenden und wesentlichen des Lebens sind, unter deren Einfluss unsere grossen Meister [bis auf Schubert schufen und — die grossen und weiten Formen der *Sonate, Sinfonie,* der *Oper* und des *Oratoriums* entstanden. Diese Formen müssen nothwendig unter dem Bestreben,

sie einseitig den romantischen Idealen dienstbar zu machen an
Grösse und Bedeutung verlieren; diesen entsprechen die kleinen
Formen, welche direkt aus Lied und Tanz hervorgehen, in denen
die, nur auf sich bezogne Empfindung der lyrischen Selbstgenüg-
samkeit ganz treu zum Ausdruck gelangt, weit mehr. Diese Formen
fügen sich der Individualität Schuberts leichter als jene, und mit
ihnen bestimmte er weit sicherer den Gang der Weiterentwickelung
unserer Kunst als mit jenen.

Wie einst *Joh. Seb. Bach* so erhebt auch Schubert den *Tanz*
zur Kunstform, indem er ihn dadurch der niedern Stufe seiner ursprünglichen Existenz entrückt, dass er ihn mit dem Zauber seiner
romantischen Ideale erfüllt. Der Tanz dient jetzt nicht nur den
niedern Zwecken des realen Lebens, sondern er sucht zugleich
einen poetischen Zug desselben zu offenbaren. Dass Schubert das
schon, wol noch unbewusst in den ersten Walzern thut, konnten
wir schon zeigen; bei den *Valses nobles* Op. 77., den *Valses sentimentales* oder den *Wiener Damen-Ländlern* (Homage aux belles
Viennoises Op. 67) weisen schon diese Bezeichnungen darauf hin
und wie die sogenannten *Atzenbrucker* „Deutschen“ und die Gratzer
Walzer ein Stück poetischen Lebensinhalts geben, wurde gleichfalls schon angedeutet. Die letzten Walzer und vor allem die
Polonaisen zu vier Händen Op. 75. ganz besonders aber die *sechs*
in Op. 61. sind vollendete Meisterwerke in ihrer Art, so dass sie
als Abbilder des Wiener Lebens typische Bedeutung gewonnen
und der Tanzmusik ein eigenthümliches Gepräge verliehen haben,
das in *Strauss, Lanner, Labitzky* und *A.* seine weitern Vertreter
fand und die zugleich veranlassten, dass die ganze Gattung eine
künstlerische Ausgestaltung durch Chopin und andere erhielt, die
sie vorher nicht kannte. Das gilt in demselben Maasse vom
Marsch. Als Trauermarsch war diese Form schon von Haendel zur Kunstform erhoben, und seit dem von einer Reihe von
Meistern gepflegt worden. Die andern Arten wurden in grössern
Werken eingeführt, im Schauspiel mit Musik von Beethoven in
seiner Musik zu: *Die Ruinen von Athen* oder in der *Oper* wie im
„Fidelio“ oder von Mozart in: „*Die Zauberflöte* oder *Idomeneo*.
Beethoven hat auch *einzelne* Märsche geschrieben, aber diese

sind ebenso wenig wie jene, in solcher Eigenthümlichkeit zur Kunstform herausgebildet wie bei *Schubert*, der eine ganze Reihe von Märschen zu Trägern eines besondern Zuges seiner Individualität macht. Von den *Trois Marsches héroiques Op. 27.* ist der erste in H-moll noch mehr Formstudie; er hält am ursprünglichen Marschrhythmus bis zur Monotonie fest, und selbst das *Trio* kommt nicht davon los. Wenn auch nicht in demselben Grade hebt auch in den andern beiden — in dem C-dur- und dem D-dur Marsch — eine gewisse rhythmische Einförmigkeit die Wirkung zum Theil auf. Die *Six Marches héroiques* Op. 40. sind bereits hochbedeutsam, durch die Weise wie Schubert hier den Formalismus, dem er in jenen noch dient, sich selber dienstbar macht. Das tritt namentlich recht klar hervor in dem Verhältniss des eigentlichen *Marsches* zum Trio; in beiden ist der Rhythmus gleich treu ausgeprägt, und doch sind beide in ihrem Charakter so grundverschieden. In jenem spricht sich höchste Energie und Glanz und Pracht aus, in diesem: Leid und Weh des Scheidens. Das *Trio* des D-durmarsch No. 4. hat sogar einen fromm religiösen Charakter, während der Marsch ausserordentlich brillant gehalten ist. Das *Trio* des grandiosen Marsch in Es-moll ist ein prächtiges volksthümlich gehaltenes Chorlied, und so sind diese Märsche durchweg gehalten; der eigentliche Marsch dient immer zu Charakterisierung der äussern Handlung, das Trio dem Ausdruck der Empfindung derer, welche diese ausführen. In den *Trois Marches militaires* Op. 51. sind daher auch die Trios kecke Soldatenlieder. Besonders charakteristisch ist der *Grande Marche héroique* (Op. 66), den Schubert zur Feier der Thronbesteigung des Kaisers von Russland Nicolaus I. (1825) schrieb. Zur Feier der Gemüthsseite eines solchen Ereignisses bedurfte er zweier *Trio's*, die nach Art der Rondoform dem Marsch eingefügt werden.

In den, unter dem Titel: *Impromptus* oder *Momens musicals* veröffentlichten Clavierstücken endlich schuf Schubert diejenigen Instrumentalformen, welche so recht als das unmittelbare Produkt des neuen Geistes zu bezeichnen sind. Zwar finden wir schon bei *Beethoven*, in seinen „Bagatelles“ jenen verwandte Formen, aber diese sind im Grunde nichts weiter als: in der Entwickelung zurückgebliebene Sonatensätze; es sind Skizzen zu solchen Sätzen, die der Meister weiter auszuführen nicht gut befand. Bei Schubert dagegen sind diese Clavierstücke die ganz nothwendige Ergänzung seines Liedstyls. Die reiche Fülle seines Innern ganz auszutönen, waren die vocalen Mittel nur selten genügend, und so zieht er schon früh die reichern instrumentalen mit zur Unterstützung herbei. Als eine ganz natürliche Consequenz erscheint es dann, diesen Gefühlsüberschuss, der im Liede vocal nicht zur Erscheinung kommen kann, auch selbständig instrumental darzustellen. So entstanden die erwähnten kleineren Clavierformen, die von *Mendelssohn* als *Capriccio* namentlich aber als „*Lieder ohne Worte*", von *Robert Schumann* aber als *Fantasiestücke, Charakterstücke, Kinderscenen* u. dergl. weiter gebildet wurden. Es sind rein lyrische Stimmungen die hier zum Ausdruck kommen. Diese werden entweder in eine Liedmelodie gefasst, wie in No. 1 und 3 der *Quatre Impromptus* Op. 90; den *Momens musicals* No. 1. 2 und 3, oder den *Quatre Impromptus Op. 142.* welche dann ganz correct in Variationen ausgeführt sind wie Op. 142 No. 3 oder deren Gefühlsinhalt durch Versetzungen, Umkehrungen, Figuration dargelegt wird wie in den andern oben erwähnten, oder die Stimmung wird wie bei der Liedbegleitung in eine pikante Figur ausdrucksvoll zusammen gefasst und diese wie vielfach nachgewiesen dann verarbeitet, wie beispielsweise in No. 2 und 4 in Op. 90. und in No. 4 der *Momens musicals*. Es wird kaum noch zu erwähnen sein, dass beide Weisen natürlich in einander greifen. Die Verarbeitung und reichere Darstellung der Liedmelodien erfordert Begleitungs- und andre Figuren; und wiederum wird bei jenen, die sich vornehmlich auf diese stützen, die Einführung von mehr melodischen Partien nothwendig, damit die Fantasie nicht einseitig beschäftigt wird. So haben die letzterwähnten Clavierstücke mehr gesangsmässig gehaltene Mittelsätze. In diesen Clavierstücken kommt Schuberts Individualität voll und ganz zur Erscheinung; hier wird dem Drang: den einen Gefühlszug ganz erschöpfend darzustellen, bis in seine äussersten Punkte zu verfolgen durch nichts Einhalt gethan. Dadurch freilich gewinnen diese Clavierstücke jene romantische Unbestimmtheit und grenzenlose Unendlichkeit der Empfindung, die uns ausserordentlich anregt, aber doch auch über die Ziele solcher Erregung im Unklaren lässt. Schumann und Mendelssohn drangen hier weiter vor, jener indem er die äussern anregenden Objekte mit hinein zieht in seine künstlerische Darstellung und so auch den denkenden Menschen anregt, nicht nur den empfindenden; und dieser indem er diese Formen liedmässig abschliesst und durch die Besondersgestaltung jedes · einzelnen uns einen Einblick in die ganz bestimmte Stimmung vermittelt, welche es hervorrief und uns diese dadurch zum vollen Bewusstsein bringt.

Jetzt bleiben nur noch die, meist „religiösen" Gesänge für gemischten Chor mit Begleitung zu betrachten. Hier zeigt sich zunächst die eigenthümliche Erscheinung, dass die nur *religiösen* im Allgemeinen bedeutender sind, wie die wirklich kirchlichen, die sogenannten Kultusgesänge. Ob die Gewöhnung an eine bestimmte Auffassung oder der Wortreichthum des Textes Schuberts Fantasie fesselte, die verschiedenen Kirchengesänge stehen meist nicht so hoch wie die übrigen Gesänge religiösen Inhalts. Schon die in Op. 112 veröffentlichten drei Chöre mit Pianofortebegleitung aus früherer Zeit: Gott im Ungewitter — Gott der Weltenschöpfer —`und „*Hymne an den Unendlichen*" — zeigen dies deutlich. Die Auffassung ist im Allgemeinen eine würdigere und die Ausführung nicht weniger charakteristisch. Die Texte werden motettenhaft zerlegt und dem Inhalt entsprechend behandelt. Der Eingang in dem erst genannten: „*Du Schrecklicher*" ist wesentlich unterschieden von dem andern Abschnitt: „*Gross ist der Herr, was trotzen wir.*" Aeusserst wirksam ist die Stelle *er winkt — und wir vergehen* gehalten; — wieder anders und nicht weniger charakteristisch die Stelle: „*geflügeltes Verderben wacht um seinen furchtbarn Thron*" und so wird jeder veränderten Anschauung eine andere entsprechende Behandlung zu Theil. Die Worte. „*den Herrn und seinen Arm erkennt die zitternde Natur*" werden namentlich durch die Begleitung schärfer gekennzeichnet. Ganz in ähnlicher Weise schmiegt sich die Musik in den beiden andern erwähnten Gesängen den Textesworten und den verschiedenen Anschauungen an. Noch schärfer ist diese bis ins Kleinste durchgeführte

Textauffassung in den spätern Chören, selbst in dem bereits erwähnten Gebet von Fouqué: *„Du Urquell aller Güte"*, bei dem doch der Liedcharakter sogar gewahrt ist. Der Chor gliedert strophisch aber nicht ohne den Inhalt der einzelnen Zeilen, wo es nöthig ist zu unterscheiden, wie gleich in der ersten Strophe, in der die Zeilen: *„hoch donnernd aus der Schlacht"* und *„ein Tempel und ein Fest"* ausgezeichnet sind. Freier noch wird diese Charakteristik in den drei folgenden, von Solostimmen ausgeführten Versen; der Chor wiederholt mit der nächsten Strophe den Anfang aber mit wesentlichen Aenderungen. Der Schluss ist dann weniger mannichfaltig, als vielmehr in wirksamer Chor-Polyphonie geführt. Die dreistimmige Cantate: *„Der Frühlingsmorgen"* Op. 158. lässt auch das Pianoforte wirksam eingreifend Antheil nehmen an dieser Charakteristik des Textes. Mit *Haendelscher* Schärfe und Grösse der Auffassung und Gewalt der Ausführung ist *„Mirjam's Siegesgesang"* geschrieben (Op. 136), *Chor* und *Solostimme* sind zu einem mächtigen Wechselsange verbunden, um des Herren Lob zu singen. Die anschliessende *F-dur Arie mit Chor: Aus Egypten vor dem Volke* ist ganz in Haendelscher Weise gesungen, und mehr noch der malende Chorsatz: *„Schau des Meeres Ungethüme."* Ganz und gar seiner eignen Individualität gehört dagegen der folgende Satz: *„Doch der Horizont erdunkelt"* an. Für diese Art der Malerei hat Schubert die vortrefflichsten Mittel. Ohne die brutalen Effekte der neuesten Weise der Tonmalerei, weiss er uns den Untergang Pharao's mit erschütternder Treue zu schildern. Von nun an erinnert nur noch die Grösse der Auffassung an Haendel. Der Chor: *„S'ist der Herr in seinem Grimme"* die Arie *„Tauchst du auf, Pharao"* der wundervolle *Chor-Canon: Schrecklich hat das Meer vollzogen* und die, in eine mächtige Fuge ausgehende Wiederholung der Anfangsnummer sind alle eines Haendel würdig und doch mit modernen Mitteln ausgeführt.

Das *Tantum ergo* (Op. 45) oder das *Benedictus* Op. 150 bieten wenig mehr als eine ziemlich sinngemässe Declamation des Textes. Auch in den *Messen* erheben sich nur einzelne Nummern über diesen mehr praktisch als künstlerisch berechtigten Standpunkt; und seltsamer Weise zählt die erste — *die F-dur Messe* — die

Schubert schon im Jahre 1815 schrieb, deren mehr als die späteren. Das *Kyrie* ist ein weit ausgeführter Satz, nach der alten Weise dreitheilig construiert; der erste moduliert nach der Obermediante der Tonart des zweiten Theils; die Wiederholung des ersten Theils mit den nöthigen Veränderungen und der reichern Instrumentalbegleitung ergiebt den dritten Theil. Das *Kyrie* der *G-dur* Messe ist viel einfacher, mehr lieblich als bedeutend; die Orchesterbegleitung ist ganz untergeordnet. In dem *Kyrie* der *B-dur Messe* wird das Orchester etwas selbständiger geführt, der Gesang nur im Mittelsatz; sonst declamiert er eben so wie in dem vorerwähnten „*Kyrie*." Der Ausdruck ist in beiden nicht ergreifender und wärmer, und beiden fehlt der sinnliche Reiz der Melodik, der im Kyrie der F-dur Messe so angenehm wirkt. Bei der *Es-dur Messe* tritt an dessen Stelle im Kyrie der noch mehr sinnlich wirkende Klangreiz einer gewählten Harmonik und der auf Wirkung berechneten Instrumentation. Der eigentliche Gedankengehalt dieses Satzes ist geringer, wie bei der vorerwähnten, und nur die glänzeudern Mittel seiner Darstellung machen ihn etwas eindringlicher. In allen diesen Messen ist das *Gloria* der schwächste Satz. In der *Es-dur Messe* und zum Theil auch in der *C-dur Messe* berücksichtigt Schubert die verschiedenen Anschauungen; in den andern thut er dies nur theilweise. In der F-dur Messe wird erst das *Gratias* abweichend behandelt. Das anschliessende Solo-Quartett mit Chor: *Domine Deus* ist einer der besten Sätze, die Schubert je geschrieben hat. Er ist ebenso kunstvoll aus einem harmonischen Motiv entwickelt, wie wirksam und geistvoll ausgeführt. Eben so wirksam ist der Fugensatz mit dem das *Gloria* abschliesst. Der entsprechende Satz der G-dur-Messe hat keine hervorragende Partie. Auch in der B-dur Messe sind das *Gratias* und das *Domine Deus* besonders anziehend gehalten, doch nicht in demselben Maasse bedeutend, wie in der *F-dur Messe*. Die theilweise canonische Bearbeitung des „*cum sancto spiritu*" wirkt ausserordentlich drastisch. Das Gloria der C-dur Messe hat keinen irgend hervorragenden Zug; die Textesworte werden eben nur sinngemäss behandelt, ohne dass dadurch ihr tiefer Sinn näher erläutert würde. Das gilt auch vom *Gloria* der Es-dur Messe; bis zum „*cum sancto spiritu*" ist kaum ein individueller Zug zu verzeichnen; denn dass beim „Gratias“ der Männerchor und Frauenchor einmal einander gegenüber treten ist doch wol kaum als solcher zu bezeichnen. Das „*Cum sancto*“ wird zu einem Fugensatz, dessen Thema ein, von mehreren Meistern — ganz besonders bedeutend von Joh. Seb. Bach in der E-dur Fuge des: *wohltemperirten Clavier*

behandeltes, ziemlich unglücklich erweitert:

Die Fuge ist weniger streng als besonders chorisch wirkungsvoll durchgeführt.

Auch das *Credo* und das *Sanctus* der F-dur Messe zeigen nur interessante Einzelheiten. Das *Credo in unum Deum* ist ein lieblicher, fast kindlich fromm klingender Satz, und weder das „*Crucifixus*“ noch das „*Et resurrexit*“ erheben sich viel über diese Grundstimmung. Das Credo der *G-dur-Messe*, ist wieder durchweg declamiert und so werden die einzelnen Anschauungen nur durch charakteristische Intervalle, hauptsächlich aber durch dynamische Abstufungen unterschieden. Im *Credo* der C-dur-Messe wird eine etwas eingehendere Charakteristik durch eine sorgfältigere Instrumentation und durch einzelne charakteristische harmonische Wendungen hergestellt. Auch im Credo der B-dur-Messe finden sich einzelne Züge, wie im „*Et incarnatus est*“ und im „*Et resurrexit,*“ die einer weitern Ausführung werth sind. Die Form des *Credo* der *Es-dur-Messe* ist durch eine sehr feinsinnige Auffassung des Textes bestimmt. Die Einheit des Glaubens wird hier dadurch angezeigt, dass *ein Thema* für die verschiedenen Weisen in denen er sich offenbart beibehalten ist. Leider ist die Orchesterbegleitung zu skizzenhaft gehalten, sonst würde dieser Satz grosse Bedeutung gewonnen haben. Wunderbar klangvoll ist der vom *Solosopran* und zwei Solotenören eingeführte Canon: *Et incarnatus est* zu dem der anschliessende und mit ihm wechselnde Chor: *crucifixus etiam pro nobis* einen sehr wirksamen Gegensatz bildet. Das *Et resurrexit* nimmt wieder das Credo-Thema auf, und mit einer weit ausgeführten Fuge zu den Worten: *et vitam venturi saeculi. Amen!* schliesst der ganze Satz ab.

Noch weniger fühlt sich Schubert vom „*Sanctus*“ angeregt. Nur der einen Anschauung des „*Schwebens der himmlischen Chöre*“ giebt er hier Ausdruck durch die Orchesterbegleitung. In der *F-dur-Messe* ist wie in der *C-dur Messe* nicht einmal das *Osanna* wirksamer behandelt. In jener wird es ebenfalls nur declamiert; in dieser ganz liedmässig von einer Solostimme eingeführt und dann vom Chor ebenso wiederholt. In der G-dur-Messe ist es wie in der Es-dur-Messe fugiert, und namentlich in der letztern wieder sehr wirkungsvoll.

Das „*Benedictus*“ ist wie das „*Agnus Dei*“ in allen diesen Messen meist sehr schön. In der F-dur Messe ist das Benedictus ein von 2 *Sopranen* und 2 *Tenören* ausgeführter, sehr reizvoller einstimmiger Canon. Bedeutender noch ist der Anfang des *Agnus*. Eine Solostimme intoniert es nach einem ausdrucksvollen Vorspiel und in das: *miserere nobis* stimmt der Chor, eben so wahr wie künstlerisch schön geführt, ein. Der *Solo-Bass* wiederholt das *Agnus* und wieder kommt dann der Chor hinzu, wie früher. Beim *Dona nobis* geht der Componist auf den Anfang, auf das *Kyrie* zurück.

Das „*Benedictus*“ der *G-dur Messe* ist ein dreistimmiger, von *Sopran*, *Tenor* und *Bass* ausgeführter *Canon*, dessen Melodie, namentlich aber die Orchesterbegleitung, wieder mehr durch sinnlichen Reiz, als durch Tiefe der Auffassung oder Wärme der Empfindung wirken. Das *Agnus Dei* folgt der ähnlichen Anschauung, wie das der F-dur-Messe; eine Solostimme übernimmt den Hauptsatz, und der Chor stimmt nur in das „*miserere nobis*“ ein, und dieser Anordnung folgt auch das *Dona nobis*.

Das Benedictus der *C-dur-Messe* ist ein *Solo-Quartett*, bei
dem die einzelnen Stimmen gleichfalls ziemlich vollständig geführt
sind.   Es gewinnt wiederum durch die Orchesterbegleitung grossen
sinnlichen Reiz.

Auch das Agnus dieser Messen folgt der Anordnung der
vorerwähnten.   Der Chor bittet nur: „miserere nobis“ erst beim
Dona nobis pacem, das hier weiter ausgeführt ist, nimmt er mehr
Antheil.

Zu der *C-dur-Messe* hat Schubert zwei „*Benedictus*“ geschrieben.
Das erste ist ein nach Art der ältern *Orgeltrios* gehaltenes *Sopran-Solo* und wol das einzige Tonstück in welchem Schubert
Joh. Seb. Bach zum Vorbilde nimmt, in so fern als hier auch, wie
bei diesem grössten Meister kirchlicher Musik der Solostimme zwei,
ab und zu auch drei und mehr selbständige Orchesterstimmen
entgegensetzt, und so zum Trio oder Quartett verbunden werden.
Dies *Benedictus* tritt aus dem Charakter der übrigen Sätze natürlich
sehr heraus; zumal weder die Singstimme, noch die Instrumente
mit der Freiheit geführt sind, wie es hier nothwendig, und bei
Joh. Seb. Bach immer der Fall ist.

Das zweite *Benedictus* ist mehr wie ein Chorlied gehalten,
und deshalb dem Charakter der ganzen Messe besser angepasst.
Namentlich ist dieser Liedcharakter nach dem Mittelsatz gewahrt,
im Schluss in A-dur.

Das *Agnus Dei* dieser Messe wird wieder durch die Ver-
theilung der entsprechenden Bittrufe an Chor- und Solostimmen
sehr eindringlich wirksam gemacht: ein Solo Sopran und ein
Solo Tenor intonieren, einander nachahmend, den Anfang, und
der Chor stimmt erst beim *miserere nobis* mit ein; der Solo-Alt
und Solo-Bass wiederholen und beim *miserere* ebenso der Chor,
Sopran- und Tenor *Solo* leiten dann zum *Dona nobis* hinüber, an
dessen Darstellung sich dann wieder die Chorstimmen wie die
Solostimmen in ähnlicher Weise betheiligen.

Beide Sätze sind in der Es-dur-Messe am weitesten ausgeführt und sie sind zugleich die bedeutendsten.   Im *Benedictus*
ist ein zum Hymnus erweitertes Lied mit einem Fugensatz verwoben,
und durch beide kommt die Stimmung so frei und reich zum Ausdruck,

wie in keinem andern der genannten Messsätze. Das *Solo-Quartett* nimmt zunächst den Hymnus auf; der Chor folgt mit einem fugierten Satze zu demselben Text, in den dann auch das *Solo-Quartett* einstimmt, bis es der Chor wieder ablöst. Nach einem, aus dem ersten Satz gewonnenen Zwischenspiel, folgt wieder dieser selbst vom *Solo-Quartett* ausgeführt, aber so, dass nunmehr der Tenor die ursprüngliche Melodie übernimmt. Am darauf folgenden fugierten Satze betheiligen sich wieder Chor- und Solostimmen ziemlich gleichmässig und dann folgt unverändert das Osanna.

Weitaus charakteristischer noch ist das Agnus Dei. Schon das erste Thema mit seinem Contrapunkt zeigt, dass den Meister dieser Satz am meisten ergriff:

Diesem Thema und seiner wuchtigen Verarbeitung gegenüber wird das „*miserere nobis*" anfangs sehr mild, fast schüchtern eingeführt, und erst allmälig drängender und mit der ganzen Macht Schubertscher Harmonik ausgestattet. Dagegen ist das „*Dona nobis*" mild und priesterlich fromm aufgefasst; ihm folgt eine neue Einführung des *Agnus Dei* und diesem wieder das „*Dona nobis pacem*."

Dieser Satz vor allen andern giebt einen neuen unumstösslichen Beweis dafür: dass nur die beengenden Beschränkungen, welche sich Schubert durch Rücksicht auf kirchliche Aufführungen auflegte, ihn daran hinderten: in den Messen vollendete Kunstwerke zu schaffen. Die Stimmung des „*Agnus Dei*" war bei ihm in der letzten Zeit seines Erdenwallens, in der er die Messe schuf, vorherrschend und indem er hier nur dieser folgt, bringt er sie zu

künstlerisch vollendetem Ausdruck. In ihrer Zusammensetzung
ist die Messe die geeignetste Form für den reich und weit aus-
gesponnenen lyrischen Ausdruck; denn sie ist aus lauter lyrischen
Ergüssen zusammengesetzt, die nur an das grösste welthistorische
Wunder der Menschwerdung Christi anknüpfen und nicht einmal
die kirchlichen Handlungen, mit welchen sie verbunden werden,
auch nur entfernt andeuten. In diesem Sinne fassten die grössten
Meister den Messtext auf und schufen ihre unvergänglichen Meisterwerke, die losgetrennt von dieser kirchlichen Handlung ihre eigenste
Bedeutung gewinnen. Nur bei einzelnen Sätzen folgt Schubert
derselben Anschauung, am meisten noch in der ersten Messe; bei
den spätern werden die Tonsätze, die an der hergebrachten kirchlichen Ausdrucks- und Auffassungsweise festhalten, häufiger und
so gewinnen diese Messen wol für die kirchliche Erbauung, nicht
aber in gleichem Maasse für die Kunst und ihre Entwickelung Bedeutung. Ihr praktischer Werth für den Cultus und für die
künstlerische Ausstattung des katholischen Gottesdienstes ist nicht
hoch genug anzuschlagen; allein dieser kommt bei der rein künstlerischen Würdigung doch nur wenig in Betracht. Freilich wird
im höchsten Sinne auch der Kirche nur dienstbar, was höchste
Kunstgestaltung gewonnen hat, allein nur unter Voraussetzungen,
die im Leben und Aufbau der Kirche selten vorhanden sind. Die
Messen eines *Bach* oder *Beethoven* sind noch immer nur für eine
sehr kleine Gemeinde vorhanden, und nicht für jene, die der kirchlichen Handlung bedürfen. Die bedeutenden Sätze der Messen
Schuberts, in denen er nur seinem Genius rückhaltslos folgte, geben
aber auch einen neuen Beweis dafür, dass er selbst berufen war,
zu thun, was seine beiden bedeutendsten Nachfolger: Mendelssohn
und Schumann, jeder in eigener Weise mit glänzendem Erfolge
ausführten, nämlich: alle die reichen Mittel des Ausdrucks, die er
der Tonkunst zuführte, auch dem Oratorium zu vermitteln.

Achtes Kapitel.

Der frühe Tod.
(1828.)

Bereits im September des Jahres 1828 hatte sich der Gesund-
heitszustand Schuberts derartig bedenklich gestaltet, dass ihm sein
Arzt, der Hofarzt Dr. *von Rinna* rieth, seine Wohnung bei *Schober*
zu verlassen, und zu seinem Bruder *Ferdinand*, der in der Vorstadt Wieden — Lumpertgasse No. 694 — wohnte zu ziehen, weil
er von dort aus mehr und leichter Gelegenheit zur Bewegung in
freier Luft fand. Er erholte sich auch wieder so weit, dass er
Anfangs *October* noch mit seinem Bruder Ferdinand und zwei
Freunden einen Ausflug über *Unter-Wallersdorf* nach *Eisenstadt*
machen konnte. Er war dabei in alter Weise heiter und vergnügt;
diese 3 Tage aber, welche sie auf der Reise zubrachten, waren
wol auch die letzten sonnigen für ihn. Bei der Rückkehr schon stellten
sich heftigere Blutwallungen und Anfälle von Schwindel heraus,
und als ihm am letzten October Abends im Gasthaus zum rothen
Kreuz (am Himmelpfortgrund) Fische aufgetragen wurden und er
einen Bissen gegessen hatte, überfiel ihn ein solcher Ekel, dass
er Messer und Gabel wegwarf und nichts weiter ass und seit der
Zeit ist auch sein Appetit nicht wieder gekommen. Immer noch
machte er indess seine Spaziergänge und wohnte auch noch der
Aufführung des *Requiems* seines Bruders Ferdinand bei, die am
3. November stattfand. Wie wenig er an sein nahes Ende dachte,
beweist die verbürgte Thatsache, dass er noch am 4. November
mit dem Clavierlehrer *Lanz* in Wien zu dem Hoforganisten *Sechter*
gieng, um dessen Unterweisung im Fugensatz zu erbitten. *Sechter*
erklärte sich auch bereit dazu; *Marpurgs Lehrbuch* sollte zu

Grunde gelegt werden und die Zeit und Zahl der Lectionen wurden
bereits bestimmt. Aber auch nur bis zum Beginn der Lectionen
kam es nicht. Schon am 11. November musste sich Schubert zu
Bette legen; neben Schlaflosigkeit trat auch noch eine grosse Ab-
spannung ein. Von diesem Zustand giebt ein Brief an *Schober* Nachricht, den Bauernfeld mittheilt. Schubert schreibt:

Lieber Schober!

Ich bin krank. Ich habe schon eilf Tage nichts gegessen und
nichts getrunken, und wandle matt und schwankend von Sessel zu
Bett und zurück. Wenn ich auch etwas geniesse, so muss ich es
gleich wieder von mir geben.

Sei also so gut, mir in dieser verzweiflungsvollen Lage durch
Lectüre zu Hülfe zu kommen. Von Cooper habe ich gelesen:
Den letzten der Mohikaner, den Spion, den Lootsen und die
Ansiedler. Solltest Du vielleicht noch was von ihm haben, so
beschwöre ich Dich, mir solches bei der Frau v. Bagner im
Kaffee zu depositiren. Mein Bruder, die Gewissenhaftigkeit
selbst, wird solches am Gewissenhaftesten mir überbringen. Oder
auch etwas Anderes.

Dein Freund
Schubert.

In den nächsten Tagen noch brachte er mehrere Stunden ausser-
halb des Bettes zu, und las auch die Correcturbogen des zweiten Theils
der „*Winterreise*", allein mit dem 16. bereits wurde sein Zustand
sehr bedenklich und am Abend des 17. traten auch schon heftige
Fieberfantasien ein. Am Vorabend seines Endes wurde er ganz
besonders unruhig; allmälig schien ihm die Ahnung des Todes zu
kommen. Zwar suchten ihn *Ferdinand* und die Freunde wie
der Arzt zu beruhigen, aber er erwiderte mit ruhigem Ernst: „*Hier
ist mein Ende!*" Am 19. November Nachmittag um 3 Uhr starb
er, nachdem er die heiligen Sterbesacramente als guter katholischer
Christ empfangen hatte.

Bauernfeld erzählt über seinen letzten Besuch bei dem Freunde:
Als ich Schubert zum letztenmal besuchte — es war am 17. No-
vember — lag er hart danieder, klagte über Schwäche, Hitze im
Kopf, doch war er noch des Nachmittags vollkommen bei sich,

ohne Anzeichen des Delirirens, obwohl mich die gedrückte Stimmung des Freundes mit schlimmen Ahnungen erfüllte. — Sein Bruder kam mit den Aerzten — schon des Abends phantasierte der Kranke heftig, kam nicht mehr zum Bewusstsein — der heftigste Typhus war ausgebrochen. Bereits am Elisabethstage bald nach 3 Uhr des Nachmittags, war er eine Leiche. Noch die Woche vorher hatte er mir mit allem Eifer von der Oper gesprochen, mit welcher Pracht er sie orchestrieren wolle! Auch völlig neue Harmonien und Rhythmen giengen ihm im Kopfe herum, versicherte er — mit diesen ist er eingeschlummert.“

Am 21. November Nachmittag $\frac{1}{2}$3 Uhr fand sein Leichenbegängniss statt. Junge Männer, Beamte und Studierende, trugen den Sarg nach der kleinen Pfarrkirche und dort unter Absingung einer vom Domcapellmeister Gänsbacher componierten Trauermotette und des Schubertschen „*Pax vobiscum*“, zu welchem Schober einen neuen, entsprechenden Text gedichtet hatte, erfolgte die Einsegnung. Darauf wurde der Sarg nach dem Ortsfriedhof in Währing geführt, und dort, nach abermaliger Einsegnung in die Gruft gesenkt. Ohne die specielle Verwendung Ferdinand Schuberts würde Franz, nach dem Matzleiusdorfer Gottesacker gebracht worden sein, als dem zu seiner Pfarre gehörigen; allein *Ferdinand* glaubte aus einzelnen, schon in halb bewusstlosem Zustande gemachten Aeusserungen des Verstorbenen als letzten Willen desselben entnehmen zu müssen: dass er neben Beethoven ruhen wollte, und Ferdinand hielt sich verpflichtet diesen letzten Wunsch zu erfüllen. Er bittet deshalb den Vater damit einverstanden zu sein, dass Franz nach dem Währinger Friedhof gebracht wird und offeriert gleich 40 Fl. zu den Mehrkosten von 70 Fl., welche diese Leichenübertragung verursachte, beizutragen. Der Vater willigte natürlich ein und so ruht Schubert wenig Schritte von dem Grabe Beethovens, nur durch drei Gräber von diesem getrennt.

Die Hinterlassenschaft Schuberts reichte kaum zur Deckung der, durch die Krankheit und das Begräbniss verursachten Kosten, und da die Grabstätte durch einen Stein ausgezeichnet werden sollte, so mussten die dazu erforderlichen Geldmittel durch Concerteinnahmen gewonnen werden. Am 30. Januar 1829 ver-

anstaltete Frl. Anna Fröhlich zu diesem Zweck ein Concert, dessen
halber Ertrag zur Errichtung des Denkmals bestimmt war. Es
hatte einen so günstigen Erfolg, dass es wiederholt wurde und
hiermit, wie durch freiwillige Beiträge einiger Freunde wurden
auch die Kosten für das zu veranstaltende Requiem und für das
Denkmal gewonnen. Es ist dies ein einfacher Stein mit der Büste
des Tondichters; jener ist von dem Steinmetzmeister Wasserburger,
diese von dem akademischen Bildhauer Franz Dialler gefertigt.

Der Stein trägt die, von Franz Grillparzer verfasste Inschrift:

Der Tod begrub hier einen reichen Besitz,
Aber noch schönere Hoffnungen.
Hier liegt Franz Schubert,
geboren am 31. Jänner 1797
gestorben am 19. November 1828.
31 Jahr alt.

Mehrfach und durch verschiedene Vereine wurde sein Andenken mit einer Gedächtnissfeier geehrt. So veranstaltete bereits
am 27. November 1828 Vormittags ¼11 Uhr der Kirchenmusik-
verein zu St. Ulrich am Platze ein Seelenamt und führte dabei das
Requiem von Mozart aus. Eine ähnliche Feier fand dann am
23. December Vormittag 11 Uhr in der Augustiner Hofkirche statt
bei welcher ein Requiem von Anselm Hüttenbrenner aufgeführt
wurde; sie war von Freunden und Verehrern des Verstorbenen,
wie von Mitgliedern der Gesellschaft der Musikfreunde des öster-
reichischen Kaiserstaats veranstaltet worden. Zahlreich waren
die Nekrologe und die künstlerischen und dichterischen ihm gewidmeten Nachrufe. *Baron von Schlechta, Andreas Schumacher,
Stelzhammer, K—s, J. Gabr. Seidl* legten ihre dichterischen Beiträge zu dem Lorbeerkranz für den Verstorbenen in der Theater-
zeitung vom 6. 13. und 20. December 1828 nieder; E. Khier,
Peter Bleich, Eduard Duller, Eduard Silesius im Sammler oder
im Telegraph.

Treffend ist was *Joh. Christ. Baron von Zedlitz* in seiner
Notiz der *Modenzeitung vom 25. November 28* sagt:

„Als Mensch war Schubert von Allen, die ihn näher kannten,
geliebt und geschätzt; sein Privatleben war, wie es bei jedem

echten Künstler gewiss immer ist, durchaus ehrenvoll und würdig. —
Ruhe seiner Asche!"

Einen ausführlichen Nekrolog widmet ihm wieder Bauernfeld
in der Wiener Zeitschrift für Kunst, Literatur, Theater und Mode
(No. 69 vom 9. Januar 1829). Der Schluss möge hier folgen:

„Auf den musikalischen Verfasser dieser Lieder passt der
verbrauchte Ausdruck: „er ist ein Mensch wie ein Kind" vollkommen.
Treuherzig, offen, keiner Hinterlist fähig, gesellig, mittheilend in
der Freude, wer kennt ihn anders. Seine Anhänglichkeit an
seine Freunde und Verwandten war gross wie ihre Liebe zu ihm,
ein Bruder kann sich keinen bessern Bruder, ein Vater keinen
bessern Sohn wünschen als ihn, und jedem Freunde war er, was
der Freund fordern konnte.

Wurde die, mit seiner Braut, der Kunst ihm von Gott als
Morgengabe verliehene Heiterkeit in den letzten Jahren etwas getrübt, indem sich seine äussern Umstände mit seinem steigenden
Ruhme keineswegs verbesserten, so blieb er doch immer fern von
aller Bitterkeit, und arbeitete fleissig und unverdrossen. — Den
Morgen und Vormittag bis 2 Uhr widmete Schubert ohne Ausnahme der Composition oder dem Studium alter Meister. Nachmittag und Abend blieb für Geselligkeit, Kunstgenüsse und vorzüglich für Spaziergänge in den schönen Umgegenden Wiens, wobei es niemals an munterer Gesellschaft fehlte; denn die Behaglichkeit,
die sich in seinem ganzen Wesen aussprach und ein gutmüthiger
Witz, der aus diesem Wohlbehagen entsprang, machte, dass sich
immer eine grosse Anzahl von Freunden und jüngeren Genossen
an ihn schloss. Mehrere Sommer schon in früheren Jahren brachte
er zu Zelész in Ungarn, bei der gräflich Esterhazischen Familie
zu. Seine fröhlichsten Sommer waren aber diejenigen, die er mit
seinem älteren Freunde Vogl in Oberöstreich und Salzburg ver-
lebte. Wie die Minstreels in den Zeiten der Ritterschaft zogen
sie durch die lachenden Gegenden und sangen in den Häusern und
zu den Herzen liederlustiger Menschen. Linz, Steyr, Gmunden,
Gastein, wo der damalige Patriarch von Venedig [1]) eine auserlesene

---

[1]) Ladislaus Pyrker.

Gesellschaft versammelt, und mehrere Klöster Oberöstreichs haben die freundlichen Sänger gern und oft bei sich aufgenommen und werden sich ihrer noch lange erinnern."

Bauernfeld weist dann den Vorwurf von Mangel an Bildung, den man Schubert machen zu müssen geglaubt hatte, zurück und führt ein Gedicht und dabei einige Skizzen aus dessen Tagebuch an, die gleichfalls hier folgen mögen:

"Lasst sie nur in ihrem Wahn"
Spricht der Geist der Welt,
Er ist's, der im schwanken Kahn
So sie mir erhält.
Lasst sie rennen, jagen nun,
Hin nach einem fernen Ziel,
Auf der fernen, dunklen Spur
Glauben viel, beweisen viel.
Nichts ist wahr von alle dem,
Doch ist's kein Verlust,
Menschlich ist ihr Weltsystem,
Göttlich bin ich mir's bewusst. (20. Septbr. 1820)

25. März. Schmerz schärfet den Verstand und stärket das Gemüth, dahingegen Freude sich um jenen selten bekümmert und dieses verweichelt oder frivol macht.

Aus dem tiefsten Grunde meines Herzens hasse ich jene Einseitigkeit, welche so viele Elende glauben macht, dass nur eben das, was sie treiben das Beste sei, alles Uebrige aber sei nichts. Eine Schönheit soll den Menschen durch das ganze Leben begeistern, wahr ist es; doch soll der Schimmer dieser Begeisterung alles Andere erhellen.

27. März. Keiner, der den Schmerz des Andern und Keiner, der die Freude des Andern versteht. Man glaubt immer, zu einander zu gehen und man geht immer nur neben einander. O Qual für den, der dies erkennt.

Meine Erzeugnisse in der Musik sind durch den Verstand und durch meinen Schmerz vorhanden; jene welche der Schmerz allein erzeugt hat, scheinen am wenigsten die Welt zu erfreuen.

28. März. Die höchste Begeisterung hat zum ganz Lächerlichen nur einen Schritt sowie die tiefste Weisheit zur krassen Dummheit.

Mit dem Glauben tritt der Mensch in die Welt; er kommt vor Verstand und Kenntnissen weit voraus; denn um etwas zu verstehen, muss ich vorher etwas glauben; er ist die höhere Basis, auf welche der schwache Verstand seine ersten Beweispfeiler aufpflanzt. Verstand ist nichts, als ein analysirter Glaube.

29. März. O Phantasie! Du höchstes Kleinod der Menschen, du unerschöpflicher Quell, aus dem sowol Künstler als Gelehrte trinken. O bleibe noch lange bei uns, wenn auch von Wenigen nur erkannt und verehrt, um uns vor jener sogenannten Aufklärung jenem hässlichen Gerippe ohne Fleisch und Blut zu bewahren.

Bauernfeld knüpft hieran die treffende Bemerkung: Diese abgerissenen Einfälle, welche wohl auch ihrem Verfasser, wie er in einem Briefe an einen Freund von einem darin mitgetheilten Gedicht sagt, entwischt sein mögen, geben übrigens Zeugniss ab für Manches, was im Innern ihres Verfassers vorging, ein tiefes in gewissen Dingen verschlossenes Gemüth beurkundend und mit Recht konnte es in einem Gedicht auf Schuberts Tod heissen:

Es ging, schien er auch häufig arm an Worten,
Viel ein und aus durch seines Herzens Pforten.

Wir vervollständigen übrigens die Tagebuchblätter noch durch die von Kreissle mitgetheilten aus dem Jahre 1816 und durch ein zweites Gedicht und eine Parabel, die *R. Schumann* bereits 1838 in der *„Neuen Zeitschrift für Musik"* mittheilt.

Jene umfassen die Tage vom 13. bis 16. Juni.

13. Juni 1816. Ein heller, lichter, schöner Tag wird dieser durch mein ganzes Leben bleiben. Wie von ferne leise hallen mir noch die Zaubertöne von Mozarts Musik. Wie unglaublich kräftig und wieder so sanft ward's durch Schlesinger's[1]) meisterhaftes Spiel ins Herz so tief, tief eingedrückt. So bleiben uns diese schönen Abdrücke in der Seele, welche keine Zeit, keine Umstände verwischen, und wohlthätig auf unser Dasein

---

[1]) Ein trefflicher Violinspieler in Wien.

wirken. Sie zeigen uns in den Finsternissen dieses Lebens eine lichte helle schöne Ferne worauf wir mit Zuversicht hoffen. O Mozart, unsterblicher Mozart! wie viele und wie unendlich viele solche wohlthätige Abdrücke eines lichten bessern Lebens hast du in unsere Seele geprägt. Dieses Quintett ist so zu sagen eines seiner grössten kleineren Werke. Auch ich musste mich produciren bei dieser Gelegenheit. Ich spielte Variationen von Beethoven, sang Goethes rastlose Liebe und Schillers Amalia. Ungetheilter Beifall ward jenem, diesem minder. Obwohl ich selbst meine rastlose Liebe für gelungener halte als Amalia, so kann man doch nicht leugnen, dass Goethes musikalisches Dichtergenie viel zum Beifall wirkte. Auch lernte ich Mad: Jenny, eine ausserordentlich geläufige Clavierspielerin, kennen; doch scheint ihr der wahre, reine Ausdruck einigermaassen zu fehlen.

Am 14. Juni 1816. Nach einigen Monaten machte ich wieder einmal einen Abendspaziergang. Etwas angenehmeres wird es wohl schwerlich geben, als sich nach einem heissen Sommertage Abends im Grünen zu ergehen, wozu die Felder zwischen Währing und Döbling eigens geschaffen scheinen. Im zweifelhaften Dämmerschein, in Begleitung meines Bruders Carl ward mir so wohl ums Herz. Wie schön dacht ich und rief ich und blieb ergötzt stehen. Die Nähe des Gottesackers erinnerte uns an unsere gute Mutter. So kamen wir unter traurig traulichen Gesprächen auf den Punkt, wo sich die Döblinger Strasse theilt. Und wie aus himmlischer Heimath hörte ich von einer haltenden Chaise herab eine bekannte Stimme. Ich schaute auf und es war Herr Weinmüller[1], welcher eben ausstieg und sich in seinem herzlich biedern Ton empfahl. Gleich wandte sich unser Gespräch auf die äussere Herzlichkeit in Ton und Sprache der Menschen. Wie mancher bemüht sich, sein redliches Gemüth vergebens in ebenso herzlicher biederer Sprache zu zeigen, wie mancher würde darum zum Gelächter der Menschen dienen. Man kann solches nicht als ein erstrebtes Gut, sondern nur als Naturgabe ansehen.

15. Juni 1816. Gewöhnlich ist's, dass man sich von zu Er-

---

[1] Hofcapellsänger in Wien.

wartendem zu grosse Vorstellungen macht. So ging es auch mir, als ich die bei St. Anna gehaltene Ausstellung vaterländischer Gemälde sah. Unter allen Gemälden sprach mich ein Madonnenbild mit einem Kind von Abel am meisten an. Sehr getäuscht wurde ich durch den Sammtmantel eines Fürsten. Uebrigens sehe ich ein, dass man dergleichen Sachen öfter und länger sehen muss, um den gehörigen Ausdruck und Eindruck zu finden und zu erhalten.

16. Juni (Salieris Jubelfeier.)

Schön und erquickend muss es dem Künstler sein, seine Schüler alle um sich versammelt zu sehen, wie jeder sich strebt, zu seiner Jubelfeier das Beste zu leisten; in allen diesen Compositionen blosse Natur mit ihrem Ausdruck, frei von aller Bizarrerie zu hören, welche bei den meisten Tonsetzern jetzt zu herrschen pflegt und einem unserer grössten deutschen Künstler beinahe allein zu verdanken ist, von dieser Bizarrerie, welche das Tragische mit dem Komischen, das Angenehme mit dem Widrigen, das Heroische mit Heulerei, das Heiligste mit dem Harlequino vereint, verwechselt, nicht unterscheidet, die Menschen in Raserei versetzt, statt in Liebe auflöst zum Lachen reizt, anstatt zu Gott zu erheben. Dieses Bizarre, aus dem Zirkel seiner Schüler verbannt, um dann auf die reine heilige Natur zu blicken, muss dass höchste Vergnügen dem Künstler sein, der von einem Glück geleitet, die Natur kennen lernt, und sie trotz der unnatürlichsten Umgebungen unserer Zeit erhalten hat.

Herr Salieri feierte, nachdem er 50 Jahre in Wien und beinahe eben so lange in kaiserlichen Diensten gewesen, sein Jubelfest, wurde von Sr. Majestät mit einer goldnen Medaille belohnt, ladet viele seiner Schüler und Schülerinnen ein. Die dazu verfertigten Compositionen seiner Compositionsschüler wurden nach der Ordnung, in welcher sie bei ihm eintraten, von oben nach unten producirt. Das Ganze war von einem Chor aus dem Oratorium: Jesu al limbo [1]) von Salieri eingeschlossen. Das Oratorium, echt Gluckisch gearbeitet; die Unterhaltung war für jeden interessant.

____

[1]) Jesus in der Vorhölle.

An diesem Tage componierte ich das erste Mal für Geld. Nämlich eine Cantate für die Namensfeier des Herrn Professor Watteroth von Dräxler. Das Honorar ist 100 fl. W. W.

„Der Mensch gleicht einem Ball, mit dem Zufall und Leidenschaften . . . .

„Ich hörte oft von Schriftstellern sagen: Die Welt gleicht einer Schaubühne, wo jeder seine Rolle spielt. Beifall und Tadel folgt in der andern Welt. Eine Rolle aber ist aufgegeben, also ist auch unsere Rolle aufgegeben, und wer kann sagen, ob er sie gut oder schlecht gespielt hat? Ein schlechter Theater-Regisseur, welcher seinen Individuen Rollen giebt, die sie nicht zu spielen im Stande sind. Nachlässigkeit lässt sich hier nicht denken. Die Welt hat kein Beispiel, dass ein Acteur wegen schlechten Recitirens verabschiedet worden sei. Sobald er eine ihm angemessene Rolle bekommt, wird er sie gut spielen. Erhält er Beifall oder nicht, das hängt von einem tausendfältig gestimmten Publikum ab. Drüben hängt der Beifall oder Tadel von dem Weltregisseur ab. Der Tadel hebt sich also auf.

Natur-Anlage und Erziehung bestimmen des Menschen Geist und Herz. Das Herz ist Herrscher, der Geist soll es sein.

Nehmet die Menschen wie sie sind, nicht wie sie sein sollen.

Glücklich, der einen wahren Freund findet; glücklicher, der in seinem Weibe eine wahre Freundin findet. Ein schreckender Gedanke ist dem freien Manne in dieser Zeit die Ehe; er vertauscht sie entweder mit Trübsinn oder grober Sinnlichkeit.

Monarchen dieser Zeit, ihr seht dies und schweigt! oder sehet ihr's nicht? — Dann, o Gott, umschleire uns Sinn und Gefühl mit Dumpfheit! Doch nimm den Schleier einmal wieder ohne Rückschade!

Der Mann trägt Unglück ohne Klage, doch fühlt er es desto schmerzlicher. — Wozu gab uns Gott Mitempfindung?

Leichter Sinn, leichtes Herz: zu leichter Sinn birgt meistens zu schweres Herz.

Ein mächtiger Antipode der Aufrichtigkeit der Menschen gegeneinander ist die städtische Höflichkeit. Das grösste Unglück des Weisen und das grösste Glück des Thoren gründet sich auf die Convenienz.

Der edle Unglückliche fühlt die Tiefe seines Unglücks und Glücks, ebenso der edle Glückliche sein Glück und sein Unglück.

Nun weiss ich nichts mehr! Morgen weiss ich gewiss wieder Etwas! Woher kommt das? Ist mein Geist heute stumpfer als morgen? Weil ich matt und schläfrig bin? Warum denkt mein Geist nicht, wenn der Körper schläft? Er geht gewiss spazieren. Schlafen kann er ja nicht!

> Sonderbare Fragen!
> Hör' ich alle sagen;
> Es lässt sich hier nichts wagen,
> Wir müssen's duldend tragen.
> Nun gute Nacht
> Bis ihr erwacht.

Das zweite bereits erwähnte Gedicht lautet:

> „Mein Gebet.
> Tiefer Sehnsucht heilges Bangen
> Will in schönre Welten langen;
>   Möchte füllen dunklen Raum
>   Mit Allmächt'gem Liebestraum.
> Grosser Vater! reich dem Sohne,
> Tiefer Schmerzen nun zum Lohne,
>   Endlich als Erlösungsmahl
>   Deiner Liebe ew'gen Strahl.
> Sieh, vernichtet liegt im Staube
> Unerhörtem Gram zum Raube,
>   Meines Lebens Martergang
>   Nahend ew'gem Untergang.
>   8. Mai 1823."

Die Parabel lautet wie folgt:

Mein Traum

Den 3. Juli 1822

„Ich war ein Bruder vieler Brüder und Schwestern. Unser Vater und unsere Mutter waren gut. Ich war allen mit tiefer Liebe zugethan. — Einstmals führte uns der Vater zu einem Lustgelage. Da wurden die Brüder sehr fröhlich. Ich aber war sehr traurig. Da trat mein Vater zu mir und befahl mir, die köstlichen Speisen zu geniessen. Ich aber konnte nicht, worüber mein Vater zürnend mich aus seinem Angesicht verbannte. Ich wandte meine Schritte und mit einem Herzen voll unendlicher Liebe für die, welche sie verschmähten, wanderte ich in ferne Gegend. Jahrelang fühlte ich den grössten Schmerz und die grösste Liebe mich zertheilen. Da kam mir Kunde von meiner Mutter Tode. Ich eilte sie zu sehen und mein Vater, von Trauer erweicht, hinderte meinen Eintritt nicht. Da sah ich ihre Leiche. Thränen entflossen meinen Augen. Wie die gute alte Vergangenheit, in der wir uns nach der Verstorbenen Meinung auch bewegen sollten, wie sie sich einst, sah ich sie liegen. Und wir folgten ihrer Leiche in Trauer und die Bahre versank. — Von dieser Zeit an blieb ich wieder zu Hause. Da führte mich mein Vater wieder einstmals in seinen Lieblingsgarten; er fragte mich, ob er mir gefiele. Doch mir war der Garten ganz widrig, und ich getraute mir nichts zu sagen. Da fragte er mich zum zweiten Male erglühend: ob mir der Garten gefiele? Ich verneinte es zitternd. Da schlug mich mein Vater und ich entfloh. Und zum zweiten Male wandte ich meine Schritte und mit einem Herzen voll unendlicher Liebe für die, welche sie verschmähten, wanderte ich abermals in ferne Gegend. Lieder sang ich nun lange, lange Jahre. Wollte ich Liebe singen, ward sie mir zum Schmerz. Und einst bekam ich Kunde von einer frommen Jungfrau die einst gestorben war. Und ein Kreis sich um ihr Grabmal zog, in dem viele Jünglinge und Greise auf ewig wie in Seligkeit wandelten. Sie sprachen leise, die Jungfrau nicht zu wecken. Himmlische Gedanken schienen immerwährend aus der Jungfrau Grabmal auf die Jünglinge wie leichte Funken zu sprühen, welche leichtes Geräusch erregten. Da sehnte ich mich sehr auch da zu wandeln. Doch nur ein Wunder, sagten die Leute, führt in diesen Kreis. Ich aber trat langsamen Schrittes, immer Andacht und fester Glaube, mit gesenktem Blicke auf das Grabmal zu, und ehe ich es wähnte, war ich in dem Kreise, der einen wunderlieblichen Ton von sich gab; und ich fühlte die ewige Seligkeit wie in einen Augenblick zusammengedrängt. Auch meinen Vater sah ich versöhnt und liebend. Er schloss mich in seine Arme und weinte. Noch mehr aber ich.“

Nachdem, wie bereits erwähnt wurde, das Geburtshaus Schuberts mit einer Gedenktafel versehen worden war, ist seit 1869 auch das Sterbehaus mit einer solchen ausgezeichnet. 1862 am 6. Juni wurde in dem, um die Pflege und Verbreitung der Schubertschen Compositionen hochverdienten *Wiener Männergesangverein* von dem derzeitigen Vorstande *Franz Schierer* und dem Chormeister *Johann Herbeck* (gegenwärtig k. k. Hof-Capellmeister und Director der k. k. Hofoper) der Antrag eingebracht: einen Fond zur Errichtung eines Monuments für Franz Schubert zu gründen, der denn auch den lebhaftesten Anklang fand. Es wurden sofort 500 fl. aus der Vereinskasse als Beitrag bewilligt. Ein im Sommer desselben Jahres von dem Männergesangverein „Liedersinn" in Wien veranstaltetes Gesangfest hatte einen solchen Ertrag, dass über 4000 fl. zum Denkmalfond abgeliefert werden konnten. Auch andere Vereine trugen ihr Scherflein dazu bei, wenn auch nur in sehr bescheidnem Maasse; den Hauptantheil zu erwerben, fiel dem Wiener Männergesangverein zu. Bereits 1865 war das Unternehmen so weit gesichert, dass an die Ausführung geschritten werden konnte. Nach langen Verhandlungen wurde 1868 der Bildhauer Prof. Kundmann in Wien mit der Ausführung des Denkmals beauftragt und am 15. Mai 1872 wurde es enthüllt.

Einfach und erhabend war die damit verknüpfte Feier, zu welcher der Wiener Männergesangverein ausser den noch lebenden Verwandten Schuberts nur die Vertreter der Regierung und der Stadt und einen kleinen Kreis von Verehrern des Meisters eingeladen hatte. Sie wurde mit einem Chor von *Schubert* eröffnet, den der Gesangverein meisterlich vortrug. Darauf erfolgte die Uebergabe und dann die Enthüllung des Denkmals. Hierbei wurde der Wahlspruch Schuberts:

> *„Frei und treu*
> *In Lied und That"*

gesungen. Die Festesstimmung erhielt dann noch entsprechenden Ausdruck in einem, von *Josef Weilen* gedichteten und von dem Hofschauspieler *Gabillon* gesprochenen Festgedicht, und mit einem Chor von Schubert schloss die wahrhaft erhebende Feier. Abends fand dann noch unter Direction des Hofkapellmeister und Director

des k. k. Hofoperntheaters *Johann Herbeck* und der Chormeister
des Vereins *Rudolf Weinwurm* und *Eduard Kremser* im grossen
Musikvereinssaale ein grosses Concert statt, in welchem nur
Schubert'sche Compositionen zur Aufführung gelangten.

Das Denkmal steht im schönsten Theil der Stadt Wien, im Stadt-
park. Auf einem einfach granitnen Stufenbau erhebt sich der, mit den
Reliefs der *Fantasie*, der *Instrumental-* und der *Vocalmusik* ge-
schmückte Sockel des Monuments; dies ist eine in Carrarischem
Marmor ausgeführte Portraitstatue Schuberts. Der Meister ist
sitzend dargestellt, den rechten Fuss etwas zurückgezogen; auf
seinem Schoosse liegt ein offnes Buch, das er mit der linken
Hand festhält; die rechte Hand mit dem Griffel ist erhoben und
scheint eben im Begriff einen Gedanken nieder zu schreiben. Die
Vorderseite trägt die Inschrift:

FRANZ SCHUBERT
SEINEM ANDENKEN
DER WIENER MAENNER-GESANG-VEREIN
MDCCCLXXII.

Auf der Rückseite sind der Geburts- und der Sterbetag Schuberts verzeichnet.

Neuntes Kapitel.

Schubert und die Romantik.

Wie geläufig unserer Zeit auch der Begriff „Romantik"
geworden ist, so sind doch die Anschauungen vom Wesen derselben noch ziemlich unsicher und schwankend. Ohne ihre um-
fassende Erkenntniss aber ist eine volle und eingehende Würdigung
des Schubertschen Kunstwerks nicht möglich, weil dies ausschliesslich
durch jene bedingt wird, so dass in ihm die Romantik musikalisch
in die Erscheinung tritt.

Es ist bekannt, dass früher *romantisch* — gleichbedeutend mit
romanisch- die Sprache der europäischen Mischvölker: der *Ita-*
liener, *Franzosen* und *Spanier*, die sich aus der lateinischen Volkssprache (der *lingua romana*, im Gegensatz zur *lingua latina*) im
Beginne des Mittelalters gebildet hatte, bezeichnete. Die Franzosen jener Zeit nannten daher jedes, in dieser Volkssprache verfasste Gedicht ein *Romant*. Namentlich durch den abenteuerlichen
und fantastischen Roman: *Amadis* wurde dieser Name im sechs-
zehnten Jahrhundert auch nach Deutschland verpflanzt und allmälig
bezeichnete man alles Abenteuerliche und Fantastische, wie es
sich namentlich in jenem Roman darstellte, überhaupt mit dem
Ausdruck *romantisch*, und die Erzählungen der Wundergeschichten
mit dem Namen: *Roman*.

In der Mitte der neunziger Jahre des vorigen Jahrhunderts
waren namentlich die beiden *Schlegel* — *August Wilhelm* und
Friedrich von Schlegel — denen sich besonders *Ludwig Tieck*,
Friedrich Novalis, *Max von Schenkendorf*, *Matthisson*, *Achim*

von Arnim, *Clemens Brentano* und eine Reihe anderer Dichter anschlossen, bemüht das Grosse und Tiefe jener romantischen Poesie, besonders der ältern, ihrer Zeit zu vermitteln und gründeten dadurch eine neue Schule der Dichtkunst, die man deshalb, zum Gegensatz von der, in Goethe und Schiller vertretenen, die *romantische* Schule nannte, während diese zur „*klassischen*" wurde.

Die deutsche Dichtkunst folgte jetzt einseitig einem Zuge des deutschen Volksgemüths, der namentlich unter dem Einfluss des Christenthums wach gerufen worden war. Dies hatte eine neue Welt, die Welt des Wunderbaren, dem staunenden und an ihren Reizen sich berauschenden Auge erschlossen. Die Kreuzzüge und das Ritterwesen mit seinen Abenteuern hatten dem Leben eine neue, poetische Farbe gegeben. Aber den neuen, wunderbaren Erscheinungen, die jetzt dem Menschen überall entgegentraten, fehlten die bestimmten Umrisse der griechischen Götterwelt, sie verbargen sich vielmehr hinter dem, Formen und Gestalten verhüllenden Schleier des Geheimnisses. Dasein und Wirken der Bewohner der neuen Wunderwelt umgab ein beängstigendes und doch angenehm reizendes, süss-schauerliches Dämmerlicht. Das menschliche Auge vermochte sie nicht ganz zu erkennen, auch nicht die Kräfte zu erfassen, welche ihnen zu Gebote standen und noch weniger die Gesetze zu ergründen, nach denen sie handelten. Ueber dieser *romantisch* construierten Welt ruht daher jenes mystische Helldunkel, das, als ein Hauptmerkmal derselben, auch auf die romantische Poesie übergegangen ist, und das verhindert, dass sie sich in gleich plastischer Formgestaltung offenbart, wie die antike, oder die klassische Poesie. Immer zeigt sich in der romantischen Poesie, wie in der durch sie bestimmten Kunstrichtung überhaupt der Trieb, die Grenzen der Form zu verwischen, oder diese selbst ganz zu zertrümmern.

Das Christenthum forderte überall Entsagung und veränderte damit auch die Ziele des menschlichen Bestrebens; der rohe, wilde Sinn beugte sich demüthig unter das Gesetz des Kreuzes. Die heitere Götterwelt des alten Griechenlands wurde zu einer finstern, kalten Welt feindlicher und unheilvoller Dämonen und im

Gegensatz zum Christenthum erneuerte sich wieder der alte Kampf zwischen dem guten und dem bösen Prinzip.

Aber auch das Verhältniss zum Weibe ist durch das Christenthum ein anderes neues geworden; dies zeigt jetzt die Liebe zum ersten Mal in ihrer reinsten Verklärung. Damit aber war der Lyrik ein ganz neues Feld eröffnet und die romantische Kunst musste nothwendiger Weise hier die herrlichsten und bedeutendsten Früchte erzeugen.

So bildete sich das Romantische, nicht eigentlich als Gegensatz zum Antiken, denn auch dies ist ja am unmittelbaren Leben erzeugt, sondern als einseitiges Erzeugniss des einen neuen Zuges des Menschengeistes. Die griechische Götterwelt ist direct aus dem wirklichen Leben hervorgegangen, und während der griechische Geist diesem dadurch erhöhten Reiz zu geben wusste, dass er es in directen und erspriesslichen Verkehr mit der Götterwelt zu setzen wusste, eröffnet das Christenthum dem gepeinigten christlichen Geiste als nöthigen Ersatz eine neue Welt im Jenseits, gegen welche die irdische, diesseitige Welt nur ein Jammerthal ist; es erweckt und nährt die Sehnsucht nach jener Welt der Verklärung und der sündenreinen Seligkeit und steigert sie bis zur Verachtung des irdischen, der Sünde und dem Jammer verfallenen Lebens. Diese Sehnsucht nach einem, in unbekannten Fernen uns erwartenden reinen und ungetrübten Glück, ist wiederum eins der charakteristischen Merkmale der Romantik geworden. In diesem Sinn sagt auch einer der bedeutendsten Romantiker — *Jean Paul* — [1]):

„Ist Dichten Weissagen: so ist romantisches das Ahnen einer grössern Zukunft als hinieden Raum hat; die romantischen Blüten schwimmen um uns, wie nie gesehene Samenarten, durch das allverbindende Meer aus der neuen Welt, noch ehe sie gefunden war, an Norwegens Strand anschwammen."

Die deutsche Romantik erhielt weiterhin reiche, und ausserordentlich befruchtende Nahrung aus dem regen Verkehr mit

---

[1]) Vorschule der Aesthetik. Zweite verbesserte Auflage Stuttgart und Tübingen. J. G. Cotta'sche Buchhandlung 1813. Erste Abtheilung pag. 147 ff.

andern Ländern und Völkern, bei denen das Leben gleichfalls romantisches Wesen angenommen hatte. Auch hierüber spricht sich *Jean Paul* in dem angeführten Werke zutreffend aus, so dass die Stelle gleichfalls hier folgen muss:

„Wer ist nun die Mutter dieser Romantik". — Allerdings nicht in jedem Lande und Jahrhunderte die christliche Religion, aber jede andere steht mit dieser Gottes-Mutter in Verwandtschaft. Zwei romantische Gattungen ohne Christenthum, einander in Ausbildung wie in Klima fremd, sind die indische und die der Edda.

Die altnordische, mehr an's Erhabene gränzende, fand im Schattenreiche ihrer klimatischen, verfinsterten Schauernatur, in ihren Nächten und auf ihren Gebirgen, zum Gespensterorkus eine gränzenlose Geisterwelt, worin die enge Sinnenwelt zerfloss und versank; dahin gehört Ossian mit seinen Abend- und Nachtstücken, in welchen die himmlischen Nebelsterne der Vergangenheit über dem dicken Nachtnebel der Gegenwart stehen und blinken; und nur in der Vergangenheit findet er Zukunft und Ewigkeit.

Alles ist in seinem Gedichte Musik, aber entfernte und dadurch verdoppelte und ins Unendliche verschwommene, gleichsam ein Echo, das nicht durch rauh-treues Wiedergeben der Töne, sondern durch abschwächendes Mildern derselben entzückt.

Die indische Romantik bewegt sich in einer allbelebenden Religion, welche von der Sinnenwelt durch Vergeistigung die Schranken wegbrach; diese wurde so gross wie die Geisterwelt, aber nicht voll Polter- sondern voll Schmeichelgeister und Erd und Himmel sanken, wie auf einem Meer einander zu. Dem Indier lebt die Blume mehr als dem Nordmann ein Mensch. Nun rechnet noch sein Klima dazu, diese üppige Brautnacht der Natur, und den Inder, den, wie eine Biene, im honigvollen Tulpenkelche ruhend, laue Weste wiegen und der im süssen Schwanken ausruht. Eben darum musste die indische Romantik mehr in den Sinnenzauber zergehen; und wenn Mondschein und Ton-Verhall Charaktere und Sinnbilder anderer romantischer Arten sind: so mag der dunkle Waldduft die indische bezeichnen, zumal da er so oft ihr Leben wie ihre Gedichte durchspielt.

Die *orientalische* Poesie ist weniger der *griechischen*, als der *romantischen* durch die Vorliebe für das Erhabene und das Lyrische, und durch ihr Unvermögen in Drama und Charakteristik und am meisten durch die orientalische Denk- und Fühlart verwandt. Nämlich ein Gefühl der irdischen Nichtigkeit des Schattengewimmels in unserer Nacht, Schatten, welche nicht unter einer Sonne, sondern wie unter Mond und Sternen geworfen werden, und denen das kärgliche Licht selber ähnlich ist, ein Gefühl, als würde der Lebenstag, unter einer ganzen Sonnenfinsterniss voll Schauer und Nachtgeflügel gelebt — ähnlich jenen Finsternissen, wo der Mond die ganze Sonne verschlingt, und nur er selber mit einem strahlenden Ringe vor ihr steht — diese Denk- und Fühlart, welche Herder, der grösste Abzeichner des Orients, dem Norden so nahe vorgemalt, musste sich der romantischen Dichtkunst auf einem Wege nähern, auf welchem das verschwisterte Christenthum sie ganz erreichte und ausformte.

Wir gelangen nun zur christlichen Romantik; aber von ihr ist zuerst zu zeigen, warum sie im Süden (Italien und Spanien vorzüglich) andere Gestalten annahm und erschuf als im Norden, wo wie oben bewiesen worden, schon der Landesboden den heidnischen Vorhof zum christlichen romantischen Allerheiligsten machte. Der Süden zeigt sich schon von Natur und dann in seinen vielfachen historischen Verflechtungen so viel anders, dass man Bemerkungen, welche die Romantik aus ganz andern als christlichen Quellen fliessen lassen, erwägen oder berichtigen muss.

Der südlichen und frühesten giebt *Bouterweck* folgende Mütter: erstlich die höhere, von den alten Deutschen herübergebrachte Achtung der Weiber, und also den geistigern Stil der Liebe.

Aber nicht in den altdeutschen Wäldern, sondern in den christlichen Tempeln wohnte die romantische Liebe; und ein Petrarch, der kein Christ ist, wäre ein unmöglicher. Die einzige Maria adelt alle Weiber romantisch; daher eine Venus nur schön, aber eine Madonna romantisch sein kann. Diese höhere Liebe war, oder ist eben Blüte und Blume aus dem Christenthum, das mit seinem Feuereifer gegen das Irdische den schönen Körper in eine schöne Seele zerschmelzt, um ihn dann in ihr lieben zu lassen, also das Schöne im Unendlichen.

Der Name platonische Liebe ist bekanntlich einer andern Liebe, jener reinen, unbefleckten Freundschaft zwischen Jünglingen abgeborgt, welche an sich so schuldlos war, dass griechische Gesetzgeber sie sogar unter die Pflichten rechneten, und so schwärmerisch, dass für die Fehler des Geliebten der Liebende gezüchtigt wurde; hier wäre also nur an einem verschiedenen Geschlechte, dieselbe vergötternde und von der Natur am fernsten vor einer Verunreinigung gehaltene Liebe wieder da, wie bei den alten Deutschen, aber nicht jene heiligende durch Christenthum, welche mit dem romantischen Schimmer bekleidete.

Der Rittergeist — der ohnehin Liebe und Religion *„Dame“*, und *Notre-dame* neben einander auf seine Fahne stickte — und die Kreuzzüge, welche man zweitens zu Vätern der Romantik machte, sind Kinder der christlichen. — In das gelobte Land ziehen, das von zwei Religionen auf einmal und vom grössten Wesen der Erde in ein dämmerndes Reich der heiligen Ahnung, und in einen Isthmus zwischen erster und zweiter Welt für die Phantasie erhoben war, hiess sich romantisch verklären und sich die tiefe, irdische, prosaisch und poetisch mit zwei Kräften unterwerfen, mit Tapferkeit und Religion. Was konnten aber Aehnliches die Heroen und Argonautenzüge gebären?

Als Diener und stumme Knechte der *Romantik* gelten noch die wachsenden Jahrhunderte, welche von aussen alle Völker immer mehr mit einander verschwisternd, deren eckige Abschnitte zurunden; und welche von innen, durch das steigende Sonnenlicht der Abstraktion, wie ein Christenthum immer mehr die feste Körperwelt zersetzen. Alles dies macht zu Weissagungen kühn, die dichtende Zukunft werde immer romantischer und regelloser, oder regelreicher, und der Abstand von Griechenland breiter werden, und ihrem Flügelrosse werden so viele Flügel nachwachsen, dass sie grade mit der Menge eine grössere Schwierigkeit der geraden Flugbahn erfahren wird, wenn sie nicht, wie jene Sechsflügelgestalt im Ezechiel, einige Schwingen nur zum Verhüllen anwendet. Indess, was gehen die Zeit oder Ewigkeit Aesthetikern und deren Vorschulen an?

Man könnte behaupten, jedes Jahrhundert ist anders roman-

tisch, so wie man aus Scherz und Ernst in jedem Planeten eine
andere Dichtkunst setzen könnte. Dichtkunst wie alles Göttliche
im Menschen ist an Zeit und Ort gekettet und muss immer ein
Zimmermannssohn und ein Jude werden; aber in anderer Zeit kann
der Stand der Erniedrigung schon auf dem Berge Tabor anfangen,
und die Verklärung auf einer Sonne vorgehen und blenden.

Uebrigens ergiebt sich von selber, dass das Christenthum,
obwol gemeinschaftlicher Vater der romantischen Kinder andere
in Süden, andere in Norden erzeugen muss. Die südliche Romantik in dem, klimatisch Griechenland verwandten, Italien muss in
einem Ariosto heiterer wehen, und weniger von der antiken Form
abfliegen und abfliehen, als die nordische in einem Shakespeare,
so wie wieder dieselbe südliche sich anders, und orientalisch kühner
im glühenden Spanien gestaltet.

„Ursprung und Charakter der ganzen neuern Poesie
lässt sich so leicht aus dem Christenthum ableiten, dass
man die romantische eben so gut die christliche nennen
könnte. Das Christenthum vertilgte, wie ein jüngster
Tag, die ganze Sinnenwelt mit allen ihren Reizen, sie
drückte sie zu einem Grabeshügel, zu einer Himmels-
staffel, zusammen und setzte eine neue Geister-Welt an
die Stelle. Die Dämonologie wurde die eigentliche
Mythologie der Körperwelt und Teufel als Verführer
zogen in Menschen und Götterstatuen; alle Erden-Gegen-
wart war zu Himmels-Zukunft verflüchtigt. Was blieb
nun dem poetischen Geiste nach diesem Einsturze der
äussern Welt noch übrig? — Die, worin sie einstürzte,
die innere. Der Geist stieg in sich und seine Nacht und
sah Geister. Da aber die Endlichkeit nur an Körpern
haftet, und da in Geistern alles unendlich ist, oder un-
geendigt: so blühte in der Poesie das Reich des Unendlichen über der Brandstätte der Endlichkeit auf. Engel,
Teufel, Heilige, Seelige, und der Unendliche hatten keine
Körper-Formen und Götterleiber; dafür öffnete das
Ungeheuere und Unermessliche seine Tiefe; statt der
griechischen heitern Freude erschien entweder unend-

liche Sehnsucht oder die unaussprechliche Seeligkeit
— die zeit- und schrankenlose Verdammniss, die Geister-
furcht, welche vor sich selbst schaudert — die schwärmerische beschauliche Liebe — die grenzenlose Mönchs-
entsagung — die platonische und neuplatonische
Philosophie.

In der weiten Nacht des Unendlichen war der Mensch
öfter fürchtend als hoffend. Schon an und für sich ist
Furcht gewaltiger und reicher als Hoffnung (so wie am
Himmel eine weisse Wolke die schwarze hebt, nicht diese jene)
weil für die Furcht die Phantasie viel mehr Bilder
findet als für die Hoffnung; und dies wieder darum, weil
der Sinn und die Handhabe des Schmerzes, das körperliche Gefühl, uns in jedem Hauptpunkte die Quelle eines
Höllenflusses werden kann, indess die Sinnen für die
Freude einen so magern und engen Boden bescheren.

Die Hölle wurde mit Flammen gemalt, der Himmel
höchstens durch Musik bestimmt, die selber wieder un-
bestimmtes Sehnen gibt. So war die Astrologie voll ge-
fährlicher Mächte. So war der Aberglaube öfter drohend
als verheissend. Als Mitteltinten der dunklen Farben-
gebung, mögen noch das Durcheinanderwerfen der Völker,
die Kriege, die Pesten, die Gewalttaufen, die düstere
Polar-Mythologie in Bund mit der orientalischen Sprach-
gluth dazu kommen und gelten.“

Diese ebenso treffende, wie eingehende Charakteristik des
innersten Wesens der Romantik zeigt zugleich, was diese gewann
als die deutschen Romantiker des vorigen Jahrhunderts unserer
Literatur die wunderbaren Produkte nicht nur der Romantik der
Vergangenheit, sondern auch der andern Völker zu vermitteln unter-
nahmen. Jener tiefen und brünstigen Sehnsucht nach einer bessern,
reineren und verklärten Welt, welche ein Hauptzug der christlichen Romantik ist, kam die blütenreiche Dichtung der Morgenländer
zu Hülfe und mit der üppigen Farbenpracht und dem bestricken-
den Sinnenreiz Indiens liess sie in weiter, nebelgrauer Ferne
diese bessere Welt erstehen. Der christliche Wunderglaube machte

allmälig das Volksgemüth empfänglich für die fantasiereiche
Mährchenwelt der fernsten Vergangenheit und der fremden Völker.
Alles Uebersinnliche und Fantastische, das Körperlose, Nebelhafte
und Unsinnliche wurde jetzt Stoff für die Darstellung der romantischen Kunst, gleichviel welchem Volk, welcher Religion oder
welcher Zeit es angehörte. Dadurch gelangte sie allerdings zu
einer Fülle von Stoffen und einem so reichen und üppigen Inhalt,
wie kaum die Kunst früherer Jahrhunderte. Aber es liegt in der
Natur dieser Stoffe, dass sie der formalen Abgrenzung sich etwas
spröde entgegen setzen. Denn dies Unbegrenzte, Unendliche,
Ungebundene ist ein Hauptmerkmal der Romantik und der romantischen Stoffe. Das Reich der Fantasie, in welchem diese hauptsächlich ihren Boden findet, wirft gern alle Grenzsteine aus, über-
springt und überfliegt am Liebsten die ihm gesetzten Schranken.
Dabei geht aber die Empfindung nicht etwa leer aus; auch sie
wird jetzt ausserordentlich vertieft und verfeinert. Wie wir bereits
erwähnten, wurde der Liebe durch die Romantik gewissermaassen
eine ganze neue Geschichte begründet; sie steigerte sich bis zu
seltener Glut, ja bis zum verzehrenden Feuer. Andrerseits konnte
ferner auch jene fantastische Welt der Genien und Dämone nicht
ohne Wirkung auf die Empfindung bleiben, sie erzeugt hier ganz
naturgemäss Furcht und Erschrecken, Bangen und Sorgen oder
Friede und Freude, Sehnen und seliges Verlangen. Mit diesen
ihren Eigenthümlichkeiten bot natürlich die Romantik äusserst
günstige Darstellungsobjekte für die Musik. Beide sind im Grunde
so nahe verwandt, dass manche Aesthetiker, wie Hegel, das Schönheitsideal der Musik das romantische nennen, freilich ohne andere
Berechtigung als die: durch die oben erwähnte Verwandtschaft
begründete. Nur die elementare Wirkung der Musik, im Grunde
nur die des Tons, ist der Wirkung der Romantik vergleichbar,
und diese elementare Wirkung spielt allerdings eine bedeutsame
Rolle innerhalb der Romantik. Der Ton, oder eigentlich nur der
Klang ist romantisch, weil er gestalt- und wesenlos frei im
Aether sich schwingt und nur zu empfinden und nicht auch körperlich
zu fassen ist; und nur wenn die Klänge ohne zu bestimmten Formen
vereinigt zu sein, frei ausklingen, und somit Gemüth und Fantasie

nur anregen, ohne jenem eine bestimmte Empfindung oder dieser ein bestimmtes Bild zu vermitteln, ist ihre Wirkung romantisch.

Die Wirkung von Schalmeien-, Hörner- oder Glockenklang ist romantisch, weil sie elementar ist wie das Säuseln des Windes in den Bäumen oder das Rauschen und Plätschern des Wassers oder das dumpfe Rollen des Donners. Wenn die Klänge zu bestimmten Formen verarbeitet sind, wird auch die Wirkung eine höhere, indem dann durch sie eine bestimmte Idee vermittelt wird.

Die musikalische Romantik — durch *C. M. von Weber*, *Franz Schubert*, *Felix Mendelssohn-Bartholdy* und *Robert Schumann* vertreten, hat natürlich mit jener, auf die elementare Wirkung beschränkte, nichts gemein. Diese Meister sind nicht Romantiker im Gegensatz zu den Classikern: *Christoph von Gluck*, *Georg Friedrich Haendel* und *Joh. Seb. Bach* oder *Joseph Haydn*, *Wolfgang Amadeus Mozart* und *Johann van Beethoven*, sondern nur weil sie die Romantik selbst zum Vorwurf für ihr künstlerisches Schaffen machten.

Bei allen diesen Meistern ist das Kunstwerk von der Fantasie wie von der Empfindung erzeugt, diese aber sind beide bei jedem einzelnen in anderer Weise angeregt. Auch das Kunstwerk jener drei erstgenannten Meister: *Gluck*, *Haendel* und *Bach* gehört einer ursprünglich fremden Welt an, aber diese ist zum grössten Theil historisch begründet, vor allem aber innerlich und äusserlich fest abgeschlossen und gegliedert und alles was innerhalb derselben vorgeht, erfolgt in begrenzter Gesetzmässigkeit. Bach und Haendel versenkten sich beide in die Wunder der Geschichte des Reiches Gottes auf Erden. Haendel wird der Sänger der grossen und gewaltigen Thaten, welche sich innerhalb desselben vollziehen, und Bach wird der Verkünder ihrer erhabenen Wirkung im Gemüth. Selbst das Wunder das in dieser Welt geschieht, findet seine Rechtfertigung im Glauben an die unbeengte Allmacht und Grösse Gottes, der sie nach ewigen Gesetzen regiert. Die Oper von Gluck führt uns, wie das klassische Epos, dem sie ihre Stoffe verdankt, in die Welt der Heroen, wie sie sich aus der Gemüthswelt der mythischen Zeit entwickelt. Diese ist nicht geradezu erträumt, sondern sie ist der Wirklichkeit nachgebildet, sie ist aller Zufälligkeiten der äussern Erscheinungsform entkleidet und darum ungleich erhabener und gewaltiger als jene.

Die drei nachfolgenden Meister: Haydn, Mozart und Beethoven treten in ein bestimmtes Verhältniss zu der sie umgebenden Wirklichkeit. Das gemüthliche Verhalten zur Natur, der Liebe Lust und Leid wie die Wunder der Schöpfung und die Macht der Weltbegebenheiten wirken jetzt anregend auf die künstlerische Fantasie und geben dem Kunstwerk Form und Klang. Wie dies sich namentlich in Beethoven in objektiver Grösse darstellt, das ist hier nicht näher zu untersuchen. — *Carl Maria von Weber* verlor bereits diesen Standpunkt, indem er sich der Welt der Wirklichkeit ab-, und jener erträumten fantastischen Welt zuwendet. Seine Jugend trifft noch mit der Wirksamkeit der bereits erwähnten Dichterschule zusammen, die sich die Aufgabe gestellt hatte, die Poesie dem Leben näher zu bringen, so dass gewissermaassen das gesammte Gebiet des Geistes wie des äussern Lebens in der Poesie ihren Brennpunkt finden sollte. Allein jene Dichterschule verliess dies Prinzip nur zu bald und verlor sich ins Fantastische. Mit fantastischer Willkür erbaute sie sich eine eigene Welt, die häufig in directem Widerspruch mit der Welt der Wirklichkeit steht, und nicht selten nur aus verschwommenen Nebelbildern zusammengesetzt ist. Damit aber gab sie der Tonkunst ganz geeignete Objekte für ihre Darstellung, denn diese hat die entsprechenden Mittel diese fantastische Zauberwelt aufzubauen. Keine Kunst vermag das magische Helldunkel in welches jetzt Figuren, Gruppen und die Handlung gehüllt sind, das Schweben zwischen Wahrheit und Dichtung, zwischen Wachen und Träumen mit dem gesammten, sich daraus entwickelnden Spuk so treu darzustellen, als gerade die Tonkunst. Diese Seite der Romantik erfasste *C. M. von Weber*. Die lichtvolle Geschäftigkeit der Elfen, der Zauber jener Zeit der Aventure und der wehrhaften Ritterlichkeit, die Schrecken jener, von Dämonen erfüllten Welt, welche in der romantischen Dichtung wieder lebendig wurden, wie jener frische Zug deutschen Nationalgefühls, der sie durchweht, dies alles fand in *C. M. von Weber* immerhin beredten Ausdruck; allein doch nur als vereinzelte Erscheinungen. Es waren und sind dies nur einzelne Seiten der Romantik, die er und in gewissem Sinne auch nur zufällig erledigte.

Erst mit *Franz Schubert* tritt die Romantik voll und ganz und allseitig auch musikalisch in die Erscheinung; er erst machte das romantische Ideal mit vollständigem Bewusstsein zum Objekt seiner künstlerischen Darstellung. Dass dies dem Knaben schon, wenn natürlich auch noch unerkannt, vorschwebte, beweisen seine frühesten Compositionen. Wir machten bereits darauf aufmerksam, dass er mit diesen nicht die ältern oder die, seiner Zeit geläufigen Formen kopieren, sondern dass er in ihnen Ausdruck für die Bilder seiner erregten und bewegten Fantasie suchte. Diese sind nicht der freundlichen, harmlos fröhlichen Kinderwelt, sondern sie sind schon der verdüsterten und umflorten Welt der Romantik entlehnt. Der kaum dreizehnjährige Knabe schreibt eine *„Leichenfantasie"* und die Lieder seiner frühesten Jugend sind gleichfalls mit den Schauern und Schrecknissen dieser romantisch construierten Welt ausgestattet. Dabei versäumt er geflissentlich jede formelle Abrundung, obwol sie ihm, wie wir aus andern Werken ersehen, im gewissen Grade schon geläufig war. Die Stimmung dieser Lieder behagt ihm so, dass er ihnen auch instrumental Ausdruck giebt, sie in selbständigen Instrumentalwerken weiter verfolgt, wie die des Gesanges: *„Hagars Klage"* welche auch eine Ouvertüre in ihm erzeugt. Erst allmälig gewinnt er auch Gefallen an den Formen und er versucht nun instrumental die ältern Meister zu copieren, gewinnt aber zugleich die neue Liedform, indem er den, durch die Romantiker wach gerufenen und in Goethe zur vollsten Blüte gezeitigten Liederfrühling in seiner ganzen befruchtenden Macht auf sich einwirken lässt.

Wir haben im Verlauf der Darstellung der frühesten Entwickelung unsers Meisters gezeigt, wie er selbst die, nicht von der Romantik durchglühten Lieder eines *Schiller* oder *Klopstock* mit echt romantischem Geiste erfasste, ihre kühle Formenstrenge zu lockern und zu lösen suchte, damit aber nicht viel mehr erreichte, als eine ziemlich skizzenhafte und bruchstückweise Darlegung ihres Gefühlsinhalts. Erst an den Liedern des altnordischen Romantiker — Ossian — gelangte dieser Styl zu künstlerischer

Bedeutung und durch ihn die ganze Fülle der Nachtbilder des alten Barden zum vollsten Ausdruck.

Wie der Componist dann namentlich am Goethe'schen Liede auch die entsprechende Liedform für den treusten Ausdruck des reichsten und tiefsten Empfindens gewinnt, das ist hier nicht zu wiederholen. Mit einer wahrhaft bewunderns- und anstaunenswerthen Emsigkeit und Unermüdlichkeit hob er alle die reichen und nahezu unermässlichen Schätze, welche hier die Romantik blos gelegt hatte und verarbeitete sie zu ewig mustergültigen Kunstwerken.

Auch wie er dann auf instrumentalem Gebiet allmälig die Bahnen der aeltern Meister verlässt, so dass dann auch hier die romantischen Ideale Inhalt und Form bedingen, das ist gleichfalls schon von uns nachgewiesen worden. Es bedarf nur noch des Beweises dass auch diese alle Merkmale der romantisch construierten Welt tragen.

Als ein solches gilt vor allem *die romantische* Unendlichkeit. Diese zeigt sich bei Schubert noch nicht in dem vollständigen Verwischen der Conturen und dem gänzlichen Ausscheiden aller Schlussformeln, wodurch sie häufig bei Schumann angedeutet wird, sondern in der rastlosen Emsigkeit, mit welcher Schubert den einen Gedanken bis in seine äussersten Consequenzen verfolgt. Wir haben bei mehreren seiner bedeutendsten Instrumentalwerke nachgewiesen, dass sie trotz ihrer fast ungebührlichen Ausdehnung oft aus einem einzigen Gedanken entwickelt sind, oder dass, wenn mehrere vorhanden sind, diese die innigste Verwandtschaft unter einander zeigen. Dies Bemühen, aus einer einzigen Empfindung einen ganzen Lebenszug, aus einem einzigen Bilde eine ganze Welt zu gestalten, ist so recht zur Eigenthümlichkeit der romantischen Kunst geworden. Namentlich unser Meister fühlt sich wie gebannt von der einen Anschauung oder der einen Empfindung und er kommt nicht eher los, als bis er jede bis in ihre kleinsten Züge, bis an die äussersten Grenzen verfolgt, und in die kleinsten Einzelheiten zerlegt, dargestellt hat. Nur nach dieser vollsten Erledigung gewinnt eine andere Anschauung, oder eine andere Empfindung bei ihm Raum.

Hierbei macht sich dann auch jene andere Eigenthümlichkeit

geltend, welche gleichfalls in der Romantik ihre Begründung
findet: der erhöhte sinnliche Reiz, den ebenso die Melodie
wie die Harmonie, vor allem aber die Instrumentation
gewinnen. Wir wiesen schon früher darauf hin, wie die Romantik, in ihrer grundsätzlichen Verachtung der wirklichen Welt,
ihre erträumte nur um so prächtiger und glänzender ausstattet,
so dass diese romantisch construierte und verklärte Welt, wenn
auch nicht in dem hellsten Lichte, so doch in reizvoll bezaubernden
Farben strahlt. Dem entsprechend wird die Wirkung der harmonischen und melodischen Mittel für ihre musikalische Darstellung bis zum höchsten sinnlichen Reiz gesteigert. In gleicher
Weise wurde eine solche Steigerung des sinnlichen Reizes dieser
musikalischen Darstellungsmittel durch die, bis zur Inbrunst erhöhte Innigkeit des Ausdrucks der neuen Lyrik bedingt. Der
Melodik gab schon *Carl Maria von Weber* erhöhten sinnlichen
Klangreiz; namentlich einzelne Melodien seiner Opern sind hier zu
nennen; allein es geschieht dies bei ihm nicht selten nur unter Vernachlässigung der streng kunstmässig gegliederten und wol gebildeten
Form. Bei Schubert dagegen schädigt das Bestreben nach erhöhtem sinnlichen Reiz nur selten die Form. Es wird um dies zu
beweisen nur des Hinweises auf jene Partien des vorliegenden
Werkes bedürfen, in denen wir zeigten: wie früh Schubert die
künstlerisch vollendete Liedform fand, und wie seine Melodien
dabei nur an blendendem und berückendem Reiz gewannen. Dort
wiesen wir dann auch nach, wie er einer reichern, und vor allem
klangvollern Harmonik bedurfte, um seiner Empfindung entsprechenden Ausdruck zu geben. Wir zeigten dort, wie er innerhalb des
knappsten Raums die das einfachste Formgerüst gewährt, ein, oft
aussergewöhnlich reiches harmonisches Material verwendet. Dass
dem gegenüber der beschränkende, und einengende Rhythmus
häufig vernachlässigt wird, ist wiederum ein Merkmal der romantischen Ideale, die sich eben gegen jede zeitliche oder räumliche
Beschränkung und Einschachtelung sträuben.

Hiermit im engsten Zusammenhange steht endlich auch: dass
durch die ungebührliche einseitige Berücksichtigung des rein sinnlich
wirkenden Elements: des Klanges zuweilen die künstlerische

Gestaltung des Kunstwerks beeinträchtigt wird. Um Irrthümern
vorzubeugen, muss hier daran erinnert werden: dass wir unter
Klang die unterscheidende Weise in der Wirkung des Tons,
seinen specifischen, durch das ihn erzeugende Organ bestimmten
Charakter verstehen. Ein und derselbe Ton durch verschiedene
Organe, durch Menschenstimmen oder durch Instrumente ausgeführt,
kann von ganz unterschiedener Wirkung sein. Die Wirkung eines
Tonsatzes ist eine andere, wenn er von Menschenstimmen ausgeführt
wird, als wenn seine Ausführung den Streichinstrumenten übertragen
ist, oder eine andere wenn diese Blasinstrumente übernehmen. Diese
Wirkung des Klanges ist eine durchaus elementare, und sie wird nur
dadurch zu einer künstlerischen, dass sie sich mit einer, eine Idee verkörpernden Form verbindet, sich gewissermassen in ihr nur darstellt.

　　　Es liegt nun, wie wir oben bereits zeigten, im Wesen der
Romantik, dass sie sich auch dieser rein elementaren Wirkung
der Musik bedient, und durch sie Fantasie und Empfindung in
jener unbestimmten Weise anregt und andauernd in Bewegung erhält, welche ebenso der romantischen Unendlichkeit, wie der
romantischen Verschwommenheit entspricht. Daher finden wir in
den Schubert'schen Instrumentalwerken häufig einzelne Partien,
die nur auf solch elementare Klangwirkungen berechnet sind.
Einzelne Werke wie das *Forellen-Quintett*, die *H-dur Sonate*, oder
das *F-dur Quartett* erschienen uns weder durch grosse und gewaltige Ideen noch durch die Macht der Empfindung, sondern nur
durch die Lust am Spiel mit fein erwogenen und originellen Klangwirkungen erzeugt. Die Macht und der Zauber der rein elementaren Klangwirkung ist erst durch die Romantik voll und ganz
erschlossen worden, und so unterwirft sich ihr auch der erste
bedeutende Romantiker in einzelnen Werken vollständig und ergiebt sich diesem Zauber ganz und rückhaltslos.

　　　Wie er hier die Fantasie vorwiegend und fast ausschliesslich
beschäftigt, so sind wiederum andere Instrumentalwerke wie das
A-moll Quartett ganz aus der Empfindung und dem entsprechend
für sie erfunden. Andere wiederum gewinnen eine höhere instrumentale Bedeutung weil sie dem Kampf beider ihre Entstehung verdanken, wie das *B-dur Trio* oder das *D-moll-Quartett*.

Dass endlich auch diese elementare Gewalt des Klanges bei jenen Werken, die uns in die romantische Zauber- und Geisterwelt einführen, wie die *C-dur Sinfonie* ganz besonders bedeutsam wird, ist gleichfalls am betreffenden Ort schon von uns angedeutet worden. Jemehr sich Schubert in die romantischen Ideale hinein lebt desto glänzender wird seine Instrumentation. Wir zeigten wie er anfangs auch hier ganz treu den Bahnen der ältern Meister, *Haydn*, *Mozart* und *Beethoven* folgt; bis ihn allmälig der Zauber der unterschiedenen Klangwirkung der verschiedenen Orchesterinstrumente umstrickt und dann operiert er mit den Orchesterklängen eben so wie mit den Klangwirkungen des Klaviers. Wir sahen wie er das Orchester immer voller und harmonisch reicher ausstattet, und wie er hier die klangvollsten Lagen mit Vorliebe verwendet. Gar bald genügt es ihm nicht, den Gedanken in entsprechender Weise auszudrücken, sondern es drängt ihn diesem auch die klanglich wirksamste und reizvollste Darstellung zu geben, und so gelangt er auch dahin, dass er den Gedanken abschwächt oder wol gar verschweigt, um nur recht brillante Instrumentalwirkungen zu erzielen. Wie manches in seinen frühern Clavierwerken der schwelgerischen Lust am Spiel mit harmonischen Effecten seine Entstehung verdankt, so jetzt manches in seinen Orchesterwerken der gleichen Lust am Spiel mit instrumentalen Effecten.

Wenn es Aufgabe des Künstlers ist, die elementare Wirkung des Darstellungsmaterials — und das ist hier die Wirkung des Klanges — vergessen zú machen, indem er ihr die höhere Idee aufnöthigt, so ist dies Spiel mit Klängen nicht zu billigen; aber es ist in der ganzen Entwickelung und in den Aufgaben, welche die Romantik stellt, bedingt. Besonders aber ist es nicht zu billigen, dass dieser Zug nach inhaltsloser Klangwirkung auch den vocalen Styl schädigte. Das menschliche Organ sollte nie zu so materiellen Experimenten herabgewürdigt werden, um so mehr als es eben der höchsten künstlerischen Wirkung fähig ist. Kein anderes Instrument kommt ihm hierin gleich; für jenes oft gedankenarme Spiel mit materiellen Orchestereffecten, ist noch der eine Umstand zur Entschuldigung anzuführen, dass einzelne Instrumente nur

schwer als Träger einer höhern Idee zu verwenden sind, dass sie
nur, die Klangwirkung unterstützend eingeführt werden. Die
Menschenstimmen dagegen so herabzuwürdigen, ist wenig künstlerisch, und dass Schubert dem nicht immer widerstand, ist ein
Beweis, wie tief er in den Bann der Romantik hineingerathen war.

Dieser mächtige Zug nach mehr elementarer Klangwirkung
erzeugt auch die Sorgfalt, mit welcher jetzt die Vortrags-
bezeichnungen dem Kunstwerk beigegeben werden.

Die frühern Meister wendeten sie nur in sehr beschränktem
Maasse an, konnten sie meist ganz entbehren. Bei *Joh. Seb. Bach*
und *Georg Friedrich Haendel* sind sie, wie selbst die Tempo-
bezeichnungen nur spärlich vorhanden. Auch *Haydn* und *Mozart*
begnügten sich noch mit den allgemeinsten Angaben über den
Inhalt und die dadurch bedingte spezielle Vortragsweise; erst mit
Beethoven beginnt eine genauere Bezeichnung, weil seine Individualität einen viel bedeutsamern Antheil am Kunstwerk gewinnt.
Für die noch aeltern Werke sind sie ganz entbehrlich. In den
Werken der Niederländer und Italiener aus der Zeit der ersten
Blüte des mehrstimmigen Gesanges, lebt nur der christliche Geist
der Kirche, in seiner grossartig anzuschauenden Allgemeinheit
und die contrapunktischen Formen, wie die gewaltige Harmonik
eines Palästrina lassen keine weitere oder abweichende Deutung
zu. Nur die künstlerische Ausbreitung und die logische Bedeutung
der Accorde und der einzelnen Glieder bestimmt hier die Besonderheit
des Vortrages.

Grösstentheils ist dies noch bei *Bach, Haendel* und *Gluck*
der Fall. Zwar gewinnt an ihren Kunstwerken die Individualität
bestimmten Einfluss, aber diese ist gross gezogen an den heiligsten
Ideen der Menschheit. *Bach* und *Haendel* sind beide noch tief
durchdrungen von der Würde und Bedeutung, welche die christliche Weltanschauung dem Subject giebt, und indem dies zur
Herrschaft gelangt, schwindet die Objectivität und Naivetät der
alten Kunst, aber die endliche Persönlichkeit, das Leben mit seinen
mannichfachen Einflüssen, Wechsel der Jahreszeiten, klimatische und
geographische Besonderheiten, Nationaltypus, Naturell, Charakter
und Temperament, sie haben wenig Antheil an den Werken jener

Meister; sie sind gebunden durch die Innigkeit und Tiefe ihrer
religiösen Ueberzeugung. Und wie *Gluck* seine eigne Innerlichkeit
an eine, ihm ursprünglich fremde Welt gefangen gab, haben wir
gleichfalls schon erwähnt. Dieser neue Inhalt hat in dem Kunstwerk so vollständig erschöpfenden Ausdruck gefunden, dass es zu
seiner Darlegung eben nur einer sinngemässen, entsprechenden
Reproduktion desselben von Seiten der Ausführenden bedarf, mit
jenen dynamischen Nuancen des Vortrages, die sich meist alle aus
der Form ergeben, so dass es wiederum nicht nothwendig erscheint,
sie näher zu bezeichnen.

Mit den nächsten Meistern wird die Individualität dann schon
freier; sie tritt in ein bestimmtes Verhältniss zur Aussenwelt und
der Ausdruck wird allmälig so individuell verfeinert und zugespitzt,
dass er je nach der besondern Weise des Empfangenden oder
Ausführenden eine verschiedene Deutung zulässt. *Haydn* und *Mozart*
erfahren aus diesem Grunde eine weit weniger verschiedene Auffassung als *Beethoven*. Bei jenen beiden Meistern ist der Ausdruck
ihrer Individualität immer noch mehr typisch gehalten und wird
daher auch noch in der exacten und präzisen Ausführung der
Formen zur Erscheinung kommen. In den letzten Werken *Beethovens* begegnen wir dagegen einer Reihe von Einzelzügen die nur
subjektiv wahr sind und daher auch nur so gefasst werden müssen;
und um diese Auffassung zu erleichtern sind dann die nähern
Bestimmungen in Bezug auf den Vortrag nothwendig. Bei den
Romantikern wird durch die Fülle des Details und eine noch
grössere Menge eigenartiger Feinheiten eine noch bestimmtere und
bis in's Einzelne gehende Bezeichnung des Vortrags nothwendig
gemacht.

Kaum noch bei dem einfachsten Strophenliede Schuberts reicht
die Erkenntniss der formellen Construction hin, um die Intentionen
des Componisten ganz zu verstehen. Einfacher, wie das „Haidenröslein“ kann kaum ein Lied construiert sein; aber doch wird es
nur durch das Ritardando (*Nachgeben*) im Refrain ganz verständlich.
Wir zeigten früher schon wie sich Inhalt und Form in „*Gretchen
am Spinnrade*“ decken; und dennoch wird uns der Inhalt in allen
seinen Einzelheiten, mit allen kleinen feinen Zügen erst durch die

dynamischen Bezeichnungen: durch das: *pp, cresc.* und *decresc.* und durch das: *sfz.* und *accel.* ganz klar und verständlich. Und so könnten wir noch eine Reihe von Liedern nennen, bei denen uns die dynamischen Bezeichnungen den letzten Aufschluss über die Auffassung geben, welche den Intentionen des Meisters einzig und allein entspricht.

Mehr noch ist dies natürlich bei den zusammengesetzten Formen und den, mit einem ganz bedeutsam vertieften Inhalt erfüllten den Fall. Hier seien namentlich die Männerchöre mit Begleitung erwähnt, sowol die, mit Begleitung des Claviers, wie: „*Nachthelle*“, wie die mit Hörnerbegleitung, wie: „*Nachtgesang im Walde.*“ Dort ist es die besondere Art der Ausführung der Clavierbegleitung namentlich, auf welcher die Wirkung des ganzen Gesanges beruht, hier wiederum die, der Hörnerbegleitung mit der mannichfachen, genau verzeichneten Weise des Vortrags. Bei dem letztern unterliegt auch der Gesang genauen Vorschriften in Bezug auf Besonderheit des Vortrags, die uns gleichfalls erst über die Intentionen des Componisten sicher unterrichten.

Noch bedeutungsvoller werden natürlich diese dynamischen Bezeichungen für diejenigen Werke, bei denen eine solche Geschlossenheit der Form nicht erreicht worden ist, oder bei denen das Klangwesen alles andere überwuchert. Wenn bei den oben erwähnten Werken die Vortragszeichen auch unbeachtet bleiben, so wird der Ausdruck im Grossen und Ganzen doch gewonnen werden, so weit er in der absoluten Form zur Erscheinung kommt, nur ohne die besondern Feinheiten im Detail. Die Wirkung der Werke oder einzelner Partien derselben, die nur auf den Klang berechnet sind, wird aber nur erreicht, durch die treuste und sorgsamste Beobachtung aller der, für seine Erzeugung gegebenen genauen Vorschriften. Die von uns früher mitgetheilten Beispiele solcher, nur sinnlich reizvoll klingender Stellen bedürfen einer genauen Vortragsbezeichnung, wenn sie im Sinne des Componisten ausgeführt werden sollen. Und so liegt es eben auch klar am Tage dass die ganze Richtung von all den pikanten Reizmitteln, den *Sforzato's*, dem *Crescendo* und *Decrescendo*, dem *Legato* und *Staccato* wie von allen Stärkegraden des Tons in buntester Mischung Gebrauch macht, was natürlich immer genau bezeichnet werden muss. Die Dynamik ist von der musikalischen Romantik somit zu einer eignen Disciplin erhoben worden.

Als eine weitere natürliche Folge des romantischen Zuges in der Individualität Schuberts ist es ferner noch anzusehen, dass er mit Vorliebe *ungarische* Nationalmelodien bearbeitet und sie in seinen Compositionen verwendet. Wie die Romantiker des vorigen Jahrhunderts der deutschen Literatur die verwandten Erzeugnisse und vor Allem die volksmässigen der andern Zeiten wie andrer Völker zu vermitteln bestrebt waren, so führte auch Schubert die ungarische Volksweise der deutschen Musik zu; und sie bestimmte nicht nur den Charakter einer Reihe seiner Werke, sondern sie ist seitdem für die Entwickelung der Kunst unserer Zeit überhaupt einflussreich geworden.

So wird die Romantik, wie sie im Ausgange des vorigen Jahrhunderts in unserer deutschen Literatur wieder lebendig wurde, allseitig bestimmend für die Entfaltung von Schuberts Genius und das von ihm erzeugte Kunstwerk, so dass dies als ihr eigenstes Produkt zu betrachten ist.

Zehntes Kapitel

Schuberts kunst- und kulturgeschichtliche Bedeutung.

Anders, wie bei jenen jüngern Meistern, — *Felix Mendelssohn-Bartholdy* und *Robert Schumann* — welche die Bahnen *Schuberts* mit Bewusstsein und äusserster Consequenz verfolgten — stellt sich das Verhältniss der allgemein *kulturhistorischen* Bedeutung seiner Werke zu deren *kunsthistorischen*. *Mendelssohn* nimmt eine mehr vermittelnde Stellung ein, zwischen alter und neuer Anschauung, zwischen dem Musikempfinden der ältern und der neuern Zeit. Wir haben an einem andern Orte [1]) nachgewiesen, wie er unablässig bemüht war, dem Kunstwerk einen bestimmten Platz im Leben der Nation zu geben und wie er deshalb die künstlerischen Bedürfnisse seiner Zeit zu erkennen sich bestrebte, um diesen dann in edelster Weise in seinem Kunstwerk entgegen zu kommen. Er erwählt die höchsten Meister — *Bach* und *Haendel* — zu seinen Vorbildern, aber nur, um die Grösse ihrer Anschauungen seiner Zeit in den ihr geläufigern kleinern Formen zu vermitteln; und auch aus den Schätzen der Romantik hebt er manch ein Kleinod heraus, aber gleichfalls nur um es in der, seiner Zeit bequemen Fassung zu geben; von der erdrückenden Fülle und Tiefe des Inhalts derselben fühlte er sich nur in geringem Grade angezogen. So erscheint sein Kunstwerk mehr anziehend als tief;

---

[1]) Felix Mendelssohn-Bartholdy. Sein Leben und seine Werke. (Berlin. Verlag von J. Guttentag. (D. Collin.) 1872. Zweite Auflage pag. 306 ff.

mehr glänzend als gewaltig und ergreifend. Damit gewann er
ganz naturgemäss eine höhere kunst- als kulturgeschichtliche
Bedeutung. Zwar bestimmte auch er eine Zeit lang die Entwickelung der Tonkunst unserer Tage, doch kaum länger als der
blendende Glanz seines Namens und seiner Erscheinung dies be-
günstigte, und auch nur so, dass er eine Reihe mehr oder weniger
talentvoller Nachahmer fand.

Robert Schumann dagegen gewann eine höhere, kunstge-
schichtliche Bedeutung. Indem er nur darauf bedacht war seine
künstlerischen Ideale musikalisch zu gestalten, unbekümmert
darum, ob diese auch von der Gegenwart voll und ganz gewürdigt
und begriffen werden würden, gelangte er allmälig zu einer, von
der Praxis seiner Zeit bedeutend abweichenden musikalischen
Darstellung und es bedurfte einer längern Zeit, ehe diese sich
Bahn brach und ehe sie als eine nothwendige Phase der Musikentwickelung erkannt wurde. Wir haben ebenfalls früher [1]) gezeigt wie Schumann damit erst sehr spät und nur allmälig in
weitere Kreise dringen konnte, wie sich aber sehr bald eine begeisterte Schaar von Kunstjüngern um ihn versammelte, die an seinem
Geiste Anregung für ihr künstlerisches Empfinden, bei seinem
Kunstwerk Anleitung für ihr künstlerisches Schaffen suchte. Dieser
Einfluss, den Schumann somit auf die künstlerische Entwickelung
unserer Tage gewann, wurde durchaus nachhaltiger und bedeutungsvoller wie bei Mendelssohn und wir wiesen nach, wie eine ge-
deihliche Weiterentwickelung unserer Kunst ganz besonders durch
diesen jüngsten Meister bedingt worden ist. Den Grund: weshalb
er nicht die gleiche kulturgeschichtliche Bedeutung gewinnen
konnte, fanden wir darin: dass der grosse Reichthum und die
Tiefe des Inhalts, die er in seinem Kunstwerk darzustellen bemüht
war, die formelle Gestaltung desselben erschwert; dass dies häufig
nur mit jener ernsten Hingabe erkannt und erfasst werden kann,
welche sehr selten vorhanden ist und nur aus der liebevollsten
Beschäftigung mit dem Meister und seinen Werken sich von selbst

____

[1]) *Robert Schumann.* Sein Leben und seine Werke. (Berlin J. Gutten-
tags Verlag (D. Collin 1872) zweite Auflage pag. 205.

ergiebt. Es war ja die Mission des jüngern Meister dass er sich in die Wundertiefen des romantischen Inhalts ganz versenkte, dass er dem fantastischen Zuge derselben bis in die äussersten Grenzen folgte und dabei verlor er selbst nicht selten Formen und Umrisse.

Damit aber ist zugleich auch der Grund angedeutet worden, weshalb *Franz Schubert* wiederum eine grössere *kulturgeschichtliche* Bedeutung gewann, die natürlich auch noch bedeutender ist, als die *Mendelssohns. Schubert* überkam die Romantik gewissermaassen als erst neu entdecktes Gebiet, auf welchem er, nachdem er sich erst zurecht gefunden hatte, mit naiver Sorglosigkeit formen und bilden konnte.

Schon aus diesem Grunde war es für *Schubert* noch leichter hier zu bestimmten Formen zu gelangen, wie dem jüngern Meister *Schumann.* Während jener die romantische Welt erst dem musikalischen Schaffen erschloss, war dieser emsig bemüht, sie allseitig zu erforschen, und die Fülle von Gestalten und Gruppen, die sich seinem Blick zeigten, erschwerte natürlich die übersichtliche Gliederung und Gruppierung des so erzeugten Kunstwerks.

Dazu kam noch, dass *Franz Schuberts* früheste Entwickelung noch unter dem directen Einfluss der Meister der sogenannten klassischen Formen erfolgte. Wir wiesen nach, wie ihm diese weniger durch die Unterweisung, als durch die praktische Musikübung geläufig wurden; er erlangte sie nicht auf dem Wege der Erkenntniss, sondern der praktischen Aneignung.

Er copierte dem entsprechend anfangs die Form der ältern Meister und als er dann diese mit dem neuen romantischen Inhalt zu erfüllen bestrebt ist, werden diese nicht zertrümmert und aufgehoben, sondern nur dem neuen Inhalt entsprechend verändert. Wir erkannten auch in den, von den üppigsten und fantastischsten Bildern erzeugten Instrumentalformen immer noch deren ursprüngliche Idee, und wie sehr auch die Grenzen derselben hinausgedrängt und von dem blühenden romantischen Inhalt überwuchert erscheinen, so sind sie doch von dem kunstgeübten Auge zu erkennen. Dass die bedeutenden Instrumentalwerke *Schuberts* dennoch anfangs nur geringen Anklang fanden, hat seinen Grund nur in der Eigen-

artigkeit ihres Inhalts. Nachdem dieser durch die Lieder namentlich
auch den grössern und weitern Kreisen vermittelt worden war,
und ihnen immer geläufiger wurde, erwarben sich auch die instrumentalen Werke gar bald einen Kreis begeisterter Verehrer,
der sich dann fortwährend erweiterte und wie sie namentlich auf
die jüngsten Romantiker einflussreich wurden, und in *Mendelssohn*
und *Schumann* die gesammte moderne Musikentwickelung bestimmen halfen, das ist bereits früher hier erwähnt, und in den
gleichfalls schon angezogenen *Biographien* der beiden Meister
weitläufig erörtert worden.

Schumanns ganzes Denken und Empfinden wurde von früh
an fast ganz ausschliesslich von der Welt der *Romantik* gefangen
genommen. Lange vor der Bekanntschaft mit den Werken *Schuberts*,
fühlte er sich zu ihr und ihren Dichtern hingezogen; die Schöpfungen
Schuberts aber gaben ihm erst Anregung und die entsprechende
Anleitung zur musikalischen Darstellung der Gebilde seiner romantisch erregten Fantasie, seines romantisch bewegten Innern.

Auch *Mendelssohns* Naturell neigte nach dieser Richtung,
und obgleich seine ganze Erziehung andern Zielen zustrebte — der
Vater war der *Romantik* geradezu abhold —, so sollte doch auch
er seine ersten und im Grunde bedeutendsten Erfolge hier erreichen.
Seine *Ouverturen*, vor allem jene zum „*Sommernachtstraum*", —
die er, kaum zum Jüngling herangereift, schrieb, wie die zum
Mährchen von der schönen Melusine und die *Hebriden-Ouvertüre*
sind seine unstreitig bedeutendsten Werke und gehören zugleich zu
den kostbarsten Erzeugnissen der musikalischen Romantik.   In
ihnen offenbart sich aber auch der bedeutende Fortschritt, den die
beiden jüngern Meister dem aeltern gegenüber bekunden.   Selbst
das bedeutendste Werk Schuberts nach dieser Seite, seine *C-dur
Sinfonie* malt uns diese fantastische Welt der Romantik nur mit
den brillantesten Farben; sie lässt uns auch wol einzelne Figuren
darin erkennen, aber diese sind ohne eigentlich individuelles Gepräge. Wie die meisten Instrumentalwerke des Meisters beschäftigt
auch diese Sinfonie vorwiegend unsre *Fantasie*. Unsre Empfindung
wird weniger in Anspruch genommen, oder doch mehr nach Anleitung des Vocalen, weniger echt instrumental.   Nur in einigen

Werken fanden wir Fantasie und Empfindung ziemlich gleichmässig beschäftigt. Indem *Mendelssohn* und nach ihm Schumann diese Mährchenwelt nicht nur mit der Fantasie sondern auch mit dem Herzen erfassen, werden beide über jenes schwelgerische Spiel mit Instrumentalklängen hinaus zu wirklichen, in sich gefestigten Bildern geführt. Dadurch tritt die farbenschimmernde Mährchenwelt auch in ein näheres Verhältniss zu uns, indem sie unsere Empfindung anregt und unsern Verstand beschäftigt. Anstoss und Anleitung hierzu erhielten beide hauptsächlich von *Franz Schubert*. —

Ungleich einflussreicher wurde dieser indess durch seine kleinen Klavierstücke, durch die *Impromptus, Momens musicales* und selbst durch seine *Tänze;* denn sie erzeugten eine gewissermassen neue Literatur und ganze Jahrzehnte unserer Musikentwickelung widmeten sich ihrer Pflege fast ausschliesslich.

Field's Nocturne's und die verwandten charakteristischen Formen des *Prinzen Louis Ferdinand* wie seines Hof- und Hausmusiker *Johann Ludwig Dussek* fanden ihrer Zeit reichen Beifall, allein sie wären nimmer im Stande gewesen eine ganz neue Gattung zu begründen. Das geschah erst durch jene erwähnten kleinern Stücke von *Schubert*. Diese erzeugten in Schumann jene grosse Reihe von *Charakter-* und *Fantasiestücken, Kinder-* und *Ballscenen, Impromptü's, Novelletten* und ähnliche, und in *Mendelssohn* neben den *Capriccio's* die *Lieder ohne Worte*. Der Reichthum von feinen Einzelzügen, wie die grosse Mannichfaltigkeit, in welchen der romantische Inhalt sich darlegte, trieb eine ganz unabsehbare Menge solcher kleiner Formen hervor, in denen er verkörpert erscheint, und noch ist nicht abzusehen, wann und wo das Ende erreicht sein wird.

Wie dieser neue Inhalt in seiner ganzen Mannichfaltigkeit auch den grossen und weiten Formen zu vermitteln ist, damit diese erneut und verjüngt werden, das haben weniger *Schubert*, als vielmehr, wenn auch nur in einzelnen Werken *Mendelssohn* und mit noch grösserem Erfolge erst *Schumann* gezeigt, indem er die Sinfonie und die Formen der Kammermusik mit dem neuen Inhalt erfüllte und in anderer Weise wie *Schubert*. Während dieser, wo er die

Bahnen der alten instrumentalen Formen verlässt, meist seinen
Vocalstyl auf das instrumentale Gebiet überträgt, sucht Schumann
den ältern Styl im Sinne der neuen Richtung umzugestalten, und
dies gelingt ihm in einer ganz stattlichen Reihe bedeutender Werke.

Nicht unerwähnt darf endlich bleiben: dass *Schubert* mit
seinen *Tänzen:* seinen *Walzern, Eccossaisen,* seinen *Polonaisen*
wie mit den Märschen auch diesen untergeordnetern Musikformen
eine ganz neue Geschichte schuf. Wir haben gezeigt, wie er diese
Formen aus ihrer niedern Sphäre auf die höhere Stufe künstlerischer Bedeutung erhob, indem er sie als wirkliche Kunstformen
behandelte und doch auch wiederum nicht dem Leben entzog. In
seinen *Atzenbruckern,* den *Grazer* und *Wiener Walzern* und
Ländlern lebt die ganze gesunde Sinnlichkeit des Südens, die
nicht frei ist von einer überaus anziehenden Melancholie. Nach
beiden Seiten hat *Schubert* Anregung gegeben zur speciellen Fort-
entwickelung. *Strauss* und *Lanner* haben jener sinnlichen Lebens-
lust einen ausführlichern Ausdruck gegeben in zahlreichen Tänzen,
die alle als Ausläufer der Schubertschen erscheinen, und *Chopin*
hat sich nach jener andern Seite gewandt, er hat der tiefen Melancholie, die bei Schubert nur angedeutet ist, ausführlicher
und bis ins Detail erschöpfenden Ausdruck gegeben in seinen
Walzern und *Polonaisen,* die gleichfalls unzweifelhaft sämmtlich
durch die *Schubertschen* angeregt sind.

In diesen kleinen Instrumentalformen erkannten wir ganz
naturgemäss emporwachsende Erzeugnisse der *Lyrik,* für welche
Schuberts Thätigkeit von so tiefgreifender Bedeutung wurde.
Wir haben ausführlich nachgewiesen: wie er die Form des neuen
Liedes fand und mit dem *Liedstyl* im Grunde auch den *Vocalstyl*
der neuen Zeit überhaupt bestimmte. Wir konnten uns hierbei
nicht verhehlen, dass der mehrstimmige Gesang dabei nicht nur
Manches von der Grossartigkeit, mit welcher er bei den ältern
Meistern sich ausbreitet, verliert, sondern dass er selbst seiner
ursprünglichen Bedeutung nicht selten entfremdet wird. Schubert
schon vernachlässigt, in dem Bestreben: den Vocalsatz recht klang-
und wirkungsvoll zusammenzustellen, die, für den Gesang so nothwendige Selbständigkeit der Stimmen und verwendet diese zu in-

strumentalen Effecten; sein Beispiel hat hier leider mehr Nachahmung gefunden, als für die erfolgreiche Entwickelung des Vocal-
satzes gut ist. Dagegen haben seine einstimmigen *Lieder* dem
deutschen Liede zu einer Blüte verholfen, welche es kaum zur
Zeit der herrlichsten Pflege des Volksgesanges hatte. Ihm namentlich
ist zu danken, dass das deutsche Volk gegenwärtig das lieder-
reichste der Erde geworden ist. Wie ausser *Mendelssohn* und
Schumann sich noch eine Reihe anderer, weniger bedeutender
Meister ihm anschlossen zur weitern Pflege des deutschen Liedes,
das ist hier nicht weiter zu erörtern.

Ganz naturgemäss ruht denn auch hier auf dem Gebiet der
musikalischen Lyrik hauptsächlich *Schuberts kulturhistorische
Bedeutung*. Diese gewinnt der Künstler dadurch: dass er die
Kunstschätze seiner Nation um Werke von monumentaler Bedeutung
bereichert und mit ihnen zugleich veredelnd und bessernd auf
Fantasie, Verstand und *Herz* des Volkes wirkt.

Unter den mehr als 600 Liedern und ausgeführteren Gesängen Schuberts erkannten wir die grössere Hälfte als hochbedeutsam und den bei weitem grössten Theil dieser wiederum als
unvergängliche Muster ihrer Gattung. Der Meister hat mit ihnen
der Nation einen Schatz hinterlassen, der geeignet ist, den Neid
der andern Völker zu erregen, und der zugleich zinstragend geworden ist wie kein anderer. Mit seinen süssen, herzerfreuenden
Weisen machte Schubert erst die Lyrik unserer deutschen Dichter:
Goethe und *Schiller, Wilhelm Müller, Rückert, Platen* und A. im
Herzen des Volkes lebendig und vermittelte ihm die Dichtungen eines *Ossian, Walter Scott* oder *Shakespeare* und indem
er ihm damit einen Einblick verschaffte in den grossen Reichthum
seines eigenen Empfindens, half er es mit aufklären über seine
eigenen Ziele und Pläne. Diese Seite der Kunst ist noch viel zu
wenig gewürdigt worden. Ueberall, wo sie mehr ist, als ein
blosses, müssiges Spiel der Unterhaltung, gewährt sie den reichsten
Segen für Fantasie, Herz und Gemüth.

Die formale Schönheit des aus Tönen geformten Kunstwerks
ist zwar nicht so leicht dem Verstande zu vermitteln, wie die
Schönheit des, aus Erz, Sandstein oder einem dem ähnlichen

Material geformten, aber es wendet sich mit um so grösserer Unmittelbarkeit und Gewalt an die Fantasie und Empfindung und verbreitet sich rascher und mit grösserer Eindringlichkeit über die gesammte Geistigkeit des Menschen, so dass diesem durch die Tonkunst das Schönheitsideal wenn auch mehr unbewusst doch rascher vermittelt wird, als durch die andern Künste. Wenn schöne Formen aber überhaupt veredelnd und anregend auf den Geist wirken, so muss dies mit den schönen Musikformen ganz besonders der Fall sein, weil ihre Wirkung vermöge des Materials, aus dem sie geformt sind nicht nur grösser, sondern auch nachhaltiger ist. Wie viel nach dieser Seite *Franz Schubert* mit seinen genial formschönen Liedern aus dem Cyklus: *„Die schöne Müllerin"* oder dem andern: *„Die Winterreise"* und mit denen im *„Schwanengesange"* erhaltenen und den zahllosen andern wie: *„Gretchen am Spinnrade"* — *„Der Wanderer"* — *„Wandrers Nachtlied"* — *„Lob der Thränen"* — den *„Suleika"*- und den *„Mignonliedern"* oder den Liedern von *„Walter Scott"* gewirkt hat, das bedarf kaum eines Hinweises. Sie sind wie nur wenige andere Kunstwerke durchaus geeignet: *„die Schönheit praktisch zu machen."*

Dabei wurde dem deutschen Geiste in diesen Liedern ein Inhalt vermittelt, oder wo er schon vorhanden war, zum Bewusstsein gebracht, der nothwendiger Weise dort zündend und zeugend weiter wirken musste. Schubert versenkte sich mit aller Liebe und Hingebung in den Geist der deutschen Dichtung und läuterte und reinigte sein eignes Empfinden durch ihn und diesem gab er dann in seinen Liedern beredten Ausdruck, um es so auch den weitesten Kreisen zu überliefern. So mussten diese Lieder zur Erweckung reiner und wahrer Empfindung ebenso erfolgreich wirken, wie zur Läuterung und Veredlung des ganzen Herzens. Mit diesen Liedern hat Schubert zur Erweckung des rein Menschlichen ausserordentlich viel beigetragen; sie sind ein so bedeutsamer Factor für die Erziehung des Menschengeschlechts geworden, wie nur die höchsten und bedeutendsten Kunstwerke aller Jahrhunderte. Selbst jene Vocalwerke, denen wir keine gleich grosse künstlerische Bedeutung zugestehen konnten, wie seine Messen haben doch diese kulturgeschichtliche gewonnen. Indem sie sich dem Bedürfniss der Massen accomodieren, iu immerhin künstlerischer Gewissenhaftigkeit, werden sie für Verbreitung echt religiöser, frommer Gesinnung ausserordentlich fördernd, und es ist nur zu bedauern, dass die Kirche noch immer wenig Rücksicht auf sie genommen hat. Wie Schubert aber auch selbst in seinen Liedern die Fantasie hinreichend beschäftigt, haben wir im Verlauf unserer Darstellung vielfach nachgewiesen.

Vorwiegend beschäftigen seine *Instrumentalwerke* unsere *Fantasie*, und wenn sie dort auch nicht so gewaltige Bilder erzeugen, wie die entsprechenden Werke *Beethovens*, selbst nicht wie die monumentalen von *Mozart* oder *Haydn*, so sind sie doch nicht minder bedeutungsvoll geworden. Indem sie die luftige, süss-schaurige Mährchenwelt eröffnen und uns dort wieder einführen, wo wir in unserer Jugend so heimisch waren, und oft das höchste Kinderglück erlebten, zaubert sie uns dies wieder herauf. Wem nur einmal der Segen einer solchen Viertelstunde geworden ist, der sehnt sich immer wieder nach ihr zurück. So ganz entrückt zu werden der realen Welt mit ihren Nöthen und Sorgen, ihren Stürmen und den Bedrängnissen mancher Art und sich in eine Welt versetzt zu sehen, die, in den blendendsten Farben strahlend unsere Herzen aufjauchzen lässt vor Lust und in der selbst Furcht und Schrecken wie die Schmerzen, welche sie uns bereitet, zu Quellen der Freude werden, ist nicht nur auf Momente beseligend, sondern wird fruchttragend für unsere ganze innere Entwickelung. Wenn das Drängen und Treiben der realen Welt ernüchternd und abtödtend auf unsere Fantasie und unsre Empfindung wirkt und Herz und Gemüth vertrocknen lässt im heissen Kampfe mit den niedern Mächten des realen Lebens, führt uns solch ein Entrückt-sein und das Verweilen in dieser romantisch verklärten Welt wie-der ins Reich der Poesie und diese durchdringt und belebt unsre Innerlichkeit, dass sie den ihr feindlichen Mächten der gemeinen Welt dann besser zu widerstreben, dass sie sich den idealen Zug der Seele zu erhalten vermag. —

Wol ist diese Wirkung um Vieles nachhaltiger, wenn die Kunst das reale Leben selber erfasst, und es im Licht poetischer Verklärung zeigt; wenn sie den poe-

tischen Inhalt der Welt der Wirklichkeit erfasst und
diesen uns zum Kunstwerk verarbeitet vorführt, weil
uns dies dann mächtiger ergreift und einen unvertilg-
barern Abdruck in unserm Innern zurücklässt. Aber
auch jenes Versenken in eine fremde, erträumte Welt
ist befruchtend durch die wahrhaft poetische Luft, die
wir in ihr einathmen und die sich über unsre ganze
Geistigkeit verbreitet. Und selbst bei jenen Werken die
keinen speciellen Inhalt uns offenbaren, die nur der Lust am
Spiel mit Klangeffecten ihre Entstehung verdanken, bleibt dieser
Einfluss nicht aus, weil sie dann immer noch als schöne Formen
uns erfreuen und anregen. Wir konnten bereits darauf hindeuten,
dass selbst die roh- materielle Wirkung des Tons als reiner Klang
wenn auch keine künstlerische, doch eine poetische ist. Wenn
nun diese Klänge zum reizenden Spiel mit Formen verbunden
sind, ohne dass sie uns einen individuellen Inhalt vermitteln, so
wird die Wirkung zugleich auch eine künstlerische und dadurch
wieder eine poetisch nachhaltigere, als das formlose Spiel mit
Klangeffecten. Dies ist wol durch die Romantik angeregt,
aber von den Meistern der musikalischen Darstellung
nur vereinzelt geübt worden; und dass es in der Musikübung der Gegenwart eine so bedeutende Ausdehnung
gewonnen hat, ist ein bedenklicher Schritt zur Ver-
wilderung unserer Kunst, welcher nur durch die Pflege der
festgefügten Formen vorgebeugt werden kann. *Schubert*
und die beiden jüngern Meister *Schumann und Mendelssohn* haben in
ihren unvergänglichen Werken gezeigt, dass auch für die Darstellung
der romantisch angeregten Fantasie und Empfindung die enggeschlos-
sene und gegliederte Form erste Bedingung ist. Nur diejenigen ihrer
Werke, in denen sie den romantischen Idealen, und selbst der romantischen Unendlichkeit plastisch heraustretende, übersichtliche und
fassbare Form zu geben wussten, haben kunsthistorische Bedeutung
und ihren bleibenden Platz innerhalb der Kunstentwickelung erworben.
Alle andern sind nur höchstens interessant als Experimente hochbe-
gnadeter Geister einem, an sich unfassbaren Inhalt nicht etwa künstlerische Gestalt, sondern nur fassbaren Ausdruck zu geben. —

Von besonderer kulturhistorischer Bedeutung mussten endlich die *Tänze Schuberts* werden. Wir haben im vorigen Kapitel gezeigt, wie er ihnen und dem *Marsch* die höhere Bedeutung der Kunstform gab, ohne sie ihrer ursprünglichen Bestimmung zu entziehen. Dies letzte Moment namentlich unterscheidet sie von den ähnlichen der jüngern Meister *Schumann* und *Chopin*. Schuberts *Tänze und Märsche* halten so streng am ursprünglichen Rhythmus fest, dass sie wol auch geeignet sind, die Bewegung der zum Marsch oder Tanz vereinigten Massen zu ordnen; das ist bei den *Märschen Schumanns* und den *Tänzen Chopin's* nur im geringen Grade der Fall. Dadurch, dass der Rhythmus hier durch ganz andere Rücksichten als auf die äussere Bewegung bestimmt wird, sind natürlich diese Tonstücke ihrer ursprünglichen Bestimmung entzogen, und konnten demnach keinen Einfluss auf die Weiterentwickelung des Tanzes ausüben, während Schubert mit seiner Auffassungsweise des Rhythmus, wie wir zeigten, diese Entwickelung bestimmen half. Dass aber mit dem Walzer von *Strauss, Lanner* und den verwandten Tanzcomponisten auch die Tanzbelustigungen unsers Volkes edler geworden sind, und dass durch sie ein gut Theil der ursprünglich auf unsern Tanzböden herrschenden Rohheit und Brutalität verdrängt worden ist, bedarf keines Nachweises. Die künstlerisch höher stehende Tanzmusik muss ganz nothwendiger Weise auch das Tanzvergnügen veredeln und auf eine höhere Stufe heben und es ist im Interesse der Civilisation nur zu bedauern, dass ihr in den verbuhlten Offenbachschen Tänzen schon wieder eine gefährliche Concurrenz erwachsen ist.

Als eine weitere nothwendige Folge der höher stehenden Tanzmusik ist noch zu erwähnen, dass durch sie die Volksmusik im Allgemeinen eine bedeutende Verbesserung erfährt. Denn tiefer, als die Tanzmusik darf auch das volksthümliche Lied, dürfen Volksoper und alle, für die Verbreitung im Volke bestimmten Gesänge nicht stehen und so zieht eine mehr künstlerisch ausgeführte Tanzmusik auch eine mindestens nicht tiefer stehende Volksmusik in ganz nothwendiger Folge nach sich wie unser moderner Bänkelsang hinlänglich beweist, der sich von dem, der früheren Jahrzehnte unterscheidet, wie die alten Wiener Tänze von denen von Strauss und Lanner.

So erscheint Schuberts künstlerische Thätigkeit ebenso *kunst-* wie *kulturgeschichtlich* hochbedeutsam. Sie gab der Entwickelung der Tonkunst unserer Tage eine neue, eigenthümliche Richtung und gewann zugleich unvergängliche Bedeutung für die Nation, indem sie ihre Kunstschätze vermehrte und zugleich an ihrer Veredelung entscheidenden Antheil nimmt.

Verzeichniss

der

gedruckten und der ungedruckten Compositionen

von

Franz Schubert.

Chronologisch geordnet.

1810.

Fantasie, vierhändig. (Leichenfantasie.)
Variationen für Clavier.

1811.

Kleinere Fantasie für Clavier.
Quintett-Ouverture. (29. Juni — 12. Juli.)
Streichquartett.
Gratulationscantate.

Lieder:

Hagar's Klage (am 30. März.)
          „Hier am Hügel heissen Sandes"
Der Vatermörder (am 26. Decbr.)
          „Der Vater starb, von des Sohnes Hand"

1812.

Sonate für Clavier, Violine und Cello.
Quartett-Ouverture in B.
Zwei Streichquartette in B und in C.
Andante mit Variationen in Es.
Ouverture für Orchester in D.
12 Mennetten.
Salve regina und Kyrie.

Alles ungedruckt.

Gedruckt:

Klagelied von Rochlitz (Op. 131. No. 3.)
          „Meine Ruh' ist dahin, meine Freud' ist entflohn."

1813.

Fantasie für Clavier.
Fuge für Clavier.
Erste Sinfonie in D.
30 Mennetten mit Trio's (für den Bruder Ignaz geschrieben.)
Vier Streichquartette in C. B. Es. D.
Drei Mennetten für Orchester.

Octett für Blasinstrumente: 2 Clarinetten, 2 Fagotte, 2 Trompeten und
        2 Hörner. (19. Septbr.)
Die Oper: Des Teufels Lustschloss, begonnen.
Cantate, zur Namensfeier des Vaters, für zwei Tenöre und Bass, mit
        Guitarre oder Clavier-Bglt. (27. Septbr.)
        „Ertöne Leier, zur Festesfeier.“

Lieder und Gesänge.
a. gedruckte:

Sehnsucht von Fr. v. Schiller. (1. Bearb.) 3. April, für Bass.
        „Ach, aus dieses Thales Gründen.“
        (veröffentlicht 1868 durch Espagne. Berlin bei W. Müller.)
Elysium von F. v. Schiller. 15. April. (Nachlass Lf. 6.)
        „Vorüber die stöhnende Klage.“
Verklärung von Pope übers. von Herder. (4. Mai Nachl. Lf. 17
        No. 4.) „Lebensfunke vom Himmel entglüht.“
Thekla eine Geisterstimme von Fr. v. Schiller. 1. Bearb. 22. August.
        „Wo ich sei und wo mich hingewendet.“
        (veröffentlicht 1868 durch Espagne. Berlin bei W. Müller)
Trinklied für Tenor- Solo mit Chor und Pianoforte (29. August.)
        „Freunde sammelt euch im Kreise.“
Trinklied von Herder, für Tenor- Solo mit Chor und Pianoforte
        Op. 131. No. 2.
        „Brüder unser Erdenwallen.“
Der Taucher von Fr. v. Schiller. Nachlass Lf. 12.
        „Wer wagt es, Rittersmann oder Knapp.“
        (angefangen den 13. Septbr. 1813. beendet im August 1814.)
Der Mondabend von Erwin Op. 131. No. 1.
        „Rein und freundlich lacht der Himmel.“
Scene im Dom aus Faust (12. Decbr.) (Siehe Notenbeilage).

b. ungedruckte:
Todtengräberlied von Hölty (d. 19. Januar.)
        („Grabe, Spaten grabe.“)
Die Schatten von Matthisson (den 12. April.)
        („Freunde deren Grüfte sich schon bemoosten.“
Sehnsucht von Goethe. (April) (1. Bearbeitung.)
        „Was zieht mir das Herz so?“
Des Mädchens Klage von Fr. v. Schiller:
        „Der Eichwald brauset“ (Erste Bearbeitung.)
Terzette, Vier Sprüche aus: Elysium von Schiller
        No. 1. „Unendliche Freude.“ Canon (15. April.)
        No. 2. „Vorüber die stöhnende Klage“ (den 18. April.)

No. 3. „Hier strecket der wallende Pilger" (29. April.)
No. 4. „Hier umarmen sich" (8. Mai.)
No. 5. „Ein jugendlicher Maienschwung Canon d. (8. Mai.)
  (aus: Der Triumph der Liebe von Schiller.)
No. 6. „Thronend auf erhabnem Sitz" (10. Mai.)
  (aus: Der Triumph der Liebe von Schiller.)
No. 7. „Frisch athmet des Morgens lebendiger Hauch" (15 Mai.)
  (aus: Der Flüchtling von Fr. v. Schiller.)
No. 8. „Dreifach ist der Schritt der Zeit" Canon (8. Juli.)
  (aus: Sprüche des Confucius von Schiller.)
No. 9. „Goldner Schein deckt den Hain."
  (Abendlandschaft von Matthisson.)
No. 10. „Die zwei Tugendwege: von Fr. v. Schiller (15. Juli)
  „Zwei sind der Wege."
No. 11. „Liebe säuseln die Blätter." Canon. (Siehe Notenbeilage.)
No. 12. Canon a tre: „Lacrimosa."

Schwertlied von Th. Körner.
  „Du Schwert an meiner Linken." (Siehe Notenbeilage.)
  „Wer ist wohl gross."
  (Lied mit Chor und Orchester.)
Italienische Arie.

1814.

Messe in F. das Kyrie componiert 17. u. 18. Mai. Gloria 21—22. Mai.
  Gratias 25—28. Mai. Quoniam 28. Mai. Credo 30. Mai —
  22. Juni. Sanctus und Benedictus 2—3. Juli. Agnus dei 7. Juli.
  Dona nobis 15—22. Juli.
Salve regina. Für Tenor mit Orchester, (Violine, Viola, Oboe, Fagott,
  Horn und Contrabass) 28. Juni.
Erstes Offertorium, für Sopran oder Tenor-Solo und concertierende
  Clarinette oder Violine mit Orchester und Orgel Op. 46.
  „Totus in corde langueo amore Dei ardeo.
Des Teufels Lustschloss beendet am 15. Mai.
  (eine zweite Bearbeitung noch in demselben Jahre.)
Drei Streichquartette in B-dur. D-dur. C-moll.
  (Das erste als Op. 168 bei Spina in Wien erschienen.)
Mennette und sechs Deutsche für Streichquartett und Waldhörner.
Sonate in C-moll (vierhändig.) Adagio und Allegro agitato. Andante
  amoroso in B. Allegro in B. Adagio in Des. (Erschien 1871
  bei Gotthard in Wien.)

Lieder und Gesänge. a. gedrrckte:

Der Sieg von Mayrhofer. März Lf. 22. No. 1.
  „O unbewölktes Leben."

Die Betende von Matthisson (April) Lf. 31. No. 1.
„Laura betet.“
An Emma von Fr. v. Schiller. (April) Op. 58. No. 2.
„Weit in nebelgrauer Ferne.“
Edone von Klopstock Lf. 28.
„Dein süsses Bild Edone.“
Ballade von Kenner Op. 126.
„Ein Fräulein schaut vom hohen Thurm.“
Romanze von Matthisson (19. Sept.)
„Ein Fräulein klagt im finstern Thurm.“
(veröffentlicht durch Espagne, Berlin 1868 bei W. Müller.)
An Laura von Matthisson (7. Oktbr.) Lf. 31. No. 3.
„Herzen die gen Himmel sich erheben.“
Der Geistertanz von Matthisson (14. Oktbr.) Lf. 31. No. 2.
„Die bretterne Kammer der Todten.“
Scene im Dom aus Faust von Goethe Lf. 20. No. 2.
„Wie anders Gretchen war dir's!“

b. gedruckte:

Erinnerung:
„Kein Rosenschimmer leuchtet.“ April.
Andenken von Matthisson (April.)
„Ich denke dein.“
Geisternähe von Matthisson (April.)
„Der Dämmerung Schein.“
Der Abend von Matthisson (Juli.)
„Purpur malt.“
Lied der Liebe von Matthisson (Juli.)
„Durch Fichten am Hügel.“
Lied aus der Ferne von Matthisson (Juli.)
„Wenn in des Abends letztem Scheine.“
Erinnerungen von Matthisson.
„Am Seegestad.“
Trost an Elisa von Matthisson.
„Lehnst du deine bleichgehärmte.“
Morgenlied v. Claudius (24. August.)
Abendlied v. Claudius (24. August.)
Das Mädchen aus der Fremde v. Fr. v. Schiller (1. Bearb. 16. Oktbr.)
„In einem Thal bei armen Hirten.“
Sehnsucht aus Wilhelm Meister (18. Oktbr.)
„Nur wer die Sehnsucht kennt.“
Ammenlied v. Maria Luby (Decbr.)
„Am hohen Thurm.“

Am See von Mayrhofer (7. Decbr.)
    „Sitz ich im Gras."
Auf den Sieg der Deutschen mit Begleitung von Saiteninstrumenten.
    „Verschwunden sind die Schmerzen."
Die Erscheinung von Kosegarten.

1815.

Der vierjährige Posten. Operette in einem Akt von **Th. Körner**
    beendet am 13. Mai. Ouverture vom 13—16. Mai.
Fernando. Singspiel in einem Akt von **Albert Stadler** (begonnen am
    3. Juli beendet am 9. Juli.)
Claudine von Villa bella von Goethe. Singspiel in drei Akten (Juli
    und August.)
Die beiden Freunde von Salamanka. Singspiel in 2 Akten von **Mayr-**
    hofer (vom 18. Nov. — 31. Decbr.)
Der Spiegelritter. Oper in drei Akten von **Kotzebue.** (Bruchstück.
    8 Musikstücke.)
Der Minnesänger. Singspiel. (wahrscheinlich; doch ist nichts mehr
    davon vorhanden.)
Adrast. Oper von **Mayrhofer.** Fragment.
Messe in G. (März *)
Messe in B, Op. 141.
Das zweite „Dona nobis" zu der Messe in F.
Hymne an den Unendlichen: „Zwischen Himmel und Erd" für ge-
    mischten Chor mit Pianofortebegl. Op. 112. No. 3.
Erstes Stabat mater in B für gemischten Chor mit Orchester und
    Orgel. (4. April.)
Magnificat: Magnificat anima mea.
Zweites Offertorium für Sopransolo mit Orchester und Orgel Op. 47:
    Salve Regina. (5. Juli.)
Sinfonie in B. (begonnen 10. Decbr. beendet 24. März.)
Sinfonie in D. (24. Mai.)
Streichquartett in G-moll. (25. März bis 1. April.)
Zwei Sonaten in C und F.
Adagio für Clavier G-dur 4/4. (8. April.)
12 Deutsche mit Coda. Eccossaisen.
10 Variationen.

Lieder und Gesänge.

a. gedruckte:

Auf einem Kirchhof (2. Febr. Lf. 49.)
    „Sei gegrüsst, geweihte Stelle."

---

*) Von Robert Führer (+ 1801) als sein Werk veröffentlicht bei Marco Berra in Prag.

Als ich sie erröthen sah, von Ehrlich. (10. Febr.) Lf. 39. No. 1.
　　„All' mein Wirken, all' mein Leben."
Das Bild von Kosegarten. (11. Febr.) Op. 165. No. 3. Original F-dur
　　nicht Es-dur.
　　„Ein Mädchen ist's, das früh und spät."
Die Erwartung von Fr. v. Schiller. Op. 116. (27. Febr.)
　　„Hör' ich das Pförtchen nicht gehen."
Nähe des Geliebten von Goethe. (27. Febr.) Op. 5. No. 2.
　　„Ich denke dein, wenn mir der Sonne Schimmer."
An Mignon von Goethe. (27. Febr.) Op. 19. No. 2.
　　„Ueber Thal und Fluss getragen."
Wonne der Wehmuth von Goethe. (Febr.) Op. 115. No. 2.
　　„Trocknet nicht, Thränen der ewigen Liebe."
Das war ich von Th. Körner. (26. März.) Lf. 39. No. 2.
　　„Jüngst träumte mir, ich sah auf lichten Höhen."
Vergebliche Liebe von Bernard. (6. April) Op. 173. No. 3. Original
　　C-moll, nicht A-moll.
　　„Ja ich weiss es, diese treue Liebe."
Die erste Liebe von Fellinger. (12. April) Lf. 35. No. 1. Original
　　C-dur, nicht B-dur.
　　„Die erste Liebe füllt das Herz."
Amalia, von Schiller. (19. Mai) Op. 173. No. 1.
　　„Schön wie Engel voll Walhallas Wonne."
An die Nachtigall, von Hölty (22. Mai) Op. 172. No. 3.
　　„Geuss nicht so laut der Lieb' entflammten Lieder."
An die Apfelbäume (wo ich Julien erblickte) von Hölty (22. Mai)
　　Lf. 50. No. 1.
　　„Ein heilig Säuseln."
Clärchens Lied aus: Egmont von Goethe (3. Juni) Lf. 90. No. 2.
　　„Freudvoll und leidvoll."
Der Traum, von Hölty (17. Juni) Op. 172. No. 1.
　　„Mir träumt ich sei ein Vögelein."
Die Laube, von Hölty (17. Juni) Op. 172. No. 2.
　　„Nimmer werd ich, nimmer dich vergessen."
Meeresstille, von Goethe (21. Juni) Op. 3. No. 4.
　　„Tiefe Stille herrscht im Wasser."
Das Finden, von Kosegarten (25. Juni) Lf. 42. No. 2.
　　„Ich hab' ein Mädchen funden."
Gesänge Ossian's No. 2. Cronnan
　　　　„Ich sitz bei der moosigen Quelle." } 22. Juni.
　　　　No. 3. Colma's Klage
　　　　„Rund um mich Nacht, ich irr' allein."

No. 4. **Loda's Gespenst** (Februar.)
  „Der bleiche, kalte Mond erhob sich im Osten."
No. 5. **Shilrik und Vinvela.** (Septbr.)
  „Mein Geliebter ist ein Sohn des Hügels."
No. 6. **Ossians Lied nach dem Falle Nathos.**
  „Beugt euch aus euren Wolken nieder."
No. 7. **Das Mädchen von Inistore** (Septbr.)
  „Mädchen Inistore's."

Erster Verlust von Goethe (5. Juli) Op. 5. No. 4.
  „Ach wer bringt die schönen Tage."
Die Täuschung von Kosegarten (7. Juli) Op. 165. No. 4.
  „Im Erlenbusch, im Tannenhain."
Erinnerung von Kosegarten (7. Juli) Op. 108. No. 3.
  „Ich lag auf grünen Matten."
Das Sehnen von Kosegarten (8. Juli) Op. 172. No. 4.
  „Wehmuth die mich hüllt."
Dem Unendlichen, von Klopstock (15. Juli) Lf. 10. No. 1.
  „Wie erhebt sich das Herz."
Das Geheimniss, von Schiller (7. August) Op. 173. No. 2.
  „Sie konnte mir kein Wörtchen sagen."
Cora an die Sonne von Baumberg (22. August) Lf. 42. No. 3.
  „Nach so vielen trüben Tagen."
Der Morgenkuss, von Baumberg (28. August) Lf. 45. No. 4.
  „Durch eine ganze Nacht sich nah zu sein."
Die Mutter Erde, von Stolberg. (August) Lf. 29. No. 2.
  „Der Lebenstag ist schwer und schwül."
An den Frühling, von Fr. v. Schiller. (6. Sept.) Op. 172. No. 5.
  „Willkommen schöner Jüngling."
Selma und Selmar, von Klopstock. (Sept.) Lf. 26 No. 2.
  „Weine du nicht, o die ich innig liebe."
Der Jüngling an der Quelle (12. Oktbr.) Lf. 36. No. 1.
  „Leise rieselnder Quell."
Lambertine von Mayrhofer (12. Oktbr.) Lf. 36. No. 2.
  „O Liebe, die mein Herz erfüllt."
Mignon's Gesang von Goethe (23. Oktbr.) Lf. 20. No. 3. Orig. in A-dur.
  „Kennst du das Land?"
Haidenröslein, von Goethe Op. 3. No. 2.
  „Sah' ein Knab' ein Röslein stehn."
Rastlose Liebe von Goethe Op. 5. No. 1.
  „Dem Schnee, dem Regen."
Trost in Thränen, von Goethe. Lf. 25. No. 3 Orig. in F- nicht D-dur.
  „Wie kommt's, dass du so traurig bist?"

An den Mond, von Goethe Lf. 47. No. 5.
„Füllest wieder Busch und Thal."
(Eine andere Bearbeitung: Sechs bisher unveröffentlichte Lieder.
Berlin W. Müller 1868.)

Nachtgesang, von Goethe Lf. 47. No. 4. Original in As-dur.
„O gieb vom weichen Pfühle."

Der Rattenfänger, von Goethe. Lf. 47. No. 3. Original in G-dur.
„Ich bin der wohlbekannte Sänger."

Der Goldschmiedegesell, von Goethe Lf. 48. No. 6.
„Es ist doch meine Nachbarin."

Die Spinnerin, von Goethe. Op. 118. No. 6.
„Als ich still und ruhig spann."

Tischlied, von Goethe. Op. 118. No. 3.
„Mich ergreift, ich weiss nicht wie."

Hector's Abschied, von Fr. v. Schiller. Op. 58. No. 1.
„Will sich Hector ewig von mir wenden?"

Die Hoffnung, von Fr. v. Schiller. Op. 87. No. 2 (2. Bearb.)
„Es reden und träumen die Menschen viel."

Der Jüngling am Bach von Schiller Op. 87. No. 3. 2. Bearb. 1. Bearb.
in F-moll.
„An der Quelle sass der Knabe."

˙Der Kampf, von Schiller Op. 110. (einige Strophen.)
„Nein länger werd' ich diesen Kampf nicht kämpfen.'

An die Freude, von Schiller Op. 111. No. 1.
„Freude schöner Götterfunken."

Die Bürgschaft von Schiller. Ballade Lf. 8.
„Zu Dionys dem Tyrannen schlich."

Herrmann und Tusnelde, von Klopstock Lf. 28. No. 1.
„Ha, dort kommt er."

Das Rosenband, von Klopstock Lf. 23. No. 3.
„Im Frühlingsgarten fand ich sie."

Die frühen Gräber, von Klopstock Lf. 28. No. 5.
„Willkommen, o silberner Mond."

Adelaide, von Matthisson Lf. 42. No. 5.
„Einsam wandelt dein Freund."

Grablied von Kenner Lf. 42 No. 4.
„Er fiel den Tod für's Vaterland."

Der Liedler. Ballade von Kenner Op. 38.
„Gieb Schwester mir die Harf' herab."

Geist der Liebe, von Kosegarten Op. 118. No. 1.
„Wer bist du, Geist der Liebe."

Der Abend, von Hölty Op. 118. No. 2.
„Der Abend blüht, Themora glüht."

Lob des Tokayers, von Baumberg. Op. 118. No. 4.
„O köstlicher Tokayer.“
Ihr Grab. Lf. 36. No. 3.
„Dort ist ihr Grab.“
Tischlerlied, von Goethe Lf. 48. No. 7.
„Mein Handwerk geht durch alle Welt.“
Sehnsucht von Goethe Lf. 37. No. 2. Original G-dur.
„Was zieht mir das Herz so.“
An die Sonne von Th. Körner Op. 118. No. 5.
„Sinke, liebe Sonne sinke!“

<h3 align="center">b. ungedruckte:</h3>

Minona Ballade von Bertrand (8. Febr.)
„Wie treiben die Wolken so finster und schwer.“

Am Flusse, von Goethe. Erste Bearbeitung (27. Febr.) D-moll.
„Verfliesset vielgeliebte Lieder.“

Sängers Morgenlied, von Körner. (1. März.)
„Süsses Licht aus goldnen Pforten.“

Amphiaros Ballade von Th. Körner (den 1. März in 5 Stunden.)
„Vor Thebens siebenfach gähnenden Thoren.“

Maillied, von Hölty (24. März.) Für zwei Singstimmen und zwei Wald-
hörner, (auch dreistimmig.)
„Grüner wird die Au.“

Maillied, von Hölty (26. März.) für 2 Singst. und 2 Waldhörner.
„Der Schnee zerrinnt.“

Der Morgenstern, von Körner (26. März) f. 2 Singst. u. 2 Waldhörner.
„Stern der Liebe, Glanzgebilde.“

Jägerlied, von Körner (26. März) für 2 Singst. und 2 Waldhörner.
„Frisch auf! ihr Jäger.“

Lützow's wilde Jagd, von Körner (26. März.) für 2 Singst. und
2 Waldhörner.
„Was glänzt dort im Walde?“

Die Sterne, von Fellinger (6. April.) As-dur.
„Was funkelt ihr so mild?“

Liebesrausch, von Th. Körner (8. April) G-dur.
„Dir Mädchen schlägt.“

Rundgesang mit Chor, von Zettler. (12. April.)
„Ihr Freunde und du goldner Wein.“

Der Liebende, von Hölty (19. Mai.) B-dur.
„Beglückt, wer dich erblickt.“

Der Seufzer von Hölty (22. Mai.)
„Die Nachtigall singt überall.“

Liebeständelei, von Th. Körner (26. Mai.)
        „Süsses Liebchen komm zu uns."
Adelwald und Emma von Bertrand (den 5. Juni.)
        „Hoch und chern, schien von Dauer."
Die Nonne. Ballade von Hölty (16. Juni.) As-dur.
        „Es liebt in Welschland irgend wo."
Schlachtgesang, von Klopstock (16. Juni.)
        „Mit unserm Arm ist nichts gethan."
Lieb Minna, von Stadler (2. Juli.) F-moll.
        „Schwüler Hauch weht mir herüber."
Ida's Nachtgesang (7. Juli.)
        „Vernimm es Nacht."
Das Abendroth, von Kosegarten (20. Juli.) dreistimmig mit Clavierbegl.
        „Der Abend blüht, der Westen glüht."
Abends unter der Linde, von Kosegarten (24. Juli.)
        „Woher, o namenloses Sehnen?"
    Dasselbe (den 25. Juli.)
Die Mondnacht, von Kosegarten (25. Juli.)
        „Siehe wie die Mondesstrahlen."
Huldigung, von Kosegarten (27. Juli.)
        „Ganz verloren, ganz versunken."
Alles um Liebe, von Kosegarten (27. Juli.)
        „Was ist es, das die Seele füllt?"
Sehnsucht der Liebe, von Körner (im Juli.)
        „Wie die Nacht mit heilgem Leben."
Die Hoffnung, von Schiller. II. (7. August.)
        „Es reden und träumen."
Das Mädchen aus der Fremde, von Schiller. II. (12. April.)
        „In einem Thal bei armen Hirten."
Punschlied im Norden zu singen, von Schiller (18. April.)
        „Auf der Berge freien Höhen."
Der Schatzgräber von Goethe (19. August.)
        „Arm am Beutel, krank am Herzen."
Abendständchen an Lina (23. August.)
        „Sei sanft wie ihre Seele."
Morgenlied (24. August.)
        „Willkommen rothes Morgenlicht."
Todtenkranz für ein Kind, von Matthisson (25. August.)
        „Sanft wehe im Hauch."
Bergknappenlied (Chor) 25. August.
        „Hinab ihr Brüder in den Schacht."
An die Sonne (25. August.)
        „Königliche Morgensonne."

Lila an die Morgenröthe (25. August.)
　　„Wie schön bist du.“

Das Leben von J. W. L. Gleim (dreistimmig) (25. August.)
　　„Das Leben ist ein Traum.“

Der Weiberfreund (25. August.)
　　„Noch fand von Even's Töchterschaaren.“

Trinklied (vierstimmig) (25. August.)
　　„Auf, auf, jeder sei nun froh.“

Abendlied (28. August.)
　　„Gross und roth entflammt.“

Punschlied von Fr. v. Schiller (dreistimmig) (29. August.)
　　„Vier Elemente.“

Fröhlichkeit (im August.)
　　„Wes Adern leichtes Blut durchrinnt.“

Lied: (6. September) G-dur.
　　„Es ist so angenehm so süss.“

An Sie, von Klopstock (14. Sept.) As-dur.
　　„Zeitverkündigerin der besten Freuden.“

Die Sommernacht, von Klopstock (14. Sept.) C-dur.
　　„Wenn der Schimmer von dem Monde.“

Vaterlandslied, von Klopstock (14. Sept.) C-dur.
　　„Ich bin ein deutsches Mädchen“

Labetrank der Liebe (15. Oktbr.)

An die Geliebte, von Stolberg (5. Oktbr.) G-dur.
　　„O dass ich dir vom stillen Auge.“

Wiegenlied, von Körner (15. Oktbr.) F-dur.
　　„Schlummre sanft noch an der Mutter Herzen.“

Das gestörte Glück, von Th. Körner (15. Oktbr.)
　　„Ich hab ein heisses junges Blut.“

Die Sternenwelten, von Fellinger. F-dur (15. Oktbr.)

Gruss an den Mai von Erwin (15. Oktbr.) B-dur.
　　„Sei mir gegrüsst.“

Skolie von Deinhardstein (15. Oktbr.)
　　„O lasst im Morgenstrahl.“

Die Macht der Liebe von Walchberg (15. Oktbr.)
　　„Ueberall wohin.“

Von Ida, von Kosegarten (15. Oktbr.)
　　„Der Morgen blüht.“

Sehnsucht, von Goethe (18. Oktbr.) F-dur.
　　„Nur wer die Sehnsucht kennt.“

Die Sterne, von Kosegarten (19. Oktbr.)
　　„Wie wohl ist mir im Dunkeln.“

An Rosa, von Kosegarten:
>   I. Warum bist du nicht hier? ⎫ (19. Oktbr.)
>   II. Rosa denkst du an mich? ⎭

Louisen's Antwort, von Kosegarten (19. Oktbr.)
>   „Wohl weinen Gottes Engel."

Iden's Schwanenlied, von Kosegarten (19. Oktbr.)
>   „Wie schaust du aus dem Nebelflor."

Schwanengesang, von Kosegarten (19. Oktbr.)
>   „Endlich stehen die Pforten."

Der Zufriedene (23. Oktbr.) A-dur.
>   „Zwar schuf das Glück hinieden."

Liane, von Mayrhofer (im Oktober.)

Klage der Ceres, von Schiller (9. Novbr.)
>   „Ist der holde Lenz erschienen?"

Das Grab, von Salis. Für vier Männerstimmen (18. Decbr.)
>   „Das Grab ist tief und stille."

Leiden der Trennung, von Collin (nach Metastasio.)
>   „Vom Meere trennt sich die Welle."

Der Gott und die Bajadere von Goethe (Fragment.)
>   „Mahadöh, der Gott der Erde."

Rosa von Montanvert, Romanze von Matthisson.

1816.

Messe in C für 4 Singstimmen mit Orchester und Orgel als Op. 48
>   gedruckt.

Zweites Stabat mater (in deutscher Uebersetzung von Klopstock) für
>   vier Singstimmen mit Instrumentalbegl. (Februar.)

Grosses Magnificat in C für Solo, gemischten Chor und Instrumental-
>   begleitung (25. Septbr.)
>   „Magnificat anima mea."

Duett-Arie: „Auguste jam coelestium" für Sopran und Tenor mit In-
>   strumentalbegleitung.

Requiem, nur bis zum Kyrie. (Juli.)

Klopstock's Halleluja (für 2 Soprane und Alt.) Lf. 41.
>   „Ehre sei dem Hocherhabnen."

Cantate zum 50jährigen Jubiläum des Hofkapellmeister's Salieri,
>   (aufgeführt 16. Juni 1816) (ungedruckt.)

Männerchor: Adagio.
>   „Gütigster Bester."

Arie:
>   „So gut als Weisheit ströme mild."

Canon für 3 Stimmen:
>   „Unser aller Grosspapa."

Prometheus von Filipp Dräxler von Carin, für Solo, Chor und
Orchester (ungedruckt.)
Cantate: Empfindungsäusserungen des Wittwen-Instituts der Schul-
lehrer Wien's für den Stifter und Vorsteher desselben (**Josef
Spendou**) Clavierauszug von Ferd. Schubert als Op. 128.
„Vater unter Seraphsrufen, blickt mit Huld auf den herab."
Die Bürgschaft. Oper in 3 Akten (Fragment geblieben) (15 Musikstücke).
2 Sinfonien in C-moll (die sogenannte tragische *) und in B-dur.
Ouverture in B (Septbr.)
Concertstück für die Violine mit Orchester in D.
Streichquartett in F.
Sonate in G-moll für Violine und Pianoforte (April Op. 137. No. 3.)
Adagio für die Violine in A.
Adagio und Rondeau concertante für Pianoforte, Violino, Bratsche
und Violoncello (erschien in neuer Zeit.) (F-dur.) (Oktober.)
Zwei Märsche für Pianoforte in E-dur und H-moll.
Zwölf Deutsche mit Coda.
Sechs Ecossaisen.
Sonate in F.

Lieder und Gesänge:

a. gedruckte:

Erlkönig von Goethe Op. 1.
„Wer reitet so spät durch Nacht und Wind."
Der Tod Oscar's aus: Ossian (Februar.) Lief. 5.
„Warum öffnest du wieder."
Der Sänger von Goethe (Februar) Op. 117.
„Was hör ich draussen vor dem Thor."
Ritter Toggenburg, von Schiller (13. März.) Lf. 19. No. 2.
„Ritter, treue Schwesterliebe."
Des Mädchens Klage, von Schiller: II. Bearbeitung siehe Notenbeilage.
III. Bearbeitung (März) Op. 58. No. 3.
„Der Eichwald brauset."
Geistergruss, von Goethe Op. 92. No. 3. (zweite Bearbeitung) (die erste
Bearb. März.) (Berlin 1868 bei W. Müller.)
„Hoch auf dem alten Thurme."
Sprache der Liebe, von Schlegel (April) Op. 115. No. 3.
„Lass dich mit gelinden Schlägen."
Stimme der Liebe, von Stolberg (April) Lf. 29. No. 1.
„Meine Selinde."

---

*) Arrangirt für Pianoforte zu vier Händen von Hugo Ulrich. Leipzig, C. F. Peters.
Das Adagio in Partitur ebendaselbst.

Klage, von Hölty (1. Januar 11. Mai) Lf. 48. No. 3.
    „Dein Silber schien durch Eichengrün."
Erntelied, von Hölty (Mai) Lf. 48. No. 2.
    „Sicheln schallen, Aehren fallen."
Der Leidende, von Hölty (Mai) Lf. 50. No. 2.
    „Nimmer trag ich länger dieser Leiden Last."
Naturgenuss, von Matthisson (Mai)
    „Im Abendschimmer wallt der Quell."
Frühlingslied von Schober:
    „Schmücket die Locken mit duftigen Kränzen)

Op. 16. Männerquartette mit Clavierbgl.

Fragment aus Aeschylus (Juni) Lf. 14. No. 2.
    „So wird der Mann, der sonder Zwang, gerächt."
Drei Gesänge des Harfners aus Wilh. Meister, von Goethe (Sept.) Op. 12.
    1. „Wer sich der Einsamkeit ergiebt."
    2. „Wer nie sein Brod mit Thränen ass."
    3. „An die Thüren will ich schleichen."
Liedesend, Ballade von Mayrhofer (Sept.) Lf. 23. No. 2.
    „Auf seinem goldnen Throne."
Der Wandrer von Georg Schmid von Lübeck. (Oktbr.) Op. 4. No. 1.
    „Ich komme vom Gebirge her."
Zum Punsch von Mayrhofer (Oktbr.) Lf. 44. No. 8.
    „Woget brausend Harmonien."
Abendlied der Fürstin, von Mayrhofer (Novbr.) (Berlin 1868 bei W. Müller.)
    „Der Abend röthet nun das Thal."
Lied eines Schiffer's an die Dioskuren, von Mayrhofer Op. 65. No. 1.
    „Dioskuren, Zwillingssterne."
Morgenlied, von Werner Op. 4. No. 2.
    „Eh die Sonne früh aufersteht."
Am Bach im Frühling von Claudius Op. 109. No. 1.
    „Du brachst sie nun die kalte Rinde."
Genügsamkeit, von Claudius Op. 109. No. 2.
    „Dort raget ein Berg aus den Wolken."
An eine Quelle von Claudius Op. 109. No. 3.
    „Du kleine, grün umwachsne."
An die Nachtigall von Claudius Op. 98. No. 1.
    „Er liegt und schläft an meinem Herzen."
Wiegenlied von Claudius Op. 98. No. 2.
    „Schlafe, schlafe holder, süsser Knabe."
Orpheus, von Jacobi Lf. 19. No. 1.
    „Wälze dich hinweg du wildes Feuer."
Lebensmelodien von Schlegel Op. 111. No. 2.
    „Auf den Wassern wohnt mein stilles Leben."

Die vier Weltalter, von Schiller, Op. 111. No. 3.
„Wohl perlet im Glase der purpurne Wein."
Wandrer's Nachtlied von Goethe, Op. 4. No. 3.
„Der du von dem Himmel bist."
Mignon von Goethe, Op. 62. No. 4.
„Nur wer die Sehnsucht kennt."
Der Fischer von Goethe, Op. 5. No. 3.
„Das Wasser rauscht, das Wasser schwoll."
Der König in Thule von Goethe, Op. 5. No. 5.
„Es war ein König in Thule."
Jägers Abendlied von Goethe, Op. 3. No. 3.
„Im Felde schleich ich still und wild."
Schäfer's Klagelied von Goethe, Op. 3. No. 1.
„Da droben auf jenem Berge."
Chor der Engel aus Goethes Faust:
„Christ ist erstanden"
(für gemischten Chor), zuerst veröffentlicht 1839 in der Beilage
zu: Neue Zeitschrift für Musik, von R. Schumann; neuer-
dings in: Chorgesangswerke von Fr. Schubert (heraus-
gegeben von A. Dörffel. Leipzig, Peters.)
Trinklied für Tenorsolo mit Männerchor und Pianof. (Zuerst ver-
öffentlicht als Beilage zur Wiener-Musikzeitung 1844, neuer-
dings durch Dörffel in der angegebenen Sammlung:
„Funkelnd im Becher."
Die Gestirne, von Klopstock. (In: Acht geistliche Lieder, Nachlass
Lf. 10. No. 2.)
„Es tönet sein Lob in Feld und Wald."
Litanei auf das Fest aller Seelen von Jakobi. (In: Acht geistliche
Lieder, Lf. 10. No. 5.)
„Ruhn in Frieden alle Seelen!"

b. ungedruckte:

Klage von Hölty (Januar).
„Trauer umfliesst."
Das Grab von Salis (11. Februar).
„Das Grab ist tief und stille."
An die Natur von Stolberg (15. Februar).
„Süsse heilige Natur."
Lied von Salis (27. März).
„In's stille Land wer leitet uns."
Laura am Clavier von Schiller (März).
„Wenn dein Finger durch die Saiten meistert."

Der Flüchtling, von Schiller (März).
>„Frisch athmet."

Pflügerlied von Salis (März).
>„Arbeitsam und wacker pflügen."

Abschied von der Harfe, von Salis (März).
>„Noch einmal tön' o Harfe."

Herbstnacht, von Salis (März) F-dur.
>„Mit leisen Harfentönen."

An die Harmonie, von Salis (März) A-dur.
>„Schöpferin beseelter Töne."

Die Wehmuth, von Salis (März).

Julius von Theone, von Matthisson (30. April).
>„Nimmer darf ich dir gestehn."

Die verfehlte Stunde, von Schlegel (April).

Entzückung, von Matthisson (April) C-dur.
>„Tag voll Himmel."

Stimme der Liebe, von Matthisson. I. Bearb. 29. April. II. Bearb.
im Mai.
>„Abendgewölke schweben hell."

Die frühe Liebe, von Hölty (Mai) E-dur.
>„Schon im bunten Knabenkleide."

Blumenlied von Hölty (Mai) E-dur.
>„Es ist mein halbes Himmelreich."

Seligkeit, von Hölty (Mai) E-dur.
>„Freuden sonder Zahl."

Trinklied, von Hölty (Mai) für drei Männerstimmen.
>„Bekränzet die Tonnen."

Minnelied, von Hölty (Mai).
>„Holder klingt der Vogelsang."

Klage, von Hölty (12. Mai, erste Bearbeitung).
>„Dein Silber schien durch Eichengrün."

Gott im Frühling, von Uz (Juni).
>„In seinem schimmernden Gewande."

Die Liebesgötter, von Uz (Juni) C-dur.
>„Cypris meiner Philis gleich."

An den Schlaf, von Uz (Juni) A-dur.
>„Komm und senke die umflorten Schwingen."

Der gute Hirt, von Mayrhofer (Juni) in E: später in C.
>„Was sorgest du."

An die Sonne. Für gemischten Chor mit Pianof.

Aus: Diego Manazares (30. Juli) F-moll.
>„Wo irrst du doch einsamer Schatten."

Das Heimweh, von Hell (Juli). F-dur
    „Oft in einsam stillen Stunden."
Freude der Kinderjahre (Juli).
    „Freude die im frühen Lenze."
Grablied auf einen Soldaten (Juli).
    „Ziehe hin du braver Krieger."
Bundeslied von Goethe (4. August).
    „In allen guten Stunden."
In der Mitternacht, von Jacobi (August).
    „Todesstille deckt das Thal."
Die Perle (August) D-moll.
    „Es ging ein Mann zur Frühlingszeit."
Hochzeitlied von Jacobi (August).
    „Will singen euch im alten Ton."
Trauer der Liebe (August) As-dur.
    „Wo die Taub' in stillen."
Alte Liebe rostet nie, von Mayrhofer (16. September). H-dur.
Abschied (16. September).
    „Ueber die Berge geht es fort."
Ferne von der grossen Stadt, von Carol. Pichler (September).
Sehnsucht aus Wilhelm Meister von Goethe (andre Bearb.) Sept.
    „Nur wer die Sehnsucht kennt."
Abschied von Mayrhofer (nach einer Wallfahrtsarie) comp. im Sept.
Der Sänger am Felsen, von Caroline Pichler (September).
    „Klage meine Flöte."
Lied von Caroline Pichler (September).
    „Ferne von der grossen Stadt."
Der Hirt von Mayrhofer (8. Oktober).
    „Du Thurm zu meinem Leide."
Geheimniss von Mayrhofer (Oktober).
    „Sag an wer lehrt dich Lieder."
Fidite von Claudius (November).
    „Ich war erst sechszehn Sommer alt."
Abendlied von Claudius (November).
    „Der Mond ist aufgegangen."
Zufriedenheit von Claudius (November).
    „Ich bin vergnügt im Siegeston."
Am Grabe meines Vaters, von Claudius.
    „Friede sei um diesen Grabstein hier."
Geistertanz von Matthisson (Novbr.) Vocalquartett für Männerstimmen.
    „Die bretterne Kammer der Todten."
Skolie von Matthisson (December).
    „Mädchen entsiegelten."

Schlachtgesang von Klopstock (dreistimmiger Männerchor).
>   „Mit unserm Arm ist nichts gethan."
Herbstlied von Salis (G-dur).
>   „Bunt sind schon die Wälder."
Räuberlied aus Schubert's Oper „Die Bürgschaft."
An Chloë von Jacobi.
>   „Bei der Liebe reinsten."
Der Herbstabend.
>   „Abendglocken hallen."
Geheimniss, von Schiller. II. Bearbeitung.
>   „Sie konnte mir kein Wörtchen sagen."
Die Sterbende von Kosegarten.
Daphne am Bach.

1817.

Zwei Ouverturen im italienischen Styl, 1 in D im Mai, 2 in C im Novbr.
>   (No. 2. 1866 als Op. 170 in Partitur erschienen bei C. A. Spina
>   in Wien).
Claviersonaten:
>   in D-dur Op. 53,
>   in A-dur Op. 120,
>   in Es-dur Op. 122,
>   in A-moll Op. 145,
>   in H-dur Op. 147.
Sonate in E-moll, erster Satz und Scherzo (Juni, Manuscript).
Polonaisen für die Violine.
Skizzierte Variationen für Violine in A-dur (December).
Trio in B-dur für Violine, Viola und Violoncello (September).
Zwei Sonaten für Clavier und Violine in D-dur (März) und in A-dur.
>   Op. 137. No. 1 und 2.
Zwölf deutsche Tänze.

Lieder und Gesänge.
a. gedruckte:
Tiefes Leid, von Schulze (27. Januar) Lf. 30. No. 1.
>   „Ich bin von aller Ruh geschieden."
Fahrt zum Hades, von Mayrhofer (Januar) Lf. 18. No. 3.
>   „Der Nachen dröhnt."
Frohsinn (Januar) Lf. 45. No. 1.
>   „Ich bin von lockrem Schlage."
Der Vater mit dem Kinde, von Bauernfeld, Lf. 17. No. 2 (Januar).
>   „Dem Vater liegt das Kind im Arm"
Die Nacht, aus: Ossian (Februar) Lf. 1.
>   „Die Nacht ist dumpfig und finster."

Memnon von Mayrhofer (März) Op. 6. No. 1.
„Den Tag hindurch nur einmal mag ich sprechen."
Antigone und Oedip von Mayrhofer (März) Op. 6. No. 2.
„Ihr hohen Himmlischen erhöret."
Ganymed von Goethe (März) Op. 19. No. 2.
„Wie im Morgenglanze."
An Schwager Kronos von Goethe (März) Op. 19. No. 1.
„Spute dich, Kronos."
Philoctet von Mayrhofer (März) Lf. 11. No. 3.
„Da sitz' ich ohne Bogen."
Am See von Bruchmann (März) Lf. 9. No. 2.
„In des See's Wogenspiele."
Pax vobiscum von Schober (April) Lf. 10. No. 6.
„Der Friede sei mit euch."
Hänflings Liebeswerben von F. Kind (April) Op. 20. No. 3.
„Ahidi, ich liebe."
Die Einsiedelei von Salis (II. Bearb. 3. Mai) Lf. 38. No. 1.
„Es rieselt klar und wehend."
Iphigenia von Mayrhofer (Juli) Op. 98. No. 3.
„Blüht denn hier an Tauris Strande."
Abschied in das Stammbuch eines Freundes (24. August) Lf. 29. No. 4.
„Lebe wohl du lieber Freund."
Erlafsee von Mayrhofer (Septbr.) Op. 8. No. 3.
„Mir ist so wohl, so weh'."
Am Strome von Mayrhofer (Septbr.) Op. 8. No. 4.
„Ist mir's doch, als sei mein Leben."
Am Grabe Anselmo's von Claudius Op. 6. No. 3.
„Dass ich dich verloren habe."
Gretchens Bitte von Goethe, Lf. 29. No. 3. (Mai.)
„Ach neige, du Schmerzensreiche."
Auf dem See von Goethe, Op. 92. No. 2. (zweite Bearbeitung.)
„Und frische Nahrung."
Der Pilgrim von Schiller, Op. 37. No. 1.
„Noch in meines Lebens Lenze."
Der Alpenjäger von Schiller, Op. 37. No. 2.
„Willst du nicht das Lämmlein hüten?"
An die Musik von Schober, Op. 88. No. 4.
„Du holde Kunst in wie viel."
Thekla, eine Geisterstimme, von Schiller, II. Bearb. Op. 88. No. 2.
„Wo ich sei und wo mich hingewendet."
Gruppe aus dem Tartarus, von Fr. v. Schiller, Op. 24. No. 1.
„Horch, wie Murmeln des empörten Meeres."

Schlummerlied von Mayrhofer, Op. 24. No. 2.
    „Es mahnt der Wald, es ruft der Strom."
Auf der Donau, von Mayrhofer, Op. 21. No. 1.
    „Auf der Wellen Spiegel."
Der Schiffer, von Mayrhofer, Op. 21. No. 2.
    „Im Winde, im Sturme."
Wie Ulfru fischt, von Mayrhofer, Op. 21. No. 3.
    „Die Angel zuckt, die Ruthe bebt."
Der Alpenjäger, von Mayrhofer, Op. 13. No. 3.
    „Auf hohem Bergesrücken."
Der Schäfer und der Reiter von Fr. Baron de la Motte Fouqué,
    Op. 13. No. 1.
    „Ein Schäfer sass im Grünen."

b. ungedruckte:

Jagdlied von Zacharias Werner (Januar).
    „Trara, trara, wir kehren daheim."
Die Liebe, von Gottl. Leon (Januar).
    „Wie weht der Liebe hoher Geist."
Der Jüngling und der Tod, von Otto Spaun (März).
    „Die Sonne sinkt."
Uranias Flucht, von Mayrhofer (April).
    „Lasst uns ihr Himmlischen."
Nach einem Gewitter, von Mayrhofer (Mai).
    „Auf den Blumen."
Fischerlied von Salis (Mai).
    „Das Fischergewerbe giebt rüstigen Muth."
Gesang der Geister über den Wassern von Goethe (Mai) für vier
    Männerstimmen (unvollendet).
Lied im Freien von Salis (Juli) für vier Männerstimmen.
    „Wie schön ist's im Freien."
Die Entzückung an Laura, von Schiller (unvollendet, August).
    Siehe Facsimile.
    „Laura über diese Welt zu flüchten."
Lied eines Kindes (November), unvollendet.
    „Lauter Freude fühl ich."
Furcht der Geliebten, von Klopstock (Juli).
    „Cidli, du weinst."
Trost.
    „Nimmer lange weil ich."
Aria.
    „Vedi quanto adoro."
Ariette. „La pastorella." (Januar).

Brüder schrecklich brennt die Thräne, für Sopran oder Tenor mit Instrumentalbgl.

1818.

Erste Walzer für Pianoforte, Op. 9.
Acht Variationen über ein französisches Lied in E-moll, Op. 10.
Adagio in E (April).
Märsche für das Clavier.
Fantasie in C (ungedruckt).
Sechste Sinfonie in C.
Divertissement à la Hongroise pour le Pianoforte à quatre mains,
      Op. 54 (in E).
Salve regina in A.

Lieder und Gesänge.
a. gedruckte:

Die Forelle, von Schubart. Op. 32 (den 21. Febr. Nachts).
    „In einem Bächlein helle.“
Auf der Riesenkoppe (Mai) Lf. 49. No. 1.
    „Hoch auf dem Gipfel deiner Gebirge.“
An den Mond in einer Herbstnacht von Aloys Schreiber (April).
    „Freundlich ist dein Antlitz.“
Grablied für die Mutter (Juni) Lf. 30. No. 3.
    „Hauche milder Abendluft.“
Das Marienbild von Aloys Schreiber (August) Nachlass Lf. 10. No. 3.
    „Sei gegrüsst, du Frau der Huld.“
Der Blumenbrief von A. Schreiber (August) Orig. D-dur Lf. 21. No. 1.
    „Euch Blümlein will ich senden.“
Der Einsame, von Mayrhofer (in Zelész, August) Lf. 32.
    „Gieb mir die Fülle der Einsamkeit.“
Blondel zu Marien (in Zelész, Septbr.) Lf. 34. No. 2.
    „In düstrer Nacht.“
Das Abendroth von Schreiber (in Zelész, Nov.) für Bass Op. 173. No. 6.
    „Du heilig glühend Abendroth.“
Vom Mitleiden Mariä von Schlegel (Decbr.) Lf. 10. No. 4.
    „Als bei dem Kreuz.“

b. ungedruckte:

Quartett für 2 Soprane, Tenor und Bass (Januar).
    „Wer Lebenslust fühlet.“
Singübungen (Juli) für Gräfin Marie Eszterhazy.
Punschlied im Norden zu singen von Schiller, zwei und dreistimmig
    (18. August).

Drei Sonette von Schlegel (nach Petrarca.)
> I. „Nunmehr der Himmel, Erde schweigt und Winde."
> (Decbr. C-dur.)
> II. „Allein, nachdenklich wie gelähmt vom Kampfe."
> (F-moll. November.)
> III. Apollo lebet noch, dein hold Verlangen."
> (B-dur. November.)

Blanca von Schlegel (December).
> „Wenn ich einsam."

1819.

Cantate zum Geburtstag Vogl's gedichtet von **A. Stadler** (August).
> „Sänger, der von Herzen singet."

Ouverture für Clavier zu vier Händen. F-moll.

Quintett in A-dur für Pianoforte, Violine, Viola, Violoncello und Contrabass, Op. 114.

Lieder und Gesänge.

a. gedruckte:

Abendbilder von Claudius (Febr.) Lf. 9. No. 3.
> „Still beginnts im Hain zu thauen."

Bertha's Lied in der Nacht, von Grillparzer (Febr.) Lf. 40. No. 2.
> Original in Cis-moll, Ausgabe in D-moll.
> „Nacht umhüllt mit webendem Flügel"

Das Mädchen, von Kenner (Febr.) Lf. 40. No. 1. Original in A-dur,
> Ausgabe in G-dur.
> „Wie so innig möcht ich sagen."

Gebet während der Schlacht, von Th. Körner. Lf. 10. No. 7.
> „Vater, ich rufe dich."

Himmelsfunken von Silbert (Febr.) Lf. 10. No. 8.
> „Der Odem Gottes weht."

Der Wandrer, von A. W. v. Schlegel (Februar) Op. 65 No. 2.
> „Wie deutlich des Mondes Licht zu mir spricht."

An die Freunde, von Mayrhofer (März) Lf. 40. No. 3.
> „Im Wald, im Wald da grabt mich ein."

Prometheus von Goethe (Oktbr.) Lf. 47. No. 1.
> „Bedecke deinen Himmel Zeus."

Die Liebende schreibt, von Goethe (Oktbr.) Op. 165. No. 1.
> „Ein Blick von deinen Augen in die meinen."

Beim Winde von Mayrhofer (Oktbr.) Lf. 22. No. 3.
> „Es träumen die Wolken."

 ̓tys von Mayrhofer, Lf. 22. No. 2.
    „Der Knabe seufzt über's grüne Meer.“
Nachtstück von Mayrhofer, Op. 36. No. 2.
    „Wenn über Berge sich der Nebel breitet.“
Trost von Mayrhofer, Lf. 44. No. 1.
    „Hörnerklänge rufen klagend.“
Die Sternennächte von Mayrhofer, Op. 165. No. 2. (Octbr.)
    „In monderhellten Nächten.“
Das Dörfchen, von Bürger, Op. 11. No. 1. Für vier Männerstimmen
    mit Pianoforte.
    „Ich rühme mir mein Dörfchen hier.“

b. ungedruckte:

Die Gebüsche von Schlegel (Januar).
    „Es wehet kühl.“
Vier Hymnen von Novalis (Mai).
    1. „Wenige wissen das Geheimniss.“ (A-moll.)
    2. „Wenn ich ihn nur habe.“ (B-moll.)
    3. „Wenn alle untreu werden.“ (B-moll.)
    4. „Ich sag es Jedem.“ (A-dur.)
Der Knabe in der Wiege von Ottenwald. (August.)
    „Er schläft so süss.“
Salve regina für Sopran mit Streichinstrumenten.
Quartett für 2 Soprane, Tenor und Bass.
    „Im traulichen Kreise.“
Quintett für 2 Tenöre und 3 Bässe.
    „Nur wer die Sehnsucht kennt.“
Quartett für 2 Tenöre und zwei Bässe.
    „Ruhe schönstes Glück der Erde.“

<h2 align="center">1820.</h2>

Die Zwillinge. Singspiel in einem Act. (Text nach dem Französischen
    von Hofmann, erste Aufführung in Wien am 14. Juni 1820.)
Die Zauberharfe. Melodram mit Gesängen und Chören in 3 Acten
    von Hofmann (erste Aufführung in Wien am 19. August 1820).
Ostercantate: Lazarus oder Die Feier der Auferstehung, von Nie-
    meyer für Soli, Chor und Orchester (Februar 1820 angefangen).
Sakuntala. Oper in 3 Acten von Josef Filipp Neumann (2 Acte skizziert).
Quartettsatz (9.) C-moll. (Leipzig, bei Bartholf Senff.)
Grosse Fantasie (in C) für Clavier (Op. 15).
Antifonen zur Palmenweihe für gemischten Chor, Op. 113.
Psalm 23. für Frauenchor und Pianoforte, Op. 132.
    „Gott ist mein Hirt.“

Gesang der Geister über den Wassern von Goethe für 8 Männer-
  stimmen mit Begleitung von 2 Violen, 2 Violoncello's und
  Contrabass (Op. 167).
  „Des Menschen Seele gleicht dem Wasser."
Tänze: Eccossaissen (Mai) und Walzer und Ländler.

Lieder und Gesänge.

a. gedruckte:

Versunken, von Goethe (Febr.) Lf. 38. No. 3.
  „Voll Locken kraus ein Haupt."
Der Schiffer von Schlegel (März) Lief. 38. No. 1.
  „Friedlich, lieblich hingegossen."
Liebeslauschen von Schlechta (Septbr.) Lief. 15. No. 2.
  „Hier unten steht ein Ritter."
Frühlingsglaube von L. Uhland (im Novbr.) Orig. in B-dur (Op. 20. No. 2).
  „Die linden Lüfte sind erwacht."
Der Jüngling auf dem Hügel von Heinrich Hüttenbrenner (Novbr.
  Op. 8. No. 1.
  „Ein Jüngling auf dem Hügel."
Im Walde (Waldesnacht) von Schlegel (Decbr.) Lief. 16.
  „Windesrauschen, Gottesflügel."
Abendröthe von Schlegel Lief. 7. No. 3.
  „Tiefer sinket schon die Sonne."
Die Sterne von Schlegel Lief. 48. No. 1.
  „Du staunest, o Mensch was heilig."
Orest auf Tauris.
  „Ist dies Tauris."
Der entsühnte Orest.   von Mayrhofer
  „Zu meinen Füssen."   Lief. 11. No. 1. 2. 4.
Freiwilliges Versinken.
  „Wohin, o Helios! wohin?"
Gretchen am Spinnrade von Goethe Op. 2.
  „Meine Ruh' ist hin, mein Herz ist schwer."
Die Vögel, Op. 172. No. 6.
  „Wie lieblich und fröhlich zu schweben, zu singen."
Canti von Vincenzo Monti.
  1. „Non t' accostar all' urna."
  2. „Guarda la bianca luna."
  3. „Da quel sembiante luna."
  4. „Mio bene ricordate."
  5. „Pensa, che questo istante."

b. ungedruckte:

Nachthymne von Novalis (Januar).
>„Hinüber wollt' ich."

Der Knabe (März).
>„Wenn ich nur ein Vöglein wär'."

Der Fluss von Schlegel (Mai).
>„Wie rein Gesang sich windet."

1821.

Sinfonie in E. (Nur Skizze.)

Variationen für Clavier (ungedruckt).

Tänze: Eccossaisen, Walzer und Ländler. (Die Atzenbrucker Deutschen). Juli.

Tenor-Arie:
>„Der Tag entflieht.",

Komisches Duett:
>„Nein, nein das ist zu viel."

Als Einlage in die Oper „Das Zauberglöckchen" von Herold.

Alfonso und Estrella. Oper in 3 Acten von **Fr.' v. Schober.** Act I. begonnen am 20. September, Act II. am 20. October.

Lieder und Gesänge.

a. gedruckte:

Die gefangenen Sänger, von A. W. v. Schlegel (16. Januar) Lf. 33. No. 2.
>„Hörst du von den Nachtigallen?"

Die Sehnsucht von Schiller, II. Bearb. (8. Febr.) Op. 39.
>„Ach aus dieses Thales Gründen."

Grenzen der Menschheit von Goethe; (Febr. für Bass, März für Alt) Lf. 14. No. 1.
>„Wenn der uralte, heilige Vater."

Geheimes, von Goethe (März) Op. 14. No. 2.
>„Ueber meines Liebchens Aeugeln."

Lob der Thränen, von A. W. v. Schlegel, Op. 13. No. 2.
>„Laue Lüfte, Blumendüfte."

Suleika, aus dem westöstlichen Divan von Goethe.
>I. Gesang Op. 14. Was bedeutet die Bewegung?
>II. Gesang Op. 31. Ach um deine feuchten Schwingen.

Sei mir gegrüsst, von Fr. Rückert, Op. 20. No. 1.
>„O du Entrissne mir!"

Der Unglückliche von Caroline Pichler, Op. 87. No. 1.
>„Die Nacht bricht an."

Der Blumen Schmerz von Grf. v. Maylath, Op. 173. No. 4.
>„Wie tönt es mir so schaurig."

Die Nachtigall, von Unger, für vier Männerstimmen, Op. 11. No. 2,
mit Pianofortebegleitung (April).
„Bescheiden verborgen, im buschichten Gang."

b. ungedruckte:

Mahomets Gesang von Goethe, Fragment für Bass (März).
„Seht der Felsenquell."

1822.

Alfonso und Estrella, Oper in 3 Acten von **Fr. v. Schober.** Act III.
beendet am 27. Febr. 1821.
Messe in As.
Sinfonie (in H-moll, zwei Sätze).
Volkslied von Deinhardstein für Chor und Orchester (mit anderem Text
als **Constitutionslied** Op. 157 gedruckt.)
„Junger Kraft lebendiges Walten."
Des Tages Weihe. Hymne zur Namens- und Geburtstagsfeier für Chor
mit Pianoforte (Violine und Violoncello ad lib.), Op. 146. (Oktbr.)
„Schicksalslenker."
Gott in der Natur von Uz für Frauenchor mit Pianoforte, Op. 133.
(August.)
„Gross ist der Herr."

Lieder und Gesänge.
a. gedruckte:

Epistel von Collin Lf. 46. (Januar).
„Und nimmer schreibst du?"
Schwestergruss von Bruchmann (Novbr.) Lf. 23. No. 1.
„Im Mondenschein wall' ich auf und ab."
Aus Heliopolis: An Franz Mayrhofer, Op. 65. No. 3.
„Im kalten rauhen Norden."
Seelige Welt von J. Senn (für Bass), Op. 23. No. 2.
„Ich treibe auf des Lebens Meer."
Schwanengesang von J. Senn, Op. 23. No. 3.
„Wie klag ichs aus, das Sterbegefühl."
Die Liebe hat gelogen, von Graf v. Platen, Op. 23. No. 1.
„Die Liebe hat gelogen."
Willkommen und Abschied von Goethe, Op. 56. No. 1.
„Es schlug mein Herz, geschwind zu Pferde."
Der Musensohn von Goethe (Original in As-dur, Ausgabe in G-dur)
Op. 92. No. 1.
„Durch Feld und Wald zu streifen."

Schatzgräbers Begehr von F. v. Schober, Op. 23. No. 4.
 „In tiefster Erde ruht ein alt Gesetz."
Todesmusik von Schober, Op. 108. No. 2.
 „In des Todes Feierstunde."
Die Rose von Fr. v. Schlegel, Op. 73.
 „Es lockt die schöne Wärme."
Der Wachtelschlag, Op. 68.
 „Ach, mir schallt's dorten so lieblich hervor."
Geist der Liebe von Matthisson, Op. 11. No. 3, für vier Männerstimmen
 mit Pianofortebegl. (April).
 „Der Abend schleiert Flur und Hain."
An die Entfernte von Goethe (December).
 „So hab' ich wirklich dich verloren."

b. ungedruckte:

Nachtviolen von Mayrhofer (April).
Am Flusse von Goethe (Decbr.) II. Bearbeitung.
 „Verfliesset, vielgeliebte Lieder."

1823.

Die Verschwornen (Der häusliche Krieg), Operette in einem Act von
 J. Castelli.
Musik zu Rosamunde. Drama in vier Acten von **Helmine von Chezy.**
 (No. 1. **Ouverture,** No. 2. **Romanze:** „Der Vollmond strahlt."
 No. 3. **Jägerchor:** „Wie lebt sich's so fröhlich im Grünen."
 No. 4. **Hirtenchor:** „Hier auf den Fluren mit rosigen Wangen."
 No. 5. **Geisterchor** für Männerstimmen mit Begleitung von
 Hörnern und Posaunen: „In der Tiefe wohnt das Licht."
 Balletmusik und Entre Acts für Orchester als Op. 26 erschienen.)
Fierrabras. Grosse Oper in 3 Acten von **Josef Kupelwieser.** (Die Ouver-
 ture als Op. 76 in Partitur und für Clavier.)
Ouverture zu Alfonso und Estrella (December), als Op. 69 erschienen.
Drittes Offertorium: Salve regina für Sopran- oder Tenor-Solo mit
 Streichquartett oder Clavierbegleitung, Op. 153. (28. Januar.)
Zwölf Deutsche (Mai) Eccossaisen. (Januar.)

Lieder und Gesänge:

a. gedruckte:

Der zürnende Barde von Franz Bruchmann (Febr.) Lf. 9. No. 1.
 2 Bearbeitungen.
 „Wer wagt's? wer wagt's?"

Viola von Schober (März) Op. 123.
>„Schneeglöcklein, o Schneeglöcklein.“

Pilgerweise von Schober (April) Lf. 18. No. 1.
>„Ich bin ein Waller auf der Erde.“

Vergissmeinnicht von Schober (Mai) Lf. 21. No. 2.
>„Als der Frühling sich vom Herzen der erblühten Erde riss.“

Die zürnende Diana von Mayrhofer (Decbr.) Op. 36. No. 1.
>„Ja spanne nur den Bogen mich zu tödten.“

Der Zwerg von M. v. Collin, Op. 22. No. 1.
>„Im trüben Licht verschwinden schon die Berge.“

Wehmuth von M. v. Collin Op. 22. No. 2.
>„Wenn ich durch Wald und Fluren geh.“

Die schöne Müllerin.   Ein Cyklus von Liedern von Wilhelm Müller,
>Op. 25.

>>No. 1. **Das Wandern.**
>>>„Das Wandern ist des Müller's Lust.“

>>No. 2. **Wohin.**
>>>„Ich hört ein Bächlein rauschen.“

>>No. 3. **Halt.**
>>>„Eine Mühle seh ich blinken.“

>>No. 4. **Danksagung an den Bach.**
>>>„War es also gemeint?“

>>No. 5. **Am Feierabend.**
>>>„Hätt ich tausend Arme zu rühren.“

>>No. 6. **Der Neugierige.**
>>>„Ich frage keine Blume.“

>>No. 7. **Ungeduld.** (Original A-dur, nicht F-dur.)
>>>„Ich schnitt es gern in alle Rinden ein.“

>>No. 8. **Morgengruss.**
>>>„Guten Morgen schöne Müllerin.“

>>No. 9. **Des Müllers Blumen.**
>>>„Am Bach viel kleine Blumen stehn.“

>>No. 10. **Thränenregen.**
>>>„Wir sassen so traulich beisammen.“

>>No. 11. **Mein.**
>>>„Bächlein lass dein Rauschen sein.“

>>No. 12. **Pause.**
>>>„Meine Laute hab ich gehängt an die Wand.“

>>No. 13. **Mit dem grünen Lautenbande.**
>>>„Schad um das schöne grüne Band.“

>>No. 14. **Der Jäger.**
>>>„Was sucht denn der Jäger am Mühlbach hier.“

No. 15. **Eifersucht und Stolz.**
> „Wohin so schnell, so kraus, so wild."
No. 16. **Die liebe Farbe.**
> „In Grün will ich mich kleiden."
No. 17. **Die böse Farbe.**
> „Ich möchte ziehen in die Welt hinaus."
No. 18. **Trockne Blumen.** (Original E-moll, nicht C-moll.)
> „Ihr Blümlein alle die sie mir gab."
No. 19. **Der Müller und der Bach.**
> „Wo ein treues Herze in Liebe vergeht."
No. 20. **Des Baches Wiegenlied.** (Original in E-dur, nicht in C-dur.)
> „Gute Ruh', gute Ruh' thu die Augen zu."

Du liebst mich nicht, von Gr. v. Platen, Op. 59. No. 1.
> „Mein Herz ist zerrissen."

Dass sie hier gewesen, von Rückert. Op. 59. No. 2.
> „Dass der Ostwind Düfte hauchet."

Du bist die Ruh', von Rückert, Op. 59. No. 3.
> „Du bist die Ruh."

Lachen und Weinen, von Rückert, Op. 59. No. 4.
> „Lachen und Weinen zu jeglicher Stund."

Auf dem Wasser zu singen, von Leopold Graf z. Stolberg, Op. 72.
> „Mitten im Schimmer der spiegelnden Wellen."

Drang in die Ferne, von Gottfried v. Leitner, Op. 71.
> „Vater, du glaubst es nicht."

1824.

Octett für 2 Violinen, Viola, Clarinette, Fagott, Waldhorn, Violoncello
> und Contrabass. Op. 166.
Drei Streichquartette.
> 1. in A-moll Op. 29.
> 2. in Es-dur Op. 125. No. 1.
> 3. in E-dur Op. 125. No. 2.

Sonate für Clavier und Arpeggione (November). Wien bei Gotthard
> gedruckt.
Duo für Clavier und Flöte, Op. 160.
Sonate für Clavier zu vier Händen, Op. 36.
Grand Duo in C-dur für Pianoforte, Op. 140.
Variationen über ein Originalthema (in As), Op. 35.
Tänze: Deutsche Walzer.
Salve Regina für vierstimmigen Männerchor mit Orgel (ad lib.) Op. 149.
> (April.)

Gebet vor der Schlacht von de la Motte Fouqué für Solo und ge
mischten Chor (Sept.) Op. 139.
„Du Urquell aller Güte.“

Lieder und Gesänge.
a. gedruckte:

Abendstern, von Mayrhofer (März) Lf. 22. No. 4.
„Was willst du einsam an dem Himmel.“
Auflösung von Mayrhofer (März) Lf. 34. No. 1.
„Verbirg dich Sonne.“
Im Abendroth von C. Lappe (März) Lf. 20. No. 1.
„O wie schön ist deine Welt.“
Der Gondelfahrer von Mayrhofer, Männerquartett mit Begleitung des
Pianoforte, Op. 28.
„Es tanzen Mond und Sterne.“
Lied eines Kriegers (31. Decbr.) Lf. 35. No. 2.
„Des stolzen Männerlebens.“

b. ungedruckte:

Der Gondelfahrer von Mayrhofer (März) für eine Singstimme. (Eine
andere Bearbeitung, als die für Männerquartett.)
„Es tanzen Mond und Sterne.“

1825.

Sonate für Pianoforte (A-moll) Op. 42.

Marche funèbre à l'occasion de la mort de l' Empereur Alexander I.
Op. 55.

Marche héroïque à l'occasion du sacre de l'Empereur Nicolas I. Op. 66.

Sonate für Pianoforte in C (April), als „Reliquie“ gedruckt bei
Whistling. Der letzte Satz unvollendet.

Clavierbegleitung zur Schlussstrophe des dramatischen Gedichts „**Der
Falke**“ von **Freiherr Adolf von Pratobevera**. (Abschled,
letzte Notenbeilage.)

Lieder und Gesänge.
a. gedruckte:

Im Walde von Ernst Schulze, Op. 93. No. 1. (März.) Original B-moll,
nicht G-moll.
„Ich wandre über Berg und Thal.“
Auf der Brücke von Ernst Schulze, Op. 93. No. 2. (August). Original
in As-dur, nicht G-dur.
„Frisch trabe sonder Ruh und Rast.“

Fülle der Liebe von Fr. v. Schlegel (Septbr.) Lf. 25. No. 1.
„Ein sehnend Streben theilt mir das Herz."

Das Heimweh von Ladislaus Pyrker, Op. 79. No. 1.
„Ach der Gebirgssohn hängt mit kindlicher Lieb an der Heimath."

Die Allmacht von L. Pyrker, Op. 79. No. 2.
„Gross ist Jehovah der Herr."

Des Sängers Habe von Franz v. Schlechta, Lf. 7. No. 1.
„Schlagt mein ganzes Glück."

Der Einsame von Carl Lappe, Op. 41.
„Wenn meine Grillen schwirren."

Zwei Scenen aus dem Schauspiel: Lacrimas von Schütz. Op. 124
No. 1. Delphine.
„Ach was soll ich beginnen vor Liebe."
No. 2. Florio.
„Nun da Schatten niedergleiten."

Gesänge aus Walter Scotts Fräulein am See, Op. 52.
No. 1. Ellens erster Gesang.
„Raste Krieger, Krieg ist aus."
No. 2. Ellens zweiter Gesang.
„Jäger ruhe von der Jagd."
No. 3. Bootgesang (für vier Männerstimmen mit Pianofortebegleitung)
„Triumph! er naht, Heil, Heil dem Helden."
No. 4. Coronach. Todtengesang der Frauen und Mädchen (für 2
Soprane und Alt mit Pianofortebegleitung).
„Er ist uns hingeschieden."
No. 5. Normann's Gesang:
„Die Nacht bricht bald herein."
No. 6. Ellens dritter Gesang. (Hymne an die Jungfrau.)
„Ave Maria Jungfrau mild."
No. 7. Lied des gefangenen Jägers.
„Mein Ross so müd in dem Stall sich steht."

Abendlied für die Entfernte von A. W. v. Schlegel, Op. 88. No. 1.
„Hinaus mein Blick, hinaus in's Thal."

Der blinde Knabe, von Craigher, Op. 101.
„O sagt ihr Lieben mir einmal."

Die junge Nonne, von Craigher, Op. 43. No. 1.
„Wie braust durch die Wipfel der heulende Sturm."

An mein Herz von E. Schulze, Lf. 13. No. 1. (Decbr.)
„O Herz sei endlich stille."

Der liebliche Stern von E. Schulze, (Decbr.) Lf. 13. No. 2.
„Ihr Sternlein still in der Höhe."

b. ungedruckte:

Wiedersehn von A. W. Schlegel (September).
  „Der Frühlingsonne holdes Lächeln.“
Der Tanz von Schnitzer (Vocalquartett mit Clavierbegleitung).
  „Es redet und träumet die Jugend gar viel.“

1826.

Die Grafen von Gleichen Oper in 3 Acten von Bauernfeld (Skizzen.)
2 Streichquartette No. 1 in D-moll No. 2 in G-dur Op. 163. (20—30 Juni.)
Rondeau brillant in H-moll für Violine und Pianoforte (Op. 70).
Trio in B Op. 99.

Lieder und Gesänge.

Fischerweise von Freiherr v. Schlechta (März) Op. 96. No. 4.
  „Den Fischer fechten Sorgen.“

Lebensmuth von E. Schulze, Lf. 17. No. 1. (März.)
  „O wie dringt das junge Leben.“

Morgenständchen aus Cymbeline von Shakespeare, Lf. 7. No. 4. (Juli.)
  „Horch, horch die Lerch' im Aetherblau.“

Trinklied aus Antonius und Cleopatra von Shakespeare, Lf. 48. No. 4.
  (Juli.)
  „Bachus· feister Fürst.“

Hypolits Lied aus Gabriele von Johanna Schopenhauer, Lf. 7. No. 2.
  (Juli.)
  „Lasst mich, ob ich auch still verglüh'.“

Grab und Mond von J. G. Seidl für Männerchor (September).
  „Silberblauer Mondenschein fällt herab.“

Der Wandrer an den Mond von J. G. Seidl, Op. 80. No. 1.
  „Ich auf der Erd, am Himmel du.“

Im Freien von J. G. Seidl, Op. 80. No. 3.
  „Draussen in der weiten Nacht.“

Das Zügenglöcklein von Seidl, Op. 80. No. 2.
  „Kling die Nacht durch, klinge.“

Nachthelle von J. G. Seidl für Tenorsolo, Männerchor und Pianoforte, Op. 134.
  „Die Nacht ist heiter und ist rein.“

Widerspruch von J. G. Seidl für Männerstimmen mit Pianofortebegl.,
  Op. 105. No. 1.
  „Wenn ich durch Busch und Zweig.“

Wiegenlied, Op. 105. No. 2.
   „Wie sich der Aeuglein kindlicher Himmel."
Am Fenster, Op. 105. No. 3.
   „Ihr lieben Mauern bold und traut."
Sehnsucht, Op. 105. No. 4.
   „Die Scheibe friert."

von J. G. Seidl für eine Singstimme mit Pianoforte.

Im Frühling von Ernst Schulze, Lf. 25. No. 2.
   „Still sitz' ich an des Hügels Hang."
Um Mitternacht von E. Schulze, Op. 88. No. 3.
   „Keine Stimme hör' ich."
Ueber Wildemann von E. Schulze, Op. 108. No. 1.
   „Die Winde sausen im Tannenhain."
Todtengräberweise von Freiherr v. Schlechta, Lf. 15. No. 3.
   „Nicht so düster und so bleich."
Gesang der Norna aus Walter Scotts „Montrose", Op. 85. No. 2.
   „Mich führt mein Weg wohl meilenlang."
Romanze des Richard Löwenherz aus Walter Scotts „Ivanhoe", Op. 86.
   „Grosser Thaten that der Ritter."
An Sylvia aus Shakespeares: „Die beiden Veroneser", Op. 106. No. 4.
   „Was ist Sylvia, o saget an."
Der erste Theil der Winterreise von Wilhelm Müller.
  1. Gute Nacht.
    „Fremd bin ich eingezogen.".
  2. Wetterfahne.
    „Der Wind spielt mit der Wetterfahne."
  3. Gefrorne Thränen.
    „Gefrorne Tropfen fallen."
  4. Erstarrung.
    „Ich such' im Schnee vergebens."
  5. Der Lindenbaum.
    „Am Brunnen vor dem Thor."
  6. Wasserfluth.
    „Manche Thrän aus meinen Augen."
  7. Auf dem Flusse.
    „Der du so lustig rauschest."
  8. Rückblick.
    „Es brennt mir unter beiden Sohlen."
  9. Irrlicht.
    „In die tiefsten Felsengründe."
  10. Rast.
    „Nun merk ich erst wie müd ich bin."
  11. Frühlingstraum.
    „Ich träumte von bunten Blumen."

12. Einsamkeit.
    „Wie eine trübe Wolke."
13. Die Post.
    „Von der Strasse her ein Posthorn klingt."
14. Der greise Kopf.
    „Der Reif hat einen weissen Schein."
Terzett für Sopran, Tenor und Bass (verschollen).

1827.

Deutsche Messe, Text von Johann Filipp Neumann, für gemischten Chor
    mit Begleitung von Oboen, Clarinetten, Hörner, Posaunen und
    Orgel. 1. **Zum Eingang:** „Wohin soll ich mich wenden."
    2. **Zum Gloria:** „Ehre, Ehre sei Gott in der Höh'." 3. **Zum
    Evangelium und Credo:** „Noch lag die Schöpfung formlos
    da." 4. **Zum Offertorium:** „Du gabst, o Herr, mir Sinn und
    Leben." 5. **Zum Sanctus:** „Heilig, heilig ist der Herr."
    6. **Nach der Wandlung:** „Betrachtend deine Huld und Güte."
    7. **Zum Agnus:** „Mein Heiland, Herr und Meister." 8. **Schluss-
    gesang:** „Herr du hast mein Flehn vernommen."

Das Gebet des Herrn für gemischten Chor, Blassinstrumente und
    Orgel „Anbetend deine Macht und Grösse." (Erschien als
    Anhang zur deutschen Messe.)

Hymne an den heiligen Geist für achtstimmigen Männerchor.
    „Komm heilger Geist."

Trio in Es für Pianoforte, Violine und Cello, Op. 100. (November.)

Impromptus III—VIII. Op. 142.

Marsch für Clavier zu vier Händen. (Für Faust Pachler.) Oktober.

Allegretto für Walcher. (26. April.)

Lieder und Gesänge.

Jägers Liebeslied von Schober, Op. 96. No. 2. (Febr.)
    „Ich schiess den Hirsch im grünen Forst."
Das Lied im Grünen von Reil (Juni) Op. 115 No. 1.
    „Ins Grüne, ins Grüne da lockt."
Schiffers Scheidelied von Schober (Febr.) Lf. 24. No. 1.
    „Die Wogen am Gestade."
Zweiter Theil der Winterreise von Wilh. Müller.
    No. 15. **Die Krähe.**
        „Eine Krähe war mit mir."
    No. 16. **Letzte Hoffnung.**
        „Hie und da ist an den Bäumen."

No. 17. **Im Dorfe.**
„Es bellen die Hunde."
No. 18. **Der stürmische Morgen.**
„Wie hat der Sturm zerrissen."
No. 19. **Täuschung.**
„Ein Licht tanzt freundlich vor mir her."
No. 20. **Der Wegweiser.**
„Was vermeid ich denn die Strasse."
No. 21. **Das Wirthshaus.**
„Auf einen Todtenacker."
No. 22. **Muth.**
„Fliegt der Schnee mir ins Gesicht."
No. 23. **Die Nebensonnen.**
„Drei Sonnen sah ich am Himmel stehn."
No. 24. **Der Leiermann.**
„Drüben hinterm Dorfe steht ein Leiermann."
Ständchen von Grillparzer für Alt-Solo und Männerchor (auch für
Frauenchor) mit Pianofortebegleitung, Op. 135.
„Zögernd leise."
Nachtgesang im Walde von J. G. Seidl für vier Männerstimmen mit
Hornbegleitung, Op. 139.
„Sei uns stets gegrüsst o Nacht."
Der Hochzeitsbraten von Franz Schober. Komisches Terzett, für
Sopran, Tenor und Bass mit Begleitung des Pianoforte, Op. 104.
„Ach liebes Herz, ach Theobald."
Italienische Cantate für Chor mit Begleit. von zwei Clavieren. (26. Decbr.)
Drei italienische Gesänge von Metastasio (für eine Bassstimme) Op. 83.
1. L'incanto degli occhj (**Die Macht der Augen**).
„Da voi care."
2. Il Tradito deluso (**Der getäuschte Verräther**).
„Aime, io tremo."
3. Il modo, di prendere moglie (**Die Art ein Weib zu nehmen**).
„Orsu! non cipensiamo."
Lied der Anna Lyle Op. 85 No. 1. von **W. Scott.**
„Wärst du bei mir im Lebensthal."
Heimliches Lieben von Leitner, Op. 106. No. 1.
„O du wenn deine Lippen."
Das Weinen von Leitner, Op. 106. No. 2.
„Gar tröstlich kommt geronnen."
Vor meiner Wiege von Leitner, Op. 106. No. 3.
„Das also, das ist der enge."
Altschottische Ballade von Herder, Op. 165. No. 5.
„Dein Schwert wie ist's vom Blut so roth."

1828.

Grosse Messe in Es.

Neues Benedictus zur C-dur Messe (Octbr.) Op. 48.

Mirjams Siegesgesang von Grillparzer für Sopran-Solo und Chor
mit Pianoforte-Begleitung, Op. 136.
„Rührt die Cymbeln, schlagt die Saiten."

Cantate: Glaube, Hoffnung und Liebe von Friedrich Reil für Chor und
Harmoniemusik (September).

Hymne von Schmiedel für 4 Solo- und 4 Chorstimmen (Männerstimmen)
mit Harmoniemusik (März) Op. 154.
„Herr unser Gott erhöre unser Flehen."

Tantum ergo für gemischten Chor mit Orchester und Orgel in C. Op. 45.

Kirchenarie für Tenor-Solo und Chor.

Psalm 92 für gemischten Chor mit Baritonsolo, ursprünglich hebräischer
Text (übersetzt von Moses Mendelssohn).
„Lieblich ist's, dem Ewigen danken."

Grosse Sinfonie in C (März).

Drei grosse (letzte) Sonaten in C-moll, A-dur und B-dur.

Fuge in E-moll (als Op. 152 gedruckt).

Sonate in Es-moll (ungedruckt).

Grand Rondeau (für Pianoforte zu vier Händen), Op. 107.

Streichquintett in C-dur, Op. 163.

Lebensstürme, charakteristisches Allegro, Op. 144.

Lieder und Gesänge.

Die Sterne von G. v. Leitner, Op. 96. No. 1. (Januar.)
„Wie blitzen die Sterne so hell durch die Nacht."

Der Winterabend von G. v. Leitner (Januar) Lf. 26.
„Es ist so still, so heimlich um mich."

Todtengräber's Heimweh von Craigher (April) Lf. 24. No. 2.
„O Menschheit, o Leben was soll's."

Widerschein von Frh. von Schlechta (Mai) Lf. 15. No. 1.
„Thom lehnt harrend auf der Brücke."

Glaube, Hoffnung und Liebe von Christ. Kuffner, Op. 97.
„Glaube, hoffe, liebe."

Das Echo von Castelli, Op. 130.
„Herzliebe, gute Mutter, o grolle nicht."

Auf dem Strom von L. Rellstab, mit Clavier- und obligater Horn- oder
Cello-Begleitung, Op. 119.
„Nimm die letzten Abschiedsküsse."

Der Hirt auf dem Felsen von Wilhelmine v. Chezy, mit Clavier- und
obligater Clarinett-Begleitung, Op. 129.
„Wenn auf dem höchsten Fels ich steh'."

Schwanengesang: 14 Lieder von den Verlegern Haslinger und Comp. zusammengestellt.

No. 1. **Liebesbotschaft von L. Rellstab.**
„Rauschendes Büchlein, so silbern und hell.“

No. 2. **Kriegers Ahnung von L. Rellstab.**
„In tiefer Ruh liegt um mich her.“

No. 3. **Frühlingssehusucht von L. Rellstab.**
„Säuselnde Lüfte, wehend so mild.“

No. 4. **Ständchen von L. Rellstab.**
„Leise flehen meine Lieder.“

No. 5. **Aufenthalt von L. Rellstab.**
„Rauschender Strom, brausender Wald.“

No. 6. **In die Ferne von L. Rellstab.**
„Wehe dem Fliehenden, Welthinausziehenden.“

No. 7. **Abschied von L. Rellstab.**
„Ade du muntre, du fröbliche Stadt.“

No. 8. **Der Atlas von H. Heine.**
„Ich unglückseelger Atlas.“

No. 9. **Ihr Bild von H. Heine.**
„Ich stand in dunklen Träumen.“

No. 10. **Das Fischermädchen von H. Heine.**
„Du schönes Fischermädchen.“

No. 11. **Die Stadt von H. Heine.**
„Am fernen Horizonte.“

No. 12. **Am Meer von H. Heine.**
„Das Meer erglänzte weit hinaus.“

No. 13. **Der Doppelgänger von H. Heine.**
„Still ist die Nacht, es ruhn die Gassen.“

No. 14. **Die Taubenpost von J. G. Seidl.**
„Ich habe eine Brieftaube in meinem Sold.“
(Angeblich Schuberts letztes Lied. Oktbr. 1828.)

Compositionen, deren Entstehungszeit noch nicht ermittelt ist.

Lieder und Gesänge.

a. gedruckte:

Die abgeblühte Linde von Graf Ludwig v. Széchényi.
„Wirst du halten, was du schwurst.“
Der Flug der Zeit von Graf Ludwig v. Széchényi. Op. 7, erschien
„Es floh die Zeit im Wirbelfluge.“ 1821.
Der Tod und das Mädchen von Claudius.
„Vorüber, ach vorüber geh’.“

Nacht und Träumen von Schiller, Op. 43. No. 2. 1825 erschienen.
 „Heilige Nacht, du sinkest nieder."|
An die untergehende Sonne von Kosegarten, Op. 44. 1827.
 „Sonne du sinkst; sink' in Frieden."
An die Leier nach Anacreon von Fr. Bruchmann.
 „Ich will von Atreus Söhnen."
Im Haine von Fr. Bruchmann. } Op. 56. 1826.
 „Sonnenstrahlen durch die Tannen."
Greisengesang von Rückert.
 „Der Ernst hat mir bereifet." } erschien als Op. 60 1826.
Dithirambe von Schiller.
 „Nimmer das glaubt mir."
Alinde von Fr. Rochlitz.
 „Die Sonne sinkt ins tiefe Meer."
An die Laute von Fr. Rochlitz. } Op. 81, erschien 1827.
 „Leiser, leiser, kleine Laute."
Zur guten Nacht von Fr. Rochlitz.
 „Horcht auf es schlägt die Stunde."
Die Unterscheidung:
 „Die Mutter hat mich jüngst gescholten."
Bei Dir.
 „Bei dir allein empfind ich." } von Joh. Gabr. Seidl.. Op. 95, erschien 1828.
Die Männer sind mechant.
 „Du sagtest mir es Mutter."
Irdisches Glück.
 „So mancher sieht mit finstrer Miene."
 „Heiss mich nicht reden."| aus Wilhelm Meister als Op. 62
 „So lasst mich scheinen." | gedruckt 1827.
An den Tod von Schubart, Lf. 17. No. 3.
 „Tod du Schrecken der Natur."
Der Wallensteiner Lanzknecht beim Trunk von Leitner.
 „He! schenkt mir im Helme ein."
Kreuzzug von Leitner. } Lief. 27.
 „Ein Mönnich steht in seiner Zell."
Des Fischers Liebesglück von Leitner.
 „Dort blinket durch Weiden."
Der Schmetterling.
 „Wie? soll ich nicht tanzen?" } von Fr. v. Schlegel. Op. 57.
Die Berge.
 „Sieht uns der Blick gehoben."
An den Mond von Hölty.
 „Geuss, lieber Mond."

Lebenslied von Matthisson, Lief. 38.
　　„Kommen und Scheiden."
In's stille Land von Salis, Lief. 39. No. 3.
　　„In's stille Land, wer leitet uns hinüber?"
Fragment aus dem Gedicht: Die Götter Griechenlands von Schiller,
　　　　Lief. 42. No. 1.
　　„Schöne Welt, wo bist du?"
Licht und Liebe. Nachtgesang für Sopran und Tenor von L. v. Collin.
　　　　Lief. 41.
　　„Liebe ist ein süsses Licht."
Die Nacht von Uz, Lief. 44. No. 2.
　　„Du verstörst uns nicht, o Nacht!"
Wer kauft Liebesgötter von Goethe, Lief. 47. No. 2.
　　„Von allen schönen Waaren."
Augenlied von Schubart, Lief. 50. No. 3.
　　„Süsse Augen, klare Bronnen."
Jünglingswonne von Matthisson.
　　„So lang im deutschen Eichenthale"
Liebe.
　　„Liebe rauscht der Silberbach."
Zum Rundtanz.
　　„Auf es dunkelt."
Die Nacht.
　　„Wie schön bist du."

Vocalquartette für Männerchor. Op. 17, erschien 1823.

Wehmuth von Heinr. Hüttenbrenner.
　　„Die Abendglocke tönet."
Ewige Liebe von Ernst Schulze.
　　„Ertönet ihr Saiten."
Flucht von Lappe.
　　„In der Freie will ich leben."

Männerquartette. Op. 64.

Die Advokaten von Rusterfeld. Komisches Terzett für zwei Tenöre
　　　　und Bass mit Clavierbegleitung von Fischer, Op. 74. (Ueber-
　　　　arbeitet von **Schubert.**)
　　„Mein Herr ich komm mich anzutragen."
Mondschein von Fr. v. Schober, für 3 Männerstimmen mit Pianoforte-
　　　　Begleitung, Op. 102.
　　„Des Mondes Zauberblume lacht."
Trinklied aus dem 14. Jahrhundert aus: Historische Antiquitäten von
　　　　Rittgraff, Op. 155, für Männerstimmen.
　　„Edit Nonna, edit Clerus."
Nachtmusik von Freiherr v. Seckendorf, für 4 Männerstimmen, Op. 156.
　　„Wir stimmen dir mit Flötensang."

Der Entfernten, für Männerstimmen.
  „Wohl denk' ich allenthalben."
Im Gegenwärtigen Vergangenes von Göthe, für Männerstimmen mit
  Pianofortebegleitung, Lief. 43.
  „Ros' und Lilie morgenthaulich."
Lob der Einsamkeit von Salis, für Männerstimmen.
  „Es rieselt klar und wehend."
Wein und Liebe von Haug, für Männerstimmen.
  „Liebchen und der Saft der Reben."
Klage um Aly Bey v. Claudius, für 3 Stimmen mit Pianoforte, Lf. 45. No. 3.
  „Lasst mich, lasst mich! Ich will klagen."
Das Leben von Wannovius, für 3 Stimmen mit Pianofortebegleitung,
  Lief. 44. No. 4.
  „Das Leben ist ein Traum."
Schlachtlied von Klopstock, für 8 Männerstimmen mit Pianoforte oder
  Physharmonica, Op. 151.
  „Mit unsrem Arm ist nichts gethan."
Graduale für 4 Singstimmen, Orchester und Orgel, Op. 150.
  „Benedictus est domine."
Der Frühlingsmorgen für Sopran, Tenor und Bass mit Pianoforte-
  Begleitung, Op. 158.
  „Herrlich prangt bei Morgenglanze."
Gott im Ungewitter
  „Du Schrecklicher!"   } von Uz, für vierstimmigen Chor
Gott der Weltschöpfer.   mit Pianoforte, No. 1 und 2.
  „Zu Gott, zu Gott flieg auf."
Salve regina für 4 Männerstimmen, Op. 149.
  „Salve Regina, mater misericordiae."

Instrumentalstücke.

1. Für Clavier zu zwei Händen.

Galoppe und Eccosaisen Op. 49.
Valses sentimentales Op. 50.
Wiener Damen-Ländler Op. 67.
Valses nobles Op. 77.
Fantasie, Andante, Menuetto und Allegretto Op. 78.
Impromptus Op. 90.
Grazer Walzer Op. 91.
Grazer Galoppe Op. 92.
Momens musicales Op. 94.
Adagio und Rondo Op. 145.
Zwölf Ländler Op. 171.

2. Zu vier Händen.

Trois Marches heroiques Op. 27.
Ouverture in As Op. 34.
Sechs Märsche mit Trios Op. 40.
Drei Militairmärsche Op. 51.
Sechs Polonaisen Op. 61.
Divertissement en forme d'une Marche brillante Op. 63.
4 Polonaisen mit Trios Op. 75.
Variationen über ein Thema aus der Oper: Marie von Herold Op. 82.
   Zwei Hefte.
Andantino et Rondeau brillant Op. 84.
Fantasie in F-moll Op. 103.
Deux Marches caractéristiques Op. 121.
Notre Amitié est invariable Rondeau in D, Op. 138. .

3. Kammermusik.

Nocturne für Pianoforte, Violine und Violoncello Op. 147.
Fantasie für Pianoforte und Violine Op. 159.
Duo für Clavier und Violine in A-dur Op. 162.

Lieder und Gesänge.

b. ungedruckte:

Das Lied vom Reifen.
Täglich zu singen.
Marie.
Der Entfernten.
   „Wohl denk ich allenthalben."
Die entfernte Geliebte.
   „Es träumen die Wolken."
Die Erde.
Vollendung.
An Cidli von Klopstock.
An den Mond. (Entwurf der Clavierbegleitung.)
Klage der Ceres von Schiller.
   „Ist der holde Lenz erschienen."
Die Schlacht von Schiller.
   „Schwer und dumpfig."
Rückweg von Mayrhofer.
Hoffnung von Goethe.
   „Schaffe das Tagewerk."
Auf dem See von Goethe. (Zweite Bearbeitung)
   „Und frische Nahrung."
Mein Finden.

Die Schiffende von Hölty.
Fragment aus dem Mohrenkrieg.
Fragment eines Liedes.
   „O lasst euch froh begrüssen."
Lied vor der Schlacht von Körner für zwei Chöre.
   „Schlacht du brichst an."
Lebensmuth.
   „Fröhlicher Lebensmuth."
An den Frühling (für Männerstimmen).
Der Wintertag. Quartett für Männerstimmen.
Das Abendroth (dreistimmig).
Viel tausend Sterne prangen. Quartett für gemischte Stimmen.
Bergknappenlied (dreistimmig).
Schlachtgesang von Klopstock (dreistimmig).
Am Seegestad in lauen Vollmondsnächten (dreistimmig).
Leise, leise lasst uns singen.
Das stille Lied, Männerquartett.
Der Morgenstern.
Jägerlied.
Trinklied im Mai von Hölty für 2 Soprane und Bass.

Druck von Bär & Hermann in Leipzig.

NOTENBEILAGEN

zu:

„FRANZ SCHUBERT"

von

AUGUST REISSMANN.

1. Schwertlied von Theodor Körner. (1813.)
2. Canon (dreistimmig.) (Unendliche Freude.) (15. April 1813.)
3. Canon (dreistimmig) (Liebe säuseln die Blätter.)
4. Scene im Dome aus: Faust. (12. Dezbr. 1814.)
5. Des Mädchen- Klage. (Der Eichwald brauset) März 1816.
6. Abschied. (Melodram.)

№ 1. SCHWERTLIED.

Theodor Körner. (1813.)

Kräftig und stark.

mei - ne Freu-de dran
CHOR.
Bei dem Hurrah wird mit den Schwertern geklirrt.
Hur - rah   hur - rah
hur - rah!

№ 2. CANON A TRE BASSI.

(aus: Elysium von Schiller.)

15 April 1813.

N.º 3. CANON A TRE.

Nº 4. SCENE IM DOM.

aus: Faust (12. Dezbr. 1814.)

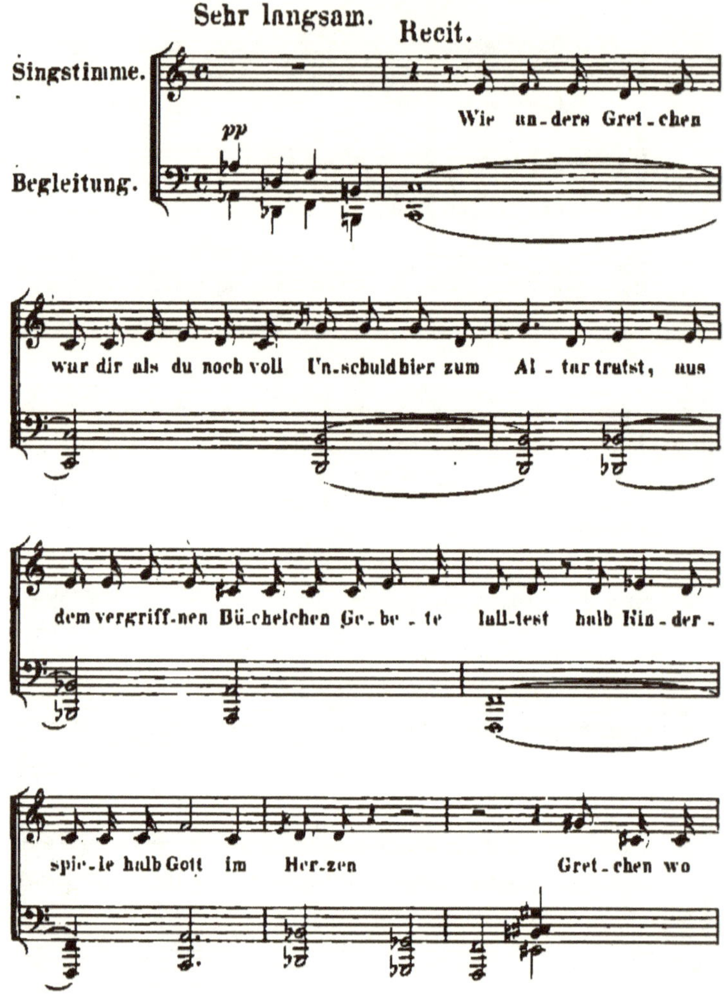

steht dein Kopf? In dei-nem Her-zen wel-che Mis-se-that?
Betst du für dei-ner Mut-ter See-le, die durch
dich zur lan-gen lan-gen Pein hin-ü-ber schlief?
Auf dei-ner Schwelle wessen Blut? Und
un-ter dei-nem Herzen regt sich's nicht quellend schon? und

ängstigt dich und sich mit ahnungsvoller Gegenwart?
GRETCHEN. (mit steigender Angst.)
Weh weh wär' ich die Ge_dan_ken los, die mir her_
ü_ber und hin_ü_ber gehn wi_der mich!
Langsamer Chor.
Di_es i_rae, Di_es il_la sol_vet
Orgelton.
sæclum in fa_vil_la

BÖSER GEIST.
Grimm fasst dich! die Posaune tönt
Tromb.
Die Grä _ ber be-ben und dein
Herz aus A-schenruh zu Flammen-qualen wieder auf geschreckt bebt
auf.
GRETCHEN.
Wär ich hin-weg, mir ist's als ob die
Or-gel mir den A-them ver-setz-te Ge-sang mein Herz im tiefsten

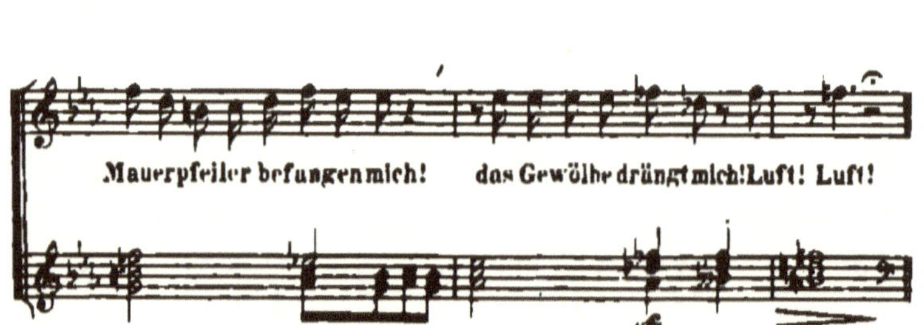

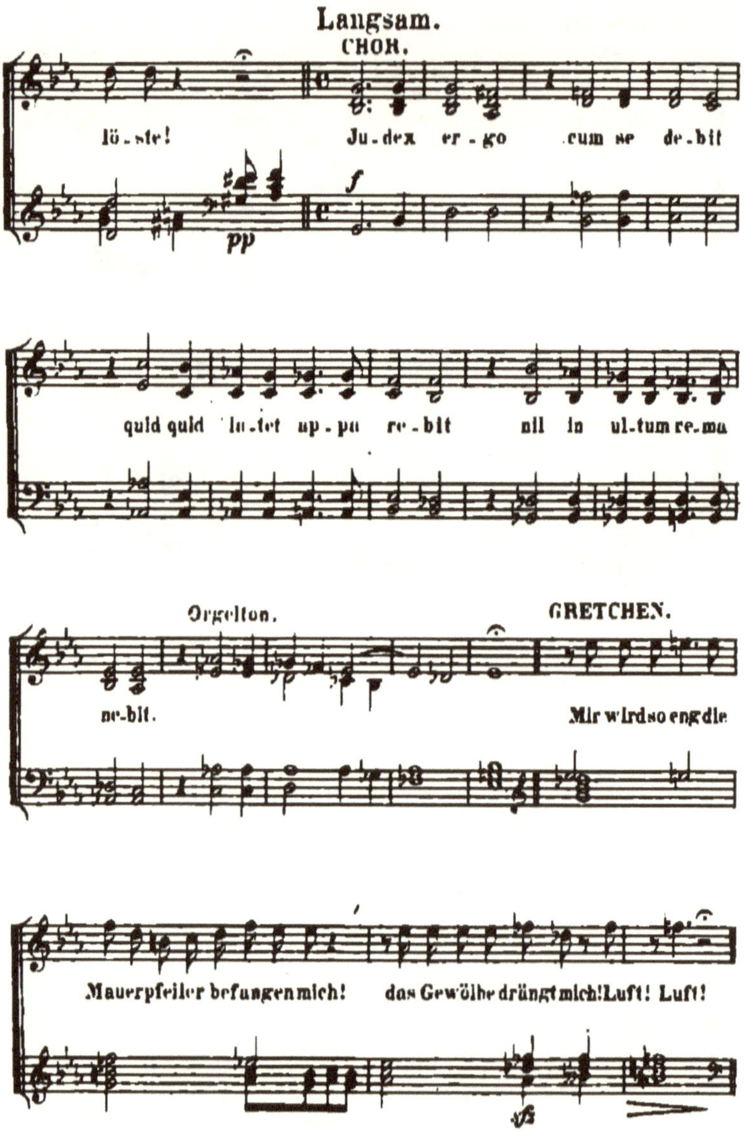
Langsam.
CHOR.
lö - ste!
Ju - dex er - go cum se de - bit
f
pp
quid quid la - tet ap - pa re - bit nil in ul - tum re - ma
Orgelton.
GRETCHEN.
ne - bit.
Mir wird so eng die
Mauerpfeiler befangen mich! das Gewölbe drängt mich! Luft! Luft!
sf

Recit.
BÖSER GEIST.
pp
Ver-birg dich! Sünd und Schande bleibt nicht ver-bor-gen
CHOR.
Luft! Luft! We _ he dir! Quid sum mi _ ser tunc di.
ctu_rus? Quem pa tro_num ro _ ga _ tu_rus, cum vix
Orgelton.
p
ju_stus cum vix ju_stus sit se _ cu_rus?

BÖSER GEIST.
Ihr Antlitz wenden Ver_klär_te von dir ab die
Hän_de dir zu rei_chen schaudertsden Rei_nen Weh
Weh Quid sum mi_ser tunc di_
ctu_rus? Quem pa_tro_num ro_ga_tu_rus.

12

№ 5. DES MÄDCHENS KLAGE.

Erste Bearbeitung. März 1816.

Grün.
Es bricht sich die
Wel - le mit Macht mit Macht und
sie seufzt hinaus in die fin - stre Nacht das
sfz
sfz
sfz
p
cre - scen - do

Au _ ge vom Wei _ nen ge _ trü _ _ _
bet das Au _ ge vom Wei _ nen ge _
trü _ _ _ bet.
p

№ 6. ABSCHIED.

(Melodram.)

Langsam.
con Pedale appassionato

Pianoforte.

an uns vorüber wehn!
Leb' wohl!
du Meister Kummer!
Dank dir mit nassem
Blick, mit mir nahm ich die Freude, dich liess ich hier zu-
pp
rück!
Sei nun ein milder Lehrer,

führ alle hin zu Gott! Zeig' in den trübsten Nächten
ein Streiflein Morgen - roth!
p
Lasse sie Liebe ahnen so danken sie dir noch!
cresc.
der früher und der später sie danken weinend

doch!
Dann glänzt das Leben heiter
mild lächelt jeder Schmerz!
Die Freude hält umfangen
das ruhge klare Herz!

www.ingramcontent.com/pod-product-compliance
Lightning Source LLC
Chambersburg PA
CBHW051218120726
47905CB00004B/1163